Hitchhiker's Guide für Python

Papier plus⁺ PDF.

Zu diesem Buch – sowie zu vielen weiteren O'Reilly-Büchern – können Sie auch das entsprechende E-Book im PDF-Format herunterladen. Werden Sie dazu einfach Mitglied bei oreilly.plus⁺:

www.oreilly.plus

Hitchhiker's Guide für Python

Best Practices für Programmierer

Kenneth Reitz und Tanya Schlusser

*Deutsche Übersetzung
von Peter Klicman*

Kenneth Reitz und Tanya Schlusser

Lektorat: Ariane Hesse
Übersetzung: Peter Klicman
Fachgutachten: Dr. Kristian Rother
Korrektorat: Sibylle Feldmann, www.richtiger-text.de
Satz: III-satz, www.drei-satz.de
Herstellung: Susanne Bröckelmann
Umschlaggestaltung: Michael Oréal, www.oreal.de
Druck und Bindung: M.P. Media-Print Informationstechnologie GmbH, 33100 Paderborn
www.mediaprint-druckerei.de

Bibliografische Information Der Deutschen Nationalbibliothek
Die Deutsche Nationalbibliothek verzeichnet diese Publikation in der Deutschen Nationalbibliografie;
detaillierte bibliografische Daten sind im Internet über http://dnb.d-nb.de abrufbar.

ISBN:
Print 978-3-96009-045-8
PDF 978-3-96088-241-1
ePub 978-3-96088-242-8
mobi 978-3-96088-243-5

1. Auflage 2017

Dieses Buch erscheint in Kooperation mit O'Reilly Media, Inc. unter dem Imprint »O'REILLY«.
O'REILLY ist ein Markenzeichen und eine eingetragene Marke von O'Reilly Media, Inc. und wird mit
Einwilligung des Eigentümers verwendet.

Copyright © 2017 dpunkt.verlag GmbH
Wieblinger Weg 17
69123 Heidelberg

Authorized German translation of the English edition of The Hitchhiker's Guide to Python, 1st Edition,
ISBN 9781491933176 © 2016 Kenneth Reitz and Tanya Schlusser.
This translation is published and sold by permission of O'Reilly Media, Inc., which owns or controls all
rights to sell the same.

Die vorliegende Publikation ist urheberrechtlich geschützt. Alle Rechte vorbehalten. Die Verwendung der
Texte und Abbildungen, auch auszugsweise, ist ohne die schriftliche Zustimmung des Verlags urheber-
rechtswidrig und daher strafbar. Dies gilt insbesondere für die Vervielfältigung, Übersetzung oder die
Verwendung in elektronischen Systemen.

Es wird darauf hingewiesen, dass die im Buch verwendeten Soft- und Hardware-Bezeichnungen sowie
Markennamen und Produktbezeichnungen der jeweiligen Firmen im Allgemeinen warenzeichen-,
marken- oder patentrechtlichem Schutz unterliegen.

Die Informationen in diesem Buch wurden mit größter Sorgfalt erarbeitet. Dennoch können Fehler nicht
vollständig ausgeschlossen werden. Verlag, Autoren und Übersetzer übernehmen keine juristische Verantwortung oder irgendeine Haftung für eventuell verbliebene Fehler und deren Folgen.

Inhalt

Vorwort XI

Teil 1   Einführung 1

1   **Einen Interpreter wählen** 3
    Stand der Dinge: Python 2 versus Python 3 3
    Empfehlungen 4
    Also ... Python 3? 4
    Implementierungen 5
        CPython 5
        Stackless 5
        PyPy 6
        Jython 6
        IronPython 6
        PythonNet 7
        Skulpt 7
        MicroPython 7

2   **Python richtig installieren** 9
    Python unter Mac OS X installieren 9
        Setuptools und pip 11
        virtualenv 12
    Python unter Linux installieren 12
        Setuptools und pip 12
        Entwicklungswerkzeuge 13
        virtualenv 15
    Python unter Windows installieren 15
        Setuptools und pip 17
        virtualenv 18
    Kommerzielle Python-Distributionen 19

3 Ihre Entwicklungsumgebung 23
Texteditoren 24
    Sublime Text 25
    Vim.. 25
    Emacs.. 27
    TextMate 28
    Atom 29
    Code... 29
IDEs 30
    PyCharm/IntelliJ IDEA 31
    Aptana Studio 3/Eclipse + LiClipse + PyDev......... 32
    WingIDE 32
    Spyder 33
    NINJA-IDE 33
    Komodo IDE 33
    Eric (die Eric Python IDE) 34
    Visual Studio 34
Interaktive Tools 35
    IDLE... 35
    IPython.. 36
    bpython 36
Isolationstools... 36
    Virtuelle Umgebungen 37
    pyenv 39
    Autoenv 39
    virtualenvwrapper 40
    Buildout 41
    Conda.. 42
    Docker 43

Teil 2 Wir legen los 45

4 Guten Code schreiben 47
Codestil... 47
    PEP 8 48
    PEP 20 (alias The Zen of Python)................... 49
    Allgemeine Empfehlungen......................... 50
    Konventionen...................................... 57
    Idiome 59
    Typische Fallstricke 63
Ihr Projekt strukturieren 66

	Module	66
	Pakete	70
	Objektorientierte Programmierung	71
	Dekoratoren	73
	Dynamische Typisierung	74
	Veränderliche und unveränderliche Typen	75
	Vendorizing Dependencies	77
	Ihren Code testen	78
	Tipps für das Testen	78
	Test-Grundlagen	80
	Beispiele	83
	Weitere beliebte Tools	86
	Dokumentation	89
	Projektdokumentation	89
	Projektpublikation	90
	Docstring versus Blockkommentare	91
	Logging	91
	Logging in einer Bibliothek	92
	Logging in einer Anwendung	93
	Wahl einer Lizenz	95
	Upstream-Lizenzen	95
	Optionen	96
	Ressourcen zum Thema Lizenzierung	97
5	**Guten Code lesen**	**99**
	Gemeinsamkeiten	100
	HowDoI	101
	Eine einzelne Skriptdatei lesen	101
	Strukturbeispiele aus HowDoI	105
	Stilbeispiele aus HowDoI	105
	Diamond	108
	Eine größere Anwendung lesen	108
	Strukturbeispiele aus Diamond	114
	Stilbeispiele aus Diamond	118
	Tablib	120
	Eine kleine Bibliothek lesen	120
	Strukturbeispiele aus Tablib	124
	Stilbeispiele aus Tablib	132
	Requests	134
	Eine größere Bibliothek lesen	135
	Strukturbeispiele aus Requests	138
	Stilbeispiele aus Requests	143

	Werkzeug	148
	Code in einem Toolkit lesen	149
	Stilbeispiele aus Werkzeug	156
	Strukturbeispiele aus Werkzeug	157
	Flask	163
	Code in einem Framework lesen	164
	Stilbeispiele aus Flask	170
	Strukturbeispiele aus Flask	171
6	**Guten Code ausliefern**	**175**
	Nützliches Vokabular und nützliche Konzepte	176
	Paketierung Ihres Codes	177
	Conda	177
	PyPI	178
	Einfrieren Ihres Codes	181
	PyInstaller	183
	cx_Freeze	185
	py2app	186
	py2exe	187
	bbFreeze	188
	Paketierung für Linux-Built-Distributionen	188
	Ausführbare ZIP-Dateien	190

Teil 3	**Szenario-Guide**	**193**
7	**Nutzerinteraktion**	**195**
	Jupyter Notebooks	195
	Kommandozeilenanwendungen	196
	argparse	197
	docopt	198
	Plac	199
	Click	200
	Clint	202
	cliff	203
	GUI-Anwendungen	204
	Widget-Bibliotheken	204
	Spieleentwicklung	210
	Webanwendungen	211
	Web-Frameworks/Mikroframeworks	211
	Web-Template-Engines	215
	Web-Deployment	220

8 Codemanagement und -optimierung 225
Continuous Integration 225
   Tox 226
Systemadministration 226
   Travis-CI 226
   Jenkins 227
   Buildbot 228
   Serverautomatisierung 228
   System- und Task-Überwachung 233
Geschwindigkeit 236
   Threading 238
   Multiprocessing 238
   Subprozesse 240
   PyPy 240
   Cython 241
   Numba 244
   GPU-Bibliotheken 245
   Interfacing mit C-/C++-/FORTRAN-Bibliotheken 246

9 Software-Interfaces 251
Webclients 252
   Web-APIs 252
Datenserialisierung 257
   Pickle 257
   Sprachübergreifende Serialisierung 258
   Komprimierung 259
   Das buffer-Protokoll 260
Verteilte Systeme 260
   Vernetzung 260
Kryptografie 266
   ssl, hashlib und secrets 267
   pyOpenSSL 269
   PyNaCl und libnacl 270
   Cryptography 271
   PyCrypto 271
   bcrypt 271

10 Datenmanipulation 273
Wissenschaftliche Anwendungen 274
   IPython 274
   NumPy 275
   SciPy 275

	Matplotlib	276
	Pandas	276
	Scikit-Learn	276
	Rpy2	277
	decimal, fractions und numbers	277
	SymPy	278
	Textmanipulation und Text-Mining	278
	Stringtools in Pythons Standardbibliothek	278
	Bildverarbeitung	281

11 Datenpersistenz ... 285

	Strukturierte Dateien	285
	Datenbankbibliotheken	286
	sqlite3	289
	SQLAlchemy	289
	Django ORM	292
	peewee	294
	PonyORM	296
	SQLObject	298
	Records	298
	NoSQL-Datenbankbibliotheken	299

Anhang ... 301

	BDFL	301
	Python Software Foundation	301
	PEPs	301
	Einsteiger	303
	Fortgeschrittene Einsteiger	305
	Fortgeschrittene	305
	Für Ingenieure und Wissenschaftler	305
	Verschiedenes	306
	Referenzen	307

Index ... 309

Vorwort

Python ist riesig. Richtig riesig. Es ist kaum zu fassen, wie unglaublich riesig es ist.

Dieses Handbuch ist *nicht* dazu da, Ihnen das Programmieren mit Python beizubringen (auch wenn wir viele großartige Quellen nennen, die genau das tun), es ist vielmehr ein von Insidern geschriebener Leitfaden für die von der Community bevorzugten Tools und Best Practices. Die primäre Zielgruppe sind Python-Neulinge und fortgeschrittene Anfänger, die etwas zur Open Source beitragen wollen, gerade am Anfang ihrer Karriere stehen oder eine Firma aufbauen. Doch auch wenn Sie Python nur gelegentlich nutzen, sind Teil 1 und Kapitel 5 für Sie sicherlich nützlich.

Der erste Teil hilft bei der Auswahl eines geeigneten Texteditors bzw. einer passenden Entwicklungsumgebung (wenn Sie beispielsweise häufig mit Java arbeiten, könnten Sie Eclipse mit einem Python-Plug-in bevorzugen) und stellt alternative Interpreter vor, die Anforderungen erfüllen, von denen Sie möglicherweise nicht mal wussten, dass Python sie erfüllen kann (z. B. gibt es eine MicroPython-Implementierung, die auf dem ARM Cortex-M4 basiert). Der zweite Teil demonstriert den für Python typischen (»pythonischen«) Programmierstil. Dafür sehen wir uns exemplarisch Beispielcode aus der Open-Source-Community an und hoffen auf diese Weise auf ein tiefer gehendes Interesse für die Materie und ein Experimentieren mit Open-Source-Code. Im letzten Teil sehen wir uns das riesige Universum der Python-Bibliotheken an, die in der Python-Community häufig genutzt werden. Das soll Ihnen eine Vorstellung davon geben, was Python jetzt bereits kann.

Alle Tantiemen aus dem Verkauf der Printfassung dieses Buchs werden direkt an die *Django Girls (https://djangogirls.org/)* gespendet. Diese globale Organisation veranstaltet freie Django- und Python-Workshops, entwickelt Open-Source-Online-Tutorials und sorgt für verblüffende erste Erfahrungen mit Technologie. Falls Sie etwas zur Onlineversion beitragen wollen, erfahren Sie auf unserer *Website (http://docs.python-guide.org/en/latest/notes/contribute/)*, wie das geht.

Typografische Konventionen

In diesem Buch werden die folgenden typografischen Konventionen verwendet:

Kursivschrift
> Wird für neue Begriffe, URLs, E-Mail-Adressen, Dateinamen und Dateierweiterungen und sprachliche Hervorhebungen verwendet.

`Nichtproportionalschrift`
> Wird für Programmlistings verwendet sowie in normalem Text, um Programmelemente wie Variablen- oder Funktionsnamen, Datenbanken, Datentypen, Umgebungsvariablen, Anweisungen und Schlüsselwörter hervorzuheben.

`Nichtproportionalschrift fett`
> Hebt Text hervor, den Sie wortwörtlich eingeben müssen.

`Nichtproportionalschrift kursiv`
> Hebt Text hervor, der vom Benutzer einzugeben ist oder dessen Wert(e) durch den Kontext bestimmt werden.

Dieses Symbol zeigt einen Tipp oder Vorschlag an.

Dieses Symbol steht für einen allgemeinen Hinweis.

Dieses Symbol zeigt eine Warnung an.

Danksagungen

Willkommen, Freunde, zu *Hitchhiker's Guide für Python*.

Soweit ich weiß, ist dieses Buch das erste seiner Art: konzipiert und kuratiert von einem einzelnen Autor (meiner Wenigkeit, Kenneth), während ein Großteil des Inhalts »für lau« von Hunderten von Menschen auf der ganzen Welt zusammengetragen wurde. Noch nie zuvor in der Geschichte gab es die Technologie, die eine so wunderbare Zusammenarbeit dieser Größe und dieses Umfangs möglich machte.

Dieses Buch wurde möglich durch:

Community
    Liebe bringt uns zusammen, und wir meistern alle Hürden.

Softwareprojekte
    Python, Sphinx, Alabaster und Git.

Dienste
    GitHub und Read the Docs.

Zu guter Letzt gilt mein persönlicher Dank Tanya, die die schwere Arbeit übernommen hat, dieses Buch in Form zu bringen und für die Veröffentlichung vorzubereiten, sowie dem unglaublichen O'Reilly-Team – Dawn, Jasmine, Nick, Heather, Nicole, Meg und allen anderen, die hinter den Kulissen daran gearbeitet haben, um aus diesem Buch das beste seiner Art zu machen.

TEIL 1
Einführung

Dieser Teil konzentriert sich auf das Einrichten einer Python-Umgebung. Er wurde inspiriert durch Stuart Ellis' *guide for Python on Windows (http://www.stuartellis. eu/articles/python-development-windows/)* und besteht aus den folgenden Kapiteln und Themen:

Kapitel 1, Einen Interpreter wählen
> Wir vergleichen Python 2 und Python 3 und sehen uns zusätzlich zu CPython einige Interpreter an.

Kapitel 2, Python richtig installieren
> Wir zeigen Ihnen, wie man sich Python, pip und virtualenv beschafft.

Kapitel 3, Ihre Entwicklungsumgebung
> Wir beschreiben unsere bevorzugten Texteditoren und IDEs für die Python-Entwicklung.

KAPITEL 1
Einen Interpreter wählen

Stand der Dinge: Python 2 versus Python 3

Bei der Wahl eines Python-Interpreters geistert immer die eine Frage durch den Raum: »Soll ich Python 2 oder Python 3 nehmen«? Die Antwort liegt nicht so auf der Hand, wie man glauben mag (auch wenn Python 3 jeden Tag verlockender wird).

Hier der Stand der Dinge:

- Python 2.7 war lange Zeit der Standard.
- Bei Python 3 wurden größere Änderungen an der Sprache vorgenommen, über die einige Entwickler sehr unglücklich sind.[1]
- Python 2.7 erhält notwendige Sicherheits-Updates *bis 2020 (https://www.python.org/dev/peps/pep-0373/)*.
- Python 3 entwickelt sich kontinuierlich weiter, genau wie in der Vergangenheit Python 2.

Wie Sie sehen, ist die Entscheidung nicht ganz so einfach.

---

[1] Wenn Sie nicht viel mit der systemnahen Netzwerkprogrammierung zu tun haben, sind die Änderungen kaum zu bemerken, außer dass die print-Anweisung zu einer Funktion wurde. Andererseits ist »unglücklich« eine freundliche Untertreibung. Entwickler, die für große und beliebte Web-, Socket- oder Netzwerkbibliotheken verantwortlich sind, in denen Unicode und Bytestrings verarbeitet werden, mussten (und müssen) *umfangreiche* Änderungen am Code vornehmen. Die Details zu diesen Änderungen, die bei der Vorstellung von Python 3 veröffentlicht wurden, beginnen (frei übersetzt) mit den Worten: »*Alles, was Sie über binäre Daten und Unicode zu wissen glaubten, hat sich geändert.*« *(http://bit.ly/text-vs-data)*

Empfehlungen

So wie wir es sehen, würde ein wirklich abgefahrener Typ[2] Python 3 nutzen. Doch auch wenn Sie lediglich Python 2 einsetzen können, nutzen Sie immerhin noch Python. Hier unsere Empfehlungen:

Verwenden Sie Python 3, wenn ...
- Sie Python 3 lieben.
- Sie nicht wissen, welche Version Sie nutzen sollen.
- Sie den Wandel lieben.

Verwenden Sie Python 2, wenn ...
- Sie Python 2 lieben und traurig sind, weil Python 3 die Zukunft ist.
- die Stabilitätsanforderungen Ihrer Software betroffen wären.[3]
- die von Ihnen genutzte Software es verlangt.

Also ... Python 3?

Sind Sie bei der Wahl des Python-Interpreters offen, sollten Sie die neueste Python 3.x-Version einsetzen – jede neue Version bringt neue und verbesserte Module der Standardbibliothek, eine verbesserte Sicherheit und Fehlerkorrekturen. Fortschritt ist Fortschritt. Nutzen Sie Python 2 also nur aus guten Gründen, z. B. wenn Sie eine Python 2-Bibliothek benötigen, für die es bei Python 3 keine Alternative gibt, oder wenn Sie eine bestimmte Implementierung verwenden müssen (siehe »Implementierungen« auf Seite 5) oder wenn Sie (wie einige von uns) von Python 2 begeistert sind.

Schauen Sie sich *Can I Use Python 3? (https://caniusepython3.com/)* an, wenn Sie wissen wollen, ob die Python-Projekte, von denen Sie abhängig sind, die Nutzung von Python 3 verhindern.

Als weiterführende Lektüre sei *Python2orPython3 (http://bit.ly/python2-or-python3)* empfohlen. Es erklärt die Gründe für die Rückwärts-Inkompatibilität der Sprachspezifikation und verweist auf detaillierte Spezifikationen der Unterschiede.

Als Einsteiger haben Sie weit wichtigere Dinge zu tun, als sich um die Kompatibilität zwischen all den Python-Versionen Gedanken zu machen. Bringen Sie Ihr vorhandenes System erst mal ans Laufen und kümmern Sie sich später um diese Baustelle.

---

2 Also ein wirklich total echt irrer Typ, der wirklich weiß, wo sein Handtuch ist.

3 Hier ein Link zu einer *Liste von Änderungen (http://python3porting.com/stdlib.html)* an Pythons Standardbibliothek.

Implementierungen

Wenn die Leute von *Python* sprechen, ist häufig nicht nur die Sprache, sondern auch die *CPython-Implementierung* gemeint. Tatsächlich ist Python eine Sprachspezifikation, die auf unterschiedliche Weise implementiert werden kann.

Die verschiedenen Implementierungen können der Kompatibilität mit anderen Bibliotheken dienen oder vielleicht einer höheren Geschwindigkeit. Reine Python-Bibliotheken sollten unabhängig von der Python-Implementierung laufen, die auf C basierenden (wie NumPy) allerdings nicht. Dieser Abschnitt bietet einen kurzen Überblick über beliebte Implementierungen.

Dieses Handbuch geht davon aus, dass Sie die Standard-CPython-Implementierung von Python 3 nutzen, auch wenn wir häufig für Python 2 relevante Hinweise einstreuen.

CPython

CPython (http://www.python.org/) ist die in C geschriebene Referenzimplementierung[4] von Python. Sie kompiliert Python-Code in Bytecode, der dann von einer virtuellen Maschine interpretiert wird. CPython bietet den höchsten Grad an Kompatibilität für Python-Pakete und in C geschriebene Erweiterungsmodule.[5]

Wenn Sie Open-Source-Code in Python entwickeln und das größtmögliche Publikum erreichen wollen, sollten Sie CPython nutzen. Möchten Sie Pakete nutzen, die von C-Erweiterungen abhängig sind, ist CPython Ihre einzige Option.

Alle Versionen der Sprache Python sind in C implementiert, da CPython die Referenzimplementierung ist.

Stackless

Stackless Python (https://bitbucket.org/stackless-dev/stackless/wiki/Home) ist ein »normales« CPython (d.h., es sollte mit allen Bibliotheken funktionieren, die CPython nutzen kann), entkoppelt aber über einen Patch den Python-Interpreter vom Aufrufstack. Dadurch wird es möglich, die Ausführungsreihenfolge des Codes zu ändern. Stackless führt das Konzept sogenannter *Tasklets* ein, die Funktionen in »Micro-Threads« umwandeln. Diese können dann serialisiert auf die Festplatte gespeichert und später über einen Scheduler (standardmäßig ein Round-Robin-Scheduler) ausgeführt werden.

---

4 Die *Referenzimplementierung* spiegelt akurat die Definition der Sprache wider. Ihr Verhalten gibt vor, wie sich alle anderen Implementierungen verhalten müssen.

5 C-Erweiterungsmodule sind in C geschriebene Module, die aus Python heraus genutzt werden können.

Die *greenlet-Bibliothek (http://greenlet.readthedocs.org)* implementiert den gleichen Stack-Switching-Mechanismus für CPython-Nutzer. Ein Großteil dieser Funktionalität wurde auch in PyPy implementiert.

PyPy

PyPy (http://pypy.org/) ist ein Python-Interpreter, der eine statisch typisierte Teilmenge von Python namens RPython implementiert, was bestimmte Arten der Optimierung ermöglicht. Der Interpreter bietet einen Just-in-Time-Compiler und unterstützt mehrere Backends wie C, *Common Intermediate Language (CIL) (http://bit.ly/standard-ecma-335)* und die *Java Virtual Machine* (JVM).

PyPy strebt die größtmögliche Kompatibilität mit der Referenzimplementierung an, während es gleichzeitig die Performance erhöht. Wenn Sie die Performance Ihres Python-Codes verbessern wollen, sollten Sie PyPy eine Chance geben. Bei einer Benchmark-Suite läuft es momentan etwa fünfmal schneller als *CPython (http://speed.pypy.org/)*.

Es unterstützt Python 2.7. Für Python 3 steht *PyPy3 (http://pypy.org/compat.html)* bereit. Beide Versionen sind über die *PyPy-Download-Seite (http://pypy.org/download.html)* verfügbar.

Jython

Jython (http://www.jython.org/) ist eine Implementierung des Python-Interpreters, die den Python-Code in Java-Bytecode kompiliert, der dann durch die JVM ausgeführt werden kann. Darüber hinaus kann Jython jede Java-Klasse wie ein Python-Modul importieren und nutzen.

Wenn Sie eine Schnittstelle zur existierenden Java-Codebasis brauchen oder aus anderen Gründen Python-Code für die JVM schreiben müssen, ist Jython die beste Wahl.

Jython unterstützt momentan *Python 2.7 (http://bit.ly/jython-supports-27)*.

IronPython

IronPython (http://ironpython.net/) ist eine Python-Implementierung für das .NET Framework. Es kann Bibliotheken sowohl von Python als auch von .NET Framework nutzen und gleichzeitig Python-Code für andere Sprachen des .NET Framework bereitstellen.

Python Tools for Visual Studio (http://ironpython.net/tools/) integriert IronPython direkt in die Entwicklungsumgebung und macht es so zur idealen Wahl für Windows-Entwickler.

IronPython unterstützt *Python 2.7 (http://ironpython.codeplex.com/releases/view/81726)*.

PythonNet

Python for .NET (http://pythonnet.github.io/) ist ein Paket, das eine nahezu nahtlose Integration eines nativ installierten Python-Systems mit der .NET *Common Language Runtime* (CLR) erlaubt. Das ist das genaue Gegenteil des von IronPython verfolgten Ansatzes, das heißt, PythonNet und IronPython ergänzen sich eher, als dass sie miteinander konkurrieren.

Im Zusammenspiel mit *Mono (http://www.mono-project.com/)* ermöglicht PythonNet auf Nicht-Windows-Systemen wie OS X und Linux die Arbeit innerhalb des .NET Framework. Es kann ohne Probleme zusammen mit IronPython betrieben werden.

PythonNet unterstützt Python 2.3 bis Python 2.7. Die Installationsanweisungen finden Sie auf der *PythonNet-Readme-Seite (http://pythonnet.github.io/readme.html)*.

Skulpt

Skulpt (http://www.skulpt.org/) ist eine JavaScript-Implementierung von Python. Sie portiert nicht die gesamte Standardbibliothek von CPython. Die Bibliothek umfasst die Module math, random, turtle, image und unittest sowie Teile von time, urllib, DOM und re. Es ist für Lehrzwecke gedacht und bietet auch die Möglichkeit, *eigene Module einzubinden (http://bit.ly/skulpt-adding-module)*.

Beachtenswerte Beispiele für seine Nutzung sind *Interactive Python (http://interactivepython.org/)* und *CodeSkulptor (http://www.codeskulptor.org/demos.html)*.

Skulpt unterstützt einen Großteil von Python 2.7 und Python 3.3. Details finden Sie auf der *Skulpt-GitHub-Seite (https://github.com/skulpt/skulpt)*.

MicroPython

MicroPython (https://micropython.org/) ist eine für Microcontroller optimierte Implementierung von Python 3. Sie unterstützt 32-Bit-ARM-Prozessoren mit dem Thumb v2- Befehlssatz, wie etwa die in kostengünstigen Microcontrollern eingesetzte Cortex-M-Familie. Sie kennt diese Module *(http://bit.ly/micropython-library)* der Python-Standardbibliothek, einige MicroPython-spezifische Bibliotheken mit Board-Details, Speicherinformationen, den Netzwerkzugriff sowie eine für kleinere Größen optimierte ctypes-Version. Sie hat nichts mit dem *Raspberry Pi (https://www.raspberrypi.org)* zu tun, der ein Debian oder ein anderes C-basiertes Betriebssystem mit einem normal installierten Python einsetzt. Das *pyboard (https://micropython.org/store/#/store)* nutzt MicroPython als sein »Betriebssystem«.

 Ab jetzt verwenden wir CPython auf Unix-artigen Systemen, unter OS X und auf Windows-Systemen.

Weiter geht's mit der Installation – schnappen Sie sich Ihr Handtuch!

KAPITEL 2
Python richtig installieren

Dieses Kapitel erläutert die Installation von CPython unter Mac OS X, Linux und Windows. Die Abschnitte zu den Paketierungtools (wie Setuptools und pip) wiederholen sich, das heißt, Sie sollten direkt zu dem für Sie wichtigen Betriebssystem springen und die anderen überblättern.

Wenn Sie für eine Organisation arbeiten, die den Einsatz einer kommerziellen Python-Distribution wie Anaconda oder Canopy empfiehlt, sollten Sie den Anweisungen des Anbieters folgen. Entsprechende Hinweise finden Sie in »Kommerzielle Python-Distributionen« auf Seite 19.

Falls Python auf Ihrem System bereits installiert ist, dürfen Sie auf keinen Fall den symbolischen Link auf das python-Programm ändern. Das wäre ähnlich übel wie das laute Vorlesen von *Vogonengedichten (https://en.wikipedia.org/wiki/Vogon#Poetry)*. (Denken Sie an den vom System installierten Code, der Python an einem bestimmten Ort erwartet ...)

Python unter Mac OS X installieren

Die Mac OS X-Version, El Capitan, besitzt eine Mac-spezifische Implementierung von Python 2.7.

Sie *müssen* nichts installieren oder konfigurieren, um Python verwenden zu können. Doch wir empfehlen Ihnen wärmstens, Setuptools, pip und virtualenv zu installieren, bevor Sie damit beginnen, Python-Anwendungen für den realen Einsatz zu entwickeln (d.h. etwas zu Gemeinschaftsprojekten beizutragen). In einem späteren Abschnitt erfahren Sie mehr über diese Tools und wie man sie installiert. Insbesondere Setuptools sollten Sie immer installieren, da es damit wesentlich leichter für Sie ist, Python-Bibliotheken von Fremdanbietern einzusetzen.

Die bei OS X mitgelieferte Python-Version eignet sich wunderbar zum Lernen, ist für die kollaborative Entwicklung aber nicht geeignet. Darüber hinaus entspricht die bei OS X mitgelieferte Version nicht unbedingt der offiziellen aktuellen Release, die als stabile Produktionsversion betrachtet wird.[1] Entwickeln Sie Skripte also nur für sich selbst, um Informationen von Webseiten abzurufen oder Daten zu verarbeiten, brauchen Sie nichts weiter. Doch wenn Sie etwas zu Open-Source-Projekten beitragen wollen oder in einem Team arbeiten, in dem unterschiedliche Betriebssysteme genutzt werden (oder dies für die Zukunft geplant ist)[2], dann verwenden Sie die CPython-Release.

Bevor Sie irgendetwas herunterladen, lesen Sie erst die Hinweise und Warnungen auf den nächsten Seiten. Bevor Sie Python installieren, müssen Sie GCC installieren. Dazu können Sie *Xcode (http://developer.apple.com/xcode/)* herunterladen, die kleineren *Command-Line-Tools (https://developer.apple.com/downloads/)* (für den Download benötigen Sie einen Apple-Account) oder das noch kleinere *osx-gcc-installer-Paket (http://bit.ly/osx-gcc-installer-package)*.

Falls Xcode bereits installiert ist, verzichten Sie auf den osx-gcc-installer. In Kombination kann es bei der Software zu Problemen kommen, die nur schwer zu finden sind.

Zwar kommt OS X mit einer großen Zahl von Unix-Utilities, doch wenn Sie mit Linux-Systemen vertraut sind, wird Ihnen eine Schlüsselkomponente fehlen: ein vernünftiger Paketmanager. *Homebrew (http://brew.sh/)* schließt diese Lücke.

Um Homebrew zu installieren, öffnen Sie das Terminal oder Ihren bevorzugten Terminal-Emulator und führen die folgenden Befehle aus:

```
$ BREW_URI=https://raw.githubusercontent.com/Homebrew/install/master/install
$ ruby -e "$(curl -fsSL ${BREW_URI})"
```

Das Skript erklärt die vorgenommenen Änderungen und fragt noch mal nach, bevor die Installation beginnt. Sobald Homebrew installiert ist, fügen Sie das Homebrew-Verzeichnis am Beginn Ihrer PATH-Umgebungsvariablen ein.[3] Hängen Sie dazu die folgende Zeile an das Ende Ihrer *~/.profile*-Datei an:

```
export PATH=/usr/local/bin:/usr/local/sbin:$PATH
```

---

1 Andere teilen diese Meinung nicht. Die Python-Implementierung ist nicht identisch. Es gibt sogar einige OS X-spezifische Bibliotheken. Eine kleine Tirade zu diesem Thema, die unsere Empfehlung kritisiert, finden Sie im *Stupid Python Ideas Blog (http://bit.ly/sticking-with-apples-python)*. Es äußert einige Bedenken in Bezug auf Namenskollisionen, die auftreten, wenn man zwischen der OS X-Version von CPython 2.7 und der Originalversion hin- und herwechselt. Sollte das für Sie ein Thema sein, nutzen Sie eine virtuelle Umgebung, oder lassen Sie das OS X Python 2.7, wo es ist, damit das System sauber läuft, installieren Sie die CPython-Standardimplementierung von Python 2.7, passen Sie die Pfade an und nutzen die OS X-Version nicht. Dann läuft alles wunderbar, einschließlich der Produkte, die von Apples OS X-spezifischer Version abhängen.

2 Ihre beste Option ist (ehrlich) Python 3 – oder von Anfang an mit virtuellen Umgebungen zu arbeiten und nichts weiter als virtualenv und vielleicht noch virtualenvwrapper zu installieren (so wie es von *Hynek Schlawack (https://hynek.me/articles/virtualenv-lives/)* empfohlen wird).

3 Auf diese Weise stellen Sie sicher, dass das verwendete Python das ist, das Homebrew gerade installiert hat, während das Original-Python des Systems unangetastet bleibt.

Danach installieren Sie Python, indem Sie den folgenden Befehl einmal in einem Terminal ausführen:

```
$ brew install python3
```

Das Ganze für Python 2:

```
$ brew install python
```

Standardmäßig wird Python dann in */usr/local/Cellar/python3/* oder */usr/local/Cellar/python/* installiert. Gleichzeitig werden symbolische Links[4] für den Interpreter unter */usr/local/python3* bzw. */usr/local/python* angelegt. Wenn Sie die Option `--user` bei `pip install` nutzen, müssen Sie einen Bug umgehen, der mit den *distutils* und der Homebrew-Konfiguration (*http://bit.ly/pip-install-bug*) zusammenhängt. Wir empfehlen einfach die Verwendung von virtuellen Umgebungen, die in »virtualenv« auf Seite 12 beschrieben werden.

Setuptools und pip

Homebrew installiert Setuptools und pip für Sie. Das mit pip installierte Executable wird auf `pip3` abgebildet, wenn Sie Python 3 verwenden, bzw. auf `pip` bei Python 2.

Mit Setuptools können Sie jede konforme[5] Python-Software über ein Netzwerk (üblicherweise das Internet) mit einem einzigen Befehl (`easy_install`) herunterladen und installieren. Man kann diese Möglichkeit der Netzwerkinstallation mit nur wenig Aufwand auch in die eigene Python-Software integrieren.

Sowohl der Befehl `pip` als auch der Setuptools-Befehl `easy_install` sind Tools zur Installation und Verwaltung von Python-Paketen. `pip` ist gegenüber `easy_install` vorzuziehen, da es Pakete auch deinstallieren kann, die Fehlermeldungen verständlicher sind und weil es keine partiellen Paketinstallationen gibt (schlägt eine Installation fehl, werden alle bisherigen Änderungen rückgängig gemacht). Eine etwas ausführlichere Diskussion finden Sie unter *pip vs easy_install* (*http://bit.ly/pip-vs-easy-install*) im *Python Packaging User Guide* (*https://packaging.python.org*). Das ist Ihre erste Anlaufstelle für aktuelle Informationen zum Thema Paketierung.

Um Ihre pip-Installation zu aktualisieren, geben Sie den folgenden Befehl in der Shell ein:

```
$ pip install --upgrade pip
```

---

4   Ein symbolischer Link ist ein Verweis (ein Zeiger) auf die tatsächliche Lage einer Datei. Sie können sich ansehen, auf was der Link zeigt, indem Sie `ls -l /usr/local/bin/python3` in der Kommandozeile eingeben.

5   Pakete sind Setuptools-konform, wenn ausreichend Informationen für die Bibliothek zur Verfügung stehen, um alle Paketabhängigkeiten identifizieren und auflösen zu können. Weitere Informationen finden Sie in der Dokumentation zur *Paketierung und Distribution von Python-Projekten* (*https://packaging.python.org/en/latest/distributing.html*), *PEP 302* (*https://www.python.org/dev/peps/pep-0302/*) und *PEP 241* (*https://www.python.org/dev/peps/pep-0241/*).

virtualenv

virtualenv *(http://pypi.python.org/pypi/virtualenv)* baut isolierte Python-Umgebungen auf. Es erzeugt einen Ordner, der alle ausführbaren Programme enthält, die die Pakete eines Python-Projekts benötigen könnten. Viele sehen es als die beste Vorgehensweise an, nur virtualenv und Setuptools zu installieren und immer virtuelle Umgebungen zu nutzen.[6]

Um virtualenv über pip zu installieren, führen Sie pip in der Kommandozeile einer Shell aus:

```
$ pip3 install virtualenv
```

Und so, wenn Sie mit Python 2 arbeiten:

```
$ pip install virtualenv
```

Sobald Sie sich in einer virtuellen Umgebung bewegen, können Sie den Befehl pip immer verwenden, unabhängig davon, ob Sie mit Python 2 oder Python 3 arbeiten. Deshalb wollen wir das hier im Weiteren ebenfalls so handhaben. »Virtuelle Umgebungen« auf Seite 37 geht detaillierter auf den Einsatz und die Motivation ein.

Python unter Linux installieren

Seit Wily Werewolf (Ubuntu 15.10) wird Ubuntu nur noch mit Python 3 ausgeliefert, Python 2 ist über apt-get verfügbar. Alle Details finden Sie auf Ubuntus Python-Seite *(https://wiki.ubuntu.com/Python)*. Die Fedora-Release 23 war die erste, die nur Python 3 enthielt (sowohl Python 2.7 als auch Python 3 sind in den Releases 20 bis 22 verfügbar). Python 2.7 ist über den Paketmanager verfügbar.

Sind Python 2 und Python 3 parallel installiert, gibt es meist einen symbolischen Link von python2 zum Python 2- und von python3 zum Python 3-Interpreter. Wenn Sie sich für Python 2 entscheiden, lautet die aktuelle Empfehlung für Unix-artige Systeme (siehe Python Enhancement Proposal *[PEP (https://www.python.org/dev/peps/pep-0394/)* 394]), python2 explizit in Ihrer Shebang-Zeile anzugeben (z. B. #!/usr/bin/env python2 in der ersten Zeile der Datei), statt darauf zu vertrauen, dass Ihre Umgebung bei python das liefert, was Sie erwarten.

Obwohl es nicht in PEP 394 steht, hat es sich auch eingebürgert, pip2 und pip3 als symbolische Links auf die entsprechenden pip-Paket-Installer einzurichten.

Setuptools und pip

Selbst wenn pip über den Paket-Installer Ihres Systems verfügbar ist, müssen Sie sicherstellen, dass Sie die neueste Version verwenden. Führen Sie dazu die folgenden Schritte aus.

---

[6] Verfechter dieser Praxis sagen, dass man nur so sicherstellen kann, dass eine vorhandene Bibliothek nicht durch eine neue Version überschrieben werden kann, die anderen versionsabhängigen Code des Betriebssystems stören könnte.

Laden Sie zuerst *get-pip.py (https://bootstrap.pypa.io/get-pip.py)* herunter.[7]

Als Nächstes öffnen Sie eine Shell, wechseln in das Verzeichnis, in dem auch *get-pip.py* liegt, und geben Folgendes ein:

```
$ wget https://bootstrap.pypa.io/get-pip.py
$ sudo python3 get-pip.py
```

Und für Python 2:

```
$ wget https://bootstrap.pypa.io/get-pip.py
$ sudo python get-pip.py
```

Das installiert auch die Setuptools.

Mit dem Befehl easy_install, der mit den Setuptools installiert wird, können Sie jede konforme[8] Python-Software über ein Netzwerk (üblicherweise das Internet) herunterladen und installieren. Es ist auch möglich, diese Art der Netzwerkinstallation mit nur wenig Aufwand in die eigene Python-Software zu integrieren.

pip ist ein Befehl, mit dem Sie Python-Pakete einfach installieren und verwalten können. Es ist gegenüber easy_install zu bevorzugen, weil es Pakete auch deinstallieren kann, verständlichere Fehlermeldungen liefert und eine partielle Installation nicht möglich ist (schlägt eine Installation fehl, werden alle bisherigen Änderungen rückgängig gemacht). Eine etwas ausführlichere Diskussion finden Sie unter pip *vs* easy_install *(http://bit.ly/pip-vs-easy-install)* im *Python Packaging User Guide (https://packaging.python.org)*. Das ist Ihre erste Anlaufstelle für aktuelle Informationen zum Thema Paketierung.

Entwicklungswerkzeuge

Nahezu jeder wird irgendwann eine Python-Bibliothek nutzen wollen, die von C-Erweiterungen abhängig ist. Manchmal kann Ihr Paketmanager Sie mit einer vorkompilierten Version versorgen, was Sie mit yum search oder apt-cache search prüfen können. Und mit dem neueren *wheels-Format (http://pythonwheels.com/)* (vorkompilierte, plattformspezifische Binaries) können Sie die Binaries möglicherweise direkt per pip von PyPI herunterladen. Doch wenn Sie zukünftig selbst C-Erweiterungen entwickeln oder wenn diejenigen, die die von Ihnen genutzte Bibliothek nicht mittels wheels für ihre Plattform bereitstellen, benötigen Sie Entwicklungswerkzeuge für Python: verschiedene C-Bibliotheken, make und den GCC-Compiler. Nachfolgend eine Liste nützlicher Pakete, die C-Bibliotheken nutzen:

---

7 Weitere Details finden Sie in den pip-*Installationsanweisungen (https://pip.pypa.io/en/latest/installing.html)*.

8 Pakete sind mit den Setuptools konform, wenn sie ausreichend Informationen bereitstellen, um alle Paketabhängigkeiten identifizieren und auflösen zu können. Weitere Informationen finden Sie in *Packaging and Distributing Python Projects (https://packaging.python.org/en/latest/distributing.html)*, *PEP 302 (https://www.python.org/dev/peps/pep-0302/)* und *PEP 241 (https://www.python.org/dev/peps/pep-0241/)*.

Nebenläufigkeit
- die Threading-Bibliothek *threading* (https://docs.python.org/3/library/threading.html)
- die Event-Handling-Bibliothek (Python 3.4+) *asyncio* (https://docs.python.org/3/library/asyncio.html)
- die Coroutinen-basierte Netzwerkbibliothek *curio* (https://curio.readthedocs.org/)
- die Coroutinen-basierte Netzwerkbibliothek *gevent* (http://www.gevent.org/)
- die ereignisgesteuerte Netzwerkbibliothek *Twisted* (https://twistedmatrix.com/)

Wissenschaftliche Analyse
- die Lineare-Algebra-Bibliothek *NumPy* (http://www.numpy.org/)
- das numerische Toolkit *SciPy* (http://www.scipy.org/)
- die Machine-Learning-Bibliothek *scikit-learn* (http://scikit-learn.org/)
- die Plotting-Bibliothek *Matplotlib* (http://matplotlib.org//)

Daten-/Datenbankschnittstellen
- die Schnittstelle für das Datenformat HDF5 *h5py* (http://www.h5py.org/)
- der PostgreSQL-Datenbankadapter *Psycopg* (http://initd.org/psycopg/)
- der Datenbankabstraktions- und objektrelationale Mapper *SQLAlchemy* (http://www.sqlalchemy.org/)

Unter Ubuntu geben Sie in einer Shell Folgendes ein:

```
$ sudo apt-get update --fix-missing
$ sudo apt-get install python3-dev  # Für Python 3
$ sudo apt-get install python-dev   # Für Python 2
```

Und unter Fedora geben Sie in der Shell dieses ein:

```
$ sudo yum update
$ sudo yum install gcc
$ sudo yum install python3-devel  # Für Python 3
$ sudo yum install python2-devel  # Für Python 2
```

Mit pip3 install --user *gewünschtes-paket* können Sie dann alle Tools erzeugen, die kompiliert werden müssen (pip install --user *gewünschtes-paket* für Python 2). Auch das Tool selbst muss installiert sein (Details dazu finden Sie in der Dokumentation zur *HDF5-Installation* (https://www.hdfgroup.org/HDF5/release/obtain5.html)). Für PostgreSQL geben Sie unter Ubuntu in einer Shell Folgendes ein:

```
$ sudo apt-get install libpq-dev
```

Unter Fedora lautet der Befehl:

```
$ sudo yum install postgresql-devel
```

virtualenv

virtualenv ist ein Befehl, der mit dem *virtualenv (https://pypi.python.org/pypi/virtualenv)*-Paket installiert wird und virtuelle Python-Umgebungen aufbaut. Es erzeugt einen Ordner, der alle ausführbaren Programme enthält, die die Pakete in einem Python-Projekt benötigen könnten.

Um virtualenv über Ubuntus Paketmanager zu installieren, geben Sie Folgendes ein:

```
$ sudo apt-get install python-virtualenv
```

Unter Fedora lautet der Befehl:

```
$ sudo yum install python-virtualenv
```

Alternativ können Sie den pip-Befehl in der Kommandozeile ausführen und die Option --user nutzen, um es nicht systemweit, sondern nur lokal zu installieren:

```
$ pip3 install --user virtualenv
```

Wenn Sie Python 2 verwenden, lautet der Befehl:

```
$ sudo pip install --user virtualenv
```

Sobald Sie die virtuelle Umgebung nutzen, können Sie immer den Befehl pip verwenden, unabhängig davon, ob Sie mit Python 2 oder Python 3 arbeiten. Im Rest des Buchs werden wir das ebenfalls so machen. »Virtuelle Umgebungen« auf Seite 37 beschreibt Nutzung und Motivation im Detail.

Python unter Windows installieren

Windows-Nutzer haben es schwerer als andere Pythonistas, weil es schwieriger ist, etwas unter Windows zu kompilieren und weil viele Python-Bibliotheken unter der Haube C-Erweiterungen nutzen. Dank *wheels (http://pythonwheels.com/)* können Binaries (wenn es sie gibt) mittels pip von PyPI heruntergeladen werden, was die Dinge ein wenig vereinfacht.

Hier sind zwei Wege möglich: eine kommerzielle Distribution (in »Kommerzielle Python-Distributionen« auf Seite 19 diskutiert) oder direkt CPython. Anaconda ist wesentlich einfacher, besonders wenn wissenschaftliches Arbeiten ansteht. Tatsächlich empfiehlt so ziemlich jeder, der unter Windows wissenschaftlich mit Python arbeitet, Anaconda (mit Ausnahme derjenigen, die selbst C-basierte Python-Bibliotheken entwickeln). Doch wenn Sie sich mit Compiler und Linker auskennen, etwas zu C-Code nutzenden Open-Source-Projekten beitragen möchten oder einfach keine kommerzielle Distribution wollen, dann hoffen wir, dass Sie CPython installieren.[9]

---

[9] Oder denken Sie über IronPython (siehe »IronPython« auf Seite 6) nach, wenn Sie Python in das .NET Framework integrieren möchten. Doch für Sie als Einsteiger sollte das wohl nicht Ihr erster Interpreter sein. Dieses Buch handelt von CPython.

Mit der Zeit werden mehr und mehr Pakete mit C-Bibliotheken im wheels-Format auf PyPI verfügbar sein, die dann per `pip` installiert werden können. Probleme gibt es erst, wenn die benötigten C-Bibliotheken nicht mit dem wheel gebündelt werden. Dieses Problem der Abhängigkeiten ist ein weiterer Grund dafür, dass Sie sich für kommerzielle Python-Distributionen wie Anaconda entscheiden könnten.

Nutzen Sie CPython, wenn Sie der Typ Windows-Nutzer sind, der:

- keine Python-Bibliotheken benötigt, die von C-Erweiterungen abhängen,
- einen Visual C++-Compiler besitzt (nicht den kostenlosen),
- MinGW einrichten kann und der
- mutig genug ist, Binaries von Hand herunterzuladen[10] und diese dann mittels `pip install` zu installieren.

Wenn Sie R oder MATLAB mit Python ersetzen möchten oder wenn Sie einfach nur schnell loslegen und CPython später bei Bedarf installieren wollen (einige Tipps finden Sie in »Kommerzielle Python-Distributionen« auf Seite 19), nutzen Sie Anaconda.[11]

Verwenden Sie Canopy, wenn Ihre Schnittstellen hauptsächlich grafischer Natur sind oder wenn Python Ihre erste Sprache ist und dies Ihre Erstinstallation.

Hat sich Ihr Team bereits für eine dieser Optionen entschieden, sollten Sie mitziehen und die entsprechende Variante wählen.

Um die CPython-Standardimplementierung unter Windows zu installieren, müssen Sie zuerst die neueste Version von *Python 3 (https://www.python.org/ftp/python/3.5.0/python-3.5.0.exe)* bzw. *Python 2.7 (https://www.python.org/ftp/python/2.7.10/python-2.7.10.msi)* von der offiziellen Website herunterladen. Wollen Sie sichergehen, eine topaktuelle Version zu installieren (oder wenn Sie wirklich, wirklich sicher sind, den 64-Bit-Installer nutzen zu wollen[12], dann gehen Sie zur *Python Releases for Windows (https://www.python.org/downloads/windows/)*-Seite, um die von Ihnen benötige Release zu finden.

Die Windows-Version steht als MSI-Paket zur Verfügung. Das erlaubt Windows-Administratoren, die Installation mit ihren Standardtools zu automatisieren. Um das Paket manuell zu installieren, reicht ein Doppelklick auf die Datei.

---

10 Sie müssen zumindest wissen, welche Python-Version Sie nutzen und ob ein 32-Bit- oder ein 64-Bit-Python genutzt wird. Wir empfehlen die 32-Bit-Variante, da jede DLL von Drittanbietern in einer 32-Bit-Version vorliegt, aber nicht unbedingt als 64-Bit-Variante. Die am häufigsten genannte Quelle für kompilierte Binaries ist die *Christoph Gohlkes Site (http://www.lfd.uci.edu/~gohlke/pythonlibs/)*. Für scikit-learn baut Carl Kleffner *Binaries mittels MinGW (https://pypi.anaconda.org/carlkl/simple/)*, um diese irgendwann auf *PyPI (https://pypi.python.org/pypi)* zu veröffentlichen.

11 Anaconda bietet mehr kostenloses Material und wird mit Spyder (einer besseren IDE) geliefert. Wenn Sie mit Anaconda arbeiten, ist *Anacondas Index freier Pakete (https://repo.continuum.io/pkgs/)* und *Canopys Paketindex (https://www.enthought.com/products/canopy/package-index/)* hilfreich.

12 Was konkret heißt, dass Sie zu 100 % sicher sind, dass alle Dynamically Linked Libraries (DLLs) und Treiber in 64-Bit-Versionen verfügbar sind.

Python wird ganz bewusst in einem Verzeichnis installiert, das die Versionsnummer enthält (z. B. wird Python Version 3.5 unter *C:\Python35* installiert), damit mehrere Python-Versionen ohne Konflikte auf dem gleichen System laufen können. Natürlich kann nur ein Interpreter die Standardanwendung für Python-Dateien sein. Der Installer modifiziert die Umgebungsvariable PATH nicht automatisch,[13] sodass Sie immer die Kontrolle darüber haben, welche Version von Python ausgeführt wird.

Das Eingeben des vollständigen Pfads für den gewünschten Python-Interpreter wird schnell lästig, Sie sollten daher Ihren Standard-Interpreter in die PATH-Umgebungsvariable eintragen. Wollen Sie beispielsweise die Python-Installation in *C:\Python35* nutzen, würden Sie Ihre PATH-Umgebungsvariable wie folgt ergänzen:

```
C:\Python35;C:\Python35\Scripts\
```

Sie können dazu Folgendes in der PowerShell eingeben:[14]

```
PS C:\> [Environment]::SetEnvironmentVariable(
    "Path",
    "$env:Path;C:\Python35\;C:\Python35\Scripts\",
    "User")
```

Im zweiten Verzeichnis (*Scripts*) werden bei der Installation bestimmter Pakete Befehlsdateien abgelegt, daher ist es eine nützliche Ergänzung. Sie müssen nichts weiter installieren oder konfigurieren, um Python nutzen zu können.

Abgesehen davon empfehlen wir dringend die Installation von Setuptools, pip und virtualenv, bevor Sie damit beginnen, Python-Anwendungen für den realen Einsatz (etwa Beiträge zu Gemeinschaftsprojekten) zu entwickeln. Wie man diese Tools nutzt und installiert, erfahren Sie weiter unten in diesem Abschnitt. Insbesondere Setuptools sollten Sie immer installieren, da es Ihnen die Nutzung von Python-Bibliotheken Dritter deutlich erleichtert.

Setuptools und pip

Die aktuellen MSI-Installer installieren neben Python Setuptools und pip gleich mit. Wenn Sie also den Anweisungen in diesem Buch gefolgt sind, sollten diese bereits installiert sein. Andernfalls ist es bei Python 2.7 am einfachsten, wenn Sie

---

13 Die PATH-Variable führt alle Verzeichnisse auf, in denen das Betriebssystem nach ausführbaren Programmen wie Python oder Python-Skripten wie pip sucht. Die Einträge werden durch Semikola voneinander getrennt.

14 Windows PowerShell bietet eine Kommandozeilen-Shell und eine Skriptsprache, die den Unix-Shells so weit ähnelt, dass sich Unix-Nutzer sofort zurechtfinden, ohne ein Handbuch lesen zu müssen. Darüber hinaus besitzt sie zusätzliche Features speziell für Windows. Sie basiert auf dem .NET Framework. Weitere Informationen finden Sie in Microsofts *Using Windows PowerShell*. (*http://bit.ly/using-windows-powershell*)

auf die neueste Release aktualisieren.[15] Für die Python-Version 3.3 und ältere Versionen von Python 3 laden Sie das Skript *get-pip.py (https://bootstrap.pypa.io/get-pip.py)*[16] herunter und führen es aus. Öffnen Sie eine Shell, wechseln Sie in das Verzeichnis, in dem *get-pip.py* liegt, und geben Sie Folgendes ein:

```
PS C:\> python get-pip.py
```

Mit Setuptools können Sie jede konforme[17] Python-Software über ein Netzwerk (überlicherweise das Internet) mit einem einzigen Befehl (easy_install) herunterladen und installieren. Es ist auch möglich, diese Art der Netzwerkinstallation mit nur wenig Aufwand in Ihre eigene Python-Software zu integrieren.

Sowohl pips pip-Befehl als auch Setuptools' easy_install-Befehl sind Tools zur Installation und Verwaltung von Python-Paketen. pip ist gegenüber easy_install zu bevorzugen, weil es Pakete auch deinstallieren kann, verständlichere Fehlermeldungen liefert und partielle Paketinstallationen unmöglich sind (bei Fehlern während der Installation werden alle bisherigen Änderungen rückgängig gemacht). Eine etwas differenziertere Diskussion finden Sie unter *pip vs easy_install (http://bit.ly/pip-vs-easy-install)* im *Python Packaging User Guide (https://packaging.python.org)*. Das ist Ihre erste Anlaufstelle für aktuelle Informationen zum Thema Paketierung.

virtualenv

Der Befehl virtualenv *(http://pypi.python.org/pypi/virtualenv)* erzeugt isolierte Python-Umgebungen. Er erstellt einen Ordner mit allen notwendigen Executables und Paketen, die ein Python-Projekt nutzen könnte. Wird die Umgebung dann durch einen Befehl in diesem neuen Ordner aktiviert, wird dieser Ordner in der PATH-Umgebungsvariablen an die erste Stelle gesetzt, das heißt, der neue Ordner wird als Erster gefunden, und die Pakete in dessen Unterordnern werden verwendet. Um virtualenv per pip zu installieren, führen Sie pip in einem PowerShell-Terminal aus:

```
PS C:\> pip install virtualenv
```

»Virtuelle Umgebungen« auf Seite 37 geht ausführlicher auf Nutzung und Motivation ein. Unter OS X und Linux muss (weil System- und Drittanbietersoftware

---

15 Der Installer wird fragen, ob die aktuelle Installation überschrieben werden soll. Antworten Sie mit Ja; Releases mit der gleichen Unterversion sind rückwärtskompatibel.

16 Weitere Details finden Sie in den pip-*Installationsanweisungen (https://pip.pypa.io/en/latest/installing.html)*.

17 Pakete sind mit den Setuptools konform, wenn sie ausreichend Informationen bereitstellen, um alle Paketabhängigkeiten identifizieren und auflösen zu können. Weitere Informationen finden Sie in *Packaging and Distributing Python Projects (https://packaging.python.org/en/latest/distributing.html)*, *PEP 302 (https://www.python.org/dev/peps/pep-0302/)* und *PEP 241 (https://www.python.org/dev/peps/pep-0241/)*.

Python nutzt) zwischen den Python 2- und Python 3-Versionen von pip unterschieden werden. Unter Windows ist das nicht notwendig, wenn wir also von pip3 reden, bedeutet das für Windows-Nutzer pip. Unabhängig vom Betriebssystem können Sie, sobald Sie sich in der virtuellen Umgebung befinden, immer den Befehl pip verwenden, ganz egal, ob Sie mit Python 2 oder Python 3 arbeiten. Im Rest des Buchs machen wir das daher auch.

Kommerzielle Python-Distributionen

Ihre IT-Abteilung oder Ihr Dozent hat Sie gebeten, eine kommerzielle Python-Distribution zu installieren. Der Sinn dieser Bitte besteht darin, die Arbeit zu vereinfachen, die die Pflege einer konsistenten Umgebung für mehrere Nutzer erfordert. Alle hier aufgeführten Distributionen stellen C-Implementierungen von Python (CPython) bereit.

Ein technischer Gutachter der ersten Rohfassung dieses Kapitels hat uns darauf hingewiesen, dass wir die Probleme, die für die meisten Nutzer entstehen, wenn sie eine normale CPython-Installation unter Windows nutzen, gewaltig unterschätzen. Dass selbst mit wheels die Kompilierung und/oder das Linken externer C-Bibliotheken für jeden (mit Ausnahme erfahrener Entwickler) eine qualvolle Angelegenheit ist. Wir selbst bevorzugen CPython, doch die Wahrheit ist, dass Sie als »Konsument« von Bibliotheken und Paketen (im Gegensatz zu Entwicklern und Mitwirkenden) eine kommerzielle Distribution herunterladen und einfach weitermachen sollten – das gilt umso mehr, wenn Sie mit Windows arbeiten. Wenn Sie später etwas zur Open Source beitragen wollen, können Sie die reguläre CPython-Distribution immer noch installieren.

Ein späterer Wechsel zur Python-Standardinstallation ist einfacher, wenn Sie die Standardeinstellungen der herstellerspezifischen Installation nicht verändern.

Diese kommerziellen Distributionen haben Folgendes zu bieten:

Die Intel-Distribution für Python
 Ziel *der Intel-Distribution für Python (https://software.intel.com/en-us/python-distribution)* ist ein hochleistungsfähiges Python in einem einfach zugänglichen freien Paket. Die Leistungssteigerung wird hauptsächlich dadurch erreicht, dass die Python-Pakete mit nativen Bibliotheken wie der *Intel Math Kernel Library* (MKL) verlinkt werden. Dazu kommen verbesserte Threading-Fähigkeiten, die die *Intel Threading Building Blocks (TBB) (http://bit.ly/intel-tbb-for-python)* ebenfalls einschließen. Das Paketmanagement baut auf Continuums Conda auf, doch auch pip wird unterstützt. Es kann eigenständig her-

untergeladen oder von *https://anaconda.org/ (https://anaconda.org/)* in einer *Conda-Umgebung (http://bit.ly/intel-python-beta)* installiert werden.[18]

Es bietet den SciPy-Stack sowie die anderen gängigen Bibliotheken, die in *den Release Notes (PDF) (http://bit.ly/intel-python-release-notes)* aufgeführt sind. Kunden mit Intel Parallel Studio XE-Lizenz erhalten kommerziellen Support, und jeder andere findet Hilfe in den Foren. Diese Distribution bietet Ihnen also ohne große Umstände die wissenschaftlichen Bibliotheken und ist ansonsten eine ganz normale Python-Distribution.

Continuum Analytics' Anaconda
Continuum Analytics' Python-Distribution (https://www.continuum.io/down loads) steht unter der BSD-Lizenz und bietet in seinem *Index freier Pakete (https://repo.continuum.io/pkgs/)* massenhaft vorkompilierte Binaries aus den Bereichen Wissenschaft und Mathematik an. Es nutzt nicht pip als Paketmanager, sondern Conda, das auch virtuelle Umgebungen verwaltet, aber eher wie Buildout funktioniert (das in »Buildout« auf Seite 41 behandelt wird) und nicht wie virtualenv. Conda verwaltet Bibliotheken und andere externe Abhängigkeiten für den Benutzer. Die Paketformate sind nicht kompatibel, das heißt, die Installer können die Paketindizes des jeweils anderen nicht verarbeiten.

Die Anaconda-Distribution wird mit dem SciPy-Stack und anderen Tools geliefert. Anaconda bietet die beste Lizenz und viel kostenloses Zusatzmaterial. Wenn Sie eine kommerzielle Distribution nutzen wollen – insbesondere wenn Sie bereits mit der Kommandozeile vertraut sind und R oder Scala mögen (die ebenfalls enthalten sind) –, dann wählen Sie diese Distribution. Sollten Sie alle diese zusätzlichen Dinge nicht brauchen, nehmen Sie stattdessen die *miniconda-Distribution (http://conda.pydata.org/miniconda.html)*. Zahlende Kunden erhalten verschiedene Haftungsfreistellungen (in Bezug auf Open-Source-Lizenzen: Wer darf wann was nutzen? oder: Wer wird für was verklagt?), kommerziellen Support und zusätzliche Python-Bibliotheken.

ActiveStates ActivePython
ActiveStates Distribution (http://www.activestate.com/downloads) steht unter der ActiveState Community License und ist nur für die Evaluierung kostenlos. ActiveState bietet auch Lösungen für Perl und Tcl. Das Hauptverkaufsargument ist eine umfangreiche Haftungsfreistellung (wieder in Bezug auf Open-Source-Lizenzen) für die mehr als 7.000 Pakete ihres umfassenden *Paket-Index (https://code.activestate.com/pypm/)*, der über ActiveStates pypm-Tool (ein pip-Ersatz) zugänglich ist.

---

18 Intel und Anaconda sind eine Kooperation eingegangen, *(http://bit.ly/announce-anaconda-intel)* und alle durch *Intel optimierten Pakete (https://anaconda.org/intel)* sind nur über conda verfügbar. Sie können aber immer conda install pip und pip nutzen (oder mit pip install conda und conda verwenden), wenn Sie wollen.

Enthoughts Canopy

Enthoughts Distribution (https://store.enthought.com/downloads/) steht unter der Canopy Software License. Sie nutzt den Paketmanager enpkg anstelle von pip, um sich mit *Canopys Paket-Index (http://bit.ly/enthought-canopy)* zu verbinden.

Enthought bietet kostenlose akademische Lizenzen für Studenten und Mitarbeiter von akademischen Einrichtungen an. Charakteristische Merkmale der Enthought-Distribution sind grafische Tools für die Interaktion mit Python, darunter eine eigene IDE, die sich an MATLAB orientiert, ein grafischer Paketmanager, ein grafischer Debugger und ein grafisches Tool zur Datenmanipulation. Wie bei anderen kommerziellen Distributionen gibt es für zahlende Kunden Haftungsfreistellungen, kommerziellen Support und zusätzliche Pakete.

KAPITEL 3
Ihre Entwicklungsumgebung

Dieses Kapitel gibt einen Überblick über Texteditoren, integrierte Entwicklungsumgebungen (IDEs) und andere Entwicklungswerkzeuge, die aktuell für den Editier-Test-Debug-Zyklus von Python beliebt sind.

Wir geben unumwunden zu, dass wir Sublime Text (siehe »Sublime Text« auf Seite 25) als Editor und PyCharm/IntelliJ IDEA (siehe »PyCharm/IntelliJ IDEA« auf Seite 31) als IDE bevorzugen, doch wir verstehen auch, dass die beste Wahl von der Aufgabe und den anderen von Ihnen genutzten Sprachen abhängt. Dieses Kapitel stellt eine Reihe der beliebtesten Werkzeuge vor und nennt Gründe für ihre Wahl.

Python benötigt keine Build-Tools wie Make oder Javas Ant bzw. Maven, da es interpretiert wird und nicht kompiliert.[1] Wir werden sie hier daher nicht weiter behandeln. In Kapitel 6 erläutern wir aber, wie man Setuptools nutzt, um Projekte zu paketieren, und Sphinx für die Dokumentation verwendet.

Wir werden auch nicht auf Versionskontrollsysteme eingehen, da diese sprachunabhängig sind, doch die meisten derjenigen, die die C-(Referenz-)Implementierung von Python pflegen, sind gerade von Mercurial auf Git umgestiegen (siehe *PEP 512 (https://www.python.org/dev/peps/pep-0512/)*). Die ursprüngliche Begründung für den Einsatz von Mercurial in *PEP 374 (https://www.python.org/dev/peps/pep-0374/)* enthält einen kurzen, aber nützlichen Vergleich zwischen den vier heute am weitesten verbreiteten Optionen Subversion, Bazaar, Git und Mercurial.

Das Kapitel endet mit einem kurzen Blick auf die verschiedenen Möglichkeiten, unterschiedliche Interpreter zu betreiben, um die möglichen Deployment-Szenarien während der Entwicklung zu replizieren.

---

[1] Wenn Sie an irgendeinem Punkt C-Erweiterungen für Python entwickeln wollen, sehen Sie sich *Extending Python with C or C++ (https://docs.python.org/3/extending/extending.html)* an. Weitere Details finden Sie in Kapitel 15 des *Python Cookbook (http://bit.ly/python-cookbook)*.

Texteditoren

Mit nahezu allem, mit dem man auch nur einen einfachen Text schreiben kann, kann man Python-Code entwickeln. Doch die Wahl des richtigen Editors kann Ihnen einige Stunden Arbeit pro Woche einsparen. Alle in diesem Abschnitt vorgestellten Texteditoren unterstützen die Syntaxhervorhebung und können über Plugins um statische Codeprüfungen (»Linter«) und Debugger erweitert werden.

Tabelle 3-1 führt die von uns bevorzugten Texteditoren (nach Präferenz absteigend sortiert) auf und nennt Gründe, warum ein Entwickler den einen oder anderen nutzen sollte. Der Rest des Kapitels geht detaillierter auf jeden Editor ein. Falls Sie nach speziellen Features suchen, finden Sie auf Wikipedia einen *sehr detaillierten Vergleich zu Texteditoren (https://en.wikipedia.org/wiki/Comparison_of_text_editors)*.

Tabelle 3-1: Texteditoren auf einen Blick

Tool	Verfügbarkeit	Gründe für den Einsatz
Sublime Text	• Offene API/kostenlose Testversion • OS X, Linux, Windows	• Schnell, geringer Speicherdarf. • Kommt auch mit großen Dateien (> 2 GB) zurecht. • Erweiterungen sind in Python geschrieben.
Vim	• Open Source/Spenden willkommen • OS X, Linux, Windows, Unix	• Sie lieben Vi/Vim. • Zumindest Vi ist auf jedem Betriebssystem (außer Windows) vorinstalliert. • Läuft in der Konsole.
Emacs	• Open Source/Spenden willkommen • OS X, Linux, Windows, Unix	• Sie lieben Emacs. • Erweiterungen sind in Lisp geschrieben. • Läuft in der Konsole.
TextMate	• Open Source/lizenzpflichtig • Nur OS X	• Sehr gute Benutzerschnittstelle. • Nahezu alle Schnittstellen (statischer Codecheck/Debug/Test) sind vorinstalliert. • Gute Apple-Tools, z. B. die Schnittstelle zu xcodebuild (über das Xcode-Bundle).
Atom	• Open Source/frei • OS X, Linux, Windows	• Erweiterungen sind in JavaScript/HTML/CSS geschrieben. • Sehr schöne GitHub-Integration.
Code	• Offene API (endlich)/frei • OS X, Linux, Windows	• IntelliSense (Codevervollständigung) mit Microsofts Visual Studio vergleichbar. • Gut für Windows-Entwickler. Unterstützt .Net, C# und F#. • Nachteil: noch nicht erweiterbar (aber angekündigt).

Sublime Text

Sublime Text (http://www.sublimetext.com/) ist der von uns empfohlene Texteditor für Code, Markup und Prosa. Seine Geschwindigkeit ist das erste Argument für eine Empfehlung, die Zahl der verfügbaren Pakete (über 3.000) das nächste.

Sublime Text wurde 2008 von Jon Skinner erstmals veröffentlicht. Er ist in Python geschrieben, unterstützt das Editieren von Python-Code perfekt und nutzt Python auch für seine Paketerweiterungs-API. Ein *Projects*-Feature erlaubt dem Benutzer, Dateien oder Ordner hinzuzufügen (bzw. zu löschen). Diese können dann über die Funktion *Goto Anything* durchsucht werden, die dann die Stellen innerhalb des Projekts aufspürt, die den oder die Suchbegriffe enthalten.

Sie benötigen*PackageControl (https://packagecontrol.io/installation)*, um auf das Sublime Text-Paket-Repository zugreifen zu können. Zu den beliebten Paketen gehört SublimeLinter, ein Interface zu den vom Benutzer installierten statischen Codecheckern, Emmett für Webentwicklungs-Snippets[2] und Sublime SFTP für entferntes Editieren per FTP.

Anaconda (http://damnwidget.github.io/anaconda/) (das nichts mit der kommerziellen Python-Distribution gleichen Namens zu tun hat) wurde 2013 veröffentlicht und verwandelt Sublime fast in eine IDE mit statischen Codecheckern, Docstring-Checks, einem Testsystem und der Fähigkeit, die Definition markierter Objekte nachzuschlagen oder Beispiele für deren Einsatz zu zeigen.

Vim

Vim ist ein konsolenbasierter Texteditor (mit optionaler GUI). Anstelle von Menüs und Symbolen verwendet er Tastaturkürzel für das Editieren. Er wurde 1991 von Bram Moolenaar veröffentlicht, während sein Vorgänger Vi 1976 von Bill Joy veröffentlicht wurde. Beide sind in C geschrieben.

Vim ist über eine einfache Skriptsprache namens vimscript erweiterbar. Es gibt viele Optionen für den Einsatz anderer Sprachen. Das Python-Skripting aktivieren Sie, indem Sie bei der Kompilierung des C-Quellcodes die Flags `--enable-pythoninterp` und/oder `--enable-python3interp` setzen. Um zu prüfen, ob Python oder Python3 aktiviert ist, geben Sie `:echo has("python")` bzw. `:echo has("python3")` ein. Das Ergebnis ist »1«, wenn Python unterstützt wird, andernfalls »0«.

Vi (und häufig auch Vim) ist auf so gut wie jedem System (außer Windows) standardmäßig vorinstalliert. Für Windows gibt es einen *Installer für Vim (http://www.vim.org/download.php#pc)*. Wer die Lernkurve meistert, wird extrem effektiv. Das

---

2   Snippets sind oft verwendete Codefragmente wie CSS-Styles oder Klassendefinitionen, die automatisch vervollständigt werden können, wenn der Benutzer ein paar Zeichen eingibt und dann die Tabulatortaste drückt.

geht so weit, dass die grundlegenden Vi-Tastenkürzel als Konfigurationsoptionen für die meisten anderen Editoren und IDEs zur Verfügung stehen.

 Wenn Sie für ein großes Unternehmen in irgendeiner IT-Position arbeiten wollen, sollten Sie zumindest rudimentär mit Vi umgehen können.[3] Vim bietet wesentlich mehr Möglichkeiten als Vi, doch es ist ähnlich genug, sodass ein Vim-Nutzer auch mit Vi zurechtkommt.

Wenn Sie nur in Python entwickeln, können Sie die Standardeinstellungen für Einrückungen und Zeilenumbrüche auf *PEP 8 (https://www.python.org/dev/peps/pep-0008)*-konforme Werte setzen. Dazu legen Sie eine Datei namens *.vimrc* in Ihrem Home-Verzeichnis an[4] und fügen die folgenden Zeilen hinzu:

```
set textwidth=79       " Zeilen mit mehr als 79 Zeichen werden umbrochen
set shiftwidth=4       " >> rückt um 4 Spalten ein; mit << geht's 4 Spalten zurück
set tabstop=4          " Tabs sind 4 Spalten lang
set expandtab          " Tabs werden durch Leerzeichen ersetzt
set softtabstop=4      " 4 Leerzeichen einfügen/löschen, wenn Tab/Backspace gedrückt wird
set shiftround         " Einrückung auf Vielfaches von 'shiftwidth' aufrunden
set autoindent         " Einrückung an der vorigen Zeile ausrichten
```

Bei diesen Einstellungen erfolgt nach 79 Zeichen ein Zeilenumbruch, eingerückt wird mit vier Zeichen pro Tab, und innerhalb einer eingerückten Zeile wird auch die nächste Zeile entsprechend eingerückt.

Es gibt ein Syntax-Plug-in namens *python.vim (http://bit.ly/python-vim)*, das gegenüber der bei Vim 6.1 mitgelieferten Syntaxdatei einige Verbesserungen bietet. Ein kleines Plug-in namens *SuperTab (http://bit.ly/supertab-vim)* vereinfacht die Codevervollständigung über die Tabulatortaste oder beliebige andere Tasten. Sollten Sie Vim auch für andere Sprachen nutzen, gibt es ein praktisches Plug-in namens *indent (http://bit.ly/indent-vim)*, das die Einstellung der Einrückung für Python-Quelldateien übernimmt.

Diese Plug-ins versorgen Sie mit einer grundlegenden Entwicklungsumgebung für Python. Wenn Ihr Vim mit +python kompiliert wurde (seit Vim 7 der Standard), können Sie auch das Plug-in *vim-flake8 (https://github.com/nvie/vim-flake8)* verwenden, mit dem statische Codechecks direkt im Editor möglich sind. Es stellt die Funktion Flake8 zur Verfügung, die *PEP 8 (http://pypi.python.org/pypi/pep8/)* und *Pyflakes (http://pypi.python.org/pypi/pyflakes/)* ausführt und mit einer beliebigen Taste oder Aktion verknüpft werden kann. Das Plug-in gibt Fehler am unteren Bildrand aus und bietet eine einfache Möglichkeit, zur entsprechenden Zeile zu springen.

---

[3] Öffnen Sie einfach den Editor, indem Sie vi (oder vim) in der Kommandozeile eingeben. Im Editor geben Sie dann :help gefolgt von Enter ein, um das Tutorial aufzurufen.

[4] Um Ihr Home-Verzeichnis unter Windows zu ermitteln, öffnen Sie Vim und geben :echo $HOME ein.

Wenn Sie wollen, können Sie es so einrichten, dass Vim `Flake8` immer aufruft, wenn eine Python-Datei gespeichert wird. Fügen Sie dazu die folgende Zeile in Ihre *.vimrc* ein:

```
autocmd BufWritePost *.py call Flake8()
```

Wenn Sie bereits mit *syntastic (https://github.com/scrooloose/syntastic)* arbeiten, können Sie es so einstellen, dass es Pyflakes beim Schreiben ausführt und Fehler bzw. Warnungen im *quickfix*-Fenster ausgibt. Hier eine entsprechende Beispielkonfiguration, die auch Status- und Warnmeldungen in der Statuszeile ausgibt:

```
set statusline+=%#warningmsg#
set statusline+=%{SyntasticStatuslineFlag()}
set statusline+=%*
let g:syntastic_auto_loc_list=1
let g:syntastic_loc_list_height=5
```

Python-Mode

Der *Python-Mode (https://github.com/klen/python-mode)* ist eine komplexe Lösung zur Bearbeitung von Python-Code unter Vim. Wenn Sie die hier vorgestellten Features mögen, sollten Sie ihn nutzen (beachten Sie aber, dass Vim dann etwas länger zum Starten braucht):

- asynchrones Python-Code-Checking (`pylint`, `pyflakes`, `pep8`, `mccabe`) in beliebiger Kombination
- Code-Refactoring und Autovervollständigung mit *rope (https://github.com/python-rope/rope)*
- schnelles Python-Folding (Sie können eingerückten Code »verstecken«)
- Unterstützung für virtualenv
- die Fähigkeit, die Python-Dokumentation zu durchsuchen und Python-Code auszuführen
- automatische *PEP 8 (http://pypi.python.org/pypi/pep8/)*-Fehlerkorrekturen

Emacs

Emacs ist ein weiterer mächtiger Texteditor. Er verfügt mittlerweile über eine GUI, kann aber auch direkt in der Konsole ausgeführt werden. Er ist vollständig programmierbar (in Lisp) und kann mit ein wenig Mühe zu einer Python-IDE aufgebohrt werden. Masochisten und *Raymond Hettinger (http://pyvideo.org/speaker/138/raymond-hettinger)*[5] nutzen ihn.

---

5 Wir lieben Raymond Hettinger. Wenn jeder so coden würde, wie er es empfiehlt, wäre die Welt ein wesentlich besserer Ort.

Emacs ist in Lisp geschrieben und wurde 1976 von Richard Stallman und Guy L. Steele, Jr. vorgestellt. Zu den fest integrierten Features gehört entferntes Editieren (per FTP), ein Kalender, das Senden und Lesen von E-Mail und sogar ein Psychiater (Esc, dann x, dann doctor). Populäre Plug-ins sind unter anderem *YASnippet*, mit dem Sie Code-Snippets auf Tasten legen können, und Tramp für das Debugging. Es ist über einen eigenen Lisp-Dialekt namens elisp plus erweiterbar.

Wenn Sie bereits mit Emacs arbeiten, finden Sie im EmacsWiki »*Python Programming in Emacs*« *(http://emacswiki.org/emacs/PythonProgrammingInEmacs)* Tipps und Tricks zu Python-Paketen und zur Konfiguration. Emacs-Neulinge sollten mit dem *offiziellen Emacs-Tutorial (http://bit.ly/gnu-emacs-tutorial)* starten.

Momentan gibt es für Emacs drei wesentliche Python-Modi:

- Fabián Ezequiel Gallinas python.el, das seit der Emacs-Version 24.3+ im Lieferumfang enthalten ist, implementiert Syntaxhervorhebung, Einrückung, Bewegung, Interaktion mit der Shell und eine Reihe weiterer *gängiger Features des Emacs-Editier-Modus (https://github.com/fgallina/python.el#introduction)*.
- Jorgen Schäfers *Elpy (http://elpy.readthedocs.org/)* zielt auf eine vollständige, interaktive Entwicklungsumgebung in Emacs ab – inklusive Debugging, Linter und Codevervollständigung.
- *Pythons Quelldistribution (https://www.python.org/downloads/source/)* wird mit einer alternativen Version ausgeliefert, die Sie im Verzeichnis *Misc/python-mode.el* finden. Sie können sie im Web auch separat von *launchpad (https://launchpad.net/python-mode)* herunterladen. Sie besitzt einige Tools zur Programmierung per Spracheingabe sowie zusätzliche Tastaturkürzel und ermöglicht die *Einrichtung einer vollständigen Python-IDE (http://www.emacswiki.org/emacs/ProgrammingWithPythonModeDotEl)*.

TextMate

TextMate (http://macromates.com/) ist ein GUI-basierter Editor mit Emacs-Wurzeln, der nur unter OS X läuft. Er besitzt ein Apple-typisches Interface, das es irgendwie hinbekommt, unaufdringlich zu sein und gleichzeitig alle Befehle mit minimalem Aufwand zur Verfügung zu stellen.

TextMate ist in C++ geschrieben und wurde 2004 erstmals von Allan Oddgard und Ciarán Walsh vorgestellt. Sublime Text (siehe »Sublime Text« auf Seite 25) kann TextMate-Snippets direkt importieren, und Microsofts Editor Code (siehe »Code« auf Seite 29) kann Syntaxhervorhebungen von TextMate direkt importieren.

In beliebigen Sprachen geschriebene Snippets können in gebündelten Gruppen eingefügt und darüber hinaus über Shell-Skripte erweitert werden. Außerdem ist es möglich, einen beliebigen Text zu markieren und über die Tastenkombination Cmd+| (Pipe) als Standardeingabe an ein Skript weiterzuleiten. Die Ausgabe des Skripts ersetzt den markierten Text.

Die Syntaxhervorhebung für Apples Swift und Objective-C ist fest integriert. Über das Xcode-Bundle steht eine Schnittstelle zu xcodebuild zur Verfügung. Ein TextMate-Veteran wird keine Probleme haben, mit diesem Editor in Python zu codieren. Neulinge, die nicht viel Zeit mit der Entwicklung von Apple-Produkten verbringen, sind mit den neueren plattformübergreifenden Editoren (die sich häufig ausgiebig bei TextMates beliebtesten Features bedienen) besser bedient.

Atom

Atom (https://atom.io/) ist ein »hackbarer Texteditor für das 21. Jahrhundert«. So lautet zumindest die Aussage der Leute von GitHub, die ihn entwickelt haben. Er wurde 2014 veröffentlicht und ist in CoffeeScript (JavaScript) und Less (CSS) geschrieben. Er basiert auf Electron (früher Atom Shell)[6], also auf GitHubs Applikations-Shell, die wiederum auf io.js und Chromium aufsetzt.

Atom ist über JavaScript und CSS erweiterbar, und Nutzer können Snippets in jedweder Sprache hinzufügen (auch TextMate-basierte Snippet-Definitionen). Wie sicher erwartet, besitzt er eine sehr schöne GitHub-Integration. Er beinhaltet ein natives Paketmanagement und eine Vielzahl von Paketen (über 2.000). Für die Python-Entwicklung empfohlen wird *Linter (https://github.com/AtomLinter/Linter)* in Kombination mit *linter-flake8 (https://github.com/AtomLinter/linter-flake8)*. Webentwicklern könnte auch der *Atom-Entwicklungsserver (https://atom.io/packages/atom-development-server)* gefallen, der einen kleinen HTTP-Server ausführt und eine HTML-Vorschau in Atom erlaubt.

Code

Microsoft hat Code im Jahr 2015 angekündigt. Es ist ein kostenloser Closed-Source-Texteditor innerhalb der Visual-Studio-Familie und basiert ebenfalls auf GitHubs Electron. Er läuft plattformübergreifend, und die Tastenkombinationen erinnern stark an TextMate.

Code verfügt über eine *Erweiterungs- API (https://code.visualstudio.com/Docs/extensions/overview)* – verfügbare Erweiterungen finden Sie im *Marktplatz für VS-Code-Erweiterungen (https://code.visualstudio.com/docs/editor/extension-gallery)*. Er vereint alles, was seine Entwickler für das Beste von TextMate und Atom mit Microsoft halten. Er kommt mit IntelliSense (Codevervollständigung), die an Visual Studio heranreicht, und unterstützt .Net, C# und F#.

---

6 Electron ist eine Plattform zur Entwicklung plattformübergreifender Desktopanwendungen mit HTML, CSS und JavaScript.

IDEs

Viele Entwickler nutzen sowohl einen Texeditor als auch eine IDE, wobei bei größeren, komplexeren oder eher kollaborativen Projekten meist zur IDE gewechselt wird. Tabelle 3-2 hebt die Unterscheidungsmerkmale einiger beliebter IDEs hervor. Die nachfolgenden Abschnitte gehen dann etwas genauer auf die jeweiligen IDEs ein.

Ein Feature, das häufig als Grund für den Einsatz einer vollwertigen IDE genannt wird (neben Codevervollständigung und Debugging-Tools), ist die Fähigkeit, schnell zwischen den Python-Interpretern zu wechseln (z. B. von Python 2 zu Python 3 zu IronPython). Diese Möglichkeit beinhalten alle der in Tabelle 3-2 aufgeführten freien IDE-Versionen. Visual Studio bietet das mittlerweile bei allen Varianten.[7]

Zusätzliche Features (die kostenlos sein können oder auch nicht) sind Schnittstellen zu Ticketing-Systemen, Tools für das Deployment (z. B. Heroku oder Google App Engine), Werkzeuge für das kollaborative Arbeiten, entferntes Debugging sowie zusätzliche Features zur Nutzung von Web-Frameworks wie Django.

Tabelle 3-2: IDEs auf einen Blick

Tool	Verfügbarkeit	Gründe für den Einsatz
PyCharm/Intellij IDEA	• Offene API/kostenpflichtige Professional-Edition • Open Source/kostenlose Community-Edition • OS X, Linux, Windows	• Nahezu perfekte Codevervollständigung. • Gute Unterstützung virtueller Umgebungen. • Gute Unterstützung von Web-Frameworks (in der kostenpflichtigen Version).
Aptana Studio 3/ Eclipse + LiClipse + PyDev	• Open Source/kostenlos • OS X, Linux, Windows	• Sie lieben Eclipse. • Java-Unterstützung (LiClipse/Eclipse).
WingIDE	• Offene API/kostenlose Testversion • OS X, Linux, Windows	• Großartiger (Web-)Debugger, der beste der hier aufgeführten IDEs. • Per Python erweiterbar.
Spyder	• Open Source/kostenlos • OS X, Linux, Windows	• Data Science: IPython ist in Spyder integriert, wird im Paket mit NumPy, SciPy und Matplotlib geliefert. • Die Standard-IDE beliebter wissenschaftlicher Python-Distributionen: Anaconda, Python(x,y) und WinPython.
NINJA-IDE	• Open Source/Spenden willkommen • OS X, Linux, Windows	• Bewusst leichtgewichtig. • Starker Python-Fokus.

---

[7] *https://github.com/Microsoft/PTVS/wiki/Features-Matrix*

Tabelle 3-2: IDEs auf einen Blick (Fortsetzung)

Tool	Verfügbarkeit	Gründe für den Einsatz
Komodo IDE	• Offene API/Texteditor (Komodo Edit) ist Open Source • OS X, Linux, Windows	• Python, PHP, Perl, Ruby, Node. • Erweiterungen basieren auf Mozilla-Add-ons.
Eric (Eric Python IDE)	• Open Source/Spenden willkommen • OS X, Linux, Windows	• Ruby + Python. • Bewusst leichtgewichtig. • Großartiger (wissenschaftlicher) Debugger. Kann einen Thread debuggen, während andere weiterlaufen.
Visual Studio (Community)	• Offene API/kostenlose Community-Edition • Kostenpflichtige Professional- und Enterprise-Edition	• Sehr gute Integration von Microsoft-Sprachen und -Tools. • IntelliSense (Codevervollständigung) ist fantastisch. • Projektmanagement und Unterstützung beim Deployment inklusive Tools zur Sprint-Planung und Manifest-Template in der Enterprise-Edition. • Vorbehalt: Virtuelle Umgebungen werden nur in der (teuersten) Enterprise-Edition unterstützt.

PyCharm/IntelliJ IDEA

PyCharm (http://www.jetbrains.com/pycharm/) ist die von uns bevorzugte Python-IDE. Die Hauptgründe dafür sind die nahezu perfekte Codevervollständigung sowie die Qualität der Tools für die Webentwicklung. In der Wissenschaftscommunity wird die kostenlose Version (bei der die Webentwicklungstools fehlen) als für ihre Bedürfnisse ausreichend empfunden, es wird aber öfter auf Spyder (siehe »Spyder« auf Seite 33) zurückgegriffen.

PyCharm wird von JetBrains entwickelt, das auch für IntelliJ IDEA bekannt ist, eine proprietäre Java-IDE, die mit Eclipse konkurriert. PyCharm (veröffentlicht 2010) und IntelliJ IDEA (veröffentlicht 2001) nutzen die gleiche Codebasis, und ein Großteil der Features von PyCharm lässt sich bei IntelliJ durch das kostenlose *Python-Plug-in (http://bit.ly/intellij-python)* ergänzen.

JetBrains empfiehlt PyCharm für ein einfacheres Benutzer-Interface und IntelliJ IDEA, wenn Sie Introspektion von Jython-Funktionen vornehmen möchten, zwischen Sprachen wechseln müssen oder ein Java-zu-Python-Refactoring nötig ist. (PyCharm funktioniert mit Jython, aber nur als mögliche Wahl für den Interpreter. Die Werkzeuge zur Introspektion stehen nicht zur Verfügung.) Die beiden werden separat lizenziert, Sie müssen sich also vor dem Kauf entscheiden.

Die IntelliJ Community Edition und die PyCharm Commuity Edition sind Open Source (Apache-2.0-Lizenz) und kostenlos.

Aptana Studio 3/Eclipse + LiClipse + PyDev

Eclipse ist in Java geschrieben und wurde 2001 von IBM als offene, vielseitige Java-IDE veröffentlicht. *PyDev (http://pydev.org/)*, das Eclipse-Plug-in für die Python-Emtwicklung, wurde 2003 von Aleks Totic veröffentlicht, der den Stab später an Fabio Zadrozny übergab. Es ist das beliebteste Eclipse-Plug-in für die Python-Entwicklung.

Obwohl sich die Eclipse-Community nicht wirklich gewehrt hat, als Forenbesucher anfingen, IntelliJ IDEA und Eclipse zu vergleichen und IntelliJ den Vorzug zu geben, ist Eclipse immer noch die am häufigsten verwendete Java-IDE. Das ist für Python-Entwickler von Interesse, die Schnittstellen zu in Java entwickelten Tools nutzen müssen, da es für viele beliebte Werkzeuge (wie etwa Hadoop, Spark und die entsprechenden proprietären Varianten) Instruktionen und Plug-ins für die Entwicklung mit Eclipse gibt.

Ein PyDev-Fork ist in *Aptana Studio 3 (http://www.aptana.com/products/studio3.html)* integriert, einer Open-Source-Suite mit Plug-ins für Eclipse, die eine Python-IDE (mit Django), Ruby (und Rails), HTML, CSS und PHP bietet. Der primäre Fokus von Aptanas Eigentümer (der Fa. Appcelerator) liegt auf Appcelerator Studio, einer proprietären Mobilplattform für HTML, CSS und JavaScript, bei der monatliche Gebühren fällig werden (sobald eine App live geht). Allgemeine Unterstützung für PyDev und Python ist vorhanden, hat aber keine Priorität. Abgesehen davon ist Aptanas Studio 3 eine gute Wahl, wenn Sie Eclipse mögen, als JavaScript-Entwickler hauptsächlich für mobile Plattformen entwickeln und gelegentliche Ausflüge in Richtung Python unternehmen müssen.

LiClipse wurde aus dem Wunsch nach verbesserter Mehrsprachigkeit und dem einfachen Zugriff auf vollständig dunkle Themes (was bedeutet, neben dem Texthintergrund sind auch Menüs und Rahmen dunkel) geboren. Es besteht aus einer von Zadrozny entwickelten proprietären Suite von Eclipse-Plug-ins. Ein Teil der (optionalen) Lizenzgebühren fließt an PyDev, um es auch weiterhin vollständig kostenlos und als Open Source anbieten zu können (es steht unter der EPL-Lizenz, die auch von Eclipse genutzt wird). Es wird zusammen mit PyDev ausgeliefert, Python-Nutzer müssen es nicht mehr selbst installieren.

WingIDE

WingIDE (http://wingware.com/) ist eine Python-spezifische IDE und nach PyCharm die wohl zweitbeliebteste Python-IDE. Sie läuft unter Linux, Windows und OS X.

Die Debugging-Tools sind sehr gut und umfassen auch Tools zum Debugging von Django-Templates. Die Nutzer von WingIDE nennen als Hauptgründe für den Einsatz dieser IDE den Debugger, die steile Lernkurve und den geringen Speicherbedarf.

Wing wurde im Jahr 2000 von Wingware veröffentlicht und ist in Python, C und C++ geschrieben. Erweiterungen werden unterstützt, ein Plug-in-Repository gibt es bisher aber noch nicht. Nutzer müssen also in anderen Blogs und GitHub-Accounts nach verfügbaren Paketen suchen.

Spyder

Spyder (https://github.com/spyder-ide/spyder) (eine Abkürzung für *Scientific PYthon DevelopmentEnviRonment*) ist eine IDE, die sich gezielt an Nutzer wissenschaftlicher Python-Bibliotheken richtet.

Spyder wurde von Carlos Córdoba in Python geschrieben. Es ist Open Source (MIT-Lizenz) und bietet Codevervollständigung, Syntaxhervorhebung, einen Klassen- und Funktionsbrowser sowie Objektinspektion. Zusätzliche Features sind über Community-Plug-ins verfügbar.

Spyder integriert *pyflakes (http://pypi.python.org/pypi/pyflakes/)*, *pylint (https://www.pylint.org/)* und *rope (https://github.com/python-rope/rope)* und wird mit NumPy, SciPy, IPython und Matplotlib geliefert. Es wird selbst mit den beliebten wissenschaftlichen Python-Distributionen Anaconda, Python(x, y) und WinPython ausgeliefert.

NINJA-IDE

NINJA-IDE (http://www.ninja-ide.org/) (nach dem rekursiven Akronym *Ninja-IDE Is Not Just Another IDE*) ist eine plattformübergreifende IDE für die Entwicklung von Python-Anwendungen. Sie läuft unter Linux/X11, Mac OS X und Windows. Installer für die verschiedenen Plattformen können von der NINJA-IDE-Website heruntergeladen werden.

Die NINJA-IDE ist in Python und Qt geschrieben, Open Source (GPLv3-Lizenz) und bewusst leichtgewichtig gehalten. Die beliebtesten Features sind die Hervorhebung von Problemcode bei der Ausführung statischer Codechecker und beim Debugging sowie die Vorschaufähigkeit für Webseiten. Sie kann über Python erweitert werden, und es gibt auch ein Plug-in-Repository. Dahinter steht die Idee, dass der Nutzer nur die Tools hinzufügt, die er benötigt.

Die Entwicklung ging eine Weile etwas langsam voran, doch die neue NINJA-IDE v3 ist für die nahe Zukunft angekündigt, und über *NINJA-IDE listserv (http://bit.ly/ninja-ide-listserv)* wird immer noch fleißig kommuniziert. In der Community finden sich viele Spanisch sprechende Mitglieder, darunter auch die Kernentwickler.

Komodo IDE

Komodo IDE (http://www.activestate.com/komodo-ide) wird von ActiveState entwickelt und ist eine kommerzielle IDE für Windows, Mac und Linux. *KomodoEdit (https://github.com/Komodo/KomodoEdit)*, der Texteditor der IDE, ist die Open-Source-Alternative (Mozilla Public License).

Komodo wurde im Jahr 2000 von ActiveState veröffentlicht und nutzt die Codebasis von Mozilla und Scintilla. Es ist über Mozilla-Add-ons erweiterbar und unterstützt Python, Perl, Ruby, PHP, Tcl, SQL, Smarty, CSS, HTML sowie XML. Komodo Edit besitzt keinen Debugger, dieser kann aber über ein Plug-in nachgerüstet werden. Die IDE unterstützt keine virtuellen Umgebungen, doch der Benutzer kann wählen, welcher Python-Interpreter verwendet werden soll. Die Django-Unterstützung ist nicht so umfangreich wie bei WingIDE, PyCharm und Eclipse + PyDev.

Eric (die Eric Python IDE)

Eric (http://eric-ide.python-projects.org/) ist Open Source (GPLv3-Lizenz) und wird seit über zehn Jahren aktiv weiterentwickelt. Die Eric Python IDE ist in Python geschrieben, basiert auf dem GUI-Toolkit Qt und integriert den Scintilla-Editor. Benannt ist sie nach Eric Idle, einem Mitglied von Monty Python (und eine Hommage an die IDLE-IDE). Sie wird zusammen mit den Python-Distributionen ausgeliefert.

Die Features umfassen Codevervollständigung, Syntaxhervorhebung, Unterstützung von Versionskontrollsystemen, Unterstützung von Python 3, einen integrierten Webbrowser, eine Python-Shell, einen integrierten Debugger und ein flexibles Plug-in-System. Eric besitzt keine zusätzlichen Werkzeuge für Web-Frameworks.

Wie NINJA-IDE und Komodo IDE ist diese IDE bewusst leichtgewichtig gehalten. Treue Nutzer glauben, dass es die besten Debugging-Tools hat, einschließlich der Fähigkeit, einen Thread anzuhalten und zu debuggen, während die anderen weiterlaufen. Wenn Sie Matplotlib für interaktive Plots in dieser IDE nutzen wollen, müssen Sie das Qt4-Backend verwenden:

```
# Muss zuerst kommen:
import matplotlib
matplotlib.use('Qt4Agg')

# Und dann nutzt pyplot das Qt4-Backend:
import matplotlib.pyplot as plt
```

Dieser Link verweist auf die aktuelle *Dokumentation der Eric IDE (http://eric-ide.python-projects.org/eric-documentation.html)*. Positives Feedback auf der Website zur Eric IDE stammt meist aus der Scientific-Computing-Community (Wettermodelle und Strömungsdynamik).

Visual Studio

Professionelle Entwickler, die mit Microsoft-Produkten unter Windows arbeiten, wünschen sich *Visual Studio (https://www.visualstudio.com/products)*. Es ist in C++ und C# geschrieben, und die erste Version erschien 1995. Ende 2014 wurde die erste Visual Studio Community Edition für nicht kommerzielle Zwecke kostenlos zur Verfügung gestellt.

Wenn Sie hauptsächlich mit Enterprise-Software arbeiten und Microsoft-Produkte wie C# und F# nutzen, ist das Ihre IDE.

Stellen Sie sicher, dass Sie die *Python Tools for Visual Studio (PTVS) (https://www.visualstudio.com/en-us/features/python-vs.aspx)* mitinstallieren, was in den Installationsoptionen über eine Checkbox aktiviert werden muss, die standardmäßig nicht aktiv ist. Anweisungen zur Installation mit Visual Studio bzw. der Nachinstallation finden Sie auf der *PTVS-Wiki-Seite (https://github.com/Microsoft/PTVS/wiki/PTVS-Installation)*.

Interaktive Tools

Die hier aufgeführten Tools verbessern die Arbeit in der interaktiven Shell. IDLE ist eigentlich eine IDE, ist im vorigen Abschnitt aber nicht enthalten, da es im Gegensatz zu den anderen genannten IDEs von den meisten Anwendern als nicht robust genug empfunden wird (für Enterprise-Projekte). Es eignet sich aber hervorragend für die Lehre. IPython ist in Spyder standardmäßig enthalten und kann auch in andere IDEs eingebunden werden. Diese Tools ersetzen den Python-Interpreter nicht, sondern ergänzen die vom Benutzer gewählte Interpreter-Shell um zusätzliche Tools und Features.

IDLE

IDLE (http://docs.python.org/library/idle.html#idle), steht für *Integrated Development and Learning Environment*, (zu Deutsch etwa »Integrierte Entwicklungs- und Lernumgebung«) und ist gleichzeitig der Nachname des Monty-Python-Mitglieds Eric Idle). IDLE ist Teil der Python-Standardbibliothek und wird mit Python ausgeliefert.

IDLE wurde von Guido van Rossum (Pythons »Benevolent Dictator for Life«) vollständig in Python geschrieben und nutzt das Tkinter-GUI-Toolkit. Zwar eignet sich IDLE nicht für umfangreiche Python-Entwicklungen, doch es ist recht hilfreich, wenn man kleinere Python-Snippets ausprobieren oder mit verschiedenen Python-Features experimentieren möchte.

Es enthält die folgenden Features:

- ein Python-Shell-Fenster (Interpreter),
- einen Multifenster-Texteditor mit farbig hervorgehobenem Python-Code sowie
- minimale Debugging-Fähigkeiten.

IPython

IPython (http://ipython.org/) bietet ein umfangreiches Toolkit für die interaktive Nutzung von Python. Die Hauptkomponenten sind:

- Leistungsfähige Python-Shells (Terminal- und Qt-basiert).
- Ein webbasierter »Notizblock« mit den gleichen Features wie die Terminal-Shell sowie Unterstützung für Rich Media, Text, Code, mathematische Ausdrücke und Inline-Plots.
- Unterstützung für die interaktive Datenvisualisierung (ist es entsprechend konfiguriert, erscheinen ihre Matplotlib-Plots in einem separaten Fenster) und die Nutzung von GUI-Toolkits.
- Flexible, einbettbare Interpreter, die in die eigenen Projekte geladen werden können.
- Tools für High-Level- und interaktives paralleles Computing.

Um IPython zu installieren, geben Sie Folgendes in einem Terminal oder in der PowerShell ein:

```
$ pip install ipython
```

bpython

bpython (http://bpython-interpreter.org/) ist eine alternative Schnittstelle zum Python-Interpreter für Unix-artige Betriebssysteme. Es bietet die folgenden Features:

- Inline-Syntaxhervorhebung.
- Automatische Einrückung und Vervollständigung.
- Liste der erwarteten Parameter für jede Python-Funktion.
- Eine »Rückspulfunktion«, die die letzte Codezeile aus dem Speicher abruft und erneut evaluiert.
- Die Möglichkeit, eingegebenen Code an ein Pastebin zu senden (um den Code online zu teilen).
- Die Möglichkeit, eingegebenen Code in einer Datei zu speichern.

Um bpython zu installieren, geben Sie in einem Terminal Folgendes ein:

```
$ pip install bpython
```

Isolationstools

Dieser Abschnitt geht etwas detaillierter auf die am häufigsten genutzten Isolationstools wie virtualenv (das Python-Umgebungen voneinander isoliert) und Docker (das ganze Systeme virtualisiert) ein.

Diese Tools bieten unterschiedliche Isolationsgrade zwischen den laufenden Anwendungen und der jeweiligen Hostumgebung. Damit wird es möglich, Code mit verschiedenen Python-Versionen und Bibliotheken zu testen und zu debuggen. Auf diese Weise können Sie eine konsistente Deployment-Umgebung aufbauen.

Virtuelle Umgebungen

Eine virtuelle Python-Umgebung hält die Abhängigkeiten verschiedener Projekte an unterschiedlichen Orten vor. Durch die Installation mehrerer Python-Umgebungen können Sie das *globale Paketverzeichnis* (in dem vom Benutzer installierte Python-Pakete abgelegt werden) sauber halten und an einem Projekt arbeiten, das beispielsweise Django 1.3 verlangt, während Sie außerdem ein Projekt pflegen können, das noch Django 1.0 nutzt.

Der Befehl `virtualenv` legt dazu einen separaten Ordner an, der einen Softlink zum Python-Executable enthält, eine Kopie des `pip`-Befehls sowie einen Ort für die Python-Bibliotheken. Dieser Ordner wird bei der Aktivierung dem aktuellen PATH vorangestellt. Bei Deaktivierung wird der ursprüngliche Zustand wiederhergestellt. Über Kommandozeilenoptionen ist es auch möglich, die vom System installierten Python- und Bibliotheksversionen zu nutzen.

Sie können eine virtuelle Umgebung nicht einfach verschieben, sobald sie einmal angelegt ist, da die Pfade der Executables alle fest codiert sind und auf den absoluten Pfad des Interpreters im *bin/*-Verzeichnis der virtuellen Umgebung verweisen.

Die virtuelle Umgebung anlegen und aktivieren

Das Setup und die Aktivierung virtueller Python-Umgebungen sind bei den verschiedenen Betriebssystemen leicht unterschiedlich.

Mac OS X und Linux. Sie können die gewünschte Python-Version mit dem Argument `--python` festlegen. Dann nutzen Sie das `activate`-Skript, um den PATH der virtuellen Umgebung festzulegen:

```
$ cd my-project-folder
$ virtualenv --python python3 my-venv
$ source my-venv/bin/activate
```

Windows. Falls noch nicht geschehen, müssen Sie die Ausführungs-Policy so anpassen, dass lokal erzeugte Skripte ausgeführt werden dürfen.[8] Hierzu öffnen Sie als Administrator eine PowerShell und geben Folgendes ein:

```
PS C:\> Set-ExecutionPolicy RemoteSigned
```

---

8 Oder verwenden Sie stattdessen `Set-ExecutionPolicy AllSigned`, sollten Sie das bevorzugen.

Beantworten Sie die erscheinende Frage mit Y und beenden Sie die Shell mit exit. In einer normalen PowerShell können Sie eine virtuelle Umgebung dann wie folgt erzeugen:

```
PS C:\> cd my-project-folder
PS C:\> virtualenv --python python3 my-venv
PS C:\> .\my-venv\Scripts\activate
```

Virtuelle Umgebungen um Bibliotheken ergänzen

Sobald Sie die virtuelle Umgebung aktiviert haben, ist das erste `pip`-Executable in ihrem Pfad dasjenige, das im gerade von Ihnen erzeugten *my-venv*-Ordner abgelegt wurde. Bibliotheken installiert es im folgenden Verzeichnis:

- *my-venv/lib/python3.4/site-packages/* (bei POSIX-Systemen[9])
- *my-venv\Lib\site-packages* (Windows)

Wenn Sie eigene Pakete oder Projekte für andere schnüren, geben Sie:

```
$ pip freeze > requirements.txt
```

ein, während die virtuelle Umgebung aktiv ist. Das schreibt alle aktuell installierten Pakete (die hoffentlich auch Projektabhängigkeiten sind) in die Datei *requirements.txt*. Nutzer können alle Abhängigkeiten in eigenen virtuellen Umgebungen installieren, indem sie die *requirements.txt* an `pip` übergeben:

```
$ pip install -r requirements.txt
```

`pip` installiert die aufgeführten Abhängigkeiten und setzt bei Konflikten die Abhängigkeiten der Unterpakete außer Kraft. Die in der *requirements.txt* angegebenen Abhängigkeiten sind für die gesamte Python-Umgebung gedacht. Sollen Abhängigkeiten bei der Distribution einer Bibliothek angegeben werden, verwenden Sie besser das Argument `install_requires` beim Aufruf der `setup()`-Funktion in einer *setup.py*-Datei.

Verwenden Sie `pip install -r requirements.txt` nicht außerhalb einer virtuellen Umgebung. Tun Sie es dennoch und in *requirements.txt* wird eine andere Version verlangt, als auf Ihrem Computer installiert ist, ersetzt pip die andere Version der Bibliothek durch die in der *requirements.txt* angegebene Version.

Die virtuelle Umgebung deaktivieren

Um die normalen Systemeinstellungen wiederherzustellen, geben Sie Folgendes ein:

```
$ deactivate
```

---

9   POSIX steht fürPortable Operating System Interface. Es besteht aus einem Satz von IEEE-Standards, der beschreibt, wie sich ein Betriebssystem verhalten soll. Das umfasst das Verhalten von und die Schnittstelle zu grundlegenden Shell-Befehlen, Ein-/Ausgabe, Threading sowie andere Dienste und Utilities. Die meisten Linux- und Unix-Distributionen werden als POSIX-kompatibel betrachtet, und Darwin (das Mac OS X und iOS zugrunde liegende Betriebssystem) ist seit Leopard (10.5) ebenfalls kompatibel. Ein »POSIX-System« ist ein System, das als POSIX-kompatibel betrachtet wird.

Weitere Informationen finden Sie in der *Dokumentation zu virtuellen Umgebungen (http://bit.ly/virtualenv-guide)*, der *offiziellen virtualenv-Dokumentation (https://virtualenv.pypa.io/en/latest/userguide.html)* und dem *offiziellen Python Packaging-Guide (https://packaging.python.org)*. Das pyvenv-Paket, das seit Python Version 3.3 Teil der Python-Standardbibliothek ist, ersetzt virtualenv nicht (tatsächlich ist es eine Abhängigkeit von virtualenv), das heißt, die Anweisungen funktionieren mit allen Versionen von Python.

pyenv

pyenv (https://github.com/yyuu/pyenv) ist ein Tool, das die gleichzeitige Nutzung verschiedener Python-Interpreter erlaubt. Damit lösen Sie das Problem, unterschiedliche Python-Versionen in verschiedenen Projekten verwenden zu müssen. Liegt allerdings ein Abhängigkeitskonflikt in den Bibliotheken vor (etwa wenn unterschiedliche Django-Versionen verwendet werden), müssen Sie weiterhin virtuelle Umgebungen nutzen. Zum Beispiel können Sie Python 2.7 installieren, um die Kompatibilität in einem Projekt zu erhalten, und gleichzeitig Python 3.5 als Standard-Interpreter verwenden. pyenv ist nicht auf die CPython-Versionen beschränkt – es installiert auch PyPy-, Anaconda-, Miniconda-, Stackless-, Jython- und IronPython-Interpreter.

pyenv befüllt dazu ein *shims*-Verzeichnis mit einer Shim-Version des Python-Interpreters und Programmen wie pip und 2to3. Diese Programme werden dann gefunden, wenn das Verzeichnis in der $PATH-Umgebungsvariablen vorangestellt wird. Ein *shim* ist eine »Durchleitefunktion«, die die aktuelle Situation interpretiert und die geeignetste Funktion auswählt, um die gewünschte Aufgabe zu erfüllen. Sucht das System beispielsweise nach einem Programm namens phyton, schaut es zuerst im *shims*-Verzeichnis nach und nutzt die shim-Version, die den Befehl wiederum an pyenv weitergibt. pyenv wählt dann die Python-Version basierend auf Umgebungsvariablen, *.python-version*-Dateien und den globalen Standardeinstellungen.

Für virtuelle Umgebungen gibt es das Plug-in *pyenv-virtualenv (https://github.com/yyuu/pyenv-virtualenv)*, das das Anlegen virtueller Umgebungen automatisiert und es erlaubt, die vorhandenen pyenv-Tools zum Wechsel in verschiedene Umgebungen zu nutzen.

Autoenv

Autoenv (https://github.com/kennethreitz/autoenv) bietet abseits von virtualenv eine leichtgewichtige Möglichkeit zur Verwaltung verschiedener virtueller Umgebungen. Es überschreibt den Shell-Befehl cd so, dass, wenn beim Wechsel in ein Verzeichnis eine *.env*-Datei gefunden wird (die z. B. den PATH und eine Umgebungsvariable mit einer Datenbank-URL setzt), diese Umgebung automatisch aktiviert wird. Sobald Sie das Verzeichnis per cd wieder verlassen, wird der Effekt aufgehoben. Bei der Windows PowerShell funktioniert das leider nicht.

Unter Mac OS X installieren Sie es mit brew:

```
$ brew install autoenv
```

und bei Linux mit:

```
$ git clone git://github.com/kennethreitz/autoenv.git ~/.autoenv
$ echo 'source ~/.autoenv/activate.sh' >> ~/.bashrc
```

Öffnen Sie dann eine neue Shell.

virtualenvwrapper

virtualenvwrapper (http://bit.ly/virtualenvwrapper-docs) bietet eine Reihe von Befehlen an, die virtuelle Python-Umgebungen erweitern, um bessere Kontroll- und Verwaltungsmöglichkeiten zu bieten. Es platziert alle virtuellen Umgebungen in ein einziges Verzeichnis und stellt leere Hook-Funktionen zur Verfügung, die vor oder nach der Erzeugung bzw. Aktivierung der virtuellen Umgebung oder eines Projekts ausgeführt werden können. Ein solcher Hook kann beispielsweise Umgebungsvariablen setzen, indem er die *.env*-Datei innerhalb des Verzeichnisses verarbeitet.

Das Problem mit der Platzierung solcher Funktionen mit den installierten Elementen besteht darin, dass der Benutzer irgendwie an diese Skripte gelangen muss, um die Umgebung auf einer anderen Maschine vollständig duplizieren zu können. Dennoch kann es auf einem gemeinsam genutzten Entwicklungsserver nützlich sein, wenn alle Umgebungen in einem gemeinsam genutzten Ordner abgelegt sind und von mehreren Nutzern verwendet werden.

Um die *vollständigen virtualenvwrapper-Installationsanweisungen (http://bit.ly/ virtualenvwrapper-install)* zu überspringen, stellen Sie zuerst sicher, dass virtualenv bereits installiert ist. Danach geben Sie unter OS X oder Linux in einem Terminal Folgendes ein:

```
$ pip install virtualenvwrapper
```

Oder verwenden Sie `pip install virtualenvwrapper`, wenn Sie mit Python 2 arbeiten. Tragen Sie dann

```
export VIRTUALENVWRAPPER_PYTHON=/usr/local/bin/python3
```

in Ihre *~/.profile* ein und ergänzen Sie Ihre *~/.bash_profile* (oder das von Ihnen bevorzugte Shell-Profil) wie folgt:

```
source /usr/local/bin/virtualenvwrapper.sh
```

Zum Abschluss beenden Sie das aktuelle Terminalfenster und öffnen ein neues, um das neue Profil zu aktivieren. Danach steht virtualenvwrapper zur Verfügung.

Unter Windows verwenden Sie stattdessen *virtualenvwrapper-win (http://bit.ly/ virtualenvwrapper-win)*. Wenn virtualenv bereits installiert ist, geben Sie Folgendes ein:

```
PS C:\> pip install virtualenvwrapper-win
```

Die folgenden Befehle werden auf beiden Plattformen häufig genutzt:

mkvirtualenv *my_venv*
    Erzeugt eine virtuelle Umgebung im Ordner *~/.virtualenvs/my_venv*. Unter Windows wird *my_venv* in dem Verzeichnis angelegt, das Sie in der Kommandozeile durch Eingabe von %USERPROFILE%\Envs ermitteln können. Die genaue Position kann über die Umgebungsvariable $WORKON_HOME angepasst werden.

workon *my_venv*
    Aktivert die virtuelle Umgebung oder wechselt aus der aktuellen Umgebung in die angegebene.

deactivate
    Deaktiviert die virtuelle Umgebung.

rmvirtualenv *my_venv*
    Löscht die virtuelle Umgebung.

virtualenvwrapper bietet eine Tabulatorvervollständigung für Umgebungsnamen, was in vielen Umgebungen (und wenn Sie sich die Namen nicht merken können) hilfreich ist. Eine Reihe weiterer nützlicher Funktionen ist in der *Liste der virtualenvwrapper-Befehle (http://bit.ly/virtualenvwrapper-command)* dokumentiert.

Buildout

Buildout (http://www.buildout.org/en/latest/) ist ein Python-Framework, das das Anlegen und Aufbauen sogenannter *Rezepte* (engl. Recipes) erlaubt. Dabei handelt es sich um Python-Module mit beliebigem Code (üblicherweise Systemaufrufen zum Erzeugen von Verzeichnissen oder zum Checkout und Build von Quellcode sowie dem Einbinden der Nicht-Python-Teile eines Projekts wie etwa einer Datenbank oder einem Webserver). Sie installieren es mittels pip:

```
$ pip install zc.buildout
```

Buildout nutzende Projekte nehmen zc.buildout und die benötigten Rezepte in der *requirements.txt* auf oder würden eigene Rezepte direkt mit dem Quellcode liefern. Sie beinhalten auch die Konfigurationsdatei *buildout.cfg* und das Skript *bootstrap.py* im obersten Verzeichnis. Rufen Sie das Skript mit python bootstrap.py auf, wird durch Einlesen der Konfigurationsdatei ermittelt, welche Rezepte verwendet werden sollen, sowie die Konfigurationsoptionen der jeweiligen Rezepte (z.B. die zu verwendenden Kompilier- und Linker-Flags).

Einem Python-Projekt mit Nicht-Python-Teilen verleiht Buildout Portabilität – ein anderer Benutzer kann die gleiche Umgebung rekonstruieren. Das unterscheidet sich von den Skript-Hooks bei virtualenvwrapper, die zusammen mit der *requirements.txt* kopiert und übertragen werden müssen, um die virtuelle Umgebung wiederherstellen zu können.

Buildout umfasst Teile zur Installation von Eggs.[10] Bei neueren Python-Versionen können Sie das überspringen, da hier mit wheels gearbeitet wird. Weitere Informationen finden Sie im *Buildout-Tutorial (http://www.buildout.org/en/latest/docs/tutorial.html)*.

Conda

Conda (http://conda.pydata.org/docs/) ist wie pip, virtualenv und Buildout in einem. Es wird mit der Python-Distribution Anaconda geliefert und ist Anacondas Standardpaketmanager. Es kann über pip installiert werden:

```
$ pip install conda
```

Und pip kann über conda installiert werden:

```
$ conda install pip
```

Die Pakete liegen in unterschiedlichen Repositories (pip bezieht von *http://pypi.python.org (http://pypi.python.org)* und conda von *https://repo.continuum.io/*). Da mit unterschiedlichen Formaten gearbeitet wird, sind die Tools nicht austauschbar.

Diese von Continuum (den Schöpfern von Anaconda) entwickelte *Tabelle (http://bit.ly/conda-pip-virtualenv)* vergleicht die drei Optionen conda, pip und virtualenv miteinander.

conda-build, Continuums Gegenstück zu Buildout, kann auf allen Plattformen wie folgt installiert werden:

```
conda install conda-build
```

Wie bei Buildout wird auch das Format der conda-build-Konfigurationsdatei als »Rezept« bezeichnet, und diese Rezepte sind nicht auf die Verwendung von Python-Tools beschränkt. Im Gegensatz zu Buildout wird der Code als Shell-Skript angegeben (nicht in Python), und die Konfiguration erfolgt in YAML,[11] und nicht in Pythons *ConfigParser-Format (https://docs.python.org/3/library/configparser.html)*.

Der eigentliche Vorteil von Conda gegenüber pip und virtualenv liegt aufseiten der Windows-Nutzer: Als C-Erweiterungen generierte Python-Bibliotheken können als wheels vorhanden sein – oder auch nicht, doch sie stehen fast immer im *Anaconda-Paketindex (http://docs.continuum.io/anaconda/pkg-docs)*. Und falls ein Paket nicht

---

10 Ein *Egg* (zu Deutsch »Ei«) ist eine ZIP-Datei mit einer spezifischen Struktur, die Distributionsinhalte enthält. Eggs wurden mit *PEP 427 (https://www.python.org/dev/peps/pep-0427/)* durch wheels ersetzt. Sie wurden durch die sehr beliebte Packaging-Bibliothek Setuptools eingeführt, die eine praktische Schnittstelle zu den *distutils (https://docs.python.org/3/library/distutils.html)* der Python-Standardbibliothek bietet. Alles über die Unterschiede zwischen den Formaten finden Sie in *Wheel vs Egg (https://packaging.python.org/en/latest/wheel_egg/)* im Python Packaging User Guide.

11 *YAML (https://en.wikipedia.org/wiki/YAML)* (YAML Ain't Markup Language) ist eine Markup-Sprache, die gleichermaßen von Menschen und Maschinen gelesen werden kann.

über Conda verfügbar ist, können Sie pip installieren und auf *PyPI (https://pypi.python.org/pypi)* gehostete Pakete installieren.

Docker

Docker (https://www.docker.com/) isoliert Umgebungen genau wie virtualenv, Conda oder Buildout, doch anstelle einer virtuellen Umgebung stellt es einen *Docker-Container* zur Verfügung. Container bieten eine größere Isolation als virtuelle Umgebungen. Zum Beispiel können Sie Container betreiben, die jeweils eigene Netzwerkschnittstellen, Firewall-Regeln und Hostnamen besitzen. Die laufenden Container werden von einem separaten Utility, der *Docker Engine (https://docs.docker.com/engine/)*, verwaltet, die den Zugriff auf das darunterliegende Betriebssystem koordiniert. Wenn Sie Docker-Container unter OS X, Windows oder auf einem entfernten Host laufen lassen, benötigen Sie auch die *Docker Machine (https://docs.docker.com/machine/)*, die die Schnittstelle zu der virtuellen Maschine[12] herstellt, die die Docker-Engine ausführt.

Docker-Container basierten zunächst auf Linux-Containern, die ursprünglich selbst auf dem Shell-Befehl chroot *(https://en.wikipedia.org/wiki/Chroot)* basierten. chroot ist eine Art auf Systemebene angesiedelte Version des virtualenv-Befehls: Es lässt das Root-Verzeichnis (/) in einem vom Benutzer festgelegten Pfad erscheinen und nicht im echten Root-Verzeichnis. Auf diese Weise können Sie einen völlig separaten *User Space (https://en.wikipedia.org/wiki/User-space)* bereitstellen.

Docker nutzt chroot nicht und mittlerweile auch keine Linux-Container mehr (was das Universum von Docker-Images um Citrix und Solaris-Maschinen erweitert hat), doch die Docker-Container machen immer noch das Gleiche. Die Konfigurationsdateien werden als *Dockerfiles (https://docs.docker.com/engine/reference/builder/)* bezeichnet, die *Docker-Images (https://docs.docker.com/engine/userguide/containers/dockerimages/)* erzeugen, die auf dem *Docker-Hub (https://docs.docker.com/docker-hub/)* gehostet werden, dem Docker-Paket-Repository (vergleichbar mit PyPI).

Docker-Images benötigen, wenn sie richtig konfiguriert sind, weniger Platz als von Buildout oder Conda erzeugte Umgebungen, weil Docker das *AUFS (https://docs.docker.com/engine/userguide/storagedriver/aufs-driver/)*-Dateisystem nutzt, das nur das »diff« eines Images speichert und nicht das gesamte Image. Wenn Sie beispielsweise ein Paket für mehrere Releases einer Abhängigkeit generieren und testen wollen, können Sie ein Basis-Docker-Image erzeugen, das eine virtuelle Umge-

---

12 Eine *virtuelle Maschine* ist eine Anwendung, die auf einem Hostcomputer ein Computersystem emuliert, indem es die gewünschte Hardware imitiert und das gewünschte Betriebssystem bereitstellt.

bung[13] (oder Buildout- oder Conda-Umgebung) mit allen anderen Abhängigkeiten enthält. Sie vererben dann diese Basis an alle anderen Images und ändern nur die jeweilige Abhängigkeit in der letzten Schicht. So enthalten alle abgeleiteten Images nur die jeweils neue Bibliothek, während sie sich den Inhalt des Basis-Images teilen. Weitere Informationen finden Sie in der *Docker-Dokumentation (https://docs. docker.com/)*.

---

13 Eine virtuelle Umgebung innerhalb eines Docker-Containers isoliert Ihre Python-Umgebung und konserviert das Python des Betriebssystems für die Utilities, die zur Unterstützung Ihrer Anwendung notwendig sein könnten. Befolgen Sie also unseren Rat, nichts über pip (oder mit etwas anderem) im Python-Verzeichnis des Systems zu installieren.

TEIL 2
Wir legen los

Wir haben unser Handtuch, einen Python-Interpreter, virtuelle Umgebungen und einen Editor oder eine IDE – wir können also loslegen. Dieser Teil bringt Ihnen nicht die Sprache bei; dafür stellt »Python lernen« auf Seite 303 gute Ressourcen vor. Vielmehr sollen Sie sich am Ende dieses Teils wie ein echter Insider fühlen, der die Tricks einiger der besten Pythonistas unserer Community kennt. Dieser Teil umfasst die folgenden Kapitel:

Kapitel 4, Guten Code schreiben
   Wir behandeln Stil, Konventionen, Idiome und Fallstricke, die für neue Pythonistas hilfreich sind.

Kapitel 5, Guten Code lesen
   Wir führen Sie durch Teile unserer Lieblings-Python-Bibliotheken und hoffen, dass Sie sich dann selbst noch tiefer einlesen.

Kapitel 6, Guten Code ausliefern
   Wir behandeln kurz die Paketierung unter Python und wie man Bibliotheken auf PyPI hochlädt. Außerdem zeigen wir Optionen zum Bau und zur Distribution von Executables.

KAPITEL 4
Guten Code schreiben

Dieses Kapitel konzentriert sich auf die bewährten Methoden (Best Practices) zum Schreiben guten Python-Codes. Wir diskutieren Stilkonventionen, die in Kapitel 5 genutzt werden, und behandeln kurz die Best Practices für das Logging. Wir führen auch einige der wesentlichen Unterschiede zwischen den verschiedenen Open-Source-Lizenzen auf. All das soll Ihnen dabei helfen, Code zu schreiben, den wir, Ihre Community, einfach nutzen und erweitern können.

Codestil

Pythonistas (Python-Veteranen) feiern ihre Sprache als so zugänglich, dass selbst diejenigen, die niemals programmiert haben, dennoch verstehen, was ein Python-Programm macht, wenn sie den Quellcode lesen. Lesbarkeit ist das Herzstück des Python-Designs und folgt der Erkenntnis, dass Code wesentlich öfter gelesen als geschrieben wird.

Zwei Gründe für das einfache Verständnis von Python-Code sind zum einen der relativ vollständige Satz von Richtlinien zum Codestil, der in den beiden Python Enhancement Proposals PEP 20 und PEP 8 zusammengefasst ist (auf die wir auf den nächsten Seiten eingehen), und zum anderen einige »pythonische« Idiome. Wenn ein Pythonista auf Code zeigt und sagt, dass er nicht »pythonisch« sei, bedeutet das üblicherweise, dass diese Codezeilen nicht den gängigen Richtlinien folgen und die Absicht nicht in der Form darstellen, die als die lesbarste Lösung betrachtet wird. Natürlich: »a foolish consistency is the hobgoblin of little minds.[1]« Das pedantische Festhalten am PEP kann die Lesbarkeit und Verständlichkeit untergraben.

---

[1] Dieser Satz stammt ursprünglich von Ralph Waldo Emerson aus *Self-Reliance* und wird in PEP 8 zitiert, um zu bekräftigen, dass das Urteil des Entwicklers über dem Style-Guide steht. So ist beispielsweise die Konformität mit umgebendem Code und existierenden Konventionen wichtiger als die Konsistenz mit PEP 8.

PEP 8

PEP 8 (https://www.python.org/dev/peps/pep-0008/) ist der De-facto-Coding-Style-Guide für Python. Er behandelt Namenskonventionen, Codelayout, Whitespace (Tabulatoren kontra Leerzeichen) und ähnliche Stilthemen.

Ihn zu lesen, wird Ihnen wärmstens ans Herz gelegt. Die gesamte Python-Community tut ihr Bestes, um die in diesem Dokument beschriebenen Richtlinien einzuhalten. Manche Projekte weichen von Zeit zu Zeit davon ab, während andere (wie *Requests (http://bit.ly/reitz-code-style)*) diese Empfehlungen ergänzen.

Die Konformität Ihres Python-Codes mit PEP 8 ist generell eine gute Sache und hilft Ihnen dabei, die Codekonsistenz zu erhöhen, wenn Sie mit anderen Entwicklern an Projekten arbeiten. Die PEP 8-Richtlinien sind ausreichend genau, um durch Programme überprüft werden zu können. Es gibt ein Kommandozeilenprogramm namens pep8 *(https://github.com/jcrocholl/pep8)*, das Ihren Code auf Konformität prüfen kann. Sie installieren es, indem Sie den folgenden Befehl in Ihrem Terminal ausführen:

```
$ pip3 install pep8
```

Hier ein kleines Beispiel dafür, was Sie sehen, wenn Sie pep8 ausführen:

```
$ pep8 optparse.py
```

```
optparse.py:69:11: E401 multiple imports on one line
optparse.py:77:1: E302 expected 2 blank lines, found 1
optparse.py:88:5: E301 expected 1 blank line, found 0
optparse.py:222:34: W602 deprecated form of raising exception
optparse.py:347:31: E211 whitespace before '('
optparse.py:357:17: E201 whitespace after '{'
optparse.py:472:29: E221 multiple spaces before operator
optparse.py:544:21: W601 .has_key() is deprecated, use 'in'
```

Die Korrekturen der meisten Beanstandungen sind einfach und werden in PEP 8 direkt erklärt. Der *Coding-Style-Guide für Requests (http://bit.ly/reitz-code-style)* enthält Beispiele für guten und schlechten Code und unterscheidet sich nur leicht vom originalen PEP 8.

Die in »Texteditoren« auf Seite 24 genannten Linter nutzen üblicherweise pep8, das heißt, Sie können auch eines dieser Programme installieren, um Prüfungen innerhalb Ihres Editors oder Ihrer IDE durchzuführen. Alternativ können Sie das Programm autopep8 einsetzen, um Ihren Programmcode automatisch im PEP 8-Stil zu formatieren. Sie installieren das Programm mit:

```
$ pip3 install autopep8
```

Um eine Datei direkt »in-place« zu formatieren (d. h., das Original wird überschrieben), geben Sie Folgendes ein:

```
$ autopep8 --in-place optparse.py
```

Lassen Sie das Flag --in-place weg, gibt das Programm den geänderten Code direkt an die Konsole aus, sodass Sie ihn sich ansehen (oder über eine Pipe weiterleiten) können. Das Flag --aggressive geht weitaus massiver vor und kann mehrfach angewendet werden, um den Effekt zu steigern.

PEP 20 (alias The Zen of Python)

PEP 20 (https://www.python.org/dev/peps/pep-0020/) ist ein Satz von Leitgedanken für die Entscheidungsfindung in Python. Es ist jederzeit über `import this` in der Python-Shell verfügbar. Trotz seines Namens enthält PEP 20 nur 19 Aphorismen, nicht 20 (der letzte wurde nicht niedergeschrieben).

Die wahre Geschichte des Zen of Python wurde in Barry Warsaws Blog-Post *»import this and the Zen of Python« (http://bit.ly/import-this-zen-python)* verewigt.

The Zen of Python von Tim Peters[2]

Beautiful is better than ugly.

Explicit is better than implicit.

Simple is better than complex.

Complex is better than complicated.

Flat is better than nested.

Sparse is better than dense.

Readability counts.

Special cases aren't special enough to break the rules.

Although practicality beats purity.

Errors should never pass silently.

Unless explicitly silenced.

In the face of ambiguity, refuse the temptation to guess.

There should be one—and preferably only one—obvious way to do it.

Although that way may not be obvious at first unless you're Dutch.

Now is better than never.

Although never is often better than *right* now.

If the implementation is hard to explain, it's a bad idea.

If the implementation is easy to explain, it may be a good idea.

Namespaces are one honking great idea—let's do more of those!

---

[2] Tim Peters ist ein langjähriger Python-Nutzer, der letztendlich zu einem der erfolgreichsten und beständigsten Kernentwickler wurde (er hat Pythons Sortieralgorithmus *Timsort (https://en.wikipedia.org/wiki/Timsort)* entwickelt). Er ist erfreulich oft im Netz präsent. Irgendwann kam das Gerücht auf, dass er ein lang laufender Python-Port von Richard Stallmans KI-Programm stallman.el sei. Die *ursprüngliche Verschwörungstheorie (https://www.python.org/doc/humor/#the-other-origin-of-the-great-timbot-conspiracy-theory)* erschien Ende der 1990er auf einem Listserv.

Ein Beispiel für jeden dieser Zen-Aphorismen in Aktion finden Sie in Hunter Blanks' »*PEP 20 (The Zen of Python) by Example*« *(http://artifex.org/~hblanks/talks/2011/pep20_by_example.pdf)*. Auch Raymond Hettinger hat diese Prinzipien in seiner Rede »*Beyond PEP 8: Best Practices for Beautiful, Intelligible Code*« *(http://bit.ly/beyond-pep-8)* sehr schön angewendet.

Allgemeine Empfehlungen

Dieser Abschnitt beschreibt Stilkonzepte, die (hoffentlich) ohne großes Hin und Her akzeptiert werden und häufig auch auf andere Sprachen anwendbar sind. Einige stammen direkt aus dem Zen of Python, bei anderen handelt es sich hingegen einfach nur um gesunden Menschenverstand. Sie bekräftigen noch einmal unsere Präferenz für die offensichtlichste Form der Darstellung, auch wenn es mehrere Möglichkeiten gibt.

Explizit ist besser als implizit

Obwohl allerhand schwarze Magie mit Python möglich ist, bevorzugen wir die einfachste, klarste Möglichkeit, um etwas auszudrücken:

Schlecht	Gut
```def make_dict(*args): x, y = args return dict(**locals())```	```def make_dict(x, y): return {'x': x, 'y': y}```

Bei gutem Code werden x und y explizit vom Aufrufer empfangen, und ein Dictionary wird explizit zurückgegeben. Eine einfache Faustregel lautet, dass ein Entwickler beim Lesen der ersten und letzten Zeilen Ihrer Funktion verstehen soll, was sie macht. In unserem schlechten Beispiel ist das nicht der Fall. (Und natürlich ist das recht einfach, wenn die Funktion nur aus zwei Zeilen besteht.)

Wortkarg ist besser als wortreich

Verwenden Sie nur eine Anweisung pro Zeile. Einige zusammengesetzte Anweisungen wie List-Comprehensions sind erlaubt und werden aufgrund ihrer Kompaktheit und Ausdrucksstärke sogar geschätzt, allerdings ist es bewährte Praxis, getrennte Anweisungen auf separate Codezeilen zu verteilen. Dann werden auch diffs[3] nachvollziehbarer, wenn Änderungen an einzelnen Zeilen vorgenommen werden:

---

3 *diff* ist ein Shell-Utility, das zwei Dateien miteinander vergleicht und die Unterschiede ausgibt.

Schlecht	Gut
`print('one'); print('two')`	`print('one')`
	`print('two')`
`if x == 1: print('one')`	`if x == 1:`
	`    print('one')`
`if (<complex comparison> and`	`cond1 = <complex comparison>`
`    <other complex comparison>):`	`cond2 = <other complex comparison>`
`    # mach etwas`	`if cond1 and cond2:`
	`    # mach etwas`

Eine Erhöhung der Lesbarkeit ist Pythonistas mehr wert als einige zusätzliche Bytes im Code (wie bei der Zwei-prints-in-einer-Zeile-Anweisung) oder ein paar eingesparte Mikrosekunden bei einer Berechnung (wie in der Bedingungen-in-eigenen-Zeilen-Anweisung). Trägt eine Gruppe zu Open Source bei, ist die Revisionsgeschichte des »guten« Codes darüber hinaus einfacher zu verstehen, weil sich eine Änderung an einer Zeile nur auf eine Sache auswirken kann.

Fehler dürfen niemals stillschweigend durchgehen – es sei denn, sie werden explizit zum Schweigen gebracht

Die Fehlerbehandlung erfolgt in Python über die try-Anweisung. Ein Beispiel aus Ben Gleitzmans HowDoI-Paket (das in »HowDoI« auf Seite 101 ausführlicher beschrieben wird) zeigt, wann die Unterdrückung eines Fehlers in Ordnung ist:

```python
def format_output(code, args):
    if not args['color']:
        return code
    lexer = None

    # Lexer über Stack-Overflow-Tags oder Query-Argumente ermitteln
    for keyword in args['query'].split() + args['tags']:
        try:
            lexer = get_lexer_by_name(keyword)
            break
        except ClassNotFound:
            pass

    # kein Lexer gefunden, Guesser verwenden
    if not lexer:
        lexer = guess_lexer(code)

    return highlight(code,
                     lexer,
                     TerminalFormatter(bg='dark'))
```

Dies ist Teil eines Pakets, das ein Kommandozeilenskript zur Verfügung stellt, mit dem im Internet (standardmäßig Stack Overflow) gesucht werden kann, wie man eine bestimmte Programmieraufgabe löst. Das Ergebnis der Suche wird auf dem Bildschirm ausgegeben. Die Funktion `format_output()` wendet Syntaxhervorhebung an. Dazu werden zuerst die Tags der Anfrage nach einem String durchsucht, den der Lexer kennt (auch *Tokenizer* genannt; ein »python«-, »java«- oder »bash«- Tag bestimmt den Lexer, der für die Zerlegung und farbliche Hervorhebung des Codes genutzt werden soll). Schlägt dieser Versuch fehl, wird versucht, die Sprache aus dem Code selbst zu bestimmen. Es gibt drei mögliche Pfade, denen das Programm folgen kann, wenn es die try-Anweisung erreicht:

- Die try-Klausel (alles zwischen try und except) wird ausgeführt, ein Lexer wird gefunden, die Schleife wird beendet, und die Funktion gibt den mit dem gewählten Lexer hervorgehobenen Code zurück.
- Der Lexer wird nicht gefunden, die ClassNotFound-Ausnahme wird ausgelöst, abgefangen, und nichts passiert. Die Schleife läuft weiter, bis sie normal beendet oder ein Lexer gefunden wird.
- Eine andere Ausnahme tritt ein (etwa ein KeyboardInterrupt), die nicht verarbeitet wird. Diese wird auf die oberste Ebene durchgereicht, und die Ausführung wird beendet.

Der »niemals stillschweigend durchgehen«-Teil des Zen-Aphorismus soll Sie von übermäßiger Fehlerbehandlung abhalten. Hier ein Beispiel, das Sie in einem separaten Terminal ausprobieren sollten, damit Sie es einfacher beenden können, wenn Sie den wesentlichen Punkt erkannt haben:

```
>>> while True:
...     try:
...         print("nyah", end=" ")
...     except:
...         pass
```

Oder probieren Sie es nicht aus. Die except-Klausel ohne spezifizierende Ausnahme fängt alles ab, einschließlich eines KeyboardInterrupt (Strg+C in einem POSIX-Terminal), und ignoriert es. Die ganzen Interrupts, die Sie eingeben, um die Sache zu beenden, werden einfach verschluckt. Es geht aber nicht nur um den Interrupt – eine breit gefasste except-Klausel kann auch Fehler verstecken, die erst später zu Problemen führen, die dann noch schwerer zu finden sind. Wir wiederholen noch einmal: *Lassen Sie Fehler nicht stillschweigend durchgehen*, sondern geben Sie immer explizit die Ausnahmen an, die Sie abfangen wollen, und verarbeiten Sie nur diese Ausnahmen. Wenn Sie eine Ausnahme lediglich loggen oder auf andere Weise verarbeiten wollen und sie dann erneut auslösen (wie im folgenden Beispiel), ist das in Ordnung. Lassen Sie den Fehler nur nicht stillschweigend durchgehen (ohne ihn zu verarbeiten oder neu auszulösen):

```
>>> while True:
...     try:
...         print("ni", end="-")
...     except:
...         print("An exception happened. Raising.")
...         raise
```

Funktionsargumente sollten intuitiv zu nutzen sein

Die Wahl des API-Designs bestimmt den Eindruck, den andere Entwickler bei der Arbeit mit einer Funktion gewinnen. Argumente können auf vier unterschiedliche Arten an Funktionen übergeben werden:

```
          ❶              ❷           ❸        ❹
def func(positionell, schlüsselwort=wert, *args, **kwargs):
    pass
```

❶ *Positionelle Argumente* sind Pflicht und haben keine Standardwerte.

❷ *Schlüsselwortargumente* sind optional und haben Standardwerte.

❸ Eine *beliebige Argumentenliste* ist optional und hat keine Standardwerte.

❹ Ein *beliebiges Dictionary mit Schlüsselwortargumenten* ist optional und hat keine Standardwerte.

Hier ein paar Tipps dazu, wann man welche Methode der Argumentenübergabe nutzt:

Positionelle Argumente

Nutzen Sie diese, wenn es nur wenige Funktionsargumente gibt, die ein natürlicher Teil der Funktion sind und eine natürliche Reihenfolge aufweisen. Zum Beispiel hat der Benutzer bei send(nachricht, empfaenger) oder point(x, y) keine Schwierigkeiten, sich zu merken, dass diese Funktionen zwei Argumente verlangen und in welcher Reihenfolge diese anzugeben sind.

Antipattern: Es ist möglich, mit Argumentnamen zu arbeiten und die Reihenfolge der Argumente beim Aufruf zu verändern. Sie können also beispielsweise send(empfaenger="Welt", nachricht="Die Antwort lautet 42.") oder point(y=2, x=1) aufrufen. Das reduziert die Lesbarkeit und ist unnötig weitschweifig. Nutzen Sie lieber die direkten Aufrufe send("Die Antwort lautet 42", "Welt") und point(1, 2).

Schlüsselwortargumente

Nutzt eine Funktion mehr als zwei oder drei Argumente, kann man sich die Signatur nur schwer merken, und der Einsatz von Schlüsselwortargumenten mit Standardwerten ist hilfreich. Eine etwas umfangreichere send-Funktion könnte die Signatur send(nachricht, an, cc=None, bcc=None) verwenden. cc und bcc sind optional und evaluieren zu None, wenn kein anderer Wert übergeben wird.

Antipattern: Sie können der Reihenfolge der Argumente in der Definition folgen, ohne die Argumente explizit benennen zu müssen, das heißt, bei send("42", "Frankie", "Benjy", "Trillian") erhält Trillian eine Blindkopie. Es ist auch möglich, die Argumente in einer anderen Reihenfolge anzugeben, also etwa send("42", "Frankie", bcc="Trillian", cc="Benjy"). Solange Sie aber keinen guten Grund dafür haben, sollten Sie sich an der Funktionsdefinition orientieren: send("42", "Frankie", cc="Benjy", bcc="Trillian").

Nie ist oft besser als jetzt sofort

Es ist häufig schwieriger, ein optionales Argument (und die dazugehörige Logik innerhalb der Funktion), das nur »für alle Fälle« hinzugefügt wurde und offensichtlich nie genutzt wird, zu entfernen, als bei Bedarf ein neues optionales Argument samt dazugehöriger Logik zu ergänzen.

Beliebige Argumentenliste

Definiert durch das *args-Konstrukt, zeigt es eine erweiterbare Anzahl positioneller Argumente an. Im Rumpf der Funktion ist args ein Tupel aller verbliebenen positionellen Argumente. Zum Beispiel kann send(nachricht, *args) mit jedem Empfänger als Argument aufgerufen werden: send("42", "Frankie", "Benjy", "Trillian"). Im Funktionsrumpf enthält args dann ("Frankie", "Benjy", "Trillian"). Ein Beispiel dafür, wann so etwas gut funktioniert, ist die print-Funktion.

Vorbehalt: Verarbeitet eine Funktion eine Liste von Argumenten gleichartiger Natur, ist es häufig klarer, mit einer Liste oder einer anderen Sequenz zu arbeiten. Würde send mit mehreren Empfängern arbeiten, können wir das explizit definieren: send(nachricht, empfaenger) und mit send("42", ["Benjy", "Frankie", "Trillian"]) aufrufen.

Dictionary beliebiger Schlüsselwortargumente

Definiert durch das **kwargs-Konstrukt, übergibt es eine unbestimmte Folge benannter Argumente an die Funktion. Im Funktionsrumpf ist kwargs ein Dictionary aller übergebenen benannten Argumente, die nicht von anderen Schlüsselwortargumenten in der Funktionssignatur abgefangen wurden. Nützlich ist das beispielsweise beim Logging. Formatierer unterschiedlicher Ebenen können problemlos die benötigten Informationen abgreifen, ohne den Benutzer belästigen zu müssen.

Vorbehalt: Die gleiche Vorsicht wie bei *args ist aus ähnlichen Gründen auch hier geboten: Diese mächtigen Techniken sollten genutzt werden, wenn es einen guten Grund dafür gibt, aber nicht, sofern es ein einfacheres und klareres Konstrukt gibt, das die Absicht der Funktion ausdrückt.

Die Variablennamen *args und **kwargs können (und sollten) durch andere Namen ersetzt werden, wenn diese mehr Sinn ergeben.

Es ist Sache des die Funktion schreibenden Entwicklers, festzulegen, welche Argumente als positionelle Argumente übergeben werden und welche optionale Schlüsselwortargumente sein sollen. Er muss auch entscheiden, ob die fortgeschrittene Technik der Übergabe beliebiger Argumente genutzt werden soll. Letztlich sollte es dafür eine – und vorzugsweise ausschließlich eine – Lösung geben. Andere Nutzer werden Ihre Bemühungen zu schätzen wissen, wenn Ihre Python-Funktionen:

- einfach zu lesen sind (d.h., Name und Argumente benötigen keine weitere Erklärung) sowie
- einfach zu ändern sind (d.h., das Hinzufügen eines neuen Schlüsselwortarguments hat keinen Einfluss auf andere Teile des Codes).

Ist die Implementierung schwer zu erklären, ist sie eine schlechte Idee

Als leistungsfähiges Tool für Hacker kommt Python mit einem umfangreichen Satz an Hooks und Tools, die Ihnen nahezu jede Art magischer Tricks erlauben. So ist es zum Beispiel möglich:

- zu ändern, wie Objekte erzeugt und instanziiert werden,
- zu ändern, wie der Python-Interpreter Module importiert, sowie
- C-Routinen in Python einzubetten

All diese Möglichkeiten haben ihre Nachteile, und es ist immer besser, den direkten Weg zu wählen, um sein Ziel zu erreichen. Der Hauptnachteil ist, dass die Lesbarkeit leidet, wenn man diese Konstrukte nutzt. Das bedeutet: Was immer Sie erreichen wollen, es muss wichtiger sein als der Verlust der Lesbarkeit. Viele Tools zur Codeanalyse wie pylint oder pyflakes sind nicht in der Lage, diesen »magischen« Code zu verarbeiten.

Ein Python-Entwickler sollte diese nahezu unendlichen Möglichkeiten kennen, da sie zuversichtlich machen, dass kein unüberwindbares Problem auf dem Weg liegt. Allerdings ist es sehr wichtig, zu wissen, wie und insbesondere wann man sie nicht nutzt.

Wie ein Kung-Fu-Meister weiß auch ein Pythonista, wie man mit einem einzigen Finger töten kann, ohne es tatsächlich zu tun.

Wir sind alle verantwortliche Nutzer

Wie bereits demonstriert, erlaubt Python viele Tricks, von denen einige potenziell gefährlich sind. Ein gutes Beispiel ist die Möglichkeit des Clientcodes, die Eigenschaften und Methoden eines Objekts zu überschreiben. Python kennt kein »private«-Schlüsselwort. Diese Philosophie unterscheidet sich stark von hochgradig defensiven Sprachen wie Java (die eine Vielzahl von Mechanismen zur Verfügung stellen, um Missbrauch zu verhindern). Wir fassen das unter dem Motto »Wir sind alle verantwortliche Nutzer« zusammen.

Das bedeutet nicht, dass beispielsweise Eigenschaften nicht als privat betrachtet werden und dass eine echte Kapselung in Python unmöglich wäre. Doch statt sich auf Mauern zu verlassen, die die Entwickler zwischen ihren und anderen Code bauen, verlässt sich die Python-Community lieber auf einen Satz von Konventionen, der zu verstehen gibt, dass diese Elemente nicht direkt angesprochen werden sollen.

Die Hauptkonvention für private Eigenschaften und Implementierungsdetails besteht darin, allen »Interna« einen Unterstrich voranzustellen (z.B. sys._getframe). Missachtet der Clientcode diese Regel und greift er direkt auf die so markierten Elemente zu, liegt die gesamte Verantwortung beim Clientcode, wenn es nach Codeänderungen zu Fehlverhalten oder Problemen kommt.

Die freizügige Nutzung dieser Konvention ist erwünscht: Jeder Methode oder Eigenschaft, die nicht vom Clientcode genutzt werden soll, sollte ein Unterstrich vorangestellt werden. Das garantiert eine bessere Trennung der Aufgaben und die einfachere Änderung vorhandenen Codes. Es ist immer möglich, eine private Eigenschaft öffentlich zu machen, eine öffentliche Eigenschaft privat zu machen, ist jedoch wesentlich schwerer.

Liefern Sie Werte an einer Stelle zurück

Wächst die Komplexität einer Funktion, ist es nicht weiter ungewöhnlich, dass im Funktionsrumpf mehrere return-Anweisungen stehen. Doch um die gewünschte Absicht zu verdeutlichen und die Lesbarkeit zu erhalten, sollten Sie sinnvolle Rückgabewerte an so wenigen Stellen wie möglich zurückliefern.

Eine Funktion kann auf zwei Arten beendet werden: bei einem Fehler und mit einem Rückgabewert, nachdem die Funktion normal abgearbeitet wurde. In den Fällen, in denen die Funktion nicht korrekt abgearbeitet werden konnte, kann es sinnvoll sein, ein None oder False zurückzugeben. In diesem Fall ist es besser, die Funktion zu verlassen, sobald der Fehler erkannt wurde, um die Struktur der Funktion möglichst flach zu halten: Jeglicher Code hinter der return-wegen-Fehler-Anweisung kann davon ausgehen, dass die Bedingung erfüllt ist, das eigentliche Ergebnis der Funktion zu berechnen. Häufig sind mehrere dieser return-Anweisungen nötig.

Dennoch sollten Sie, wenn möglich, bei einem einzigen Ausstiegspunkt bleiben. Es ist schwierig, Funktionen zu debuggen, wenn Sie zuerst die return-Anweisung finden müssen, die für das Ergebnis verantwortlich ist. Eine Funktion dazu zu bringen, nur an einem Ort zu enden, hilft auch dabei, einige Codepfade auszuklammern. Mehrere exit-Punkte sind üblicherweise ein Hinweis darauf, dass ein solches Refactoring notwendig ist. Das folgende Beispiel ist kein schlechter Code, könnte aber klarer sein, wie die Kommentare andeuten:

```
def select_ad(third_party_ads, user_preferences):
    if not third_party_ads:
        return None # Eine Ausnahme auszulösen, wäre vielleicht besser
    if not user_preferences:
        return None # Eine Ausnahme auszulösen, wäre vielleicht besser
    # Irgendein komplexer Code, der best_ad aus der vorhandenen
```

```
    # Werbung und den jeweiligen Vorlieben auswählt...
    # Widerstehen Sie der Versuchung, best_ad bei Erfolg zurückzugeben...
    if not best_ad:
        # Irgendein Plan B zu Berechnung von best_ad
    return best_ad  # Ein einzelner Ausstiegspunkt für den Rückgabewert
                    # hilft bei der Pflege des Codes
```

Konventionen

Konventionen sind für jeden sinnvoll, müssen aber nicht der einzige Weg zu einer Lösung sein. Die hier vorgestellten Konventionen sind sehr verbreitet, und wir empfehlen sie der Lesbarkeit halber.

Alternativen zur Prüfung auf Gleichheit

Wenn Sie einen Wert nicht explizit mit True, None oder 0 vergleichen müssen, können Sie das, wie in den nachfolgenden Beispielen gezeigt, direkt in der if-Anweisung erledigen. (In »*Truth Value Testing*« *(http://docs.python.org/library/stdtypes. html#truth-value-testing)* finden Sie eine Liste dessen, was als »falsch« betrachtet wird.)

Schlecht	Gut

`if attr == True:`
`    print 'True!'`
	`# einfach den Wert prüfen`
	`if attr:`
	`    print 'attr is truthy!'`
	
	`# oder das Gegenteil`
	`if not attr:`
	`    print 'attr is falsey!'`
	
	`# doch wenn Sie wirklich 'True' prüfen wollen`
	`if attr is True:`
	`    print 'attr is True'`

`if attr == None:`
`    print 'attr is None!'`
	`# oder explizit auf None prüfen`
	`if attr is None:`
	`    print 'attr is None!'`

Zugriff auf Dictionary-Elemente

Verwenden Sie die Syntax x in d anstelle der dict.has_key-Methode oder übergeben Sie einen Standardwert an dict.get():

Schlecht	Gut
| ```
>>> d = {'hello': 'world'}
>>>
>>> if d.has_key('hello'):
...     print(d['hello']) # gibt 'world' aus
... else:
...     print('default_value')
...
world
``` | ```
>>> d = {'hello': 'world'}
>>>
>>> print d.get('hello', 'default_value')
world
>>> print d.get('howdy', 'default_value')
default_value
>>>
>>> # Oder:
... if 'hello' in d:
...     print(d['hello'])
...
world
``` |

Listen manipulieren

List-Comprehensions bieten einen mächtigen, präzisen Weg zur Verarbeitung von Listen (weitere Informationen finden Sie im entsprechenden Eintrag im *Python-Tutorial (http://docs.python.org/tutorial/datastructures.html#list-comprehensions)*). Darüber hinaus können die Funktionen map() und filter() Operationen auf Listen mit einer anderen, präziseren Syntax durchführen:

Standardschleife	List-Comprehension
| ```
# Elemente größer 4 herausfiltern
a = [3, 4, 5]
b = []
for i in a:
    if i > 4:
        b.append(i)

# Drei zu allen Listenelementen hinzuaddieren.
a = [3, 4, 5]
for i in range(len(a)):
    a[i] += 3
``` | ```
# Die List-Comprehension ist klarer
a = [3, 4, 5]
b = [i for i in a if i > 4]

# Oder:
b = filter(lambda x: x > 4, a)

# In diesem Fall ebenfalls klarer
a = [3, 4, 5]
a = [i + 3 for i in a]

# Oder:
a = map(lambda i: i + 3, a)
``` |

Nutzen Sie enumerate(), um Ihre Position in der Liste nachzuhalten. Das ist leserlicher, als einen entsprechenden Zähler manuell nachzuführen, und ist für Iterationen besser optimiert:

```
>>> a = ["icky", "icky", "icky", "p-tang"]
>>> for i, item in enumerate(a):
...     print("{i}: {item}".format(i=i, item=item))
...
0: icky
1: icky
2: icky
3: p-tang
```

Lange Codezeilen umbrechen

Wenn die Länge einer logischen Codezeile das akzeptierte Limit überschreitet[4], müssen Sie diese auf mehrere Zeilen umbrechen. Der Python-Interpreter fasst aufeinanderfolgende Zeilen zusammen, wenn das letzte Zeichen einer Zeile ein Backlash ist. Das ist in manchen Fällen hilfreich, sollte aufgrund seiner Fragilität aber vermieden werden: Falls sich am Ende der Zeile hinter dem Backslash irgendwie Whitespace einschleicht, funktioniert die Sache nicht mehr und führt zu unerwarteten Ergebnissen.

Eine bessere Lösung besteht darin, die Elemente zwischen runde Klammern zu stellen. Fehlt die schließende runde Klammer am Zeilenende, fasst der Python-Interpreter die Zeilen so lange zusammen, bis die schließende Klammer auftaucht. Das funktioniert auch mit geschweiften und eckigen Klammern:

Schlecht	Gut
```french_insult = \` `"Your mother was a hamster, and \` `your father smelt of elderberries!"```	```french_insult = (` ` "Your mother was a hamster, and "` ` "your father smelt of elderberries!"` `)```
```from some.deep.module.in.a.module \` ` import a_nice_function, \` ` another_nice_function, \` ` yet_another_nice_function```	```from some.deep.module.in.a.module import (` ` a_nice_function,` ` another_nice_function,` ` yet_another_nice_function` `)```

Allerdings ist das Umbrechen einer langen logischen Zeile häufig ein Zeichen dafür, dass Sie zu viele Dinge auf einmal erledigen wollen, was die Lesbarkeit wiederum beeinträchtigt.

Idiome

Obwohl es üblicherweise einen – und vorzugsweise nur einen – offensichtlichen Weg für etwas gibt, ist die Art und Weise, wie man idiomatischen (oder *pythonischen*) Code schreibt, für den Python-Einsteiger auf den ersten Blick nicht ganz so offensichtlich (es sei denn, Sie sind Niederländer[5]). Daher muss man sich gute Idiome bewusst aneignen.

---

4 80 Zeichen laut PEP 8, nach Meinung vieler anderer 100 und für Sie: Was immer Ihr Boss sagt. Natürlich! Doch jeder, der schon einmal Code an einem Terminal debuggen musste, während er neben einem Rack stand, wird das 80-Zeichen-Limit schnell zu schätzen wissen (bei dem der Code auf dem Terminal nicht umbrochen wird). Tatsächlich werden die meisten sogar 75 bis 77 Zeichen vorziehen, um die Zeilennummerierung in Vi nutzen zu können.

5 Siehe Zen 14. Guido, unser BDFL, ist zufällig Niederländer.

Unpacking

Wenn Sie die Länge einer Liste oder eines Tupels kennen, können Sie dessen Elementen beim Unpacking Namen zuweisen. Da es zum Beispiel möglich ist, festzulegen, wie oft ein String bei split() und rsplit() zerlegt werden soll, kann man die rechte Seite einer Zuweisung einmal zerlegen (z.B. in einen Dateinamen und eine Dateiendung), während auf der linken Seite beide Ziele in der richtigen Reihenfolge stehen:

```
>>> filename, ext = "my_photo.orig.png".rsplit(".", 1)
>>> print(filename, "is a", ext, "file.")
my_photo.orig is a png file.
```

Sie können das Unpacking auch nutzen, um Variablen zu vertauschen:

```
a, b = b, a
```

Verschachteltes Unpacking funktioniert ebenfalls:

```
a, (b, c) = 1, (2, 3)
```

In Python 3 wurde eine neue Methode des erweiterten Unpackings durch *PEP 3132 (https://www.python.org/dev/peps/pep-3132/)* eingeführt:

```
a, *rest = [1, 2, 3]
# a = 1, rest = [2, 3]
```

```
a, *middle, c = [1, 2, 3, 4]
# a = 1, middle = [2, 3], c = 4
```

Einen Wert ignorieren

Wenn Sie etwas während des Unpackings zuweisen müssen, diesen Wert aber später nicht benötigen, verwenden Sie den doppelten Unterstrich (__):

```
filename = 'foobar.txt'
basename, __, ext = filename.rpartition('.')
```

Viele Python-Style-Guides empfehlen für Wegwerfvariablen einen einzelnen Unterstrich (_) anstelle der hier empfohlenen zwei Unterstriche (__). Der Punkt ist, dass dieser einzelne Unterstrich häufig als Alias für die Funktion gettext.gettext() genutzt wird und im interaktiven Prompt als Platzhalter für den Wert der letzten Operation. Der Einsatz doppelter Unterstriche ist ebenso klar, fast genauso bequem und eliminiert das Risiko, die Variable mit dem einzelnen Unterstrich versehentlich zu überschreiben, falls die anderen Anwendungsfälle ins Spiel kommen.

Eine Liste der Länge N mit dem gleichen Wert erzeugen

Nutzen Sie den Listenoperator * von Python, um eine Liste mit dem gleichen unveränderlichen Element zu erzeugen:

```
>>> four_nones = [None] * 4
>>> print(four_nones)
[None, None, None, None]
```

Doch Vorsicht bei veränderlichen Objekten: Da Listen veränderlich sind, erzeugt der Operator * eine Liste mit *N* Referenzen auf die *gleiche* Liste, was Sie wahrscheinlich nicht wollen. Verwenden Sie stattdessen eine List-Comprehension:

Schlecht
```
>>> four_lists = [[]] * 4
>>> four_lists[0].append("Ni")
>>> print(four_lists)
[['Ni'], ['Ni'], ['Ni'], ['Ni']]
```

Gut
```
>>> four_lists = [[] for __ in range(4)]
>>> four_lists[0].append("Ni")
>>> print(four_lists)
[['Ni'], [], [], []]
```

Ein gängiges Idiom zur Erzeugung von Strings ist der Einsatz von str.join() bei einem leeren String. Dieses Idiom kann auf Listen und Tupel angewandt werden:

```
>>> letters = ['s', 'p', 'a', 'm']
>>> word = ''.join(letters)
>>> print(word)
spam
```

Manchmal muss man eine Kollektion von Dingen durchsuchen. Sehen wir uns zwei Optionen an: Listen und Sets.

Nehmen wir zum Beispiel den folgenden Code:

```
>>> x = list(('foo', 'foo', 'bar', 'baz'))
>>> y = set(('foo', 'foo', 'bar', 'baz'))
>>>
>>> print(x)
['foo', 'foo', 'bar', 'baz']
>>> print(y)
{'foo', 'bar', 'baz'}
>>>
>>> 'foo' in x
True
>>> 'foo' in y
True
```

Obwohl die beiden booleschen Tests für Listen und Sets gleich aussehen (*foo* in y nutzt die Tatsache, dass Sets und Dictionaries in Python Hashtabellen sind),[6] ist die Lookup-Performance der beiden Beispiele unterschiedlich. Python muss bei der Liste jedes Element durchgehen, um einen passenden Eintrag zu finden, was zeitaufwendig ist (die Zeitdifferenz wird bei größeren Kollektionen signifikant). Das

---

6   Das ist übrigens der Grund dafür, dass nur als Hashes repräsentierbare Objekte in Sets gespeichert und als Dictionary-Schlüssel genutzt werden können. Sie machen eigene Python-Objekte »hashbar«, indem Sie die Member-Funktion object.__hash__(self) definieren, die einen Integerwert zurückgibt. Werden Objekte bei einem Vergleich als gleich erkannt, müssen sie den gleichen Hashwert haben. Die *Python-Dokumentation (https://docs.python.org/3/reference/datamodel.html#object.__hash__)* enthält weitere Informationen.

Auffinden der Schlüssel im Set geht schnell, weil es sich um ein Hash-Lookup handelt. Darüber hinaus verwerfen Sets und Dictionaries doppelte Einträge, weshalb in Dictionaries Schlüssel nicht doppelt vorkommen können. Weitere Informationen finden Sie in dieser *Diskussion zu Listen kontra Dictionaries (http://stackoverflow.com/questions/513882)* auf Stack Overflow.

Ausnahmesichere Kontexte

Die try/finally-Klauseln sind zur Verwaltung von Ressourcen wie Dateien oder Thread-Locks üblich, wo es zu Ausnahmen kommen kann. *PEP 343 (https://www.python.org/dev/peps/pep-0343/)* hat die with-Anweisung und ein Kontextmanager-Protokoll in Python eingeführt (ab Version 2.5). Dieses Idiom ersetzt die try/finally-Klauseln durch besser zu lesenden Code. Das Protokoll besteht aus den beiden Methoden __enter__() und __exit__() die, wenn man sie implementiert, über die neue with-Anweisung wie folgt verwendet werden können:

```
>>> import threading
>>> some_lock = threading.Lock()
>>>
>>> with some_lock:
...     # Erde Eins 10 Millionen Jahre laufen lassen ...
...     print(
...         "Look at me: I design coastlines.\n"
...         "I got an award for Norway."
...     )
...
```

Früher hätte das so ausgesehen:

```
>>> import threading
>>> some_lock = threading.Lock()
>>>
>>> some_lock.acquire()
>>> try:
...     # Erde Eins 10 Millionen Jahre laufen lassen...
...     print(
...         "Look at me: I design coastlines.\n"
...         "I got an award for Norway."
...     )
... finally:
...     some_lock.release()
```

Das Modul contextlib *(https://docs.python.org/3/library/contextlib.html)* der Standardbibliothek stellt zusätzliche Tools bereit, die Sie dabei unterstützen, Funktionen in Kontextmanager zu verwandeln, den Aufruf der close()-Methode eines Objekts zu erzwingen, Ausnahmen zu unterdrücken (Python 3.4 und höher) und die Standardausgabe- und -Fehlerstreams umzuleiten (Python 3.4 oder 3.5). Hier ein Beispiel für den Einsatz von contextlib.closing():

```
>>> from contextlib import closing
>>> with closing(open("outfile.txt", "w")) as output:
```

```
...     output.write("Well, he's...he's, ah...probably pining for the fjords.")
...
56
```

Da aber die Methoden __enter__() und __exit__() definiert sind, welche die Dateiein-/ausgabe übernehmen,[7] können wir die with-Anweisung direkt verwenden, ohne closing nutzen zu müssen:

```
>>> with open("outfile.txt", "w") as output:
        output.write(
            "PININ' for the FJORDS?!?!?!? "
            "What kind of talk is that?, look, why did he fall "
            "flat on his back the moment I got 'im home?\n"
        )
...
123
```

Typische Fallstricke

Python ist in großen Teile eine saubere und konstistente Sprache, die Überraschungen vermeidet. Allerdings gibt es ein paar Dinge, die den Neuling verwirren können.

Einige dieser Fälle sind gewollt, können einen aber doch überraschen. Andere könnte man wohl als sprachliche Auswüchse bezeichnen. Was folgt, ist eine Sammlung potenzieller Fallstricke, die auf den ersten Blick seltsam wirken können, grundsätzlich aber nachvollziehbar sind, wenn man den Grund für die Überraschung kennt.

Veränderliche Standardargumente

Die scheinbar größte Überraschung für Python-Neulinge ist Pythons Umgang mit veränderlichen Standardargumenten in Funktionsdefinitionen.

Was Sie schreiben:
```
def append_to(element, to=[]):
    to.append(element)
    return to
```
Was Sie erwarten:
```
my_list = append_to(12)
print(my_list)

my_other_list = append_to(42)
print(my_other_list)
```

---

[7] In diesem Fall ruft die __exit__()-Methode einfach nur die close()-Methode des I/O-Wrappers auf, um den Dateideskriptor zu schließen. Bei vielen Systemen gibt es eine maximale Anzahl erlaubter offener Dateideskriptoren, weshalb man gut daran tut, sie freizugeben, wenn sie nicht mehr benötigt werden.

Eine neue Liste wird jedes Mal angelegt, wenn die Funktion ohne zweites Argument aufgerufen wird, sodass die Ausgabe wie folgt aussieht:
[12]
[42]

Was tatsächlich passiert:
[12]
[12, 42]

Eine neue Liste wird *einmal* erzeugt, wenn die Funktion definiert wird, und die gleiche Liste wird in nachfolgenden Aufrufen verwendet. Pythons Standardargumente werden *einmal* evaluiert, wenn die Funktion definiert wird, nicht bei jedem Aufruf der Funktion (wie etwa bei Ruby). Wenn Sie also ein veränderliches Standardargument nutzen und es verändern, haben Sie das Objekt für alle zukünftigen Aufrufe der Funktion verändert.

Was Sie stattdessen tun sollten:
Erzeugen Sie bei jedem Funktionsaufruf ein neues Objekt. Nutzen Sie dabei ein Standardargument, um anzudeuten, dass kein Argument übergeben wurde (None ist meist eine gute Wahl):

```
def append_to(element, to=None):
    if to is None:
        to = []
    to.append(element)
    return to
```

Wenn der Fallstrick kein Fallstrick ist:
Manchmal lässt sich dieses Verhalten bewusst »missbrauchen« (d.h. wie vorgesehen nutzen), um den Zustand einer Funktion zwischen den einzelnen Aufrufen zu erhalten. Man nutzt das z.B. bei Cache-Funktionen (die ihre Werte im Speicher vorhalten):

```
def time_consuming_function(x, y, cache={}):
    args = (x, y)
    if args in cache:
        return cache[args]
    # Andernfalls sehen wir diese Argumente zum ersten Mal
    # und führen die zeitaufwendige Operation durch ...
    cache[args] = result
    return result
```

Closures mit später Bindung

Ein weiterer typischer Quell der Verwirrung ist die Art und Weise, in der Python seine Variablen in Closures (oder im umgebenden globalen Geltungsbereich) bindet.

Was Sie schreiben:
```
def create_multipliers():
    return [lambda x : i * x for i in range(5)]
```

Was Sie erwarten:
```
for multiplier in create_multipliers():
    print(multiplier(2), end=" ... ")
print()
```
Eine Liste mit fünf Funktionen (die eine eigene i-Variable besitzen), die ihr Argument multipliziert und Folgendes erzeugt:
```
0 ... 2 ... 4 ... 6 ... 8 ...
```
Was tatsächlich passiert:
```
8 ... 8 ... 8 ... 8 ... 8 ...
```
Fünf Funktionen werden erzeugt, doch alle multiplizieren x mit 4. Warum? Pythons Closures verwenden die *späte Bindung*. Das bedeutet, dass der Wert der in Closures verwendeten Variablen ermittelt wird, wenn die innere Funktion aufgerufen wird.

Zur Aufrufzeit wird bei jeder der zurückgegebenen Funktionen der Wert von i im umgebenden Geltungsbereich nachgesehen. Zu dieser Zeit ist die Schleife aber bereits abgeschlossen, und i enthält den finalen Wert 4.

Besonders übel an diesem Fallstrick ist die offensichtlich vorherrschende Meinung, dass das etwas mit den *Lambda-Ausdrücken (https://docs.python.org/3/tutorial/controlflow.html#lambda-expressions)* von Python zu tun hätte. Mit einem Lambda-Ausdruck angelegte Funktionen sind in keiner Weise etwas Besonderes. Tatsächlich lässt sich das gleiche Verhalten auch mit einem gewöhnlichen def beobachten:
```
def create_multipliers():
    multipliers = []

    for i in range(5):
        def multiplier(x):
            return i * x
        multipliers.append(multiplier)

    return multipliers
```
Was Sie stattdessen tun sollten:
Die generelle Lösung ist wohl eher ein Hack. Durch Pythons weiter oben erwähntes Verhalten bei der Evaluierung von Standardargumenten (siehe »Veränderliche Standardargumente« auf Seite 63) können Sie eine Closure erzeugen, die ihre Argumente direkt bindet, wenn Sie ein Standardargument verwenden:
```
def create_multipliers():
    return [lambda x, i=i : i * x for i in range(5)]
```
Alternativ können Sie die Funktion functools.partial() verwenden:
```
from functools import partial
from operator import mul

def create_multipliers():

    return [partial(mul, i) for i in range(5)]
```

Wenn der Fallstrick kein Fallstrick ist:
> Manchmal wollen Sie, dass sich Closures genau so verhalten. Eine späte Bindung ist in vielen Situationen gut (z.B. im Diamond-Projekt, siehe »Strukturbeispiele aus Diamond« auf Seite 114). Wenn Sie hingegen Schleifen nutzen, um eindeutige Funktionen zu erzeugen, kommt es zu Problemen.

Ihr Projekt strukturieren

Unter *Struktur* verstehen wir die Entscheidungen, die Sie treffen, damit Ihr Projekt seine Aufgabe gut erfüllt. Das Ziel ist, Python-Features bestmöglich zu nutzen, um sauberen, effizienten Code zu entwickeln. In der Praxis bedeutet das, dass die Logik und die Abhängigkeiten in Ihrem Code und in Ihrer Datei- und Ordnerstruktur deutlich werden.

Welche Funktionen gehören in welche Module? Wie fließen die Daten durch das Projekt? Welche Features und Funktionen können gruppiert und isoliert werden? Durch die Beantwortung solcher Fragen können Sie (im weiteren Sinne) zu planen beginnen, wie Ihr fertiges Produkt aussehen wird.

Im *Python Cookbook* gibt es ein Kapitel zu *Modulen und Paketen (http://bit.ly/ python-cookbook-ch10)*, das detailliert beschrieben, wie `__import__`-Anweisungen und die Paketierung funktionieren. Das Ziel dieses Abschnitts besteht darin, verschiedene Aspekte des Modul- und Importsystems von Python vorzustellen, die für die Strukturierung Ihres Projekts von zentraler Bedeutung sind. Wir diskutieren dann verschiedene Aspekte der Entwicklung von Code, der zuverlässig erweitert und getestet werden kann.

Dank der Art und Weise, wie Module in Python gehandhabt werden, ist es relativ einfach, ein Python-Projekt zu strukturieren. Es gibt nur wenige Einschränkungen, und das Modell für den Modulimport ist einfach zu verstehen. Daher stehen Sie nur vor der rein architektonischen Aufgabe, die verschiedenen Teile Ihres Projekts und deren Interaktionen zu entwerfen.

Module

Module bilden eine der wesentlichen Abstraktionsschichten von Python und sind wohl auch die natürlichsten. Abstraktionsschichten erlauben dem Programmierer, Code in Teilen zusammenzufassen, die ähnliche Daten und Funktionalitäten enthalten.

Wenn zum Beispiel eine Schicht Ihres Projekts die Schnittstelle zu den Aktionen des Benutzers verarbeitet, während eine andere die Low-Level-Verarbeitung der Daten übernimmt, besteht die natürlichste Lösung zur Trennung dieser beiden Schichten darin, jegliche Schnittstellenfunktionalität in eine Datei und alle Low-Level-Operationen in eine andere Datei zu packen. Durch diese Gruppierung werden sie in zwei separaten Modulen untergebracht. Die Schnittstellendatei würde dann die Low-Level-Datei mittels `import modul` oder `from modul import attribut` einbinden.

Sobald Sie `import`-Anweisungen einsetzen, nutzen Sie auch Module. Dabei kann es sich um fest integrierte Module (wie os und sys) handeln, Pakete von Drittanbietern, die Sie in Ihrer Umgebung installiert haben (wie z. B. Requests oder NumPy), oder die internen Module Ihres Projekts. Der folgende Code zeigt Beispiele für `import`-Anweisungen und liefert den Beweis, dass ein importiertes Modul ein Python-Objekt mit eigenem Datentyp ist:

```
>>> import sys   # fest integriertes Modul
>>> import matplotlib.pyplot as plt   # Modul eines Drittanbieters
>>>
>>> import mymodule as mod   # projektinternes Modul
>>>
>>> print(type(sys), type(plt), type(mod))
<class 'module'> <class 'module'> <class 'module'>
```

Um die Richtlinien des *Style-Guides (https://www.python.org/dev/peps/pep-0008/)* einzuhalten, sollten Modulnamen kurz sein und kleingeschrieben werden. Vermeiden Sie Sonderzeichen wie den Punkt (.) oder das Fragezeichen (?), da das die Art und Weise stört, wie Python nach Modulen sucht. Einen Dateinamen wie *my.spam.py*[8] sollten Sie also vermeiden. Python würde erwarten, eine Datei namens *spam.py* in einem Ordner namens *my* zu finden, was nicht der Fall ist. Weitere Informationen zur Punktnotation finden Sie in der *Python-Dokumentation (http://docs.python.org/tutorial/modules.html#packages)*.

Module importieren

Abgesehen von einigen Namensbeschränkungen ist nichts weiter nötig, um eine Python-Datei als Modul zu verwenden, doch es ist hilfreich, zu verstehen, wie der Importmechanismus funktioniert. Zuerst sucht die Anweisung `import modu` im Verzeichnis des Aufrufers nach der Definition von modu in einer Datei namens *modu.py*. Wird diese nicht gefunden, sucht der Python-Interpreter *modu.py* rekursiv in *Pythons Suchpfad (https://docs.python.org/2/library/sys.html#sys.path)* und löst eine `ImportError`-Ausnahme aus, wenn sie nicht gefunden wird. Der Wert dieses Suchpfads ist plattformabhängig und umfasst alle benutzer- oder systemdefinierten Verzeichnisse in der Umgebungsvariablen $PYTHONPATH (bzw. %PYTHONPATH% unter Windows). Er kann in einer Python-Sitzung manipuliert oder inspiziert werden:

```
import sys
>>> sys.path
[ '', '/current/absolute/path', 'etc']
# Die Liste enthält jeden Pfad, in dem Python beim Import von
```

---

[8] Wenn Sie wollen, können Sie Ihr Modul *my_spam.py* nennen, doch selbst unser Freund, der Unterstrich, ist in Modulnamen nicht oft zu finden, da Unterstriche den Eindruck eines Variablennamens vermitteln.

```
# Bibliotheken sucht, in der Reihenfolge, in der diese
# Verzeichnisse durchsucht werden.
```

Sobald *modu.py* gefunden ist, führt der Python-Interpreter das Modul in einem isolierten Geltungsbereich aus. Jede Top-Level-Anweisung in *modu.py* wird ausgeführt, einschließlich anderer Importe (wenn es welche gibt). Funktions- und Klassendefinitionen werden im Dictionary des Moduls gespeichert.

Zum Schluss sind die Variablen, Funktionen und Klassen des Moduls für den Aufrufer über den *Namensraum* des Moduls verfügbar. Dieses zentrale Konzept der Programmierung ist in Python besonders hilfreich und leistungsfähig. Namensräume bieten einen Geltungsbereich, der benannte Attribute enthält, die untereinander sichtbar, außerhalb des Namensraums aber nicht zugänglich sind.

In vielen Sprachen sorgt eine »Datei einbinden«-Direktive tatsächlich dafür, dass der Präprozessor den Inhalt der eingebundenen Datei in den Code des Aufrufers kopiert. Bei Python ist das anders: Der eingebundene Code wird im Namensraum des Moduls isoliert. Das Ergebnis der Anweisung `import modu` ist ein Modulobjekt namens `modu` im globalen Namensraum. Die im Modul definierten Attribute sind über die Punktnotation zugänglich: `modu.sqrt` wäre zum Beispiel das `sqrt`-Objekt in *modu.py*. Das bedeutet, dass Sie sich grundsätzlich keine Gedanken darüber machen müssen, dass der importierte Code unerwünschte Nebenwirkungen haben könnte, z. B. eine Funktion gleichen Namens überschreibt.

Tools für Namensräume

Die Funktionen `dir()`, `globals()` und `locals()` helfen bei einer schnellen Untersuchung des Namensraums:

- `dir(objekt)` gibt eine Liste der Attribute zurück, die über das Objekt zugänglich sind.
- `globals()` gibt ein Dictionary zurück, das alle aktuellen Attribute im globalen Namensraum zusammen mit ihren Werten enthält.
- `locals()` gibt ein Dictionary zurück, das alle Attribute des aktuellen lokalen Namensraums (z. B. innerhalb einer Funktion) zusammen mit ihren Werten enthält.

Weitere Informationen finden Sie unter »*data model*« (*https://docs.python.org/3/reference/datamodel.html*) in der offiziellen Python-Dokumentation.

Es ist möglich, das weiter verbreitete Standardverhalten zu simulieren. Man nutzt dazu eine spezielle Syntax der `import`-Anweisung: `from modu import *`. Allerdings wird das allgemein als schlechte Praxis betrachtet, da der Code mit `import *` schlechter lesbar wird, Abhängigkeiten weniger abgeschottet und vorhandene Objekte durch neue Definitionen innerhalb des importierten Moduls überschrieben werden können.

Mit `from modu import func` können Sie nur das von Ihnen gewünschte Attribut in den globalen Namensraum importieren. Das ist nicht ganz so schlimm wie `from modu import *`, da es explizit angibt, was in den globalen Namensraum importiert wird. Der einzige Vorteil gegenüber einem einfachen `import modu` ist, dass Sie sich ein wenig Schreibarbeit sparen.

Tabelle 4-1 vergleicht die verschiedenen Möglichkeiten, Definitionen aus anderen Modulen zu importieren.

Tabelle 4-1: Möglichkeiten zum Import von Definitionen aus Modulen

Sehr schlecht (es verwirrt den Leser)	Besser (es ist offensichtlich, welche neuen Namen im globalen Namensraum liegen)	Am besten (es ist direkt ersichtlich, woher die Attribute kommen)
`from modu import *`	`from modu import sqrt`	`import modu`
`x = sqrt(4)`	`x = sqrt(4)`	`x = modu.sqrt(4)`
Ist `sqrt` Teil von `modu`? Oder fest eingebaut? Oder weiter oben definiert?	Wurde `sqrt` zwischendurch modifiziert oder neu definiert, oder ist es die Variante aus `modu`?	Hier ist `sqrt` sichtbar ein Teil des Namensraums von `modu`.

Wie in »Codestil« auf Seite 47 erwähnt, ist Lesbarkeit eines der wesentlichen Features von Python. Lesbarer Code vermeidet Beispieltext und Unordnung. Entstehen jedoch Gedränge und Unklarheiten, sollten Sie es mit der Kürze gut sein lassen. Explizit anzugeben, wo eine Klasse oder Funktion herkommt (wie beim `modu.func()`-Idiom), verbessert die Lesbarkeit und Verständlichkeit des Codes deutlich, selbst bei den einfachsten Projekten.

> ## Strukur ist der Schlüssel
>
> Sie können Ihr Projekt strukturieren, wie immer Sie wollen, doch einige Fehler sollten Sie vermeiden:
>
> *Mehrere oder chaotische zirkuläre Abhängigkeiten*
>
> > Wenn Ihre Klassen `Table` und `Chair` in *furn.py* sowie `Carpenter` aus *workers.py* importieren müssen, um eine Frage wie `table.is_done_by()` zu beantworten, und wenn die Klasse `Carpenter` `Table` und `Chair` importieren muss, um `carpenter.what_do()` zu beantworten, liegt eine zirkuläre Abhängigkeit vor – *furn.py* hängt von *workers.py* ab, das wiederum von *furn.py* abhängt. In diesem Fall müssen Sie auf fragile Hacks wie die Verwendung von `import`-Anweisungen in Methoden zurückgreifen, um einen `ImportError` zu vermeiden.
>
> *Versteckte Kopplung*
>
> > Jede Änderung an der Implementierung von `Table` macht 20 Tests in Carpenters Code kaputt, was chirurgische Eingriffe nötig macht, um dieÄnde-

rungen anzupassen. Das bedeutet, dass Sie in Carpenters Code zu viele Annahmen bezüglich Table treffen.

Starke Nutzung globaler Zustände oder Kontexte

Statt einander (height, width, type, wood) explizit gegenseitig zu übergeben, bauen Table und Carpenter auf globale Variablen, die von diversen Agenten modifiziert werden können. Sie müssen jeglichen Zugriff auf diese globalen Variablen untersuchen, um zu verstehen, warum aus einem rechteckigen Tisch ein quadratischer wird, und um zu entdecken, dass der entfernte Template-Code diesen Kontext ebenfalls verändert und mit den Tischmaßen herummacht.

Spaghetticode

Mehrere Seiten verschachtelter if-Klauseln mit kopiertem prozeduralem Code ohne klare Segmentierung ist als *Spaghetticode* bekannt. Pythons bedeutsame Einrückung (eines der am kontroversesten diskutierten Features) macht es schwer, diese Art von Code zu pflegen, weshalb Sie nicht allzu viel davon sehen werden.

Raviolicode

Das ist eher Python-Code im Vergleich zu Spaghetticode. *Raviolicode* besteht aus Hunderten gleichartiger kleiner Logikelemente, oft Klassen oder Objekte, ohne richtige Struktur. Wenn Sie sich nicht merken können, ob Sie FurnitureTable, AssetTable, Table oder gar TableNew für die aktuelle Aufgabe verwenden müssen, schwimmen Sie womöglich in Raviolicode. Diamond, Requests und Werkzeug (im nächsten Kapitel) vermeiden Raviolicode, indem sie nützliche, aber zusammenhanglose Logikelemente in einem *utils.py*-Modul oder einem *utils*-Paket zusammenfassen, das innerhalb des Projekts wiederverwendet werden kann.

Pakete

Python bietet einen sehr geradlinigen Paketmechanismus, der den Modulmechanismus um Verzeichnisse erweitert.

Jedes Verzeichnis mit einer *__init__.py*-Datei wird als Python-Paket betrachtet. Das oberste Verzeichnis mit einer *__init__.py*-Datei ist das *Root-Paket*.[9] Die verschiedenen Module in einem Paket werden auf ähnliche Weise importiert wie normale Module, doch gibt es ein spezielles Verhalten für die *__init__.py*-Datei, die genutzt wird, um alle paketweiten Definitionen zu sammeln.

---

9 Dank *PEP 420 (https://www.python.org/dev/peps/pep-0420/)*, das in Python 3.3 implementiert wurde, gibt es nun eine Alternative zum Root-Paket, das als *Namensraum-Paket* bezeichnet wird. Namensraum-Pakete müssen keine *__init__.py* besitzen und können über mehrere Verzeichnisse in sys.path verteilt sein. Python sucht sich alle Teile zusammen und stellt sie dem Benutzer als ein einziges Paket bereit.

Die Datei *modu.py* im Verzeichnis *pack/* wird mit der Anweisung `import pack.modu` importiert. Der Interpreter sucht nach einer *__init__.py*-Datei in pack und führt dessen gesamte Top-Level-Anweisungen aus. Dann sucht er nach einer Datei namens *pack/modu.py* und führt dessen Top-Level-Anweisungen aus. Danach sind alle Variablen, Funktionen und Klassen, die in *modu.py* definiert sind, über den `pack.modu`-Namensraum verfügbar.

Ein typisches Problem ist zu viel Code in *__init__.py*-Dateien. Wenn die Komplexität eines Projekts steigt, gibt es Unterpakete und Unter-Unterpakete in einer tiefen Verzeichnisstruktur. In diesem Fall verlangt der Import eines einzelnen Elements aus einem Unter-Unterpaket die Ausführung aller *__init__.py*-Dateien, die auf dem Weg durch den Baum gefunden werden.

Es ist normal (und sogar gängige Praxis), eine *__init__.py* leer zu lassen, wenn sich die Module und Unterpakete eines Moduls keinen Code teilen. Die HowDoI- und Diamond-Projekte, die im nächsten Abschnitt als Beispiele dienen werden, enthalten außer den Versionsnummern keinen weiteren Code in ihren *__init__.py*-Dateien. Die Projekte Tablib, Requests und Flask enthalten einen Top-Level-Dokumentationsstring sowie `import`-Anweisungen, die die vorgesehene API bekannt geben. Das Werkzeug-Projekt gibt auch seine Top-Level-API bekannt, nutzt dazu aber das sogenannte Lazy Loading (zusätzlichen Code, der den Namensraum nur dann um Inhalte ergänzt, wenn diese benötigt werden, was den ersten `import` beschleunigt).

Schließlich gibt es noch eine praktische Syntax, um tief verschachtelte Pakete zu importieren: `import very.deep.module as mod`. Das erlaubt Ihnen, `mod` anstelle des langatmigen `very.deep.module` zu verwenden.

Objektorientierte Programmierung

Python wird manchmal als objektorientierte Sprache beschrieben. Das ist ein wenig irreführend und muss näher erläutert werden.

In Python ist alles ein Objekt und kann als solches behandelt werden. Das meinen wir damit, wenn wir sagen, dass Funktionen Objekte erster Klasse sind. Funktionen, Klassen, Strings und sogar Typen sind in Python Objekte: Sie besitzen alle einen Typ, können als Funktionsargumente übergeben werden und Methoden und Eigenschaften besitzen. Aus dieser Sicht ist Python eine objektorientierte Sprache.

Doch im Gegensatz zu Java erzwingt Python die objektorientierte Programmierung nicht als primäres Programmierparadigma. Es ist völlig in Ordnung, wenn ein Python-Objekt nicht objektorientiert ist, das heißt keine (oder sehr wenige) Klassendefinitionen, Klassenvererbung oder andere Mechanismen nutzt, die für die objektorientierte Programmierung typisch sind. Diese Features stehen uns Pythonistas *zur Verfügung*, sind aber nicht *obligatorisch*. Darüber hinaus gibt Python, wie Sie in »Module« auf Seite 66 gesehen haben, durch seinen Umgang mit Modulen und Namensräumen dem Entwickler eine natürliche Möglichkeit, die Kapselung und Trennung von Abstraktionsschichten sicherzustellen (einer der Hauptgründe für den Einsatz der Objektorientierung), *ohne* Klassen verwenden zu müssen.

Verfechter der funktionalen Programmierung (ein Paradigma, das in seiner reinsten Form keinen Zuweisungsoperator und keine Nebeneffekte kennt und im Wesentlichen Funktionen verkettet, um seine Aufgaben zu erledigen) behaupten, dass Bugs und Konfusionen entstehen, wenn eine Funktion abhängig vom externen Zustand des Systems unterschiedliche Dinge tut, z.B. wenn eine globale Variable angibt, ob eine Person eingeloggt ist oder nicht. Python ist zwar keine rein funktionale Sprache, besitzt aber *Tools*, die eine funktionale Programmierung ermöglichen *(http://bit.ly/functional-programming-python)*. Wir können dann die Verwendung eigener Klassen auf Situationen beschränken, in denen wir Zustände und Funktionalitäten miteinander verbinden müssen.

In manchen Architekturen, typischerweise Webanwendungen, werden mehrere Instanzen der Python-Prozesse gestartet, um auf externe Anforderungen (Requests) zu reagieren, die parallel eingehen können. In diesem Fall birgt das Vorhalten von Zustandsdaten in instanziierten Objekten (d.h. statische Informationen über die Welt zu sammeln) die Gefahr sogenannter *Race Conditions*. Dieser Begriff beschreibt eine Situation, in der sich an irgendeinem Punkt zwischen der Initialisierung des Zustands eines Objekts (die üblicherweise über die Python-Methode `Class.__init__()` erfolgt) und dessen tatsächlicher Nutzung durch eine seiner Methoden der Zustand der Welt geändert hat.

Zum Beispiel kann ein Request einen Artikel in den Speicher laden und es später in den Warenkorb des Nutzers legen. Verkauft ein anderer Request währenddessen den Artikel an einen anderen Kunden, nachdem der Artikel von der ersten Session geladen wurde, versuchen wir etwas zu verkaufen, was im Lager bereits als verkauft gekennzeichnet wurde. Das und andere Aspekte haben dazu geführt, dass man zustandsfreie (stateless) Funktionen bevorzugt.

Unsere Empfehlung lautet wie folgt: Wenn Sie mit Code arbeiten, der von einem persistenten Kontext oder globalen Zustand abhängig ist (wie die meisten Webanwendungen), sollten Sie Funktionen und Prozeduren mit nur wenigen impliziten Kontexten und so wenig Nebeneffekten wie möglich verwenden. Der implizite Kontext einer Funktion besteht aus allen globalen Variablen oder Elementen in der Persistenzschicht, auf die innerhalb der Funktion zugegriffen wird. *Nebeneffekte* sind die Änderungen, die eine Funktion an ihrem impliziten Kontext vornimmt. Wenn eine Funktion Daten in einer globalen Variablen oder in der Persistenzschicht speichert oder löscht, nennt man das einen Nebeneffekt.

Eigene Klassen sollten in Python genutzt werden, um Funktionen mit Kontext und Nebeneffekten sorgfältig von Logikfunktion (sogenannten *reinen Funktionen*) zu trennen. Reine Funktionen sind deterministisch: Bei einer bestimmten Eingabe ist die Ausgabe immer gleich. Das liegt daran, dass sie nicht vom Kontext abhängig sind und keinerlei Nebeneffekte haben. Die print()-Funktion ist zum Beispiel nicht »rein«, da sie nichts zurückliefert und als Nebeneffekt an die Standardausgabe schreibt. Hier einige Vorteile reiner, separater Funktionen:

- Reine Funktionen sind wesentlich einfacher zu ändern oder zu ersetzen, falls ein Refactoring oder eine Optimierung notwendig ist.
- Reine Funktionen sind mit Unit-Tests einfacher zu prüfen. Das Kontext-Setup ist weniger komplex, und die Datenbereinigung danach ist einfacher.
- Reine Funktionen sind einfacher zu manipulieren, zu dekorieren (mehr zu Dekoratoren gleich) und zu übergeben.

Zusammenfassend lässt sich sagen, dass reine Funktionen für manche Architekturen die effektiveren Grundbausteine sind als Klassen und Objekte, weil es weder Kontext noch Nebeneffekte gibt. Zum Beispiel sind alle E/A-Funktionen für die verschiedenen Dateiformate der Tablib-Bibliothek (*tablib/formats/*.py* – wir sehen uns Tablib im nächsten Kapitel an) reine Funktionen und nicht Teil einer Klasse, da sie Daten nur in ein separates Dataset-Objekt einlesen oder das Dataset-Objekt in eine Datei schreiben. Das Session-Objekt der Requests-Bibliothek (die wir uns ebenfalls im nächsten Kapitel ansehen) ist hingegen eine Klasse, da sie die Cookie- und Authentifizierungsdaten vorhalten muss, die bei einer HTTP-Session ausgetauscht werden.

Objektorientierung ist nützlich und in einigen Fällen sogar notwendig, etwa bei der Entwicklung von Spielen oder grafischen Desktopanwendungen, bei denen die manipulierten Dinge (Fenster, Buttons, Avatare, Fahrzeuge) eine relativ lange Lebensdauer im Arbeitsspeicher aufweisen. Das ist auch ein Motiv hinter der objektrelationalen Abbildung (Object-relational Mapping), die Zeilen einer Datenbank auf Objekte im Code abbildet. Wir führen das in »Datenbankbibliotheken« auf Seite 286 weiter aus.

Dekoratoren

Dekoratoren (engl. Decorators) wurden bei Python mit Version 2.4 eingeführt und werden in *PEP 318 (https://www.python.org/dev/peps/pep-0318/)* definiert und diskutiert. Ein Dekorator ist eine Funktion oder eine Klassenmethode, die eine andere Funktion oder Methode umhüllt (oder dekoriert). Eine dekorierte Funktion oder Methode ersetzt die Originalfunktion oder -methode. Da Funktionen in Python Objekte erster Klasse sind, kann das manuell geschehen, doch die @decorator-Syntax ist klarer und daher zu bevorzugen. Hier ein Beispiel für den Einsatz eines Dekorators:

```
>>> def foo():
...     print("I am inside foo.")
```

```
...
...
...
>>> import logging
>>> logging.basicConfig()
>>>
>>> def logged(func, *args, **kwargs):
...     logger = logging.getLogger()
...     def new_func(*args, **kwargs):
...         logger.debug("calling {} with args {} and kwargs {}".format(
...             func.__name__, args, kwargs))
...         return func(*args, **kwargs)
...     return new_func
...
>>>
>>>
... @logged
... def bar():
...     print("I am inside bar.")
...
>>> logging.getLogger().setLevel(logging.DEBUG)
>>> bar()
DEBUG:root:calling bar with args () and kwargs {}
I am inside bar.
>>> foo()
I am inside foo.
```

Dieser Mechanismus ist nützlich, um die Kernlogik der Funktion oder Methode zu isolieren. Ein gutes Beispiel für eine Aufgabe, die man besser per Dekorator verarbeitet, ist die Speicherung oder das Caching: Sie wollen die Ergebnisse einer teuren Funktion in einer Tabelle speichern und diese dann wiederverwenden, statt sie erneut zu berechnen, falls sie bereits berechnet wurde. Das ist ganz klar kein Teil der Funktionslogik. Seit *PEP 3129 (https://www.python.org/dev/peps/pep-3129/)* können Dekoratoren mit Python 3 auch auf Klassen angewandt werden.

Dynamische Typisierung

Python ist dynamisch typisiert (im Gegensatz zur statischen Typisierung), das heißt, Variablen haben keinen festen Typ. Variablen sind als Zeiger auf ein Objekt implementiert. Auf diese Weise ist es möglich, die Variable a auf den Wert 42 zu setzen, dann auf den Wert »Danke für den Fisch« und dann auf eine Funktion.

Die von Python genutzte dynamische Typisierung wird häufig als Schwäche betrachtet, weil sie möglicherweise zu Verwicklungen und schwer zu debuggendem Code führt: Kann etwas namens a viele verschiedene Dinge enthalten, muss der Entwickler oder Maintainer diesen Namen im Code nachhalten, um sicherzustellen, dass er kein völlig zusammenhangloses Objekt enthält. Tabelle 4-2 illustriert gute und schlechte Praktiken bei der Nutzung von Namen.

Tabelle 4-2: Vermeiden Sie gleiche Variablennamen für unterschiedliche Dinge

Rat	Schlecht	Gut

Verwenden Sie kurze Funktionen oder Methoden, um das Risiko zu verringern, den gleichen Namen für zwei unterschiedliche Dinge zu verwenden.	`a = 1`
	`a = 'answer is {}'.format(a)`
		`def get_answer(a):`
		`    return 'answer is {}'.format(a)`
		
		`a = get_answer(1)`

Verwenden Sie unterschiedliche Namen für in Verbindung stehende Elemente, wenn diese verschiedene Typen haben.	`# Ein String ...`
	`items = 'a b c d'`
	`# Nein, eine Liste ...`
	`items = items.split(' ')`
	`# Nein, ein Set ...`
	`items = set(items)`
		`items_string = 'a b c d'`
		`items_list = items.split(' ')`
		`items = set(items_list)`

Die Effektivität wird nicht gesteigert, wenn man Namen wiederverwendet. Die Zuweisung erzeugt dennoch ein neues Objekt. Und wenn die Komplexität wächst und jede Zuweisung durch weitere Codezeilen (samt Verzweigungen und Schleifen) getrennt ist, wird es immer schwerer, den Typ der Variablen zu bestimmen.

Einige Programmierpraktiken wie die funktionale Programmierung raten von der erneuten Zuweisung von Variablen ab. In Java können Sie über das Schlüsselwort `final` erzwingen, dass sich der Wert einer Variablen nach der Zuweisung nicht mehr ändert. Python kennt kein `final`-Schlüsselwort, und es wäre auch gegen seine Philosophie. Doch einer Variablen nur einmal etwas zuzuweisen, ist möglicherweise keine schlechte Idee, da es das Konzept veränderlicher (mutable) und unveränderlicher (immuable) Typen stärkt.

Pylint (https://www.pylint.org/) warnt Sie, wenn Sie einer Variablen zwei unterschiedliche Typen zuweisen.

Veränderliche und unveränderliche Typen

Python besitzt zwei Arten von eingebauten oder benutzerdefinierten[10] Typen:

```
# Listen sind veränderlich
my_list = [1, 2, 3]
my_list[0] = 4
print my_list # [4, 2, 3] <- Die gleiche Liste, nun geändert.
```

---

10 Wie man eigene Typen in C definiert, erklärt die *Dokumentation zu Python-Erweiterungen. (https://docs.python.org/3/extending/newtypes.html)*

```
# Integerwerte sind unveränderlich
x = 6
x = x + 1  # Das neue x liegt an einer anderen Stelle im Speicher.
```

Veränderliche Typen
   Sie erlauben die direkte (In-Place-)Änderung des Inhalts eines Objekts. Beispiele sind Listen und Dictionaries, die verändernde Methoden wie `list.append()` oder `dict.pop()` besitzen und direkt verändert werden können.

Unveränderliche Typen
   Diese Typen bieten keine Methoden an, um ihre Inhalte zu verändern. Zum Beispiel kennt die Variable x mit dem Integerwert 6 keine »Inkrement«-Methode. Um `x + 1` zu berechnen, muss eine andere Integervariable erzeugt und ein Name zugewiesen werden.

Eine Konsequenz aus diesem unterschiedlichen Verhalten ist, dass veränderliche Typen nicht als Dictionary-Schlüssel genutzt werden können: Ändert sich deren Wert, ändert sich auch der Hashwert, auf dem Dictionaries basieren.[11] Das unveränderliche Gegenstück zur Liste ist das Tupel, das mit runden Klammern erzeugt wird, z.B. `(1, 2)`. Es kann nicht direkt verändert und daher als Dictionary-Schlüssel genutzt werden.

Die richtige Nutzung von veränderlichen Typen für Objekte, die tatsächlich verändert werden sollen (etwa `my_list = [1, 2, 3]`), und unveränderlichen Typen für Objekte mit festen Werten (z.B. `islington_phone = ("220", "7946", "0347")`) macht die Absicht des Codes für andere Entwickler deutlich.

Eine Besonderheit von Python, die Neulinge möglicherweise überrascht, ist, dass Strings unveränderlich sind. Der Versuch, einen String zu ändern, führt zu einem Fehler:

```
>>> s = "I'm not mutable"
>>> s[1:7] = " am"
Traceback (most recent call last):
  File "<stdin>", line 1, in <module>
TypeError: 'str' object does not support item assignment
```

Wenn Sie einen String aus mehreren Teilen zusammensetzen, ist es daher wesentlich effizienter, die Teile in einer Liste zu sammeln, da diese veränderlich ist, und die Teile dann zum eigentlichen String zu verbinden (`join`). Außerdem ist Pythons *List-Comprehension* (eine kompakte Syntax, um durch Iteration über eine Eingabe eine Liste zu erzeugen) besser und schneller als die Konstruktion dieser Liste durch den wiederholten Aufruf von `append()` in einer Schleife. Tabelle 4-3 zeigt verschiedene Möglichkeiten, einen String aus einem iterierbaren Objekt zu erzeugen.

---

11 Ein Ansatz für einen einfachen Hashing-Algorithmus besteht darin, die Bytes eines Elements in einen Integerwert umzuwandeln und aus diesem Wert den Modulo irgendeiner Zahl zu bilden. Auf diese Weise verteilt *memcached* (*http://www.memcached.org*) Schlüssel über mehrere Computer.

Tabelle 4-3: Beispielhafte Möglichkeiten zur Verkettung eines Strings

Schlecht	Gut	Am besten
`>>> s = ""`	`>>> s = []`	`>>> r = (97, 98, 99)`
`>>> for c in (97, 98, 98):`	`>>> for c in (97, 98, 99):`	`>>> s = [unichr(c) for c in r]`
`...     s += unichr(c)`	`...     s.append(unichr(c))`	`>>> print("".join(s))`
`...`	`...`	`abc`
`>>> print(s)`	`>>> print("".join(s))`	
`abc`	`abc`	

Auf der Python-Hauptseite finden Sie eine gute Diskussion zu dieser Form der Optimierung *(https://www.python.org/doc/essays/list2str/)*.

Ist schließlich die Anzahl der Elemente einer Verkettung bekannt, dann ist die reine Addition von Strings schneller (und geradliniger) als der Aufbau einer Liste von Elementen, auf den man dann ein `"".join()` anwendet. Die folgenden Formatoptionen zur Defintion von cheese machen alle das Gleiche:[12]

```
>>> adj = "Red"
>>> noun = "Leicester"
>>>
>>> cheese = "%s %s" % (adj, noun)  # Dieser Stil war veraltet (PEP 3101).
>>> cheese = "{} {}".format(adj, noun)  # Möglich seit Python 3.1.
>>> cheese = "{0} {1}".format(adj, noun)  # Zahlen können ebenfalls wiederverwendet werden.
>>> cheese = "{adj} {noun}".format(adj=adj, noun=noun)  # Dieser Stil ist der beste.
>>> print(cheese)
Red Leicester
```

Vendorizing Dependencies

Ein Paket mit Drittanbieterabhängigkeiten (engl. *Vendorized Dependencies*) enthält externe Abhängigkeiten (Bibliotheken von Drittanbietern) innerhalb der Quellen, meist in einem Ordner namens *vendor* oder *packages*. Es gibt einen sehr guten Blog-Post *(http://bit.ly/on-vendorizing)* zu diesem Thema, der die Hauptgründe aufführt, warum man so etwas macht (meist, um verschiedene Probleme mit Abhängigkeiten zu vermeiden), und welche Alternativen es gibt.

In nahezu allen Fällen ist man sich einig, dass man die Abhängigkeiten besser trennt, da sie das Repository mit unnötigem Inhalt füllen (häufig Megabytes an zusätzlichem Code). Virtuelle Umgebungen in Kombination mit *setup.py* (vorzugsweise wenn Ihr Paket eine Bibliothek ist) oder eine *requirements.txt* (die, wenn man sie nutzt, bei Konflikten Abhängigkeiten in *setup.py* überschreibt) können Abhängigkeiten auf eine bekannte Menge funktionierender Versionen beschränken.

---

12 Wir müssen zugeben, dass laut *PEP 3101* *(https://www.python.org/dev/peps.pep-3101/)* die Formatierung im Prozentstil (%s, %d, %f) seit über einem Jahrzehnt als veraltet gilt, von alten Hasen aber immer noch genutzt wird. Und *PEP 460* *(https://www.python.org/dev/peps/pep-0460/)* hat gerade die gleiche Methode eingeführt, um bytes- oder bytearray-Objekte zu formatieren.

Reichen diese Möglichkeiten nicht aus, könnte es hilfreich sein, den Eigentümer der Abhängigkeit zu kontaktieren, damit er das Problem löst und das Paket aktualisiert (z.B. könnte Ihre Bibliothek von einer kommenden Release abhängen, oder Sie benötigen ein spezifisches neues Feature). Solche Änderungen würden der ganzen Community zugute kommen. Der Haken bei Pull Requests für große Änderungen ist, dass man von Ihnen erwartet, diese Änderungen zu pflegen, wenn weitere Vorschläge und Requests eingehen. Deshalb binden Tablib und Requests zumindest einige Abhängigkeiten direkt ein. Doch je mehr Communitymitglieder vollständig zu Python 3 wechseln, desto weniger dieser drängenden Probleme bleiben (hoffentlich) übrig.

Ihren Code testen

Ihren Code zu testen, ist sehr wichtig. Die meisten Menschen nutzen ein Projekt wesentlich lieber, wenn es tatsächlich funktioniert.

Python hat doctest und unittest erstmals in Python 2.1 eingeführt, das 2001 veröffentlicht wurde. Sie umfassen die *testgetriebene Entwicklung* (engl. *Test-Driven Development* (TDD), bei der der Entwickler zuerst die Tests schreibt, die das Hauptziel und die Grenzfälle einer Funktion definieren, bevor die Funktion geschrieben wird, um diese Tests zu bestehen. Seitdem hat sich TDD zu einem weithin akzeptierten Standard entwickelt und ist in Unternehmens- und Open-Source-Projekten sehr verbreitet. Testfälle zu entwickeln und parallel dazu den Funktionscode zu schreiben, ist eine gute Idee. Klug eingesetzt, hilft Ihnen diese Methode dabei, die Absicht Ihres Codes präzise zu definieren und eine modularere Architektur aufzubauen.

Tipps für das Testen

Ein Test ist der nützlichste Code, den wir »Anhalter« schreiben können. Hier haben wir einige Tipps zusammengestellt.

Nur eine Sache pro Test

Eine Testeinheit sollte sich auf einen kleinen Teil der Funktionalität konzentrieren und deren Korrektheit beweisen.

Unabhängigkeit ist unerlässlich

Jede Testeinheit muss vollständig unabhängig sein. Sie muss allein laufen können, aber auch innerhalb der Test-Suite, unabhängig von der Aufrufreihenfolge. Diese Regel impliziert, dass jeder Test einen neuen Datensatz laden muss und nach dem Test möglicherweise auch wieder aufräumen muss. Das übernehmen üblicherweise die Methoden setUp() und tearDown().

Präzision ist besser als Sparsamkeit

Verwenden Sie lange und beschreibende Namen für Testfunktionen. Diese Richtlinie weicht von der für normalen Code ab, wo häufig kurze Namen bevorzugt werden. Der Grund dafür ist, dass Testfunktionen niemals explizit aufgerufen werden. square() oder auch sqr() sind für normalen Code okay, doch der Testcode sollte Namen wie test_square_of_number_2() oder test_square_negative_number() verwenden. Diese Funktionsnamen werden ausgegeben, wenn ein Test fehlschlägt, und sollten daher so aussagekräftig wie möglich sein.

Geschwindigkeit zählt

Geben Sie sich Mühe, schnelle Tests zu entwickeln. Dauert ein Test länger als ein paar Millisekunden, verlangsamt sich die Entwicklung, oder die Tests werden nicht so oft ausgeführt wie gewünscht. In manchen Fällen können Tests nicht schnell sein, weil sie mit einer komplexen Datenstruktur arbeiten, die immer geladen werden muss, wenn der Test läuft. Halten Sie diese komplexeren Tests in einer separaten Test-Suite vor, die nach einem vorgegebenen Plan ausgeführt wird, und führen Sie alle anderen Tests so oft wie nötig durch.

Lies das Handbuch (freundlich ausgedrückt)

Lernen Sie Ihre Tools kennen und lernen Sie, wie man einen einzelnen Test oder einen Testfall ausführt. Wenn Sie dann eine Funktion innerhalb eines Moduls entwickeln, lassen Sie den Test für diese Funktion oft laufen, idealerweise automatisch, wenn der Code gespeichert wird.

Testen Sie alles, wenn Sie beginnen – und erneut, wenn Sie Ihre Arbeit beenden

Führen Sie die vollständige Test-Suite immer aus, wenn Sie mit einer Programmiersession beginnen, und führen Sie sie erneut aus, wenn Sie die Arbeit beenden. Auf diese Weise können Sie sicher sein, dass der restliche Code nicht versehentlich beschädigt wurde.

Automatisierungs-Hooks der Versionskontrolle sind fantastisch

Es ist von Vorteil, einen Hook zu implementieren, der alle Tests ausführt, bevor Code in ein gemeinsames Repository gepusht wird. Sie können Hooks direkt in Ihr Versionskontrollsystem einbinden, und einige IDEs bieten Möglichkeiten, um das auf einfache Weise in ihre eigenen Umgebungen zu integrieren. Hier die Links zur Dokumentation einiger beliebter Systeme, die Ihnen erklären, wie das geht:

- *GitHub (https://developer.github.com/webhooks/)*
- *Mercurial (http://bit.ly/mercurial-handling-repo)*
- *Subversion (http://bit.ly/svn-repo-hook)*

Schreiben Sie einen fehlschlagenden Test, wenn Sie eine Pause machen wollen

Wenn Sie mitten in der Entwicklung Ihre Arbeit unterbrechen müssen, ist es eine gute Idee, einen fehlschlagenden Unit-Test für den Code zu schreiben, den Sie als Nächstes angehen wollen. Wenn Sie zurück sind, wissen Sie gleich, wo Sie sind, und kommen schneller zurück in die Spur.

Debuggen Sie mit einem Test, wenn es Unklarheiten gibt

Der erste Schritt beim Debugging Ihres Codes besteht darin, einen neuen Test zu schreiben, der den Bug genau lokalisiert. Auch wenn es nicht immer möglich ist, Tests zu schreiben, die Bugs einfangen, so sind sie doch die wertvollsten Codeteile Ihres Projekts.

Ist ein Test schwer zu erklären, wird es schwierig, Mitstreiter zu finden

Wenn etwas schiefläuft oder geändert werden muss und Ihr Code einen guten Satz an Tests enthält, werden Sie oder andere Maintainer stark auf diese Test-Suite setzen, um ein Problem zu beheben oder ein gegebenes Verhalten zu ändern. Daher wird der Testcode genauso oft – oder sogar *öfter* – gelesen als der Programmcode. Ein Unit-Test, dessen Zweck nicht klar ist, hilft in diesem Fall nicht besonders.

Wenn der Test einfach zu erklären ist, ist er fast immer eine gute Idee

Ihr Testcode kann auch als Einführung für neue Entwickler dienen. Wenn andere an der Codebasis arbeiten müssen, ist das Lesen des dazugehörigen Testcodes oft das Beste, was sie machen können. Sie werden (oder sollten) die Hotspots entdecken, bei denen die meisten Probleme auftreten, sowie die selten auftretenden Fälle. Wenn sie Funktionalität ergänzen müssen, sollte der erste Schritt darin bestehen, einen neuen Test einzufügen und auf diese Weise sicherzustellen, dass diese neue Funktion nicht bereits existiert, ohne im Interface integriert worden zu sein.

Und vor allem: Keine Panik!

Es ist Open Source! Die ganze Welt steht hinter Ihnen.

Test-Grundlagen

Dieser Abschnitt führt in die Grundlagen des Testens ein – das heißt, Sie bekommen eine Vorstellung von den verfügbaren Optionen und sehen einige Beispiele aus den Python-Projekten, in die wir in Kapitel 5 eintauchen werden. Es gibt ein ganzes Buch zur testgetriebenen Entwicklung mit Python, und wir wollen es hier nicht neu schreiben. Sehen Sie sich *Test-Driven Development with Python (O'Reilly)* an (und gehorchen Sie der Test-Ziege!).

unittest

unittest ist *das* Testmodul der Python-Standardbibliothek. Die API wird jedem vertraut vorkommen, der schon mal Tools wie JUnit (Java)/nUnit (.NET)/CppUnit (C/C++) genutzt hat.

Testfälle werden durch Subclassing von unittest.TestCase erzeugt. Im folgenden Beispiel wird die Testfunktion einfach als neue Methode in MyTest definiert:

```python
# test_example.py
import unittest

def fun(x):
    return x + 1

class MyTest(unittest.TestCase):
    def test_that_fun_adds_one(self):
        self.assertEqual(fun(3), 4)

class MySecondTest(unittest.TestCase):
    def test_that_fun_fails_when_not_adding_number(self):
        self.assertRaises(TypeError, fun, "multiply six by nine")
```

Testmethoden müssen mit dem String test beginnen, oder sie laufen nicht. Von Testmodulen (Dateien) wird erwartet, dass sie standardmäßig das Muster test*.py erfüllen, sie können aber über das Kommandozeilenargument --pattern ein beliebiges Muster nutzen.

Um alle Tests in unserer Testklasse TestClass auszuführen, öffnen Sie ein Terminalfenster und starten im gleichen Verzeichnis, in dem auch die Datei liegt, Pythons unittest-Modul wie folgt über die Kommandozeile:

```
$ python -m unittest test_example.MyTest
.
----------------------------------------------------------------------
Ran 1 test in 0.000s

OK
```

Wenn Sie alle Tests in einer Datei ausführen wollen, geben Sie den Namen der Datei an:

```
$ python -m unittest test_example
.
----------------------------------------------------------------------
Ran 2 tests in 0.000s

OK
```

Mock (in unittest)

Seit Python 3.3 ist unittest.mock *(https://docs.python.org/dev/library/unittest.mock)* Teil der Standardbibliothek. Damit können Sie Teile des zu testenden Systems durch »Attrappen« (engl. Mock) ersetzen und bestimmte Annahmen darüber treffen, wie diese Teile genutzt wurden.

So können Sie etwa (wie im folgenden Beispiel) eine Methode einem *Monkey Patch* unterziehen. (Ein Monkey Patch ist Code, der vorhandenen Code zur Laufzeit ersetzt oder modifiziert.) In unserem Beispiel wird die existierende Methode namens ProductionClass.method für die von uns erzeugte Instanz namens instance durch ein neues Objekt namens MagicMock ersetzt. Dieses gibt beim Aufruf immer den Wert 3 zurück und hält fest, wie oft es mit welcher Signatur aufgerufen wurde. Es enthält auch assert-Methoden für Testzwecke:

```
from unittest.mock import MagicMock

instance = ProductionClass()
instance.method = MagicMock(return_value=3)
instance.method(3, 4, 5, key='value')

instance.method.assert_called_with(3, 4, 5, key='value')
```

Die Mock-Klassen bzw. -Objekte des zu testenden Moduls verwenden den patch-Dekorator. Im folgenden Beispiel wird ein externes Suchsystem durch eine Attrappe ersetzt, die immer das gleiche Ergebnis zurückgibt (so wie es in diesem Beispiel genutzt wird, gilt der Patch nur für die Dauer des Tests):

```
import unittest.mock as mock

def mock_search(self):
    class MockSearchQuerySet(SearchQuerySet):
        def __iter__(self):
            return iter(["foo", "bar", "baz"])
    return MockSearchQuerySet()

# SearchForm verweist hier auf die importierte Klassenreferenz
# myapp.SearchForm und verändert diese Instanz, nicht den Code,
# der die SearchForm-Klasse selbst definiert.
@mock.patch('myapp.SearchForm.search', mock_search)
def test_new_watchlist_activities(self):
    # get_search_results führt die Suche durch und geht die Ergebnisse durch
    self.assertEqual(len(myapp.get_search_results(q="fish")), 3)
```

Mock besitzt viele weitere Konfigurationsmöglichkeiten zur Steuerung seines Verhaltens. Diese werden in der Python-Dokumentation für unittest.mock erläutert. *(http://docs.python.org/3/library/unittest.mock.html)*

doctest

Das doctest-Modul sucht in Docstrings nach Textsegmenten, die wie interaktive Python-Sessions aussehen, und führt diese dann in diesen Sessions aus, um zu prüfen, ob sie exakt wie beschrieben funktionieren.

Doctests dienen einem anderen Zweck als echte Unit-Tests. Sie sind üblicherweise weniger detailliert und fangen Sonderfälle oder obskure Regressions-Bugs nicht ab. Stattdessen stellen sie eine aussagekräftige Dokumentation der wesentlichen Anwendungsfälle eines Moduls und seiner Komponenten dar (ein Beispiel für einen sogenannten Happy Path *(https://en.wikipedia.org/wiki/Happy_path)*). Allerdings sollten doctests automatisch ausgeführt werden, wenn die vollständige Test-Suite ausgeführt wird.

Hier ein einfacher doctest in einer Funktion:

```python
def square(x):
    """Squares x.
    >>> square(2)
    4
    >>> square(-2)
    4
    """
    return x * x

if __name__ == '__main__':
    import doctest
    doctest.testmod()
```

Wenn Sie dieses Modul über die Kommandozeile ausführen (also python `module.py`), werden die doctests ausgeführt und beschweren sich, wenn etwas nicht so läuft, wie in den Docstrings erklärt.

Beispiele

In diesem Abschnitt stellen wir Auszüge unserer Lieblingspakete vor, um gute Testpraktiken in realem Code vorzustellen. Die Test-Suites benötigen zusätzliche Bibliotheken, die nicht in den Paketen enthalten sind (z. B. nutzt Requests Flask, um einen HTTP-Server zu simulieren). Sie finden diese in der *requirements.txt*-Datei des jeweiligen Projekts.

Für alle diese Beispiele bestehen die ersten Schritte darin, ein Terminal zu öffnen, in ein Verzeichnis zu wechseln, in dem Sie an einem Open-Source-Projekt arbeiten, das Quell-Repository zu klonen und die virtuelle Umgebung einzurichten:

```
$ git clone https://github.com/username/projectname.git
$ cd projectname
$ virtualenv -p python3 venv
$ source venv/bin/activate
(venv)$ pip install -r requirements.txt
```

Beispiel: Tests in Tablib

Tablib verwendet das unittest-Modul der Python-Standardbibliothek für seine Tests. Die Test-Suite wird nicht mit dem Paket ausgeliefert. Die entsprechenden Dateien müssen aus dem GitHub-Repository geklont werden. Hier ein Ausschnitt mit Kommentaren an den wichtigen Stellen:

```python
#!/usr/bin/env python
# -*- coding: utf-8 -*-
"""Tests for Tablib."""

import json
import unittest
import sys
import os
import tablib
from tablib.compat import markup, unicode, is_py3
from tablib.core import Row
class TablibTestCase(unittest.TestCase):     ❶
    """Tablib test cases."""

    def setUp(self):     ❷
        """Create simple data set with headers."""

        global data, book

        data = tablib.Dataset()
        book = tablib.Databook()

        #
        #   ... Hier nicht genutztes Setup weggelassen ...
        #

    def tearDown(self):     ❸
        """Teardown."""
        pass

    def test_empty_append(self):     ❹
        """Verify append() correctly adds tuple with no headers."""
        new_row = (1, 2, 3)
        data.append(new_row)

        # Breite verifizieren
        self.assertTrue(data.width == len(new_row))
        self.assertTrue(data[0] == new_row)

    def test_empty_append_with_headers(self):     ❺
        """Verify append() correctly detects mismatch of number of
        headers and data.
        """
        data.headers = ['first', 'second']
        new_row = (1, 2, 3, 4)

        self.assertRaises(tablib.InvalidDimensions, data.append, new_row)
```

❶ Um unittest zu nutzen, müssen Sie eine Subklasse von unittest.TestCase anlegen und Testmethoden entwickeln, deren Namen mit test beginnen. Der TestCase stellt assert-Methoden zur Verfügung, die auf Gleichheit, Wahrheit, Datentyp, Zugehörigkeit zu einem Set und die Auslösung von Ausnahmen prüft. Details finden Sie in der Dokumentation *(http://bit.ly/unittest-testcase)*.

❷ TestCase.setUp() wird vor jeder einzelnen Testmethode TestCase ausgeführt.

❸ TestCase.tearDown() wird nach jeder einzelnen Testmethode in TestCase ausgeführt.[13]

❹ Alle Testmethoden müssen mit test beginnen, andernfalls werden sie nicht ausgeführt.

❺ Innerhalb eines einzelnen TestCase kann es mehrere Tests geben, doch jeder Test sollte nur eine Sache überprüfen.

Wenn Sie etwas zu Tablib beitragen wollen, führen Sie nach dem Klonen zuerst die Test-Suite aus, um sicherzustellen, dass alles richtig läuft:

```
(venv)$ ### innerhalb des obersten Verzeichnisses tablib/
(venv)$ python -m unittest  test_tablib.py
..........................................................
------------------------------------------------------------------
Ran 62 tests in 0.289s

OK
```

Seit Python 2.7 enthält unittest auch einen eigenen Testerkennungsmechanismus, den Sie über die Kommandozeilenoption discover aktivieren können:

```
(venv)$ ### *über* dem obersten Verzeichnis, tablib/
(venv)$ python -m unittest discover tablib/
..........................................................
------------------------------------------------------------------
Ran 62 tests in 0.234s

OK
```

Nachdem alle Tests erfolgreich durchgelaufen sind, würden Sie (a) den Testfall suchen, der mit dem Teil zu tun hat, den Sie ändern wollen, oder (b) einen neuen Test für das von Ihnen entwickelte Feature schreiben (oder für den Bug, den Sie gerade suchen). Führen Sie dann diesen Test oft aus, während Sie den Code verändern. Hier ein Beispiel:

---

13 Beachten Sie, dass unittest.TestCase.tearDown nicht ausgeführt wird, wenn der Code einen Fehler hat. Das kann überraschend sein, wenn Sie Features in unittest.mock genutzt haben, um das Verhalten des Codes zu ändern. In Python 3.1 wurde die Methode unittest.TestCase.addCleanup() ergänzt. Sie schiebt eine Cleanup-Funktion und ihre Argumente auf einen Stack, der Stück für Stück nach unittest.TestCase.tearDown() ausgeführt wird. Der Code wird aber unabhängig davon ausgeführt, ob tearDown() ausgeführt wurde oder nicht. Weitere Informationen finden Sie in der Dokumentation zu unittest.TestCase.addCleanup(). *(http://docs.python.org/3/library/unittest.html#unittest.TestCase.addCleanup)*

```
(venv)$ ### Innerhalb des obersten Verzeichnisses, tablib/
(venv)$ python -m unittest test_tablib.TablibTestCase.test_empty_append
.
----------------------------------------------------------------------
Ran 1 test in 0.001s

OK
```

Sobald Ihr Code funktioniert, führen Sie erneut die gesamte Test-Suite aus, bevor Sie ihn ins Repository schieben. Da Sie die Tests häufig ausführen, sollten diese so schnell sein wie möglich. Weitere Details zum Einsatz von unittest finden Sie in der *unittest-Dokumentation in der Standardbibliothek (http://bit.ly/unittest-library)*.

Beispiel: Tests in Requests

Requests nutzt py.test. Um es in Aktion zu sehen, öffnen Sie ein Terminal, wechseln in ein temporäres Verzeichnis, klonen Requests, installieren die Abhängigkeiten und führen py.test wie hier zu sehen aus:

```
$ git clone -q https://github.com/kennethreitz/requests.git
$
$ virtualenv venv -q -p python3   # -q for 'quiet'
$ source venv/bin/activate
(venv)$
(venv)$ pip install -q -r requests/requirements.txt   # noch einam 'quiet' ...
(venv)$ cd requests
(venv)$ py.test
========================= test session starts =================================
platform darwin -- Python 3.4.3, pytest-2.8.1, py-1.4.30, pluggy-0.3.1
rootdir: /tmp/requests, inifile:
plugins: cov-2.1.0, httpbin-0.0.7
collected 219 items

tests/test_requests.py .......................................................
X...........................................
tests/test_utils.py ..s....................................................

========= 217 passed, 1 skipped, 1 xpassed in 25.75 seconds ===================
```

Weitere beliebte Tools

Die hier vorgestellten Testtools werden weniger häufig eingesetzt, sind aber immer noch beliebt genug, um hier erwähnt zu werden.

pytest

pytest (http://pytest.org/latest/) ist eine weniger aufwändige Alternative zum unittest-Modul der Python-Standardbibliothek. Es verlangt kein Scaffolding von Testklassen und nicht einmal Setup- und Teardown-Methoden. Um es zu installieren, nutzen Sie pip wie gewohnt:

```
$ pip install pytest
```

Obwohl es ein ausgewachsenes und erweiterbares Testtool ist, verwendet es eine einfache Syntax. Für die Entwicklung einer Test-Suite müssen Sie nur ein Modul mit einer Reihe von Funktionen schreiben:

```
# Inhalt von test_sample.py
def func(x):
    return x + 1
def test_answer():
    assert func(3) == 5
```

Dann den py.test auszuführen, ist weit weniger Arbeit, als die gleichwertige Funktionalität in einem unittest-Modul zu implementieren:

```
$ py.test
=========================== test session starts ============================
platform darwin -- Python 2.7.1 -- pytest-2.2.1
collecting ... collected 1 items
test_sample.py F
================================= FAILURES =================================
_____ test_answer _____
    def test_answer():
>       assert func(3) == 5
E       assert 4 == 5
E        +  where 4 = func(3)
test_sample.py:5: AssertionError
========================= 1 failed in 0.02 seconds =========================
```

Nose

Nose (http://readthedocs.org/docs/nose/en/latest/) vereinfacht das Testen mit unittest:

```
$ pip install nose
```

Nose bietet eine automatische Testerkennung, um Ihnen die Mühe zu ersparen, Test-Suites manuell aufbauen zu müssen. Es bietet auch zahlreiche Plug-ins für Features wie xUnit-kompatible Testausgaben, Abdeckungsberichte und Testauswahl.

tox

tox (http://testrun.org/tox/latest/) ist ein Tool zur automatischen Verwaltung von Testumgebungen und zum Testen über verschiedene Interpreter-Konfigurationen:

```
$ pip install tox
```

tox erlaubt die Konfiguration komplizierter Multiparameter-Testmatrizen über eine einfache Konfigurationsdatei im *ini*-Stil.

Optionen für ältere Python-Versionen

Falls Sie nicht Herr über die zu nutzende Python-Version sind, diese Tools aber trotzdem verwenden wollen, finden Sie hier einige Optionen.

unittest2. *unittest2 (http://pypi.python.org/pypi/unittest2)* ist ein Backport des unittest-Moduls aus Python 2.7. Es bietet eine verbesserte API und bessere Assertions gegenüber früheren Python-Versionen.

Wenn Sie Python 2.6 oder älter nutzen (d.h., dass Sie sehr wahrscheinlich für eine große Bank oder ein Fortune-500-Unternehmen arbeiten), können Sie es mit pip installieren:

```
$ pip install unittest2
```

Sie sollten das Modul unter dem Namen unittest importieren, um die zukünftige Portierung von Code für neuere Versionen des Moduls zu vereinfachen:

```
import unittest2 as unittest

class MyTest(unittest.TestCase):
    ...
```

Wenn Sie das *unittest2*-Modul nach einem Wechsel zu einer neueren Python-Version nicht mehr benötigen, ändern Sie nur noch den Import in Ihrem Testmodul, ohne anderen Code ändern zu müssen.

Mock. Wenn Sie »Mock (in unittest)« auf Seite 82 mögen, aber einer Python-Version kleiner 3.3 nutzen, können Sie unittest.mock immer noch verwenden, indem Sie es als separate Bibliothek importieren:

```
$ pip install mock
```

fixture. *fixture (http://farmdev.com/projects/fixture/)* bietet Tools an, die das Setup und Teardown von Datenbank-Backends zu Testzwecken vereinfachen. Es kann präparierte Datensätze für SQLAlchemy, SQLObject, Google Datastore, Django ORM und Storm laden. Neuere Releases stehen zur Verfügung, es wurde aber nur für Python 2.4 bis Python 2.6 getestet.

Lettuce und Behave

Lettuce und Behave sind Pakete zur *verhaltensgetriebenen Softwareentwicklung (engl. Behavior-Driven Development, kurz BDD)* in Python. BDD ist ein Prozess, der sich in den frühen 2000ern aus TDD entwickelt hat. Der Wunsch dabei war, das Wort »Test« in der testgetriebenen Softwareentwicklung durch »Verhalten« (engl. Behavior) zu ersetzen, um die Probleme zu überwinden, die Anfänger mit TDD haben. Der Begriff wurde im Jahr 2003 erstmals von Dan North geprägt und der Welt zusammen mit dem Java-Tool JBehave im Jahr 2006 in einem Artikel für das *Better Software*-Magazin vorgestellt. Sie finden diesen Artikel auch in Dan North' Blog-Post »*Introducing BDD*« *(http://dannorth.net/introducing-bdd/).*

BDD wurde 2011 nach der Veröffentlichung von *The Cucumber Book (Pragmatic Bookshelf)*, das ein Behave-Paket für Ruby beschreibt, sehr beliebt. Das inspirierte Gabriel Falcos *Lettuce (http://lettuce.it/)* und Peter Parentes *Behave (http://pythonhosted.org/behave/)* für unsere Community.

Behaviors werden in einfachem Text geschrieben und verwenden eine Syntax namens Gherkin, die für uns Menschen lesbar ist *und* von Maschinen verarbeitet werden kann. Die folgenden Tutorials könnten nützlich sein:

- *Gherkin Tutorial (https://github.com/cucumber/cucumber/wiki/Gherkin)*
- *Lettuce Tutorial (http://lettuce.it/tutorial/simple.html)*
- *Behave Tutorial (http://tott-meetup.readthedocs.org/en/latest/sessions/behave.html)*

Dokumentation

Lesbarkeit ist Python-Entwicklern besonders wichtig, und zwar sowohl im Projekt als auch in der Dokumentation des Codes. Die in diesem Abschnitt beschriebenen Best Practices können Ihnen und anderen sehr viel Zeit sparen.

Projektdokumentation

Es gibt eine API-Dokumentation für alle, die ein Projekt nutzen wollen, und dann gibt es eine zusätzliche Projektdokumentation für diejenigen, die etwas zu einem Projekt beitragen möchten. Dieser Abschnitt betrachtet diese zusätzliche Projektdokumentation.

Eine *README*-Datei im Stammverzeichnis soll sowohl Nutzern als auch Maintainern allgemeine Informationen zu einem Projekt liefern. Sie sollte als einfacher Text vorliegen oder in einem sehr einfach gehaltenen Markup wie reStructured Text (das wir empfehlen, weil es momentan das einzige Format ist, das von PyPI verstanden wird[14]) oder *Markdown. (https://help.github.com/articles/basic-writing-and-formatting-syntax/)* Sie sollte einige Zeilen enthalten, die den Zweck des Projekts oder der Bibliothek erläutern (ohne davon auszugehen, dass der Benutzer irgendetwas über das Projekt weiß), die URL der Hauptquelle für die Software und einige grundlegende Copyright-Informationen und Credits. Diese Datei ist der primäre Ausgangspunkt für die Leser des Codes.

Eine *INSTALL*-Datei ist bei Python nicht ganz so wichtig (könnte aber nötig sein, um den Lizenzanforderungen etwa der GPL gerecht zu werden). Die Installationsanweisungen reduzieren sich häufig auf einen Befehl wie `pip install modul` oder `python setup.py install` und stehen in der *README*-Datei.

Eine *LICENSE*-Datei sollte immer vorhanden sein und angeben, unter welcher Lizenz die Software zur Verfügung steht (siehe »Wahl einer Lizenz« auf Seite 95 für weitere Informationen).

---

14 Für alle Interessierten gibt es eine Diskussion zur Einführung einer *Markdown-Unterstützung (https://bitbucket.org/pypa/pypi/issues/148/support-markdown-for-readmes)* für README-Dateien auf PyPI.

Eine *TODO*-Datei oder ein TODO-Abschnitt in *README* sollte die geplante Entwicklung des Codes auflisten.

Eine *CHANGELOG*-Datei oder ein entsprechender Abschnitt in der *README*-Datei sollte eine kurze Zusammenfassung der Änderungen an der Codebasis für die letzten Versionen enthalten.

Projektpublikation

Je nach Projekt sollte Ihre Dokumentation eine oder alle der folgenden Komponenten enthalten:

- Eine *Einführung* gibt einen sehr kurzen Überblick darüber, was das Produkt kann, und stellt einen oder zwei sehr einfache Anwendungsfälle vor. Das ist der 30-Sekunden-Pitch für Ihr Projekt.
- Ein *Tutorial* stellt einige primäre Anwendungsbeispiele im Detail dar. Der Leser folgt einer Schritt-für-Schritt-Prozedur, um einen funktionierenden Prototyp aufzusetzen.
- Eine *API-Referenz* wird üblicherweise aus dem Code erzeugt (siehe »Docstring versus Blockkommentare« auf Seite 91). Sie führt alle öffentlichen Schnittstellen, Parameter und Rückgabewerte auf.
- Eine *Entwicklerdokumentation* ist für potenzielle Mitstreiter gedacht. Sie kann Codekonventionen sowie die allgemeine Designstrategie des Projekts umfassen.

Sphinx

Sphinx (http://sphinx.pocoo.org) ist das mit großem Abstand beliebteste[15] Dokumentationstool für Python. *Nutzen Sie es.* Es wandelt die Markup-Sprache von reStructured Text in eine Vielzahl von Ausgabeformaten um, darunter HTML, LaTeX (für druckbare PDF-Versionen), Manual Pages und einfacher Text.

Es gibt auch ein *sehr gutes* und *kostenloses* Hosting für Ihre Sphinx-Dokumentation: *Read the Docs (http://readthedocs.org)*. Nutzen Sie das ebenfalls. Sie können es mit Commit-Hooks für Ihr Quell-Repository konfigurieren, sodass die Neugenerierung Ihrer Dokumentation automatisch vonstattengeht.

Sphinx ist berühmt für seine API-Generierung, doch es funktioniert auch gut für die allgemeine Projektdokumentation. Die englischsprachige Onlineversion von *Hitchhiker's Guide to Python (http://docs.python-guide.org/)* wird per Sphinx erzeugt und auf Read the Docs gehostet.

---

15 Ihnen werden andere Tools wie Pycco, Ronn, Epydoc (mittlerweile eingestellt) und MkDocs begegnen. So gut wie jedes verwendet Sphinx, und wir empfehlen Ihnen, dass auch zu tun.

reStructured Text

Sphinx nutzt *reStructured Text (http://docutils.sourceforge.net/rst.html)*, und nahezu die gesamte Python-Dokumentation ist damit entstanden. Ist der Inhalt Ihres `long_description`-Arguments an `setuptools.setup()` in reStructured Text geschrieben, wird er auf PyPI in HTML gerendert. Andere Formate werden nur als einfacher Text ausgegeben. Es ist wie Markdown mit allen optionalen Erweiterungen. Gute Ressourcen für die Syntax sind:

- *reStructuredText Primer (http://sphinx.pocoo.org/rest.html)*
- *reStructuredText Quick Reference (http://bit.ly/restructured-text)*

Oder tragen Sie einfach etwas zur Dokumentation Ihres Lieblingspakets bei und lernen Sie durch Lesen.

Docstring versus Blockkommentare

Docstrings und Blockkommentare sind nicht austauschbar. Beide können für eine Funktion oder Klasse genutzt werden. Hier ein Beispiel, das beide nutzt:

```
# Diese Funktion verlangsamt aus irgendeinem Grund die Programmausführung.  ❶
def square_and_rooter(x):
    """Quadratwurzel von self mal self zurückgeben."""  ❷
    ...
```

❶ Der erste Kommentarblock ist eine Anmerkung des Programmierers.

❷ Der Docstring beschreibt die Aktion der Funktion oder Klasse und erscheint in einer interaktiven Python-Session, wenn der Benutzer `help(square_and_rooter)` eingibt.

Stehen Docstrings am Anfang eines Moduls oder einer *__init__.py*-Datei, erscheinen sie ebenfalls in `help()`. Sphinx' autodoc-Feature kann darüber hinaus automatisch eine Dokumentation generieren, wenn entsprechend formatierte Docstrings existieren. Anweisungen dafür und wie man Docstrings für autodoc formatiert, finden Sie im *Sphinx-Tutorial (http://www.sphinx-doc.org/en/stable/tutorial.html#autodoc)*. Weitere Details zu Docstrings finden Sie in *PEP 257 (https://www.python.org/dev/peps/pep-0257/)*.

Logging

Das Logging-Modul ist bereits seit Version 2.3 Teil der Python-Standardbibliothek. Es wird recht knapp in *PEP 282 (https://www.python.org/dev/peps/pep-0282/)* beschrieben. Die Dokumentation ist, bis auf das *grundlegende Logging-Tutorial (http://docs.python.org/howto/logging.html#logging-basic-tutorial)*, berüchtigt für ihre schlechte Lesbarkeit.

Das Logging erfüllt zwei Aufgaben:

Diagnostisches Logging
> Diagnostisches Logging hält alle Ereignisse fest, die mit dem Betrieb der Anwendung zusammenhängen. Meldet sich ein Nutzer beispielsweise wegen eines Fehlers, können die Logs im Kontext durchsucht werden.

Audit-Logging
> Audit-Logging hält Ereignisse für die Unternehmensanalyse fest. Nutzertransaktionen (wie Clickstreams) können extrahiert und mit anderen Details des Nutzers (etwa einem Kauf) zu Reports kombiniert werden oder zur Optimierung der Unternehmensziele.

Logging versus print

print ist nur dann die bessere Lösung gegenüber dem Logging, wenn das Ziel darin besteht, Hilfeanweisungen in einer Kommandozeilenanwendung auszugeben. Weitere Gründe für das Logging im Vergleich zu print sind:

- Der *Log-Datensatz (Log Record) (https://docs.python.org/library/logging.html#logrecord-attributes)*, der für jedes Logging-Ereignis angelegt wird, enthält bereits verfügbare diagnostische Informationen wie den Dateinamen, den vollständigen Pfad, die Funktion und die Zeilennummer des Logging-Ereignisses.
- In eingebundenen Modulen geloggte Ereignisse stehen dem Logging-Stream Ihrer Anwendung automatisch über den Root-Logger zur Verfügung (wenn Sie diese nicht herausfiltern).
- Das Logging lässt sich über logging.Logger.setLevel() schrittweise stumm schalten. Setzen Sie das Attribut logging.Logger.disabled auf True, wird es vollständig deaktiviert.

Logging in einer Bibliothek

Hinweise zur Konfiguration des Loggings in einer Bibliothek finden Sie im *Logging-Tutorial (http://bit.ly/configuring-logging)*. Eine weitere gute Ressource für den beispielhaften Einsatz des Loggings nennen wir im nächsten Kapitel. Weil der Nutzer und nicht die Bibliothek bestimmen sollte, was passiert, wenn ein Logging-Ereignis eintritt, hier noch einmal eine Ermahnung:

> Wir raten dringend dazu, in Ihrer Bibliothek keine Logger außer NullHandler einzubinden.

Der NullHandler macht, was sein Name sagt: nichts. Der Nutzer muss andernfalls Ihr Logging ausdrücklich ausschalten, wenn er es nicht möchte.

Das bewährte Verfahren bei der Instanziierung von Loggern in einer Bibliothek besteht darin, diese nur in der globalen Variablen __name__ zu erzeugen: Das logging-Modul legt eine Logger-Hierarchie in Punktnotation an, das heißt, die Verwendung von __name__ vermeidet Namenskollisionen.

Hier folgt ein gutes Beispiel aus dem *Requests-Quellcode (https://github.com/ kennethreitz/requests)*. Setzen Sie dieses Codefragment in die oberste *__init__.py* Ihres Python-Projekts:

```
# Standard-Logging-Handler festlegen, um "No handler found" zu vermeiden.
import logging
try:  # Python 2.7+
    from logging import NullHandler
except ImportError:
    class NullHandler(logging.Handler):
        def emit(self, record):
            pass

logging.getLogger(__name__).addHandler(NullHandler())
```

Logging in einer Anwendung

Die *Twelve-Factor App (http://12factor.net)*, eine maßgebliche Referenz für bewährte Verfahren in der Anwendungsentwicklung, enthält einen Abschnitt zur *bewährten Logging-Praxis (http://12factor.net/logs)*. Dieser befürwortet ausdrücklich, Log-Ereignisse als Eventstream zu behandeln und diesen Eventstream an die Standardausgabe zu senden, um von der Anwendungsumgebung verarbeitet zu werden.

Es gibt mindestens drei Möglichkeiten, einen Logger zu konfigurieren:

	Vorteile	Nachteile
Per Datei im INI-Format	Es ist möglich, die Konfiguration während des Betriebs zu ändern, indem man die Funktion logging.config.listen() nutzt, um auf Änderungen an einem Socket zu warten.	Sie haben weniger Kontrolle (z. B. eigene Unterklassen von Filtern und Loggern) als bei der Konfiguration eines Loggers im Code.
Per Dictionary oder Datei im JSON-Format	Neben der Aktualisierung während des Betriebs ist es auch möglich, eine Datei per JSON-Modul zu laden, das seit Python 2.6 zur Standardbibliothek gehört.	Sie haben weniger Kontrolle als bei der Konfiguration eines Loggers im Code.
Per Code	Sie haben die vollständige Kontrolle über die Konfiguration.	Jede Modifikation verlangt eine Änderung des Quellcodes.

Beispielhafte Konfiguration über eine INI-Datei

Details zum INI-Dateiformat finden Sie im Abschnitt zur Logging-Konfiguration des *Logging-Tutorials (https://docs.python.org/howto/logging.html#configuring-logging)*. Eine Minimalkonfiguration würde wie folgt aussehen:

```
[loggers]
keys=root

[handlers]
keys=stream_handler
```

```
[formatters]
keys=formatter

[logger_root]
level=DEBUG
handlers=stream_handler

[handler_stream_handler]
class=StreamHandler
level=DEBUG
formatter=formatter
args=(sys.stderr,)

[formatter_formatter]
format=%(asctime)s %(name)-12s %(levelname)-8s %(message)s
```

asctime, name, levelname und message sind optionale Attribute, die über die Logging-Bibliothek verfügbar sind. Eine vollständige Liste der Optionen und ihrer Definitionen finden Sie in der Python-Dokumentation *(http://bit.ly/logrecord-attributes)*. Angenommen, Ihre Datei für die Logging-Konfiguration heißt *logging_config.ini*. Um den Logger mit der Konfiguration im Code einzurichten, nutzen wir logging.config.fileConfig():

```
import logging
from logging.config import fileConfig

fileConfig('logging_config.ini')
logger = logging.getLogger()
logger.debug('often makes a very good meal of %s', 'visiting tourists')
```

Beispielhafte Konfiguration über ein Dictionary

Seit Python 2.7 können Sie ein Dictionary mit Konfigurationsdetails verwenden. *PEP 391 (https://www.python.org/dev/peps/pep-0391)* enthält eine Liste obligatorischer und optionaler Elemente im Konfigurations-Dictionary. Hier eine Minimalimplementierung:

```
import logging
from logging.config import dictConfig

logging_config = dict(
    version = 1,
    formatters = {
        'f': {'format':
              '%(asctime)s %(name)-12s %(levelname)-8s %(message)s'}
    },
    handlers = {
        'h': {'class': 'logging.StreamHandler',
              'formatter': 'f',
              'level': logging.DEBUG}
    },
    loggers = {
```

```
        'root': {'handlers': ['h'],
                 'level': logging.DEBUG}
    }
)

dictConfig(logging_config)

logger = logging.getLogger()
logger.debug('often makes a very good meal of %s', 'visiting tourists')
```

Beispielhafte Konfiguration direkt im Code

Und schließlich zeigen wir noch eine minimale Logging-Konfiguration direkt im Code:

```
import logging

logger = logging.getLogger()
handler = logging.StreamHandler()
formatter = logging.Formatter(
        '%(asctime)s %(name)-12s %(levelname)-8s %(message)s')
handler.setFormatter(formatter)
logger.addHandler(handler)
logger.setLevel(logging.DEBUG)

logger.debug('often makes a very good meal of %s', 'visiting tourists')
```

Wahl einer Lizenz

In den Vereinigten Staaten ist es so, dass ohne Lizenz im Quellcode niemand das Recht hat, diesen herunterzuladen, zu modifizieren oder zu verteilen. Darüber hinaus kann niemand etwas zu Ihrem Projekt beitragen, solange Sie nicht sagen, nach welchen Regeln das zu geschehen hat. Sie *brauchen* eine Lizenz.

Upstream-Lizenzen

Wenn Ihr Projekt auf einem anderen Projekt basiert, ist Ihre Wahl möglicherweise durch sogenannte Upstream-Lizenzen vorbestimmt. Zum Beispiel verlangt die *Python Software Foundation* (PSF) von allen, die etwas zum Python-Quellcode beitragen, die Unterzeichnung eines Contributor-Vertrags, der den Code formal unter einer von zwei möglichen Lizenzen an die PSF lizenziert (und deren eigenes Copyright beibehält).[16]

Da beide Lizenzen es den Nutzern erlauben, Unterlizenzen zu anderen Bedingungen anzubieten, kann die PSF Python unter ihrer eigenen Lizenz, der Python Soft-

---

16 Während dies geschrieben wird, sind das die Academic Free License v. 2.1 und die Apache License, Version 2.0. Wie das genau funktioniert, wird auf der *Contrib-Seite (https://www.python.org/psf/contrib/)* der PSF erklärt.

ware Foundation-Lizenz, anbieten. Eine *FAQ zur PSF-Lizenz (https://wiki.python.org/moin/PythonSoftwareFoundationLicenseFaq)* erläutert in einer verständlichen Sprache, was Nutzer tun dürfen und was nicht. Sie ist nicht für eine Nutzung gedacht, die über die Lizenzierung der PSF-Distribution von Python hinausgeht.

Optionen

Es gibt eine Vielzahl von Lizenzen, aus denen Sie wählen können. Die PSF empfiehlt die Nutzung einer vom *Open Source Institute (OSI) (http://opensource.org/licenses)* anerkannten Lizenz. Soll Ihr Code letztlich etwas zur PSF beitragen, werden die Dinge deutlich einfacher, wenn Sie mit einer der auf der *Contrib-Seite (https://www.python.org/psf/contrib/)* empfohlenen Lizenzen arbeiten.

Denken Sie daran, den Platzhaltertext in den Lizenzvorlagen so anzupassen, dass er die richtigen Informationen enthält. Zum Beispiel enthält die Vorlage der MIT-Lizenz den Text `Copyright (c) <year> <copyright holders>` in der zweiten Zeile. Die Apache-Lizenz Version 2.0 müssen Sie nicht ändern.

Open-Source-Lizenzen fallen üblicherweise in eine von zwei Kategorien:[17]

Freizügige Lizenzen

Freizügige Lizenzen, auch BSD-artige Lizenzen (BSD – *Berkeley Software Distribution*) genannt, konzentrieren sich mehr auf die Freiheit des Nutzers, mit der Software machen zu können, was er will. Hier einige Beispiele:

- Die Apache-Lizenzen – *Version 2.0 (https://opensource.org/licenses/Apache-2.0)* ist die aktuelle, die so angepasst wurde, dass man sie ohne weitere Änderungen in jedem Projekt übernehmen kann. Sie dürfen auf die Lizenz verweisen, das heißt, Sie müssen sie nicht in jeder Datei aufführen. Apache- 2.0-lizenzierter Code kann zusammen mit der *GNU General Public License Version 3.0* (GPLv3) genutzt werden.

- Die BSD-2-Klausel- und -3-Klausel-Lizenzen – *Die Drei-Klausel-Lizenz (https://opensource.org/licenses/BSD-3-Clause)* entspricht der Zwei-Klausel-Lizenz, enthält aber eine zusätzliche Beschränkung zur Nutzung der Markenzeichen des Herausgebers.

- *Die Lizenzen des Massachusetts Institute of Technology (MIT) (https://opensource.org/licenses/MIT)* – Die Expat- und X11-Versionen sind nach bekannten Produkten benannt, die diese Lizenzen nutzen.

- *Die Lizenz des Internet Software Consortium (ISC) (https://opensource.org/licenses/ISC)* – Diese Lizenz ist mit der MIT-Lizenz nahezu identisch, enthält aber einige wenige zusätzliche Zeilen, die mittlerweile als irrelevant betrachtet werden.

---

17 Alle hier beschriebenen Lizenzen sind von der OSI anerkannt. Mehr über diese Lizenzen erfahren Sie auf der *Hauptseite zu den OSI-Lizenzen (https://opensource.org/licenses)*.

Copyleft-Lizenzen

Copyleft-Lizenzen sind weniger freizügig. Sie konzentrieren sich darauf, sicherzustellen, dass der Quellcode selbst, einschließlich aller daran vorgenommenen Änderungen, zur Verfügung gestellt wird. Die GPL-Familie ist die bekannteste dieser Lizenzen. Die aktuelle Version ist die *GPLv3* (https://opensource.org/licenses/GPL-3.0).

Die GPLv2-Lizenz ist mit Apache 2.0 nicht kompatibel, das heißt, unter der GPLv2 lizenzierter Code kann nicht mit Apache-2.0-lizenzierten Projekten gemischt werden. Dagegen können Apache-2.0-lizenzierte Projekte in GPLv3-Projekten (die alle die GPLv3 nutzen müssen) verwendet werden.

Lizenzen, die die OSI-Kriterien erfüllen, erlauben alle eine kommerzielle Nutzung, die Modifikation der Software und deren Distribution – mit unterschiedlichen Einschränkungen und Anforderungen. Alle in Tabelle 4-4 aufgeführten Lizenzen schränken außerdem die Haftung des Herausgebers ein und verlangen vom Nutzer, dass das ursprüngliche Copyright und die Lizenz bei jeder Weitergabe erhalten bleibt.

Tabelle 4-4: In beliebten Lizenzen behandelte Themen

Lizenzfamilie	Beschränkungen	Genehmigungen	Anforderungen
BSD	Schützt die Markenzeichen des Herausgebers (BSD-3-Klausel-Lizenz).	Erlaubt eine Garantie (BSD-2-Klausel- und 3-Klausel-Lizenz).	–
MIT (X11 oder Expat), ISC	Schützt die Markenzeichen des Herausgebers (ISC und MIT/X11).	Erlaubt die Unterlizenzierung unter einer anderen Lizenz.	–
Apache Version 2.0	Schützt die Markenzeichen des Herausgebers.	Erlaubt eine Unterlizenzierung und Nutzung in Patenten.	Muss Änderungen am Quellcode angeben.
GPL	Verbietet eine Unterlizenzierung mit anderen Lizenzen.	Erlaubt eine Garantie und (nur in der GPLv3) eine Nutzung in Patenten.	Muss Änderungen am Quellcode angeben und den Quellcode mitliefern.

Ressourcen zum Thema Lizenzierung

Van Lindbergs Buch *Intellectual Property and Open Source (O'Reilly)* ist eine sehr gute Quelle zu den rechtlichen Aspekten von Open-Source-Software. Es hilft Ihnen dabei, nicht nur die Lizenzen zu verstehen, sondern auch die rechtlichen Aspekte anderer Themenbereiche des geistigen Eigentums im Kontext von Open Source, etwa Markenzeichen, Patente und Copyright. Wenn Sie die rechtlichen Aspekte nicht so sehr interessieren und Sie einfach nur schnell eine Entscheidung treffen wollen, können die folgenden Sites helfen:

- GitHub bietet *einen praktischen Leitfaden (http://choosealicense.com/)*, der die Lizenzen in wenigen Sätzen zusammenfasst und vergleicht.
- *TLDRLegal (http://tldrlegal.com/)*[18] erläutert stichwortartig, was man unter den Bedingungen der jeweiligen Lizenzen tun darf, nicht tun darf und tun muss.
- Die OSI-Liste der *anerkannten Lizenzen (http://opensource.org/licenses)* enthält den vollständigen Text aller Lizenzen, die den Bewertungsprozess in Bezug auf die Konformität zur Open-Source-Definition (die eine freie Nutzung, Modifikation und den freien Zugriff auf die Software verlangt) bestanden haben.

---

18 *tl;dr* steht für »Too long; didn't read«, zu Deutsch etwa »zu lang, nicht gelesen«, und war vor der Verbreitung des Internets anscheinend ein Kürzel von Lektoren.

KAPITEL 5
Guten Code lesen

Programmierer lesen *sehr viel* Code. Ein elementarer Grundsatz hinter dem Design von Python ist die gute Lesbarkeit, und ein Geheimnis, wie man ein guter Programmierer wird, ist das Lesen, Verstehen und Nachvollziehen guten Codes. Ein solcher Code folgt üblicherweise den Richtlinien aus »Codestil« auf Seite 47 und tut sein Bestes, um dem Leser seine Aufgabe klar und und präzise zu vermitteln.

Dieses Kapitel zeigt Ausschnitte aus einigen sehr gut lesbaren Python-Projekten, die die in Kapitel 4 behandelten Themen verdeutlichen. Während wir sie beschreiben, zeigen wir auch Techniken zum Lesen des Codes.[1]

Hier eine Liste der Projekte (in der Reihenfolge ihres Auftretens), auf die wir in diesem Kapitel eingehen:

- *HowDoI (https://github.com/gleitz/howdoi)* ist eine in Python geschriebene Konsolenanwendung, die das Internet durchsucht, um Programmierfragen zu beantworten.
- *Diamond (https://github.com/python-diamond/Diamond)* ist ein Python-Daemon,[2] der Systemmetriken sammelt und an Graphite oder andere Backends weitergibt. Er kann CPU-, Speicher-, Netzwerk-, E/A-, Last- und Festplattenmetriken sammeln. Zusätzlich stellt er eine API zur Verfügung, mit der eigene Kollektoren entwickelt werden, die Metriken nahezu jeder Quelle sammeln können.
- *Tablib (https://github.com/kennethreitz/tablib)* ist eine formatunabhängige Bibliothek für tabellarische Datensätze.
- *Requests (https://github.com/kennethreitz/requests)* ist eine HTTP-Bibliothek für den einfachen Menschen (also für die 90 % von uns, die sich einen HTTP-Client wünschen, der die Passwortauthentifizierung automatisch übernimmt

---

[1] Als ein Buch, das jahrzehntelange Erfahrung beim Lesen und Refactoring von Code versammelt, empfehlen wir *Object-Oriented Reengineering Patterns* (http://scg.unibe.ch/download/oorp/index.html) (Square Bracket Associates) von Serge Demeyer, Stéphane Ducasse und Oscar Nierstrasz.

[2] Ein *Daemon* ist ein als Hintergrundprozess laufendes Computerprogramm.

und dashalbe Dutzend Standards *(https://www.w3.org/Protocols/)* versteht, um Dinge wie Multipart-Datei-Uploads mit einem einzigen Funktionsaufruf abwickeln zu können).

- *Werkzeug (https://github.com/mitsuhiko/werkzeug)* begann als einfache Sammlung verschiedener Utilities für Anwendungen für das *Web Service Gateway-Interface* (WSGI) und hat sich zu einem der fortschrittlichsten WSGI-Utility-Module entwickelt.
- *Flask (https://github.com/mitsuhiko/flask)* ist ein Web-Mikroframework für Python. Es basiert auf Werkzeug und Jinja2 und eignet sich gut, um einfache Webseiten schnell an den Start zu bringen.

Es gibt sehr viel mehr zu diesen Projekten zu sagen, als wir hier ansprechen können, und wir hoffen wirklich, dass Sie nach dem Lesen dieses Kapitels motiviert genug sind, wenigstens ein oder zwei herunterzuladen und ausführlich zu lesen (und vielleicht teilen Sie das Gelernte ja sogar in einer lokalen Nutzergruppe).

Gemeinsamkeiten

Einige Features haben alle Projekte gemeinsam: Details aus Snapshots jedes einzelnen Projekts zeigen sehr wenige (ohne Whitespace und Kommentare unter 20) durchschnittliche Codezeilen pro Funktion sowie sehr viele Leerzeilen. Die größeren und komplexeren Projekte nutzen Docstrings und/oder Kommentare. Üblicherweise besteht mehr als ein Fünftel der Codebasis aus irgendeiner Form von Dokumentation. Doch wir können bei HowDoI sehen (das keine Docstrings nutzt, da es nicht interaktiv eingesetzt wird), dass Kommentare nicht notwendig sind, wenn der Code klar ist. Tabelle 5-1 zeigt die gemeinsamen Praktiken dieser Projekte.

Tabelle 5-1: Gemeinsamkeiten in den Beispielprojekten

Paket	Lizenz	Zeilen	Docstrings (in Prozent der Zeilen)	Kommentare (in Prozent der Zeilen)	Leerzeilen (in Prozent der Zeilen)	Durchschnittliche Länge einer Funktion
HowDoI	MIT	262	0 %	6 %	20 %	13 Zeilen Code
Diamond	MIT	6.021	21 %	9 %	16 %	11 Zeilen Code
Tablib	MIT	1.802	19 %	4 %	27 %	8 Zeilen Code
Requests	Apache 2.0	4.072	23 %	8 %	19 %	10 Zeilen Code
Flask	BSD (3 Klauseln)	10.163	7 %	12 %	11 %	13 Zeilen Code
Werkzeug	BSD (3 Klauseln)	25.822	25 %	3 %	13 %	9 Zeilen Code

In jedem Abschnitt nutzen wir eine andere Technik zum Lesen des Codes, um herauszufinden, um was es genau geht. Danach greifen wir einzelne Codeausschnitte heraus, um Ideen zu demonstrieren, die an anderer Stelle erwähnt wurden. (Doch nur weil wir bestimmte Dinge in einem Projekt nicht erwähnen, heißt das nicht, dass es sie nicht gäbe. Wir wollen die Konzepte nur auf die verschiedenen Beispiele verteilen.) Am Ende dieses Kapitels sollten Sie Programmcode souveräner lesen und guten Code besser erkennen können. Vielleicht überlegen Sie dann sogar schon, was Sie davon in Ihren eigenen Code übernehmen wollen.

HowDoI

Mit weniger als 300 Zeilen Code ist das HowDoI-Projekt von Benjamin Gleitzman ein guter Ausgangspunkt für unsere kleine »Lesereise«.

Eine einzelne Skriptdatei lesen

Ein Skript hat üblicherweise einen klaren Startpunkt, klare Optionen und einen klaren Endpunkt. Daher kann man ihm einfacher folgen als einer Bibliothek, die eine API oder ein Framework bereitstellt.

Laden Sie das HowDoI-Modul von GitHub herunter:[3]

```
$ git clone https://github.com/gleitz/howdoi.git
$ virtualenv -p python3 venv   # oder mkvirtualenv, Ihre Wahl ...
$ source venv/bin/activate
(venv)$ cd howdoi/
(venv)$ pip install --editable .
(venv)$ python test_howdoi.py   # Unit-Tests ausführen.
```

Nun sollte ein howdoi-Executable in *venv/bin* zur Verfügung stehen. (Sie können sich das ansehen, indem Sie cat `which howdoi` in der Kommandozeile eingeben.) Es wurde automatisch erzeugt, als Sie pip install ausführten.

Die HowDoI-Dokumentation lesen

Die Dokumentation zu HowDoI finden Sie in der Datei *README.rst* im *HowDoI-Repository auf GitHub (https://github.com/gleitz/howdoi)*. Es handelt sich um eine kleine Kommandozeilenanwendung, die es den Nutzern erlaubt, im Internet nach Antworten auf Fragen zur Programmierung zu suchen.

In einem Terminal können Sie über die Kommandozeile mit howdoi --help einen Nutzungshinweis abrufen:

```
(venv)$ howdoi --help
usage: howdoi [-h] [-p POS] [-a] [-l] [-c] [-n NUM_ANSWERS] [-C] [-v]
              [QUERY [QUERY ...]]

instant coding answers via the command line
```

---

3   Falls lxml eine aktuellere libxml2-Bibliothek verlangt, installieren Sie mit pip uninstall lxml;pip install lxml==3.5.0 einfach eine frühere lxml-Version.

```
positional arguments:
  QUERY                 the question to answer

optional arguments:
  -h, --help            show this help message and exit
  -p POS, --pos POS     select answer in specified position (default: 1)
  -a, --all             display the full text of the answer
  -l, --link            display only the answer link
  -c, --color           enable colorized output
  -n NUM_ANSWERS, --num-answers NUM_ANSWERS
                        number of answers to return
  -C, --clear-cache     clear the cache
  -v, --version         displays the current version of howdoi
```

Aus der Dokumentation wissen wir also, dass uns HowDoI Antworten auf Programmierfragen aus dem Internet liefert, und der Nutzungshinweis sagt uns, dass wir die Antwort an einer bestimmten Position auswählen, die Ausgabe einfärben und mehrere Antworten abrufen können und dass es einen Cache gibt, der gelöscht werden kann.

HowDoI nutzen

Lernen Sie zu verstehen, was HowDoI macht, indem Sie es einfach nutzen. Hier ein Beispiel:

```
(venv)$ howdoi --num-answers 2 python lambda function list comprehension
--- Answer 1 ---
[(lambda x: x*x)(x) for x in range(10)]

--- Answer 2 ---
[x() for x in [lambda m=m: m for m in [1,2,3]]]
# [1, 2, 3]
```

Wir haben HowDoI installiert, die Dokumentation gelesen, und wir können es nutzen. Sehen wir uns den Code selbst an!

HowDoIs Code lesen

Sieht man sich im *howdoi/*-Verzeichnis um, entdeckt man zwei Dateien: eine *__init__.py*, die nur eine einzige Zeile enthält, die die Versionsnummer angibt, sowie *howdoi.py*, die wir uns ansehen wollen.

Bei Durchblättern der *howdoi.py* sieht man, dass jede neue Funktionsdefiniton in der nächsten Funktion genutzt wird. Auf diese Weise kann man der Sache leicht folgen. Und jede Funktion macht genau eine Sache, nämlich die, die ihr Name andeutet. Die Hauptfunktion `command_line_runner()` findet sich am Ende von *howdoi.py*.

Statt an dieser Stelle den Quellcode von HowDoI wiederzugeben, können wir dessen Aufrufstruktur über einen Aufrufgraphen deutlich machen (siehe Abbildung 5-1). Dieser wurde mit *Python Call Graph (https://pycallgraph.readthedocs.io)* generiert und visualisiert den Aufruf von Funktionen, die bei der Ausführung eines

Python-Skripts aufgerufen werden. Das funktioniert bei Kommandozeilenanwendungen dank ihres klar definierten Einstiegspunkts und der relativ wenigen Codepfade. (Beachten Sie, dass wir Funktionen von Hand aus der Abbildung entfernt haben, die nicht zum HowDoI-Projekt gehören, damit sie auf eine Seite passt, und dass wir etwas andere Farben genommen und sie umformatiert haben.)

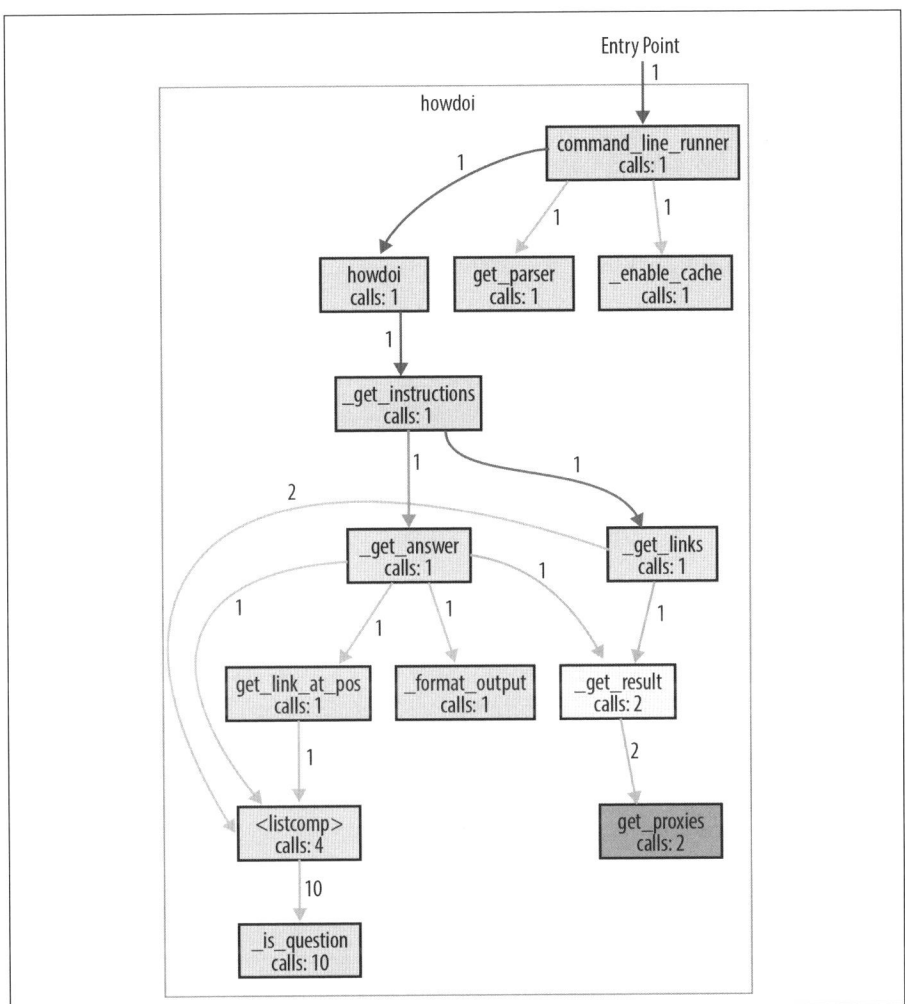

Abbildung 5-1: Klare Pfade und klare Funktionsnamen im howdoi-Aufrufgraphen

Der Code hätte aus einer großen, unverständlichen Spaghettifunktion bestehen können. Stattdessen strukturieren bewusste Entscheidungen den Code in abgeschottete Funktionen mit eindeutigen Namen. Hier eine kurze Beschreibung der Programmausführung, die Sie in Abbildung 5-1 sehen: command_line_runner() verarbeitet die Eingabe und übergibt die Nutzer-Flags und die Query an howdoi(). howdoi() packt dann _get_instructions() in eine try/except-Anweisung, damit

Verbindungsfehler abgefangen und eine entsprechende Fehlermeldung ausgegeben werden kann (weil Anwendungscode bei Ausnahmen nicht abbrechen sollte).

Die eigentliche Funktionalität befindet sich in _get_instructions(): Diese Funktion ruft _get_links() auf, um eine Google-Suche bei Stack Overflow anzustoßen, die nach Links sucht, die die Anfrage erfüllen. Danach wird _get_answer() einmal für jeden Ergebnislink aufgerufen. (Die Anzahl der Links kann der Benutzer in der Kommandozeile festlegen, voreingestellt ist ein Link.)

Die Funktion _get_answer() folgt dem Link zu Stack Overflow, extrahiert den Code aus der Antwort, färbt ihn ein und gibt ihn an _get_instructions() zurück, die alle Antworten in einem String zusammenfasst und zurückgibt. Sowohl _get_links() als auch _get_answer() rufen _get_result() auf, um den eigentlichen HTTP-Request durchzuführen: _get_links() für die Google-Query und _get_answer() für die aus der Query resultierenden Links.

_get_result() packt requests.get() in eine try/except-Anweisung, um SSL-Fehler abzufangen, eine Fehlermeldung auszugeben und die Ausnahme erneut auszulösen, damit das oberste try/except sie abfangen und das Programm beenden kann. Das Abfangen aller Ausnahmen vor dem Verlassen eines Programms wird bei Anwendungsprogrammen als beste Vorgehensweise betrachtet.

> ## Die Paketierung von HowDoI
>
> Die *setup.py* von HowDoI oberhalb des *howdoi/*-Verzeichnisses ist ein gutes Beispiel für ein Setup-Modul, da es zusätzlich zur normalen Paketinstallation ein Executable installiert (auf dem Sie ansetzen können, wenn Sie Ihr eigenes Kommandozeilen-Utility paketieren). Die Funktion setuptools.setup() verwendet Schlüsselwortargumente zur Definition aller Konfigurationsoptionen. Der Teil, der das Executable identifiziert, ist mit dem Schlüsselwortargument entry_points verknüpft:
>
> ```
> setup(
>     name='howdoi',
>     ##~~ ... Andere typische Einträge überspringen ...
>     entry_points={
>         'console_scripts': [  ❶
>             'howdoi = howdoi.howdoi:command_line_runner',  ❷
>         ]
>     },
>     ## ~~ ... Liste der Abhängigkeiten überspringen ...
> )
> ```
>
> ❶ Das Schlüsselwort für die Auflistung von Konsolenskripten ist console_scripts.
>
> ❷ Das deklariert die Funktion howdoi.howdoi.command_line_runner() als Ziel für das Executable namens howdoi. Wenn wir uns später den Code ansehen, wissen wir also, dass command_line_runner() der Startpunkt für die gesamte Anwendung ist.

Strukturbeispiele aus HowDoI

HowDoI ist eine kleine Bibliothek, und wir werden die Struktur an verschiedenen anderen Stellen des Buchs behandeln. Daher haben wir hier nur wenig anzumerken.

Lassen Sie jede Funktion nur eine Sache machen

Wir können nicht oft genug wiederholen, wie vorteilhaft es für den Leser ist, HowDoIs interne Funktion so aufzuteilen, dass sie nur jeweils eine Sache machen. Außerdem gibt es Funktionen, deren einzige Aufgabe darin besteht, andere Funktionen in eine try/except-Anweisung zu packen. (Die einzige Funktion mit einem try/except, die dieser Praxis nicht folgt, ist _format_output(), die try/except-Klauseln nicht zur Ausnahmebehandlung nutzt, sondern um die richtige Sprache für die Syntaxhervorhebung zu ermitteln.)

Nutzen Sie über das System verfügbare Daten

HowDoI prüft und nutzt relevante Systemwerte wie urllib.request.getproxies() für das Handling von Proxyservern (die etwa in Schulen vorhanden sein können, um die Verbindung zum Internet zu filtern). Ein weiteres Beispiel zeigt das folgende Codefragment:

```
XDG_CACHE_DIR = os.environ.get(
    'XDG_CACHE_HOME',
    os.path.join(os.path.expanduser('~'), '.cache')
)
```

Woher weiß man, dass es diese Variablen gibt? Die Notwendigkeit von urllib.request.getproxies() ist aus den optionalen Argumenten von requests.get() ersichtlich, das heißt, ein Teil der notwendigen Informationen kommt aus dem Verständnis der von Ihnen genutzten APIs. Umgebungsvariablen sind häufig Utility-spezifisch, das heißt, wenn eine Bibliothek für den Einsatz mit einer bestimmten Datenbank oder einer anderen Schwesteranwendung konzipiert wurde, führt die Dokumentation dieser Anwendung die relevanten Umgebungsvariablen auf. Bei POSIX-Systemen ist *Ubuntus Liste der Standard-Umgebungsvariablen (https://help.ubuntu.com/community/EnvironmentVariables)* ein guter Ausgangspunkt oder auch die Liste der Umgebungsvariablen in der*POSIX-Spezifikation (http://bit.ly/posix-env-variables)*, die auf verschiedene andere relevante Listen verweist.

Stilbeispiele aus HowDoI

HowDoI hält sich größtenteils an PEP 8, allerdings nicht pedantisch und auch nicht, wenn es die Lesbarkeit beeinträchtigt. Zum Beispiel stehen import-Anweisungen am Anfang der Datei, Standardbibliotheken und externe Module sind aber gemischt. Und obwohl die Stringkonstanten in USER_AGENTS wesentlich länger sind als 80 Zeichen, gibt es keine natürliche Stelle, an der man sie umbrechen könnte. Daher werden sie unverändert übernommen.

Die folgenden Auszüge heben weitere Stilentscheidungen hervor, die wir bereits in Kapitel 3 verfochten haben.

Funktionsnamen mit vorangestelltem Unterstrich (wir sind alle verantwortungsvolle Nutzer)

Nahezu jeder Funktion in HowDoI steht ein Unterstrich voran. Das bedeutet, dass sie nur zur internen Nutzung bestimmt sind. Bei den meisten liegt das daran, dass es beim Aufruf die Möglichkeit einer nicht abgefangenen Ausnahme gibt – jeder Aufruf von _get_result() riskiert das –, nur nicht bei der Funktion howdoi(), die mögliche Ausnahmen verarbeitet.

Die restlichen internen Funktionen (_format_output(), _is_question(), _enable_cache() und _clear_cache()) werden als solche eingestuft, weil sie schlicht nicht dazu gedacht sind, außerhalb des Pakets verwendet zu werden. Das Testskript *howdoi/test_howdoi.py* ruft nur Funktionen ohne Unterstrich auf. Es überprüft die Funktionsweise des Formatters, indem es über die Kommandozeile ein Argument für die Einfärbung an die Top-Level-Funktion howdoi.howdoi() übergibt, statt sie an howdoi._format_output() zu übergeben.

Handhaben Sie Kompatibilität an nur einem Ort (Lesbarkeit zählt)

Unterschiede zwischen den Versionen möglicher Abhängigkeiten werden vor dem Hauptprogramm geprüft. So weiß der Leser, dass es keine Abhängigkeitsprobleme gibt, und die Versionsprüfung müllt den Code an anderen Stellen nicht zu. Das ist nett, weil HowDoI als Kommandozeilentool ausgeliefert wird und dieser zusätzliche Aufwand bedeutet, dass die Benutzer nicht gezwungen sind, ihre eigene Python-Umgebung zu ändern, nur um das Tool nutzen zu können. Hier das Fragment mit den Workarounds:

```
try:
    from urllib.parse import quote as url_quote
except ImportError:
    from urllib import quote as url_quote

try:
    from urllib import getproxies
except ImportError:
    from urllib.request import getproxies
```

Und das folgende Codefragment löst den Unterschied beim Unicode-Handling zwischen Python 2 und Python 3 in nur sieben Zeilen, indem es die Funktion u(x) bereitstellt, die entweder gar nichts macht oder Python 3 emuliert. Gleichzeitig folgt es Stack Overflows *neuer Zitat-Richtlinie (http://meta.stackexchange.com/ questions/271080)*, indem es die Originalquelle zitiert:

```
# Handle Unicode between Python 2 and 3
##! ADÜ: Bewusst nicht übersetzt! !##
# http://stackoverflow.com/a/6633040/305414
if sys.version < '3':
    import codecs
    def u(x):
        return codecs.unicode_escape_decode(x)[0]
else:
    def u(x):
        return x
```

Pythonische Entscheidungen (schön ist besser als hässlich)

Der folgende Ausschnitt aus *howdoi.py* zeigt durchdachte pythonische Entscheidungen. Die Funktion get_link_at_pos() gibt False zurück, wenn es keine Ergebnisse gibt, oder identifiziert die links, die es zu den Stack-Overflow-Fragen gibt, und liefert denjenigen Link an der gewünschten Position zurück (bzw. den letzten, wenn es nicht genug Links gibt):

```
def _is_question(link):  ❶
    return re.search('questions/\d+/', link)

# [ ... eine Funktion ausgelassen ... ]

def get_link_at_pos(links, position):
    links = [link for link in links if _is_question(link)]  ❷
    if not links:
        return False  ❸

    if len(links) >= position:
        link = links[position-1]  ❹
    else:
        link = links[-1]  ❺
    return link  ❻
```

❶ Die erste Funktion _is_question() definiert einen einfachen Einzeiler, der einer undurchsichtigen Regex-Suche eine klare Bedeutung gibt.

❷ Die List-Comprehension liest sich, dank der separaten Definition von _is_question() und den aussagekräftigen Variablennamen, wie ein Satz.

❸ Die frühe return-Anweisung strafft den Code.

❹ Der zusätzliche Schritt der Zuweisung zur Variablen link hier ...

❺ ... und hier (anstelle zweier separater return-Anweisungen ganz ohne benannte Variablen) untermauert den Zweck von get_link_at_pos() mit klaren Variablennamen. Der Code ist selbstdokumentierend.

❻ Die einzelne return-Anweisung mit dem höchsten Einrückungsgrad zeigt explizit, dass alle Pfade durch den Code entweder direkt beendet werden – weil es keine Links gibt – oder einen Link zurückliefernd am Ende der Funktion. Unsere Faustregel funktioniert: Wir können die erste und die letzte Zeile der Funktion lesen und verstehen, was sie macht. (Bei mehreren Links und einer Position gibt `get_link_at_pos()` einen einzelnen Link zurück: den an der angegebenen Position.)

Diamond

Diamond ist ein Daemon (eine kontinuierlich als Hintergrundprozess laufende Anwendung), der Systemmetriken sammelt und diese an Programme wie MySQL, *Graphite (http://graphite.readthedocs.org/)* (eine Plattform, die numerische Zeitreihendaten speichert, abruft und optional grafisch darstellt; wurde 2008 von Orbitz als Open Source freigegeben) und andere weitergibt. Wir wollen die gute Paketstruktur untersuchen, weil Diamond eine aus mehreren Dateien bestehende Anwendung ist und dazu wesentlich größer als HowDoI.

Eine größere Anwendung lesen

Diamond ist wie HowDoI eine Kommandozeilenanwendung, das heißt, es gibt ebenfalls einen klaren Startpunkt und klare Ausführungspfade, auch wenn sich der dazugehörige Code auf mehrere Dateien verteilt.

Laden Sie Diamond von GitHub herunter. Laut Dokumentation läuft es nur unter CentOS oder Ubuntu, doch der Code in seiner *setup.py* legt nahe, dass alle Plattformen unterstützt werden. Allerdings werden einige der Befehle, die von den Standardkollektoren genutzt werden, um Speicher-, Festplatten- und andere Systemmetriken zu überwachen, unter Windows nicht unterstützt. Und während diese Zeilen geschrieben werden, unterstützt es nach wie vor nur Python 2.7:

```
$ git clone https://github.com/python-diamond/Diamond.git
$ virtualenv -p python2 venv   # Noch nicht Python 3-kompatibel ...
$ source venv/bin/activate
(venv)$ cd Diamond/
(venv)$ pip install --editable .
(venv)$ pip install mock docker-py   # Abhängigkeiten für Tests.
(venv)$ pip install mock   # Ebenfalls eine Abhängigkeit für Tests.
(venv)$ python test.py   # Unit-Tests ausführen.
```

Wie die HowDoI-Bibliothek installiert auch Diamonds Setup-Skript Executables in *venv/bin/*: `diamond` und `diamond-setup`. Diesmal werden sie nicht automatisch erzeugt, sondern stehen im Projektverzeichnis *Diamond/bin/* fertig zur Verfügung. Die Dokumentation sagt, dass `diamond` den Server startet und `diamond-setup` ein optionales Tool ist, mit dessen Hilfe der Nutzer durch die interaktive Modifikation der Kollektoreinstellungen in der Konfigurationsdatei geführt wird.

Es gibt viele zusätzliche Verzeichnisse. Das `diamond`-Paket selbst ist unter *Diamond/src* zu finden. Wir werden uns Dateien in *Diamond/src* (das den Hauptcode enthält), *Diamond/bin* (das den ausführbaren diamond-Code enthält) und *Diamond/conf* (das die Beispielkonfigurationsdateien enthält) ansehen. Die restlichen Verzeichnisse und Dateien mögen für alle diejenigen interessant sein, die die Distribution ähnlicher Anwendungen planen, doch damit wollen wir uns jetzt nicht beschäftigen.

Diamonds Dokumentation lesen

Einen ersten Eindruck davon, was das für ein Projekt ist und was es genau macht, können wir uns verschaffen, indem wir uns die *Onlinedokumentation (http://diamond.readthedocs.io/)* ansehen. Das Ziel von Diamond ist, das Sammeln von Systemmetriken in Maschinenclustern einfach zu machen. Es wurde ursprünglich im Jahr 2011 von BrightCove, Inc. als Open Source bereitgestellt und hat nun über 200 Mitwirkende.

Nach der Schilderung von Geschichte und der Zweck erläutert die Dokumentation die Installation und sagt Ihnen dann, wie es ausgeführt wird: Modifizieren Sie einfach die Beispiel-Konfigurationsdatei (bei unserem Download in *conf/diamond.conf.example*), kopieren Sie sie in den Standardpfad (*/etc/diamond/diamond.conf*) oder einen Pfad, den Sie in der Kommandozeile festlegen, und los geht's. Einen hilfreichen Abschnitt zur Konfiguration finden Sie im *Diamond-Wiki (https://github.com/BrightcoveOS/Diamond/wiki/Configuration)*.

Über die Kommandozeile können wir uns den Nutzungshinweis mit diamond --help ansehen:

```
(venv)$ diamond --help
Usage: diamond [options]

Options:
  -h, --help            show this help message and exit
  -c CONFIGFILE, --configfile=CONFIGFILE
                        config file
  -f, --foreground      run in foreground
  -l, --log-stdout      log to stdout
  -p PIDFILE, --pidfile=PIDFILE
                        pid file
  -r COLLECTOR, --run=COLLECTOR
                        run a given collector once and exit
  -v, --version         display the version and exit
  --skip-pidfile        Skip creating PID file
  -u USER, --user=USER  Change to specified unprivileged user
  -g GROUP, --group=GROUP
                        Change to specified unprivileged group
  --skip-change-user    Skip changing to an unprivileged user
  --skip-fork           Skip forking (damonizing) process
```

Daraus ersehen wir, dass es eine Konfigurationsdatei nutzt, standardmäßig im Hintergrund läuft und über ein Logging verfügt. Sie können eine PID-Datei angeben

(*Prozess-ID*), Kollektoren testen sowie Benutzer und Gruppe des Prozesses ändern. Standardmäßig wird der Prozess außerdem (per fork) als Daemon ausgeführt.[4]

Diamond nutzen

Um das Programm noch besser zu verstehen, führen Sie Diamond einfach aus. Wir benötigen eine modifizierte Konfigurationsdatei, die wir in einem von uns angelegten Verzeichnis namens *Diamond/tmp* speichern. Innerhalb des *Diamond*-Verzeichnisses geben Sie dann Folgendes ein:

```
(venv)$ mkdir tmp
(venv)$ cp conf/diamond.conf.example tmp/diamond.conf
```

Ändern Sie anschließend *tmp/diamond.conf* wie folgt:

```
### Optionen auf dem Server
[server]
# Handler für veröffentlichte Metriken.   ❶
handlers = diamond.handler.archive.ArchiveHandler
user =   ❷
group =
# Verzeichnis, aus dem Kollektormodule geladen werden   ❸
collectors_path = src/collectors/

### Optionen für Handler   ❹
[handlers]
[[default]]

[[ArchiveHandler]]
log_file = /dev/stdout

### Optionen für Kollektoren
[collectors]
[[default]]
# Standard-Polling-Intervall (Sekunden)
interval = 20

### Standardmäßig aktivierte Kollektoren
[[CPUCollector]]
enabled = True

[[MemoryCollector]]
enabled = True
```

---

[4] Wenn Sie aus einem Prozess einen Daemon machen, starten Sie ihn mittels fork, koppeln seine Session-ID ab und starten ihn dann über einen weiteren fork erneut. Auf diese Weise wird der Prozess vollständig von dem Terminal getrennt, in dem Sie sich befinden. (Nicht als Daemon laufende Programme werden beendet, wenn das Terminal geschlossen wird. Sie haben bestimmt schon mal die Warnung »Are you sure you want to close this terminal? Closing it will kill the following processes:« gesehen.) Ein als Daemon laufender Prozess läuft auch dann weiter, wenn das Terminalfenster geschlossen wird. Der Name Daemon leitet sich von *Maxwells Daemon (https://en.wikipedia.org/wiki/Daemon_(computing)#Terminology)* ab (einem klugen Dämon, keinem bösen).

Wir schließen aus der Beispielkonfiguration Folgendes:

❶ Es gibt mehrere Handler, die wir über einen Klassennamen wählen können.

❷ Wir haben die Kontrolle darüber, unter welchem Benutzer und unter welcher Gruppe der Daemon läuft. (Fehlen diese Werte, werden der aktuelle Benutzer und die aktuelle Gruppe verwendet).

❸ Wir können einen Pfad angeben, in dem nach Kollektormodulen gesucht wird. Auf diese Weise weiß Diamond, wo die benutzerdefinierten Collector-Subklassen liegen, wir legen das direkt in der Konfigurationsdatei fest.

❹ Wir können auch Konfigurations-Handler individuell speichern.

Nun führen wir Diamond mit Optionen aus, bei denen das Logging an */dev/stdout* erfolgt (Standardformat), die die Anwendung im Vordergrund halten, keine PID-Datei schreiben und unsere neue Konfigurationsdatei nutzen:

```
(venv)$ diamond -l -f --skip-pidfile --configfile=tmp/diamond.conf
```

Um den Prozess zu beenden, drücken Sie Strg+C, bis das Prompt wieder erscheint. Die Log-Ausgabe zeigt, was Kollektoren und Handler machen: Kollektoren sammeln verschiedene Metriken (etwa die Größe des gesamten verfügbaren freien Speichers sowie des Swap-Bereichs durch MemoryCollector), die die Handler aufbereiten und an verschiedene Ziele senden, etwa an Graphite, MySQL oder, wie in unserem Probelauf, als Log-Meldungen an */dev/stdout*.

Diamonds Code lesen

IDEs können beim Lesen größerer Projekte recht nützlich sein – sie können die Originaldefinition von Funktionen und Klassen im Quellcode schnell auffinden. Oder sie können für eine gegebene Definition alle Stellen im Projekt aufspüren, wo diese Funktion oder Klasse genutzt wird. Zu diesem Zweck legen Sie den Python-Interpreter Ihrer IDE auf einen Interpreter in Ihrer virtuellen Umgebung.[5]

Statt wie bei HowDoI jede Funktion zu verfolgen, geht Abbildung 5-2 den import-Anweisungen nach. Das Diagramm zeigt also, welche Module in Diamond welche anderen Module importieren. Solche Skizzen helfen, weil sie bei größeren Projekten einen Blick auf das große Ganze erlauben: Sie verstecken die Bäume, um sich den Wald anzusehen. Wir können mit dem diamond-Executable oben links anfangen und die Importe durch das Diamond-Projekt verfolgen. Abgesehen vom diamond-Executable steht jedes rechteckige Element für eine Datei (Modul) oder ein Verzeichnis (Paket) im Verzeichnis *src/diamond*.

---

5 Bei PyCharm erreichen Sie das, indem Sie in der Menüleiste zu *PyCharm → Preferences → Project:Diamond → Project Interpreter* wechseln und dann den Pfad des Python-Interpreters in der aktuellen virtuellen Umgebung eintragen.

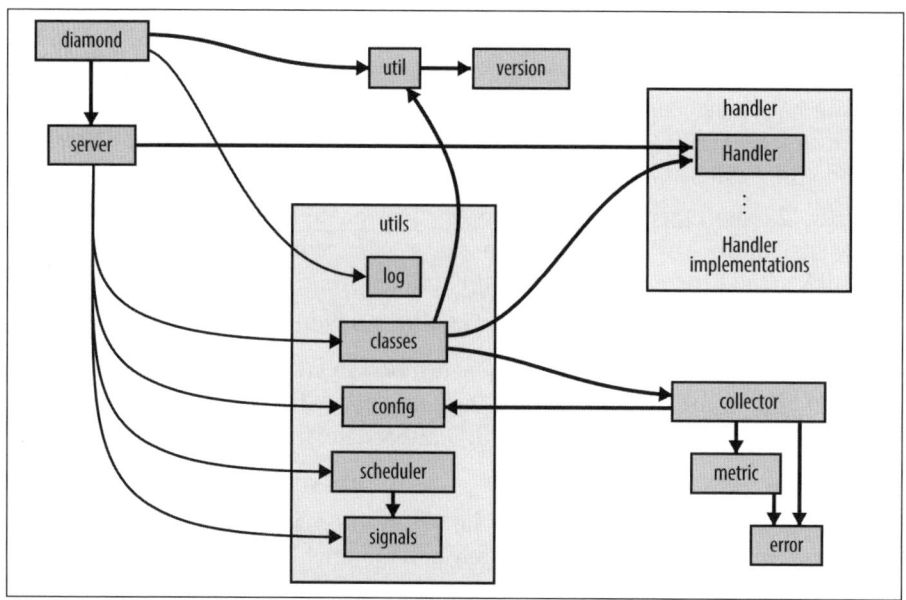

Abbildung 5-2: Modulimportstruktur von Diamond

Diamonds gut organisierte und passend benannte Module machen es möglich, sich allein aus dem Diagramm einen Überblick über den Code zu verschaffen: diamond erhält die Version von util, richtet dann das Logging per utils.log ein und startet eine Serverinstanz über server. Der Server importiert von nahezu allen Modulen des utils-Pakets. Er nutzt utils.classes sowohl für den Zugriff auf die Handler in handler als auch auf die Kollektoren. Er verwendet config, um die Konfigurationsdatei zu lesen und Einstellungen für die Kollektoren (sowie die zusätzlichen Pfade für benutzerdefinierte Kollektoren) zu ermitteln, und scheduler und signals, um das Polling-Intervall für die Berechnung der Metriken durch die Kollektoren festzulegen und die Handler-Verarbeitung der Metrik-Queue einzurichten und zu starten, die die Metriken an die verschiedenen Ziele sendet.

Das Diagramm verzichtet auf die Helfermodule *convertor.py* und *gmetric.py*, die von bestimmten Kollektoren genutzt werden, auf die über 20 Handler-Implementierungen, die im Unterpaket handler definiert sind, und auf die über 100 Kollektorimplementierungen im Verzeichnis *Diamond/src/collectors/*. (Dieses wird per PyPI oder Linux *Paket-Distributionen* an einem anderen Ort installiert und nicht wie in unserem Fall im Quellcode). Diese werden über *diamond.classes.load_dynamic_class()*-Klassen importiert, die dann wiederum diamond.util.load_class_from_name() aufrufen, um die Klassen über den Stringnamen zu laden, der in der Konfigurationsdatei steht, das heißt, sie werden in den import-Anweisungen nicht explizit genannt.

Um zu verstehen, warum es sowohl ein utils-Paket als auch ein util-Modul gibt, muss man in den eigentlichen Code eintauchen: Das util-Modul stellt Funktionen bereit, die eher der Paketierung von Diamond dienen denn dem eigentlichen Betrieb: eine Funktion, die die Versionsnummer aus version.__VERSION__ ermittelt, und zwei Funktionen, die Strings verarbeiten, die Module oder Klassen identifizieren und importieren.

> ## Logging in Diamond
>
> Die Funktion diamond.utils.log.setup_logging() in *src/diamond/utils/log.py* wird von der main()-Funktion im diamond-Executable beim Start des Daemons aufgerufen:
>
> ```
> # Logging initialisieren
> log = setup_logging(options.configfile, options.log_stdout)
> ```
>
> Ist options.log_stdout auf True gesetzt, richtet setup_logging() einen Logger mit Standardformatierung ein, der im DEBUG-Level an die Standardausgabe loggt. Hier der Ausschnitt, der das macht:
>
> ```
> ##~~ ... Alles andere überspringen ...
>
> def setup_logging(configfile, stdout=False):
>     log = logging.getLogger('diamond')
>
>     if stdout:
>         log.setLevel(logging.DEBUG)
>         streamHandler = logging.StreamHandler(sys.stdout)
>         streamHandler.setFormatter(DebugFormatter())
>         streamHandler.setLevel(logging.DEBUG)
>         log.addHandler(streamHandler)
>     else:
>         ##~~ ... Überspringen ...
> ```
>
> Andernfalls wird die Konfigurationsdatei mittels logging.config.file.fileConfig() aus der Python-Standardbibliothek verarbeitet. Hier der Funktionsaufruf – er ist eingerückt, weil er innerhalb der vorstehenden if/else-Anweisung und in einem try/except-Block steht:
>
> ```
>             logging.config.fileConfig(configfile,
>                        disable_existing_loggers=False)
> ```
>
> Die Logging-Konfiguration ignoriert Schlüsselwörter in der Konfigurationsdatei, die nichts mit dem Logging zu tun haben. Darum kann Diamond die gleiche Konfiguration für sich und für das Logging nutzen. Die Beispielkonfigurationsdatei in *Diamond/conf/diamond.conf.example* identifiziert die Logging-Handler zwischen den anderen Diamond-Handlern:
>
> ```
> ### Optionen für Händler
> [handlers]
>
> # daemon logging handler(s)
> keys = rotated_file
> ```
>
> Beispiel-Logger werden später in der Konfigurationsdatei unter der Überschrift »Options for logging« definiert. Details zur Logging-Konfiguration finden Sie in der *Dokumentation zur Logging-Konfigurationsdatei (http://bit.ly/config-file-format)*.

Strukturbeispiele aus Diamond

Diamond ist mehr als nur eine ausführbare Anwendung – es ist auch eine Bibliothek, die Nutzern die Möglichkeit bietet, eigene Kollektoren zu entwickeln und zu nutzen.

Wir werden einige Dinge hervorheben, die wir an der Paketstruktur insgesamt mögen, und gehen dann der Frage nach, wie Diamond es Anwendungen ermöglicht, extern definierte Kollektoren zu importieren und zu nutzen.

Unterschiedliche Funktionalitäten in Namensräumen (die eine verdammt gute Idee sind) trennen

Das Diagramm in Abbildung 5-2 zeigt, dass das Servermodul mit drei anderen Modulen des Projekts interagiert: diamond.handler, diamond.collector und diamond.utils. Das Unterpaket utils hätte theoretisch all seine Klassen und Funktionen in ein einziges großes *util.py*-Modul packen können, doch es bot sich die Möglichkeit, Namensräume zu nutzen, um Code in zusammengehörige Gruppen aufzuteilen, und das Entwicklerteam hat diese Möglichkeit genutzt. Großartig!

Alle Implementierungen von Handlern liegen in *diamond/handler* (was sinnvoll ist), doch die Struktur der Kollektoren ist anders. Es gibt kein Verzeichnis, sondern nur das Modul *diamond/collector.py*, das die Basisklassen Collector und Process-Collector definiert. Alle Implementierungen von Kollektoren werden stattdessen in *Diamond/src/collectors/* definiert und würden (wie empfohlen) in der virtuellen Umgebung von PyPI unter *venv/share/diamond/collectors* installiert werden statt wie hier direkt über GitHub. Das unterstützt den Nutzer bei der Implementierung neuer Kollektoren: Alle Kollektoren an einem Ort vorzuhalten, macht es der Anwendung einfacher, sie zu finden, und den Nutzern der Bibliothek fällt es leichter, diesem Beispiel zu folgen.

Jede Kollektorimplementierung in *Diamond/src/collectors* liegt schließlich noch in einem eigenen Verzeichnis (und nicht nur in einer eigenen Datei), was es möglich macht, die Kollektortests separat zu halten. Ebenfalls großartig.

Vom Nutzer erweiterbare eigene Klassen (komplex ist besser als kompliziert)

Das Hinzufügen neuer Kollektorimplementierungen ist einfach: Erzeugen Sie eine Subklasse der abstrakten Basisklasse[6] diamond.collector.Collector, implementieren Sie eine Collector.collect()-Methode und speichern Sie diese Implementierung in einem eigenen Verzeichnis in *venv/src/collectors/*.

---

6 In Python ist eine abstrakte Basisklasse eine Klasse, bei der bestimmte Methoden undefiniert bleiben. Dabei wird davon ausgegangen, dass der Entwickler sie in der Subklasse definiert. In dieser abstrakten Basisklasse selbst löst die Funktion einen NotImplementedError aus. Eine etwas modernere Alternative besteht in der Nutzung des Python-Moduls für abstrakte Basisklassen namens abc (*https://docs.python.org/3/library/abc.html*), die bei Python 2.6 erstmals implementiert wurde. Sie löst einen Fehler aus, wenn die Klasse nicht vollständig ist, und nicht erst, wenn Sie versuchen, auf eine nicht implementierte Methode des Klasse zuzugreifen. Die vollständige Spezifikation ist in *PEP 3119 (https://www.python.org/dev/peps/pep-3119)* definiert.

Unter der Oberfläche ist die Implementierung komplex, doch der Benutzer sieht das nicht. Dieser Abschnitt zeigt sowohl den einfachen für den Nutzer sichtbaren Teil der Diamond-Collector-API als auch den komplexen Code, der diese Benutzerschnittstelle möglich macht.

Komplex versus kompliziert. Wir können die Nutzererfahrung bei der Arbeit mit *komplexem* Code mit der Handhabung einer Schweizer Uhr vergleichen – sie funktioniert einfach, doch immer Inneren werkelt eine Vielzahl präzise hergestellter kleiner Teile, die mit erstaunlicher Präzision ineinandergreifen, um dem Nutzer einen mühelosen Umgang zu ermöglichen. Auf der anderen Seite ähnelt der Umgang mit *kompliziertem* Code eher dem Steuern eines Flugzeugs – Sie müssen wirklich wissen, was Sie tun, um nicht einfach abzustürzen.[7] Wir wollen nicht in einer Welt ohne Flugzeuge leben, aber wir wollen, dass unsere Uhren funktionieren, ohne dass wir Raketenwissenschaftler sein müssen. Wann immer es möglich ist, sind weniger komplizierte Benutzerschnittstellen von großem Vorteil.

Die einfache Benutzerschnittstelle. Um einen eigenen Datenkollektor einzubinden, muss der Benutzer eine Subklasse von Collector anlegen und dann über die Konfigurationsdatei den Pfad auf den neuen Kollektor angeben. Es folgt ein Beispiel für eine neue Definition eines Kollektors aus *Diamond/src/collectors/cpu/cpu.py*. Wenn Python die collect()-Methode sucht, schaut es zuerst in CPUCollector, und falls die Definition da nicht gefunden werden kann, verwendet es diamond.collector.Collector.collect(), das eine NotImplementedError-Ausnahme auslöst.

Der minimale Kollektorcode würde wie folgt aussehen:

```
# coding=utf-8
import diamond.collector
import psutil

class CPUCollector(diamond.collector.Collector):

    def collect(self):
        #  In Collector steht hier nur raise(NotImplementedError)
        metric_name = "cpu.percent"
        metric_value = psutil.cpu_percent()
        self.publish(metric_name, metric_value)
```

Standardmäßig speichern Sie Kollektordefinitionen im Verzeichnis *venv/share/diamond/collectors/*. Sie können sie aber auch in jedem Pfad ablegen, den Sie in der Konfigurationsdatei in collectors_path festlegen. Der Klassenname CPUCollector ist in der Beispielkonfigurationsdatei bereits aufgeführt. Mit Ausnahme von hostname bzw. einer hostname_method-Spezifikation in den allgemeinen Standardeinstellungen (unter dem Text in der Konfigurationsdatei) oder in den individuellen Kollektoreinstellungen (siehe folgendes Beispiel) sind keine weiteren

---

7 Das ist ein Ausdruck aus einem großartigen Blog-Post zu diesem Thema von Larry Cuban, einem emeritierten Professor fur Bildungsokonomie in Stanford mit dem Titel »*The Difference Between Complicated and Complex Matters*«. (http://bit.ly/complicated-vs-complex)

Änderungen notwendig (die Dokumentation führt alle optionalen *Collector-Einstellungen (http://bit.ly/optional-collector-settings)*) auf:

```
[[CPUCollector]]
enabled = True
hostname_method = smart
```

Der etwas komplexere interne Code. Hinter den Kulissen ruft der Server utils.load_collectors() auf, wobei der in collectors_path angegebene Pfad genutzt wird. Hier folgt der wesentliche Teil der Funktion, der Kürze wegen haben wir die uninteressanten Teile weggelassen:

```
def load_collectors(paths=None, filter=None):
    """Zu ladende Kollektoren suchen"""
    # Rückgabewert initialisieren
    collectors = {}
    log = logging.getLogger('diamond')

    if paths is None:
        return

    if isinstance(paths, basestring):         ❶
        paths = paths.split(',')
        paths = map(str.strip, paths)

    load_include_path(paths)                  ❷
    for path in paths:
        ##~~ Zeilen übersprungen, die die Existenz von 'path' bestätigen.

        for f in os.listdir(path):

            # Ist dies ein Verzeichnis? Falls ja, den Baum abschreiten.
            fpath = os.path.join(path, f)
            if os.path.isdir(fpath):
                subcollectors = load_collectors([fpath])   ❸
                for key in subcollectors:                  ❹
                    collectors[key] = subcollectors[key]

            # alles außer .py-Dateien ignorieren
            elif (os.path.isfile(fpath)
                  ##~~ ... fpath ein Python-Modul? Diese Tests überspringen. ...
                  ):

                ##~~ ... Den Teil überspringen, der gefilterte Pfade ignoriert ...
                modname = f[:-3]

                try:
                    # Module importieren
                    mod = __import__(modname, globals(), locals(), ['*'])   ❺
                except (KeyboardInterrupt, SystemExit), err:
                    ##~~ ... Ausnahme loggen und beenden ...
                except:
                    ##~~ ... Ausnahme loggen und fortsetzen ...
```

```
            # finde alle im Modul definierten Klassen
            for attrname in dir(mod):
                attr = getattr(mod, attrname)    ❻
                # Versuche nur, Unterklassen von Collector zu laden,
                # aber nicht die Basisklassen selbst
                if (inspect.isclass(attr)
                        and issubclass(attr, Collector)
                        and attr != Collector):
                    if attrname.startswith('parent_'):
                        continue
                    # Greife auf Klassennamen zu
                    fqcn = '.'.join([modname, attrname])
                    try:
                        # Lade Collector-Klasse
                        cls = load_dynamic_class(fqcn, Collector)    ❼
                        # Add Collector class
                        collectors[cls.__name__] = cls    ❽
                    except Exception:
                        ##~~ Ausnahme loggen und fortsetzen ...

    # Gib Collector-Klasse zurück
    return collectors
```

❶ String zerlegen (erster Funktionsaufruf). Andernfalls sind die Pfade Listen von Strings (mit den Pfaden), die angeben, wo die benutzerdefinierten Collector-Subklassen zu finden sind.

❷ Geht rekursiv absteigend die gegebenen Pfade durch und fügt jedes Verzeichnis in sys.path ein, damit die Kollektoren später importiert werden können.

❸ Hier ruft die Rekursion load_collectors() sich selbst auf.[8]

❹ Nachdem die Kollektoren aus den Unterverzeichnissen geladen wurden, wird das ursprüngliche Dictionary benutzerdefinierter Kollektoren um diejenigen aus den Unterverzeichnissen ergänzt.

❺ Seit der Einführung von Python 3.1 ist das importlib-Modul in Pythons Standardbibliothek die bevorzugte Lösung (über das Modul importlib.import_module; Teile von importlib.import_module wurden auch auf Python 2.7 zurückportiert). Hier können Sie sehen, wie man ein Modul allein über den Namen (als String) importiert.

❻ Hier können Sie sehen, wie man allein über den Namen des Attributs (als String) programmtechnisch auf die Attribute eines Moduls zugreifen kann.

❼ Tatsächlich ist hier load_dynamic_class nicht unbedingt nötig. Es importiert das Modul erneut, stellt sicher, dass die benannte Klasse tatsächlich eine Klasse ist, prüft, ob es sich wirklich um einen Kollektor handelt, und gibt die neu geladene Klasse zurück. In von großen Gruppen geschriebenem Open-Source-Code kommt es schon mal zu Redundanzen.

---

8 Python besitzt ein Rekursionslimit (wie oft sich eine Funktion selbst aufrufen darf), das standardmäßig relativ eng gesteckt ist. Sie können Ihr Rekursionslimit mit import sys; sys.getrecursionlimit() bestimmen.

❽ Hier wird der Klassenname ermittelt, der später genutzt wird, um die Optionen der Konfigurationsdatei anzuwenden, wenn der Klassenname nur als String vorliegt.

Stilbeispiele aus Diamond

In Diamond gibt es ein sehr schönes Beispiel für die Verwendung einer Closure, das verdeutlicht, dass dieses Verhalten oft wünschenswert ist, wie wir in »Closures mit später Bindung« auf Seite 64 bereits gesagt haben.

Beispielhafte Nutzung einer Closure (wenn ein Fallstrick kein Fallstrick ist)

Eine *Closure* ist eine Funktion, die Variablen innerhalb des lokalen Geltungsbereichs nutzt, die andernfalls beim Aufruf dieser Funktion nicht verfügbar wären. In anderen Sprachen können sie schwer zu implementieren und schwer zu verstehen sein, doch bei Python sind sie nicht schwer zu implementieren, da Python Funktionen wie jedes andere Objekt betrachtet.[9] Zum Beispiel können Funktionen als Argumente übergeben oder von anderen Funktionen zurückgeliefert werden. Hier ein Auszug aus dem diamond-Executable, das zeigt, wie man eine Closure in Python implementiert:

```
##~~ ... import-Anweisungen überspringen ...   ❶

def main():
    try:
        ##~~ ... Code überspringen, der den Kommandozeilen-Parser erzeugt ...

        # Kommandozeilenargumente lesen
        (options, args) = parser.parse_args()

        ##~~ ... Code überspringen, der die Konfigurationsdatei verarbeitet ...
        ##~~ ... Code überspringen, der das Logging einrichtet ...

    # Das Ereignis exit nach oben weitergeben
    except SystemExit, e:
        raise SystemExit

    ##~~ ... Code überspringen, der andere Setup-bezogene Ausnahmen behandelt ...

    try:
        # PID MANAGEMENT   ❷
        if not options.skip_pidfile:
            # PID-Datei initialisieren
            if not options.pidfile:
                options.pidfile = str(config['server']['pid_file'])
```

---

9 Bei Programmiersprachen, die so etwas können, spricht man von *Funktionen erster Klasse*, d. h., Funktionen werden neben allen anderen Objekten als gleichberechtigt behandelt.

```
            ##~~ ... Code überspringen, der die PID-Datei öffnet und einliest
            ##~~ ... (falls sie existiert), und die Datei löscht, wenn es keine
            ##~~ ... solche PID gibt, oder das Programm beendet, wenn
            ##~~ ... bereis ein Prozess läuft. ...

    ##~~  ... Code überspringen, der die Gruppen- und User-ID setzt ...
    ##~~  ... und den Code, der die Rechte der PID-Datei ändert. ...

    ##~~  ... Code überspringen, der überprüft, ob das Programm als Daemon ...
    ##~~  ... ausgeführt werden soll und den Prozess ggf. abkoppelt. ...

        # PID MANAGEMENT   ❸
        if not options.skip_pidfile:
            # Beende Initialisieren der PID-Datei
            if not options.foreground and not options.collector:
                # Schreibe PID-Datei
                pid = str(os.getpid())
                try:
                    pf = file(options.pidfile, 'w+')
                except IOError, e:
                    log.error("Failed to write child PID file: %s" % (e))
                    sys.exit(1)
                pf.write("%s\n" % pid)
                pf.close()
                # Log
                log.debug("Wrote child PID file: %s" % (options.pidfile))

        # Initialisiere Server
        server = Server(configfile=options.configfile)

        def sigint_handler(signum, frame):   ❹
            log.info("Signal Received: %d" % (signum))
            # Lösche PID-Datei
            if not options.skip_pidfile and os.path.exists(options.pidfile):   ❺
                os.remove(options.pidfile)
                # Log
                log.debug("Removed PID file: %s" % (options.pidfile))
            sys.exit(0)

        # Signal-Handler setzen
        signal.signal(signal.SIGINT, sigint_handler)   ❻
        signal.signal(signal.SIGTERM, sigint_handler)

        server.run()

# Das Ereignis exit nach oben weitergeben
except SystemExit, e:
    raise SystemExit

##~~  ... Code überspringen, der alle anderen Ausnahmen verarbeitet ...
##~~  ... sowie den ganzen Rest des Skripts.
```

❶ Wenn wir Code überspringen, werden die fehlenden Teile in einem Kommentar zusammengefasst, dem zwei Tilden vorangestellt sind (##~~ etwa so).

❷ Mithilfe der PID[10] Datei stellen wir sicher, dass der Daemon einmalig bleibt (d.h., dass er nicht versehentlich zweimal gestartet wird), kommunizieren die zugehörige PID schnell an andere Skripte und machen kenntlich, wenn es zu einem fehlerhaften Programmabruch gekommen ist (weil die PID-Datei bei einem normalen Programmende gelöscht wird).

❸ Dieser ganze Code bildet nur den Kontext, der zur Closure führt. An diesem Punkt läuft der Prozess entweder als Daemon (und hat eine andere Prozess-ID als vorher), oder dieser Teil wird übersprungen, weil die korrekte PID bereits in die PID-Datei geschrieben wurde.

❹ Dieser (sigint_handler()) ist die Closure. Sie ist innerhalb von main() definiert und nicht auf der obersten Ebene außerhalb irgendwelcher Funktionen, weil sie wissen muss, ob sie nach einer PID-Datei suchen muss und wo sie diese bei Bedarf findet.

❺ Sie erhält diese Informationen über die Kommandozeilenoptionen, die ihr erst nach dem Aufruf von main() zur Verfügung stehen. Das bedeutet, dass alle im Zusammenhang mit der PID stehenden Optionen lokale Variablen im Namensraum von main sind.

❻ Die Closure (die Funktion sigint_handler()) wird an den Signal-Handler übergeben und genutzt, um SIGINT und SIGTERM zu verarbeiten.

Tablib

Tablib ist eine Python-Bibliothek, die unterschiedliche Datenformate konvertiert und in einem Dataset-Objekt speichert bzw. mehrere Datasests in einem Databook. In den Formaten JSON, YAML, DBF und CSV gespeicherte Datasets können importiert und als XLSX, XLS, ODS, JSON, YAML, DBF, CSV, TSV oder HTML exportiert werden. Tablib wurde von Kenneth Reitz erstmals 2010 veröffentlicht. Es besitzt ein intuitives API-Design, das für Reitz' Projekte typisch ist.

Eine kleine Bibliothek lesen

Tablib ist keine Anwendung, sondern eine Bibliothek, das heißt, es gibt keinen offensichtlichen Einstiegspunkt wie bei HowDoI und Diamond.

So beziehen Sie Tablib von GitHub:

```
$ git clone https://github.com/kennethreitz/tablib.git
$ virtualenv -p python3 venv
$ source venv/bin/activate
```

---

10 *PID* steht für Prozess-Identifier. Jeder Prozess besitzt eine eindeutige ID, die in Python über das os-Modul der Standardbiblithek verfügbar ist: os.getpid().

```
(venv)$ cd tablib
(venv)$ pip install --editable .
(venv)$ python test_tablib.py   # Unit-Tests ausführen.
```

Die Tablib-Dokumentation lesen

Tablibs Dokumentation (http://docs.python-tablib.org/) beginnt direkt mit einem Anwendungsbeispiel und beschreibt danach seine Fähigkeiten im Detail. Es stellt ein Dataset-Objekt mit Zeilen, Headern und Spalten zur Verfügung. Sie können Ein-/Ausgaben in verschiedenen Formaten am Dataset-Objekt vornehmen. Der Abschnitt zur fortgeschrittenen Nutzung erklärt, wie man Zeilen um Tags ergänzt und wie man abgeleitete Spalten erzeugt, die Funktionen anderer Spalten sind.

Tablib nutzen

Tablib ist eine Bibliothek, kein Executable wie HowDoI oder Diamond, das heißt, Sie können eine interaktive Python-Session öffnen und erwarten, dass die help()-Funktion bei der Erkundung der API hilft. Hier sehen Sie beispielhaft die tablib.Dataset-Klasse, die verschiedenen Datenformate und die Funktionsweise der Ein-/Ausgabe:

```
>>> import tablib
>>> data = tablib.Dataset()
>>> names = ('Black Knight', 'Killer Rabbit')
>>>
>>> for name in names:
...     fname, lname = name.split()
...     data.append((fname, lname))
...
>>> data.dict
[['Black', 'Knight'], ['Killer', 'Rabbit']]
>>>
>>> print(data.csv)
Black,Knight
Killer,Rabbit

>>> data.headers=('First name', 'Last name')
>>> print(data.yaml)
- {First name: Black, Last name: Knight}
- {First name: Killer, Last name: Rabbit}

>>> with open('tmp.csv', 'w') as outfile:
...     outfile.write(data.csv)
...
64
>>> newdata = tablib.Dataset()
>>> newdata.csv = open('tmp.csv').read()
>>> print(newdata.yaml)
- {First name: Black, Last name: Knight}
- {First name: Killer, Last name: Rabbit}
```

Tablibs Code lesen

Die Dateistruktur unter *tablib/* sieht wie folgt aus:

```
tablib
|--- __init__.py
|--- compat.py
|--- core.py
|--- formats/
|--- packages/
```

Die beiden Verzeichnisse *tablib/formats/* und *tablib/packages/* werden etwas später diskutiert.

Python unterstützt Docstrings auf Modulebene sowie die von uns bereits vorgestellten Docstrings, also ein Stringliteral, das an erster Stelle in einer Funktion, Klasse oder Klassenmethode steht. Stack Overflow gibt gute Ratschläge zur *Dokumentation eines Moduls (http://stackoverflow.com/a/2557196)*. Für uns bietet das eine weitere Möglichkeit, den Quellcode zu untersuchen, indem wir im Stammverzeichnis des Pakets head *.py in einem Terminal eingeben. Hier das Ergebnis:

```
(venv)$ cd tablib
(venv)$ head *.py
==> __init__.py <==   ❶
""" Tablib. """

from tablib.core import (
    Databook, Dataset, detect, import_set, import_book,
    InvalidDatasetType, InvalidDimensions, UnsupportedFormat,
    __version__
)


==> compat.py <==   ❷
# -*- coding: utf-8 -*-

"""
tablib.compat
~~~~~~~~~~~~~

Tablib compatiblity module.

"""


==> core.py <==   ❸
# -*- coding: utf-8 -*-
"""
    tablib.core
    ~~~~~~~~~~~

    This module implements the central Tablib objects.

    :copyright: (c) 2014 by Kenneth Reitz.
    :license: MIT, see LICENSE for more details.

"""
```

Daraus lernen wir:

❶ Die Top-Level-API (der Inhalt von *__init__.py* ist über tablib nach einem import tablib verfügbar) besitzt nur neun Einsprungpunkte: Die Klassen Databook und Dataset werden in der Dokumentation erwähnt, detect könnte das Format bestimmen, import_set und import_book müssen Daten importieren, und die letzten drei Klassen – InvalidDatasetType, InvalidDimensions und UnsupportedFormat – sehen nach Ausnahmebehandlung aus. (Folgt der Code PEP 8, können Sie anhand der Groß-/Kleinschreibung erkennen, welche Objekte benutzerdefinierte Klassen sind.)

❷ *tablib/compat.py* ist ein Kompatibilitätsmodul. Sieht man sich den Code an, erkennt man, dass es Kompatibilitätsprobleme zwischen Python 2 und Python 3 ähnlich handhabt wie HowDoI. Es bildet Orte und Namen auf ein Symbol ab, das dann von *tablib/core.py* genutzt werden kann.

❸ Wie es der Name andeutet, implementiert *tablib/core.py* die zentralen Tablib-Objekte wie Dataset und Databook.

Die Sphinx-Dokumentation von Tablib

Tablibs Dokumentation (http://docs.python-tablib.org/) ist ein gutes Beispiel für den Einsatz von *Sphinx (http://www.sphinx-doc.org/en/stable/tutorial.html)*, da es eine kleine Bibliothek ist und *Sphinx-Erweiterungen (http://www.sphinx-doc.org/en/stable/extensions.html)* ausgiebig nutzt.

Den aktuellen Sphinx-Build der Dokumentation finden Sie auf *Tablibs Dokumentationsseite (http://docs.python-tablib.org/)*. Wenn Sie die Dokumentation selbst generieren wollen (Windows-Nutzer benötigen einen make-Befehl *(http://gnuwin32.sourceforge.net/packages/make.htm)*, der zwar alt ist, aber funktioniert), machen Sie Folgendes:

```
(venv)$ pip install sphinx
(venv)$ cd docs
(venv)$ make html
(venv)$ open _build/html/index.html  # Um sich das Ergebnis anzusehen.
```

Sphinx bietet eine Reihe von *Theme-Optionen (http://www.sphinx-doc.org/en/stable/theming.html)* mit Standardlayoutvorlagen und CSS-Themes. Die Tablib-Vorlagen für zwei der Hinweise in der linken Seitenleiste liegen unter *docs/_templates/*. Ihre Namen sind nicht willkürlich gewählt; sie stehen in *basic/layout.html*. Sie finden diese Datei im Themes-Verzeichnis von Sphinx, das Sie über die Kommandozeile wie folgt ermitteln können:

```
(venv)$ python -c 'import sphinx.themes;print(sphinx.themes.__path__)'
```

Fortgeschrittene Nutzer können sich *docs/_themes/kr/* ansehen, ein benutzerdefiniertes Theme, das das Grundlayout erweitert. Sie wählen es aus, indem Sie dem Systempfad das Verzeichnis *_themes/* hinzufügen und html_theme_path = ['_themes'] sowie html_theme = 'kr' in *docs/conf.py* definieren.

Um die API-Dokumentation automatisch aus den Docstrings Ihres Codes zu generieren, nutzen Sie autoclass::. Dafür müssen Sie die Docstring-Formatierung aus Tablib kopieren:

```
.. autoclass:: Dataset
   :inherited-members:
```

Damit auch das funktioniert, müssen Sie bei der Ausführung von sphinx-quickstart (mit dem ein neues Sphinx-Projekt erzeugt wird) die Frage nach dem Einbinden der Sphinx-Erweiterung autodoc mit »yes« beantworten. Die :inherited-members:-Direktive fügt außerdem eine Dokumentation für Attribute hinzu, die von Parent-Klassen geerbt wurden.

Strukturbeispiele aus Tablib

Der Hauptpunkt, den wir bei Tablib hervorheben wollen, ist die Tatsache, dass in den Modulen in *tablib/formats/* keinerlei Klassen genutzt werden. Das ist ein wunderbares Beispiel für unsere frühere Aussage, dass man Klassen nicht überstrapazieren soll. Als Nächstes zeigen wir, wie Tablib die Dekoratorsyntax und die property-*Klasse* (*https://docs.python.org/library/functions.html#property*) nutzt, um abgeleitete Attribute wie Höhe und Breite des Datasets zu erzeugen. Und wir zeigen, wie Dateiformate dynamisch registriert werden, um Standardcode für jedes einzelne Format (CSV, YAML etc.) nicht wiederholen zu müssen.

Die letzten beiden Unterabschnitte sind ein wenig merkwürdig. Wir sehen uns an, wie Tablib herstellerbezogene Abhängigkeiten handhabt, und diskutieren dann die __slots__-Eigenschaft neuer Klassenobjekte. Sie können diese Abschnitte überspringen und trotzdem ein glückliches pythonisches Leben führen.

Kein unnötig objektorientierter Code in Formaten (nutzen Sie Namensräume, um Funktionen zu gruppieren)

Das *formats*-Verzeichnis enthält alle definierten Dateiformate für die Ein-/Ausgabe. Den Modulnamen *_csv.py*, *_tsv.py*, *_json.py*, *_yaml.py*, *_xls.py*, *_xlsx.py*, *_ods.py* und *_xls.py* ist jeweils ein Unterstrich vorangestellt, um dem Nutzer anzudeuten, dass sie nicht für den direkten Gebrauch gedacht sind. Wir können in das Verzeichnis *formats* wechseln und nach Klassen und Funktionen suchen. Der Einsatz von grep ^class formats/*.py offenbart uns, dass es keine Klassendefinitionen gibt, und grep ^def formats/*.py zeigt, dass jedes Modul eine oder alle der folgenden Funktionen enthält:

- detect(stream) leitet das Dateiformat aus dem Inhalt des Streams ab.
- dset_sheet(dataset, ws) formatiert die Zellen der Excel-Tabellen.
- export_set(dataset) exportiert das Dataset in das angegebene Format und gibt den String im neuen Format zurück. (Bei Excel wird ein bytes-Objekt zurückgegeben bzw. ein binär formatierter String in Python 2.)

- `import_set(dset, in_stream, headers=True)` ersetzt den Inhalt des Datasets durch den Inhalt des Eingabestreams.
- `export_book(databook)` exportiert die Tabellenblätter im Databook in das gegebene Format und gibt einen entsprechenden String bzw. ein bytes-Objekt zurück.
- `import_book(dbook, in_stream, headers=True)` ersetzt den Inhalt des Databooks durch den Inhalt des Eingabestreams.

Das ist ein Beispiel für die Nutzung von Modulen als Namensräume (schließlich sind sie eine richtig großartige Idee), um Funktionen zu trennen. Auf diese Weise werden unnötige Klassen vermieden. Wir erkennen den Zweck jeder Funktion anhand seines Namens: Beispielsweise importieren `formats._csv.import_set()`, `formats._tsv.import_set()` und `formats._json.import_set()` Datasets aus CSV-, TSV- und JSON-formatierten Dateien. Andere Funktionen exportieren Daten und erkennen Dateiformate wenn möglich für jedes in Tablib verfügbare Format.

Deskriptoren und der property-Dekorator (schaffen Sie Unveränderlichkeit, wenn die API davon profitiert)

Tablib ist unsere erste Bibliothek, die Pythons Dekorator nutzt, die in »Dekoratoren« auf Seite 73 beschrieben wurde. Die Syntax verwendet das Symbol @ vor einem Funktionsnamen, der direkt über einer anderen Funktion steht. Sie modifiziert (oder »dekoriert«) die direkt darunterstehende Funktion. Im folgenden Ausschnitt macht property die Funktionen `Dataset.height` und `Dataset.width` zu Deskriptoren – Klassen, bei denen mindestens eine der Methoden `__get__()`, `__set__()` oder `__delete__()` (»getter«, »setter« oder »delete«) definiert ist. Zum Beispiel löst das Attribut-Lookup `Dataset.height` die getter-, setter- oder delete-Funktion aus, je nachdem, in welchem Kontext das Attribut genutzt wird. Dieses Verhalten ist nur Klassen im neuen Stil möglich, die wir gleich diskutieren. Weitere Informationen finden Sie in diesem nützlichen Python-*Tutorial zu Deskriptoren (https://docs.python.org/3/howto/descriptor.html)*.

```
class Dataset(object):
    #
    # ... Rest der Klassendefinition der Klarheit wegen weggelassen
    #

    @property   ❶
    def height(self):
        """The number of rows currently in the :class:`Dataset`.
           Cannot be directly modified.   ❷
        """
        return len(self._data)


    @property
    def width(self):
        """The number of columns currently in the :class:`Dataset`.
```

```
            Cannot be directly modified.
        """
        try:
            return len(self._data[0])
        except IndexError:
            try:
                return len(self.headers)
            except TypeError:
                return 0
```

❶ So wird ein Dekorator genutzt. In diesem Fall modifiziert property `Dataset.height` so, dass es sich wie eine Eigenschaft verhält und nicht wie eine gebundene Methode. Er kann nur bei Klassenmethoden eingesetzt werden.

❷ Wird property als Dekorator angewandt, gibt das `height`-Attribut die Höhe des `Dataset` zurück, doch es ist nicht möglich, dem `Dataset` über `Dataset.height` eine Höhe zuzuweisen.

So sehen die Attribute `height` und `width` aus, wenn sie genutzt werden:

```
>>> import tablib
>>> data = tablib.Dataset()
>>> data.header = ("amount", "ingredient")
>>> data.append(("2 cubes", "Arcturan Mega-gin"))
>>> data.width
2
>>> data.height
1
>>>
>>> data.height = 3
Traceback (most recent call last):
  File "<stdin>", line 1, in <module>
AttributeError: can't set attribute
```

Auf `data.height` kann also wie auf ein Attribut zugegriffen werden, es kann aber nicht gesetzt werden – es wird aus den Daten berechnet, ist also immer aktuell. Das ist ergonomisches API-Design: `data.height` ist einfacher einzugeben als `data.get_height()`, die Bedeutung von `data.height` ist klar, und weil der Wert aus den Daten berechnet wird (und die Property nicht gesetzt werden kann – nur die getter-Funktion ist definiert), besteht keine Gefahr, dass sie einen falschen Wert enthält.

Der property-Dekorator kann nur auf Attribute von Klassen angewandt werden und nur bei Klassen, die vom Basisobjekt object abgeleitet sind (also class MyClass(object), nicht class MyClass() – Vererbung von object ist bei Python 3 immer der Fall).

Das gleiche Tool wird für Tablibs Datenimport- und -export-API für die verschiedenen Formate genutzt. Tablib speichert keine Stringwerte für die jeweiligen CSV-, JSON- und YAML-Ausgaben, sondern die `Dataset`-Attribute csv, json und yaml als Eigenschaften, genau wie `Dataset.height` und `Dataset.width` im obigen Beispiel – sie rufen eine Funktion auf, die das Ergebnis aus den gespeicherten Daten berechnet oder das Eingabeformat verarbeitet und dann die Daten ersetzt. Es gibt nur ein Dataset.

Steht data.csv auf der linken Seite eines Gleichheitszeichens, wird die setter-Funktion der Eigenschaft aufgerufen, um das Dataset im CSV-Format zu verarbeiten. Und wenn data.yaml auf der rechten Seite des Gleichheitszeichens steht oder für sich allein, wird der getter aufgerufen, um einen String im angegebenen Format aus dem internen Dataset zu erzeugen. Hier ein Beispiel:

```
>>> import tablib
>>> data = tablib.Dataset()
>>>
>>> data.csv = "\n".join((         ❶
...     "amount,ingredient",
...     "1 bottle,Ol' Janx Spirit",
...     "1 measure,Santraginus V seawater",
...     "2 cubes,Arcturan Mega-gin",
...     "4 litres,Fallian marsh gas",
...     "1 measure,Qalactin Hypermint extract",
...     "1 tooth,Algolian Suntiger",
...     "a sprinkle,Zamphuor",
...     "1 whole,olive"))
>>>
>>> data[2:4]
[('2 cubes', 'Arcturan Mega-gin'), ('4 litres', 'Fallian marsh gas')]
>>>
>>> print(data.yaml)         ❷
- {amount: 1 bottle, ingredient: Ol Janx Spirit}
- {amount: 1 measure, ingredient: Santraginus V seawater}
- {amount: 2 cubes, ingredient: Arcturan Mega-gin}
- {amount: 4 litres, ingredient: Fallian marsh gas}
- {amount: 1 measure, ingredient: Qalactin Hypermint extract}
- {amount: 1 tooth, ingredient: Algolian Suntiger}
- {amount: a sprinkle, ingredient: Zamphuor}
- {amount: 1 whole, ingredient: olive}
```

❶ data.csv auf der linken Seite des Gleichheitszeichens (Zuweisungsoperator) ruft formats.csv.import_set() auf und übergibt dabei data als erstes Argument und den String mit den Gargle-Blaster-Zutaten als zweites.

❷ data.yaml ruft die Funktion formats.yaml.export_set() mit data als Argument auf, die den aufbereiteten YAML-String für die print()-Funktion zurückgibt.

Die getter-, setter- und auch die delete-Funktion können mittels property an ein einzelnes Attribut gebunden werden. Die Signatur ist property(fget=None, fset=None, fdel=None, doc=None), wobei fget die getter-Funktion (formats.csv.import_set()) identifiziert, fset die setter-Funktion (formats.csv.export_set()) und fdel die delete-Funktion, die bei None bleibt. Als Nächstes sehen wir uns den Code an, der die Formateigenschaften programmtechnisch festlegt.

Programmtechnisch registrierte Dateiformate (wiederhole dich nicht selbst)

Tablib legt alle Routinen für die Dateiformatierung im Subpaket *formats* ab. Diese Strukturentscheidung macht das Hauptmodul *core.py* klarer und das gesamte Paket modular. Es ist einfach, neue Dateiformate einzubinden. Natürlich hätte man Fragmente nahezu identischen Codes kopieren und das Im- und Exportverhalten für jedes Dateiformat separat importieren können, doch stattdessen werden alle Formate programmatisch in die Dataset-Klasse unter nach dem Format benannten Eigenschaften geladen.

Wir geben im folgenden Beispiel den gesamten Inhalt der *formats/__init__.py* wieder, da der Code nicht allzu lang ist und wir zeigen wollen, wo formats.available definiert ist:

```
# -*- coding: utf-8 -*-   ❶

""" Tablib - formats
"""

from . import _csv as csv
from . import _json as json
from . import _xls as xls
from . import _yaml as yaml
from . import _tsv as tsv
from . import _html as html
from . import _xlsx as xlsx
from . import _ods as ods

available = (json, xls, yaml, csv, tsv, html, xlsx, ods)   ❷
```

❶ Diese Zeile teilt dem Python-Interpreter explizit mit, dass UTF-8 als Codierung verwendet wird.[11]

❷ Hier ist die Definition von formats.available – direkt in *formats/__init__.py*. Sie ist auch über dir(tablib.formats) verfügbar, doch diese explizite Liste ist einfacher zu verstehen.

Statt nun etwa 20 (schwer zu pflegende) Funktionsdefinitionen in *core.py* zu wiederholen, importiert der Code jedes Format programmatisch über den Aufruf von self._register_formats() am Ende der __init__()-Methode in Dataset. Nachfolgend haben wir uns nur Dataset._register_formats() herausgepickt:

```
class Dataset(object):
    #
    # ... Dokumentation und einige Definitionen überspringen ...
    #
```

---

[11] Bei Python 2 wird standardmäßig ASCII genutzt, bei Python 3 hingegen UTF-8. Es gibt verschiedene Möglichkeiten, die Codierung festzulegen, die alle in *PEP 263 (https://www.python.org/dev/peps/pep-0263/)* aufgeführt sind. Sie können diejenige wählen, die mit Ihrem bevorzugten Texteditor am besten funktioniert.

```
    @classmethod   ❶
    def _register_formats(cls):
        """Adds format properties."""
        for fmt in formats.available:   ❷
            try:
                try:
                    setattr(cls, fmt.title,
                        property(fmt.export_set, fmt.import_set))   ❸
                except AttributeError:   ❹
                    setattr(cls, fmt.title, property(fmt.export_set))   ❺

            except AttributeError:
                pass   ❻
#
# ... einige weitere Definitionen überspringen ...
#
    @property   ❼
    def tsv():
        """A TSV representation of the :class:`Dataset` object. The top
        row will contain headers, if they have been set. Otherwise, the
        top row will contain the first row of the dataset.

        A dataset object can also be imported by setting
        the :class:`Dataset.tsv` attribute. ::

            data = tablib.Dataset()
            data.tsv = 'age\tfirst_name\tlast_name\n90\tJohn\tAdams'   ❽

        Import assumes (for now) that headers exist.
        """
        pass
```

❶ Das @classmethod-Symbol ist ein Dekorator (der in »Dekoratoren« auf Seite 73 etwas ausführlicher beschrieben wird), der die Methode _register_formats() so modifiziert, dass sie die Klasse des Objekts (Dataset) und nicht die Objektinstanz (self) als erstes Argument übergibt.

❷ formats.available ist in *formats/__init__.py* definiert und enthält alle verfügbaren Formatoptionen.

❸ In dieser Zeile weist setattr dem Attribut fmt.title einen Wert zu (etwa Dataset.csv oder Dataset.xls). Der zugewiesene Wert ist speziell: property (fmt.export_set, fmt.import_set) macht Dataset.csv zu einer Property.

❹ Ein AttributeError wird ausgelöst, wenn fmt.import_set nicht definiert ist.

❺ Wenn es keine Importfunktion gibt, versuchen wir, nur die Exportfunktion zuzuweisen.

❻ Kann weder eine Export- noch eine Importfunktion zugewiesen werden, wird einfach nichts zugewiesen.

❼ Jedes Dateiformat wird hier mit einem deskriptiven Docstring als Eigenschaft definiert. Der Docstring bleibt erhalten, wenn property() bei ❸ oder ❺ aufgerufen wird, um das zusätzliche Verhalten zuzuweisen.

❽ \t und \n sind String-Escapesequenzen, die für das Tabulator- bzw. Newline-Zeichen stehen. Alle Escapesequenzen sind in Pythons *Dokumentation zu Stringliteralen (https://docs.python.org/3/reference/lexical_analysis.html#index-18)* aufgeführt.

> ### Aber wir sind alle verantwortungsbewusste Benutzer
> Die Verwendung des @property-Dekorators ist nicht mit vergleichbaren Tools in Java identisch, bei denen das Ziel darin besteht, den Zugriff des Benutzers auf die Daten zu kontrollieren. Das widerspricht der Python-Philosophie, die besagt, *dass wir alle verantwortungsbewusste Benutzer sind*. Der Zweck von @property liegt vielmehr darin, die Daten von den mit diesen Daten in Beziehung stehenden View-Funktionen zu trennen (in diesem Fall height, width und verschiedene Speicherformate). Besteht keine Notwendigkeit für eine vor- oder nachverarbeitende getter- oder setter-Funktion, ist die für Python typischere Lösung, die Daten einem regulären Attribut zuzuweisen und den Benutzer damit arbeiten zu lassen.

Herstellerabhängiger Code in Paketen (ein Beispiel dafür, wie man damit umgeht)

Die Abhängigkeiten von Tablib werden momentan mit dem Code ausgeliefert – in diesem Fall im Verzeichnis *packages*), das könnte in Zukunft aber in ein Plug-in-System wandern. Das *packages*-Verzeichnis enthält Pakete von Drittanbietern, die aus Kompatibilitätsgründen in Tablib enthalten sind. Die andere Möglichkeit wäre, die Versionen in *setup.py* festzuhalten, die dann bei der Installation von Tablib heruntergeladen und installiert werden. Diese Technik wird in »Vendorizing Dependencies« auf Seite 77 diskutiert. Bei Tablib wurde diese Option einerseits gewählt, um die für den Benutzer notwendigen Downloads zu minimieren, und andererseits, weil es manchmal unterschiedliche Pakete für Python 2 und Python 3 gibt, die beide enthalten sind. (Das passende Paket wird importiert, und den entsprechenden Funktionen werden in *tablib/compat.py* gemeinsame Namen zugewiesen). Auf diese Weise kann Tablib eine einzelne Codebasis pflegen und nicht eine für jede Python-Version. Weil jede dieser Abhängigkeiten eine eigene Lizenz verwendet, wurde ein Dokument namens *NOTICE* dem obersten Projektverzeichnis hinzugefügt, das die Lizenzen aller Abhängigkeiten auflistet.

Speicherplatz sparen mit __slots__ (umsichtig optimieren)

Bei Python geht Lesbarkeit vor Geschwindigkeit. Das gesamte Design, alle Aphorismen sowie der frühe *Einfluss von Lehrsprachen wie ABC (http://bit.ly/abc-to-python)* stellen Benutzerfreundlichkeit über Performance (auch wenn wir in

»Geschwindigkeit« auf Seite 236 darüber reden, welche Möglichkeiten der Optimierung es gibt).

Der Einsatz von __slots__ in Tablib ist ein Beispiel für eine sinnvolle Optimierung. Das ist ein etwas fragwürdiges Beispiel und nur für Klassen im neuen Stil verfügbar (die wir gleich noch beschreiben), doch wir wollen zeigen, dass es möglich ist, Python zu optimieren, wenn es notwendig ist. Diese Optimierung ist nur sinnvoll, wenn Sie mit Unmengen von kleinen Objekten arbeiten. Dabei wird der Speicherbedarf jeder Instanz einer Klasse um ein Dictionary reduziert. (Bei großen Objekten ist diese kleine Ersparnis irrelevant, und bei wenigen Objekten lohnt sich der Aufwand nicht.) Hier ein (frei übersetzter) Auszug aus der __slots__-*Dokumentation* (*http://bit.ly/__slots__-doc*):

> Standardmäßig verwenden Klasseninstanzen ein Dictionary zur Attributspeicherung. Objekte mit nur wenigen Instanzvariablen verschwenden auf diese Weise Platz. Der Speicherbedarf wird aber relevant, wenn eine große Zahl von Instanzen erzeugt wird.
>
> Die Voreinstellung kann überschrieben werden, indem man __slots__ in der Klassendefinition definiert. Die __slots__-Deklaration erwartet eine Reihe von Instanzvariablen und reserviert gerade genug Platz in jeder Instanz, um einen Wert für jede Variable aufnehmen zu können. Speicherplatz wird eingespart, weil __dict__ nicht für jede Instanz erzeugt wird.

Normalerweise ist das nichts, worum man sich kümmern müsste – __slots__ erscheint weder in der Dataset- noch in der Databook-Klasse, sondern nur in Row – doch weil es Tausende Datenzeilen geben kann, ist __slots__ eine gute Idee. Die Klasse Row ist in *tablib/__init__.py* nicht zu finden, da es sich um eine Hilfsklasse für Dataset handelt, die für jede Zeile einmal instanziiert wird. Ihre Definition zu Beginn der Definition der Row-Klasse sieht wie folgt aus:

```
class Row(object):
    """Internal Row object. Mainly used for filtering."""

    __slots__ = ['_row', 'tags']

    def __init__(self, row=list(), tags=list()):
        self._row = list(row)
        self.tags = list(tags)

    #
    # ... etc. ...
    #
```

Das Problem besteht nun darin, dass es jetzt kein __dict__-Attribut in den Row-Instanzen mehr gibt, die pickle.dump()-Funktion (die zur Objektserialisierung genutzt wird) standardmäßig, aber __dict__ zur Serialisierung des Objekts nutzt, wenn keine __getstate__()-Methode definiert ist. In ähnlicher Weise wird beim »Unpickling« (dem Prozess, der die serialisierten Bytes einliest und das Objekt im

Speicher wiederherstellt) von `pickle.load()` das `__dict__`-Attribut des Objekts verwendet, wenn `__setstate__()` nicht definiert ist. Wie man das umgeht, sehen Sie hier:

```python
class Row(object):
    #
    # ... andere Definitionen überspringen ...
    #

    def __getstate__(self):

        slots = dict()
        for slot in self.__slots__:
            attribute = getattr(self, slot)
            slots[slot] = attribute
        return slots

    def __setstate__(self, state):
        for (k, v) in list(state.items()):
            setattr(self, k, v)
```

Weitere Informationen zu `__getstate__()`, `__setstate__()` und »Pickling« finden Sie in der `__getstate__`-*Dokumentation (http://bit.ly/__getstate__-doc)*.

Stilbeispiele aus Tablib

Wir stellen nur ein einziges Stilbeispiel aus Tablib vor: die Überladung von Operatoren (was uns Details des Python-Datenmodells aufzeigt). Das Ändern des Verhaltens Ihrer Klassen macht es den Nutzern Ihrer API leichter, schönen Code zu schreiben.

Überladung von Operatoren (schön ist besser als hässlich)

Dieser Abschnitt nutzt Pythons Operatorüberladung, um Operationen über die Zeilen oder Spalten des Datasets hinweg durchzuführen. Der folgende Beispielcode demonstriert die interaktive Nutzung des Bracket-Operators ([ ]) für numerische Indizes und Spaltennamen. Das zweite Beispiel zeigt den Code, der dieses Verhalten nutzt:

```
>>> data[-1]   ❶
('1 whole', 'olive')
>>>
>>> data[-1] = ['2 whole', 'olives']   ❷
>>>
>>> data[-1]
('2 whole', 'olives')   ❸
>>>
>>> del data[2:7]   ❹
>>>
>>> print(data.csv)
amount,ingredient   ❺
```

```
1 bottle,Ol' Janx Spirit
1 measure,Santraginus V seawater
2 whole,olives

>>> data['ingredient']   ❻
["Ol' Janx Spirit", 'Santraginus V seawater', 'olives']
```

❶ Werden Zahlen genutzt, liefert der Datenzugriff über den Bracket-Operator ([]) die Zeile an der angegebenen Position zurück.

❷ Durch die Zuweisung per Bracket-Operator …

❸ … sind es nun zwei Oliven anstelle von einer.

❹ Dies ist eine Löschoperation mittels Slice – 2:7 steht für die Zahlen 2,3,4,5,6, nicht aber für 7.

❺ Beachten Sie, um wie viel kleiner das Rezept jetzt ist.

❻ Es ist auch möglich, über den Namen auf Spalten zuzugreifen.

Der Teil des Dataset-Codes, der das Verhalten des Bracket-Operators definiert, zeigt, wie man den Zugriff sowohl über den Spaltennamen als auch über die Zeilennummer handhabt:

```
class Dataset(object):
    #
    # ... restliche Definitionen übersprungen ...
    #

    def __getitem__(self, key):
        if isinstance(key, str) or isinstance(key, unicode):   ❶
            if key in self.headers:   ❷
                pos = self.headers.index(key) # get 'key' index from each data
                return [row[pos] for row in self._data]
            else:   ❸
                raise KeyError
        else:
            _results = self._data[key]
            if isinstance(_results, Row):   ❹
                return _results.tuple
            else:
                return [result.tuple for result in _results]   ❺

    def __setitem__(self, key, value):   ❻
        self._validate(value)
        self._data[key] = Row(value)

    def __delitem__(self, key):
        if isinstance(key, str) or isinstance(key, unicode):   ❼
            if key in self.headers:
                pos = self.headers.index(key)
                del self.headers[pos]

                for row in self._data:
```

```
            del row[pos]
        else:
            raise KeyError
    else:
        del self._data[key]
```

❶ Zuerst wird geprüft, ob es um eine Spalte (True, wenn key ein String ist) oder eine Zeile (True, wenn key ein Integerwert oder ein Slice ist) geht.

❷ Hier sucht der Code in self.headers nach dem Schlüssel und ...

❸ ... löst explizit einen KeyError aus, sodass sich der Zugriff über den Spaltennamen genau so verhält, wie man es von einem Dictionary erwartet. Das ganze if/else-Paar ist eigentlich nicht nötig. Lassen Sie es weg, wird ValueError von self.headers.index(key) ausgelöst, wenn der key nicht in self.headers enthalten ist. Der einzige Zweck dieser Prüfung besteht darin, den Nutzer der Bibliothek mit einer besseren Fehlermeldung zu versorgen.

❹ Auf diese Weise ermittelt der Code, ob key eine Zahl oder ein Slice (wie 2:7) ist. Bei einem Slice wäre _results eine Liste, keine Row.

❺ Hier wird der Slice verarbeitet. Da die Zeilen als Tupel zurückgegeben werden, sind die Werte eine unveränderliche Kopie der tatsächlichen Daten. Die Werte des Datasets (die als Listen gespeichert werden) können auf diese Weise nicht versehentlich durch eine Zuweisung beschädigt werden.

❻ Die Methode __setitem__() kann eine einzelne Zeile, aber keine Spalte ändern. Das ist gewollt. Es gibt keine Möglichkeit, den Inhalt einer ganzen Spalte zu ändern, und für die Datenintegrität ist das wohl auch keine schlechte Entscheidung. Der Benutzer kann die Spalte jederzeit transformieren und über die Methoden insert_col(), lpush_col() oder rpush_col() an beliebiger Stelle einfügen.

❼ Die Methode __delitem__() kann entweder eine Spalte oder eine Zeile löschen. Sie nutzt dazu die gleiche Logik wie __getitem__().

Weitere Informationen zur Operatorüberladung und weiteren speziellen Methoden finden Sie in der Python-Dokumentation zu *speziellen Methodennamen (http://bit.ly/special-method-names)*.

Requests

Am Valentinstag 2011 veröffentlichte Kenneth Reitz einen Liebesbrief an die Python-Community: die Requests-Bibliothek. Deren enthusiastischer Empfang ist ein deutliches Plädoyer für intuitives API-Design (d. h., die API ist so geradlinig, dass eine Dokumentation fast nicht benötigt ist).

Eine größere Bibliothek lesen

Requests ist eine größere Bibliothek als Tablib (mit sehr viel mehr Modulen), doch wir wollen sie uns auf die gleiche Weise anschauen. Wir sehen uns also die Dokumentation an und folgen der API durch den Code.

Requests von GitHub herunterladen:

```
$ git clone https://github.com/kennethreitz/requests.git
$ virtualenv -p python3 venv
$ source venv/bin/activate
(venv)$ cd requests
(venv)$ pip install --editable .
(venv)$ pip install -r requirements.txt  # Wird für Unit-Test benötigt.
(venv)$ py.test tests  # Unit-Tests ausführen.
```

Einige Tests können fehlschlagen. Wenn Ihr Serviceprovider beispielsweise 404-Fehler abfängt und irgendeine Werbeseite zurückgibt, tritt ein `ConnectionError` nicht ein.

Die Dokumentation von Requests lesen

Requests ist ein größeres Paket, daher sehen wir uns zuerst einfach die Überschriften der einzelnen Abschnitte in der *Requests-Dokumentation (http://docs.python-requests.org/)* an. Requests erweitert `urrlib` und `httplib` der Python-Standardbibliothek um Methoden für HTTP-Requests. Die Bibliothek unterstützt internationale Domains und URLs, automatische Dekomprimierung, automatische Decodierung des Inhalts, browserartige SSL-Verifikation, Unterstützung für HTTP(S)-Proxies sowie andere Features, die alle durch die *Internet Engineering Task Force*-(IETF-)Standards für HTTP in den entsprechenden RFCs (*Request For Comments*) 7230 bis 7235 definiert sind.[12]

Requests versucht, alle HTTP-Spezifikationen der IETF abzudecken, und verwendet dabei nur eine Handvoll Funktionen, ein paar Schlüsselwörter und einige wenige (leistungsfähige) Klassen.

Requests nutzen

Wie bei Tablib finden Sie auch hier in den Docstrings genug Informationen, um Requests nutzen zu können, ohne die Onlinedokumentation wirklich lesen zu müssen. Hier eine kurze interaktive Session:

```
>>> import requests
>>> help(requests)  # Gibt einen Nutzungshinweis aus und verweist auf `requests.api`.
>>> help(requests.api)  # Gibt eine detaillierte API-Beschreibung aus.
>>>
```

---

[12] Falls Sie das Vokabular auffrischen müssen, finden Sie in RFC 7231 das *HTTP-Semantikdokument (http://bit.ly/http-semantics)*. Wenn Sie sich die Inhaltsangabe ansehen und die Einführung lesen, wissen Sie genug über das Thema, um zu wissen, ob die gewünschte Definition behandelt wird und wo man sie gegebenenfalls findet.

```
>>> result = requests.get('https://pypi.python.org/pypi/requests/json')
>>> result.status_code
200
>>> result.ok
True
>>> result.text[:42]
'{\n    "info": {\n        "maintainer": null'
>>>
>>> result.json().keys()
dict_keys(['info', 'releases', 'urls'])
>>>
>>> result.json()['info']['summary']
'Python HTTP for Humans.'
```

Requests-Code lesen

Hier der Inhalt der Requests-Pakete:

```
$ ls
__init__.py      cacert.pem      ❶   exceptions.py    sessions.py
adapters.py      certs.py            hooks.py         status_codes.py
api.py           compat.py           models.py        structures.py
auth.py          cookies.py          packages/    ❷   utils.py
```

❶ *cacert.pem* ist das Standardzertifikatspaket für die Prüfung von SSL-Zertifikaten.

❷ Requests verwendet eine flache Struktur. Die Ausnahme bildet das *packages*-Verzeichnis, in dem die externen Bibliotheken `chardet` und `urllib3` enthalten sind. Diese Abhängigkeiten werden als `requests.packages.chardet` bzw. `requests.packages.urllib3` importiert, sodass Programmierer immer noch auf `chardet` und `urllib3` aus der Standardbibliothek zugreifen können.

Was genau passiert, können wir anhand der gut gewählten Modulnamen recht leicht erkennen, doch wenn wir etwas mehr Informationen brauchen, sollten wir uns wieder die Modul-Docstrings ansehen, indem wir `head *.py` im obersten Verzeichnis eingeben. Die folgende Liste führt die Modul-Docstrings frei übersetzt auf. (*compat.py* ist hier nicht aufgeführt. Der Name sagt uns, insbesondere da er genau so lautet wie in Reitz' Tablib-Bibliothek, dass hier die Kompatibilität zwischen Python 2 und Python 3 sichergestellt wird.)

api.py
  Implementiert die Requests-API.

hooks.py
  Stellt die Fähigkeiten des Requests-Hook-Systems bereit.

models.py
  Enthält die primären Objekte, auf denen Requests basiert-

sessions.py
  Stellt ein `Session`-Objekt bereit, mit dem Einstellungen über Requests hinweg verwaltet und erhalten werden können (cookies, auth, proxies).

auth.py
: Enthält die Authentifizierungs-Handler für Requests.

status_codes.py
: Eine Lookup-Tabelle, die Statustexte auf Statuscodes abbildet.

cookies.py
: Kompatibilitätscode, der es ermöglicht, `cookielib.CookieJar` mit Requests zu nutzen.

adapters.py
: Enthält die Transportadapter, die Requests nutzt, um Verbindungen zu definieren und zu verwalten.

exceptions.py
: Alle Ausnahmen von Requests.

structures.py
: Datenstrukturen, auf denen Requests basiert.

certs.py
: Gibt das bevorzugte Standard-CA-Zertifikatsbundle zurück, in dem vertrauenswürdige SSL-Zertifikate aufgeführt sind.

utils.py
: Enthält Utility-Funktionen, die in Requests genutzt werden, aber auch bei einem externen Einsatz nützlich sein können.

Erkenntnisse nach dem Lesen aller Header:

- Es gibt ein Hook-System (*hooks.py*), das impliziert, dass der Benutzer die Arbeitsweise von Requests ändern kann. Wir gehen darauf nicht allzu detailliert ein, da es uns zu sehr vom eigentlichen Thema ablenkt.
- Das Hauptmodul ist *models.py*, da es »die Objekte enthält, auf denen Requests basiert«.
- `sessions.Session` existiert, um Cookies über mehrere Requests hinweg zu erhalten (was z.B. während der Authentifizierung der Fall ist).
- Die eigentliche HTTP-Verbindung wird durch Objekte in *adapters.py* hergestellt.
- Der Rest ist irgendwie offensichtlich: *auth.py* dient der Authentifizierung, *status_codes.py* enthält die Statuscodes, *cookies.py* dient der Verwaltung von Cookies, *exceptions.py* kümmert sich um die Ausnahmen, *structures.py* enthält Datenstrukturen (z.B. ein die Groß-/Kleinschreibung ignorierendes Dictionary), und *utils.py* enthält Utility-Funktionen.

Die Idee, die Kommunikation separat in *adapters.py* abzuwickeln, ist innovativ (zumindest für den Autor). Das bedeutet, dass `models.Request`, `models.PreparedRequest` und `models.Response` *nichts machen*, sondern *nur Daten speichern*, auch wenn diese für die Darstellung, das Pickling oder für die Codierung ein wenig aufbereitet werden. Aktionen werden von separaten Klassen ausgeführt, die nur existieren, um eben diese Aktion durchzuführen, etwa die Authentifizierung oder die Kommunikation. Jede Klasse übernimmt nur eine Aufgabe, und jedes Modul enthält Klassen, die ähnliche Dinge tun – ein pythonischer Ansatz, an dem die meisten von uns bereits mit unseren Funktionsdefinitionen festhalten.

> ### Requests' Sphinx-kompatible Docstrings
>
> Wenn Sie ein neues Projekt starten und Sphinx sowie dessen autodoc-Erweiterung nutzen, müssen Sie Ihre Docstrings so formatieren, dass Sphinx sie verarbeiten kann.
>
> In der Sphinx-Dokumentation ist es nicht immer ganz einfach, herauszufinden, welches Schlüsselwort wohin gehört. Viele Leute empfehlen, die Docstrings aus Requests zu kopieren, um das richtige Format einzuhalten, statt die jeweiligen Anweisungen in der Sphinx-Dokumentation zu suchen. Hier zum Beispiel die Definition von delete() in *requests/api.py*:
>
> ```
> def delete(url, **kwargs):
>     """Sends a DELETE request.
>
>     :param url: URL for the new :class:`Request` object.
>     :param \*\*kwargs: Optional arguments that ``request`` takes.
>     :return: :class:`Response <Response>` object
>     :rtype: requests.Response
>     """
>
>     return request('delete', url, **kwargs)
> ```
>
> Das Sphinx-autodoc-Rendering dieser Definition finden Sie in der *Online-API-Dokumentation (http://docs.python-requests.org/en/master/api/#requests.delete)*.

Strukturbeispiele aus Requests

Jeder liebt die Requests-API – sie ist leicht zu verstehen und hilft ihren Nutzern dabei, einfachen und schönen Code zu schreiben. Dieser Abschnitt diskutiert zuerst die Designentscheidungen für verständlichere Fehlermeldungen und eine leicht zu merkende API, die unserer Meinung nach in die Entwicklung des requests.api-Moduls eingeflossen sind. Wir untersuchen dann die Unterschiede zwischen den requests.Request- und urllib.request.Request-Objekten und geben Hinweise, warum es requests.Request gibt.

Top-Level-API (nur ein offensichtlicher Weg, es zu tun)

Die in *api.py* definierten Funktionen sind (mit Ausnahme von request()) nach HTTP-Request-Methoden benannt.[13] Bis auf den Namen und die verwendeten

---

[13] Diese sind in *Abschnitt 4.3 des aktuellen Hypertext-Transfer-Protocol-RFC (http://bit.ly/http-method-def)* definiert.

Parameter sind alle Request-Methoden gleich, weshalb wir diesen Auszug aus *requests/api.py* hinter der get()-Funktion beenden:

```
# -*- coding: utf-8 -*-

"""
requests.api
~~~~~~~~~~~~

This module implements the Requests API.

:copyright: (c) 2012 by Kenneth Reitz.
:license: Apache2, see LICENSE for more details.

"""

from . import sessions

def request(method, url, **kwargs):    ❶
    """Constructs and sends a :class:`Request <Request>`.

    :param method: method for the new :class:`Request` object.
    :param url: URL for the new :class:`Request` object.
    :param params: (optional) Dictionary or bytes to be sent in the query string
                   for the :class:`Request`.

    ... Dokumentation der restlichen Schlüsselwortargumente überspringen ...    ❷

    :return: :class:`Response <Response>` object
    :rtype: requests.Response

    Usage::

      >>> import requests
      >>> req = requests.request('GET', 'http://httpbin.org/get')
      <Response [200]>
    """

    # By using the 'with' statement, we are sure the session is closed, thus we
    # avoid leaving sockets open which can trigger a ResourceWarning in some
    # cases, and look like a memory leak in others.
    with sessions.Session() as session:    ❸
        return session.request(method=method, url=url, **kwargs)


def get(url, params=None, **kwargs):    ❹
    """Sends a GET request.

    :param url: URL for the new :class:`Request` object.
    :param params: (optional) Dictionary or bytes to be sent in the query string
                   for the :class:`Request`.
    :param \*\*kwargs: Optional arguments that ``request`` takes.
    :return: :class:`Response <Response>` object
    :rtype: requests.Response
```

```
    """
    kwargs.setdefault('allow_redirects', True)  ❺
    return request('get', url, params=params, **kwargs)  ❻
```

❶ Die request()-Funktion enthält ein **kwargs in ihrer Signatur. Das bedeutet, dass irrelevante Schlüsselwortargumente nicht zu einer Ausnahme führen und dass Optionen vor dem Benutzer versteckt werden.

❷ Die hier der Kürze halber weggelassene Dokumentation beschreibt jedes Schlüsselwortargument mit der dazugehörigen Aktion. Wenn Sie **kwargs in Ihrer Funktionssignatur verwenden, ist das für den Benutzer die einzige Möglichkeit, herauszufinden, wie der Inhalt von **kwargs aussehen soll, ohne sich den Code selbst ansehen zu müssen.

❸ Mit der with-Anweisung unterstützt Python den Laufzeitkontext. Sie kann mit jedem Objekt genutzt werden, das eine _enter_()- und eine _exit_()-Methode definiert. _enter()_ wird beim Eintritt in die with-Anweisung aufgerufen und _exit_() beim Verlassen (unabhängig davon, ob sie normal beendet wurde oder durch eine Ausnahme).

❹ Die get()-Funktion hebt das Schlüsselwort params=None gezielt hervor, indem es ihm den Standardwert None zuweist. Das Schlüsselwortargument params ist für get von besonderem Interesse, weil es für Elemente des HTTP-Query-Strings genutzt wird. Ausgewählte Schlüsselwortargumente offenzulegen, bietet dem fortgeschritteneren Benutzer Flexibilität (über die restlichen **kwargs) und macht die Nutzung für die übrigen 99 %, die keine fortgeschrittenen Optionen benötigen, offensichtlich.

❺ Standardmäßig erlaubt die request()-Funktion keine Redirects, das heißt, dieser Schritt aktiviert diese Option über den Wert True, falls sie vom Benutzer nicht bereits gesetzt wurde.

❻ Die get()-Funktion ruft dann einfach request() auf und übergibt dabei "get" als ersten Parameter. Aus get eine Funktion zu machen, hat zwei Vorteile gegenüber der Nutzung eines Stringarguments wie request("get", ...). Erstens wird auch ohne Dokumentation offensichtlich, welche HTTP-Methoden innerhalb der API verfügbar sind. Und zweitens wird ein NameError früher ausgelöst, wenn der Benutzer den Methodennamen falsch schreibt. Der dazugehörige Traceback ist dann wahrscheinlich weniger verwirrend, als das bei einer tiefer im Code steckenden Fehlerprüfung der Fall wäre.

Neue Funktionalitäten finden sich in *requests/api.py* nicht. Sie existiert, um dem Benutzer eine einfache API zur Verfügung zu stellen. Und da die Strings für die HTTP-Methoden direkt als Funktionsnamen in der API stehen, werden Schreibfehler in Methodennamen schnell erkannt und abgefangen. Hier ein Beispiel:

```
>>> requests.foo('http://www.python.org')
Traceback (most recent call last):
  File "<stdin>", line 1, in <module>
AttributeError: 'module' object has no attribute 'foo'
```

```
>>>
>>> requests.request('foo', 'http://www.python.org')
<Response [403]>
```

Die Request- und PreparedRequest-Objekte (wir sind alle verantwortungsbewusste Nutzer)

`__init__.py` stellt Request, PreparedRequest und Response aus *models.py* als Teil seiner Haupt-API bereit. Doch warum gibt es models.Request überhaupt? Es gibt bereits ein urllib.requests.Request in der Standardbibliothek, und in *cookies.py* gibt es eigens ein MockRequest-Objekt, das models.Request so verpackt, dass es für http.cookiejar wie urllib.requests.Request funktioniert.[14] Das bedeutet, dass alle Methoden, die vom Request-Objekt benötigt werden, um mit der cookies-Bibliothek zu interagieren, bewusst aus requests.Request herausgelöst wurden. Wozu dieser zusätzliche Aufwand?

Die zusätzlichen Methoden in MockRequest (die urllib.request.Request für die cookie-Bibliothek emulieren) werden von der cookie-Bibliothek zur Verwaltung von Cookies genutzt. Mit Ausnahme der get_type()-Funktion (die bei Requests üblicherweise »http« oder »https« zurückgibt) und der unverifiable-Property (True in unserem Fall) stehen alle im Zusammenhang mit der URL oder den Request-Headern:

Bezug zum Header

add_unredirected_header()
: Fügt ein neues Schlüssel/Wert-Paar in den Header ein.

get_header()
: Ruft einen bestimmten Namen aus dem Header-Dictionary ab.

get_new_headers()
: Ruft das Dictionary mit neuen Headern (die von cookielib hinzugefügt wurden) ab.

has_header()
: Prüft, ob ein Name im Header-Dictionary existiert.

Bezug zur URL

get_full_url()
: Ruft (wie der Name sagt) die vollständige URL ab.

host *und* origin_req_host
: Eigenschaften, die über die Methoden get_host() bzw. get_origin_req_host() gesetzt werden.

---

[14] Das Modul http.cookiejar war früher cookielib in Python 2, und urllib.requests.Request war früher urllib2.Request.

get_host()
: Extrahiert den Host aus der URL (z. B. *www.python.org* aus *https://www.python.org/dev/peps/pep-0008/*).

get_origin_req_host()
: Ruft get_host() auf.[15]

Mit Ausnahme von MockRequest.add_unredirected_header() handelt es sich immer um Zugriffsfunktionen. Der MockRequest-Docstring merkt an, dass das »Original-Request-Objekt nur gelesen werden kann«.

In requests.Request werden Datenattribute stattdessen direkt offengelegt. Das macht alle Zugriffsfunktionen unnötig: Um Header abzurufen oder zu setzen, greifen Sie auf *request-instance*.headers zu. Das ist nur ein Dictionary. In gleicher Weise kann der Benutzer die String-URL abrufen oder ändern: *request-instance*.url.

Das PreparedRequest-Objekt wird leer initialisiert und mit einem Aufruf von *prepared-request-instance*.prepare() mit den relevanten Daten befüllt (üblicherweise aus dem Aufruf des Request-Objekts). An diesem Punkt werden Dinge wie die richtige Groß-/Kleinschreibung und die Codierung angewandt. Sobald der Inhalt des Objekts »präpariert« ist, kann er an den Server gesendet werden, doch jedes Attribut ist immer noch direkt zugänglich. Selbst PreparedRequest._cookies ist zugänglich, obwohl der vorangestellte Unterstrich ein dezenter Hinweis darauf ist, dass das Attribut nicht außerhalb der Klasse genutzt werden soll. Verboten wird der Zugriff aber nicht, schließlich sind wir alle verantwortungsbewusste Nutzer.

Diese Wahl erlaubt die Modifikation der Objekte durch den Benutzer, ist aber deutlich leserlicher, und ein bisschen zusätzliche Arbeit in PreparedRequest korrigiert Probleme mit der Groß-/Kleinschreibung und erlaubt die Nutzung eines Dictionary anstelle von CookieJar (sehen Sie sich die if isinstance()/else-Anweisung an):

```
#
# ... aus models.py ...
#

class PreparedRequest():
    #
    # ... alles andere überspringen ...
    #

    def prepare_cookies(self, cookies):
        """Prepares the given HTTP cookie data.

        This function eventually generates a ``Cookie`` header from the
```

---

[15] Diese Methode ermöglicht die Verarbeitung sogenannter Cross-Origin-Requests (wie z. B. eine Java-Script-Bibliothek, die auf einer anderen Site gehostet wird). Sie soll den ursprünglichen Host des Requests zurückliefern, wie in *IETF RFC 2965 (http://bit.ly/http-state-management)* definiert.

```
    given cookies using cookielib. Due to cookielib's design, the header
    will not be regenerated if it already exists, meaning this function
    can only be called once for the life of the
    :class:`PreparedRequest <PreparedRequest>` object. Any subsequent calls
    to ``prepare_cookies`` will have no actual effect, unless the "Cookie"
    header is removed beforehand."""

    if isinstance(cookies, cookielib.CookieJar):
        self._cookies = cookies
    else:
        self._cookies = cookiejar_from_dict(cookies)

    cookie_header = get_cookie_header(self._cookies, self)
    if cookie_header is not None:
        self.headers['Cookie'] = cookie_header
```

Das klingt vielleicht nicht nach einer großen Sache, doch genau diese kleinen Entscheidungen sorgen für eine intuitive Nutzung der API.

Stilbeispiele aus Requests

Die Stilbeispiele aus Requests zeigen sehr gut den Einsatz von Sets (die unserer Ansicht nach nicht oft genug genutzt werden). Wir werfen außerdem einen Blick auf das requests.status_codes-Modul, dessen Aufgabe es ist, den Stil des restlichen Codes einfacher zu gestalten, indem es fest codierte HTTP-Statuscodes an anderen Stellen vermeidet.

Sets und Set-Arithmetik (ein nettes Python-Idiom)

Bisher haben wir Python-Sets noch nicht in Aktion gezeigt. Sets in Python verhalten sich wie Mengen in der Mathematik – Sie können subtrahieren sowie Vereinigungsmengen (der *oder*-Operator) und Schnittmengen (der *und*-Operator) bilden:

```
>>> s1 = set((7,6))
>>> s2 = set((8,7))
>>> s1
{6, 7}
>>> s2
{8, 7}
>>> s1 - s2   # Subtraktion
{6}
>>> s1 | s2   # Vereinigungsmenge
{8, 6, 7}
>>> s1 & s2   # Schnittmenge
{7}
```

Hier also ein Beispiel (etwas weiter unten in der Funktion aus *cookies.py* mit dem Label ❷):

```
#
# ... aus cookies.py ...
#
```

```python
def create_cookie(name, value, **kwargs):  ❶
    """Make a cookie from underspecified parameters.

    By default, the pair of `name` and `value` will be set for the domain ''
    and sent on every request (this is sometimes called a "supercookie").
    """
    result = dict(
        version=0,
        name=name,
        value=value,
        port=None,
        domain='',
        path='/',
        secure=False,
        expires=None,
        discard=True,
        comment=None,
        comment_url=None,
        rest={'HttpOnly': None},
        rfc2109=False,)

    badargs = set(kwargs) - set(result)  ❷
    if badargs:
        err = 'create_cookie() got unexpected keyword arguments: %s'  ❸
        raise TypeError(err % list(badargs))  ❸

    result.update(kwargs)  ❹
    result['port_specified'] = bool(result['port'])  ❺
    result['domain_specified'] = bool(result['domain'])
    result['domain_initial_dot'] = result['domain'].startswith('.')
    result['path_specified'] = bool(result['path'])

    return cookielib.Cookie(**result)  ❻
```

❶ Die **kwargs-Spezifikation erlaubt es dem Nutzer, beliebige (oder keine) Schlüsselwortoptionen für ein Cookie anzugeben.

❷ Set-Arithmetik! Pythonisch. Einfach. Und in der Standardbibliothek. Bei einem Dictionary bildet set() ein Set aus Schlüsseln.

❸ Ein sehr schönes Beispiel für die Aufteilung einer langen Zeile in zwei kürzere (die hier wesentlich sinnvoller sind). Die zusätzliche err-Variable stört nicht weiter.

❹ result.update(kwargs) aktualisiert das result-Dictionary mit den Schlüssel/Wert-Paaren im kwargs-Dictionary. Existierende Paare werden ersetzt, neue werden hinzugefügt.

❺ Der Aufruf von bool() erzwingt hier den Wert True, wenn das Objekt »wahr« ist (d.h., wenn es zu True evaluiert – in diesem Fall evaluiert bool(result['port']) zu True, wenn es nicht None und kein leerer Container ist).

❻ Die Signatur zur Initialisierung von cookielib.Cookie umfasst 18 positionale sowie ein Schlüsselwortargument (rfc2109 ist standardmäßig mit False voreingestellt). Für uns Durchschnittsmenschen ist es unmöglich, sich zu merken, an welcher Position welcher Wert steht. Requests nutzt daher die Möglichkeit, positionale Argumente über den Namen als Schlüsselwortargumente zuzuweisen und das gesamte Dictionary zu übergeben.

Statuscodes (Lesbarkeit zählt)

Das gesamte Modul *status_codes.py* existiert nur, um ein Objekt zu erzeugen, das Statuscodes über ein Attribut nachschlägt. Wir zeigen zuerst die Definition des Lookup-Dictionary *status_codes.py* und zeigen dann ein Codefragment, das es in *sessions.py* nutzt:

```
#
#  ... aus requests/status_codes.py ...
#

_codes = {

    # Informational.
    100: ('continue',),
    101: ('switching_protocols',),
    102: ('processing',),
    103: ('checkpoint',),
    122: ('uri_too_long', 'request_uri_too_long'),
    200: ('ok', 'okay', 'all_ok', 'all_okay', 'all_good', '\\o/', '✓'),   ❶
    201: ('created',),
    202: ('accepted',),
    #
    #  ... überspringen ...
    #

    # Redirection.
    300: ('multiple_choices',),
    301: ('moved_permanently', 'moved', '\\o-'),
    302: ('found',),
    303: ('see_other', 'other'),
    304: ('not_modified',),
    305: ('use_proxy',),
    306: ('switch_proxy',),
    307: ('temporary_redirect', 'temporary_moved', 'temporary'),
    308: ('permanent_redirect',
          'resume_incomplete', 'resume',), # These 2 to be removed in 3.0  ❷

    #
    #  ... Rest überspringen ...
    #
}

codes = LookupDict(name='status_codes')   ❸
```

```
        for code, titles in _codes.items():
            for title in titles:
                setattr(codes, title, code)  ❹
                if not title.startswith('\\'):
                    setattr(codes, title.upper(), code)  ❺
```

❶ All diese Optionen für einen OK-Status werden zu Schlüsseln im Lookup-Dictionary mit Ausnahme der »glücklichen Person« (\\o/) und des Häkchens (✓).

❷ Die veralteten Werte stehen in einer separaten Zeile, damit die zukünftige Löschung in der Versionskontrolle klar und offensichtlich wird.

❸ `LookupDict` erlaubt den Punktzugriff auf seine Elemente, wie in der nächsten Zeile zu sehen.

❹ `codes.ok == 200` und `codes.okay == 200`.

❺ Und auch `codes.OK == 200` und `codes.OKAY == 200`.

Der ganze Aufwand mit den Statuscodes mündet also im Aufbau des Lookup-Dictionary codes. Warum? Anstelle von sehr fehlerträchtigen, fest codierten Integerwerten im gesamten Code ist dies sehr einfach zu lesen, und alle Codes liegen in einer einzigen Datei vor. Da alles mit einem Dictionary beginnt, bei dem die Statuscodes den Schlüssel bilden, kommt jeder Statuscode nur einmal vor. Die Möglichkeit von (Schreib-)Fehlern ist wesentlich geringer als bei einer Reihe globaler Variablen, die einfach von Hand in den Namensraum eingebunden werden.

Und die Konvertierung der Schlüssel in Attribute (statt deren Verwendung als Strings in einem Dictionary) reduziert das Risiko von Fehlern weiter. Hier ein Beispiel aus *sessions.py*, das mit Wörtern wesentlich einfacher zu lesen ist als mit Zahlen:

```
#
# ... aus sessions.py ...
#     Nur relevante Teile abgedruckt.
#
from .status_codes import codes  ❶


class SessionRedirectMixin(object):  ❷
    def resolve_redirects(self, resp, req, stream=False, timeout=None,
                          verify=True, cert=None, proxies=None,
                          **adapter_kwargs):
        """Receives a Response. Returns a generator of Responses."""

        i = 0
        hist = [] # keep track of history

        while resp.is_redirect:  ❸
            prepared_request = req.copy()

            if i > 0:
```

```
            # Update history and keep track of redirects.
            hist.append(resp)
            new_hist = list(hist)
            resp.history = new_hist

        try:
            resp.content  # Consume socket so it can be released
        except (ChunkedEncodingError, ContentDecodingError, RuntimeError):
            resp.raw.read(decode_content=False)

        if i >= self.max_redirects:
            raise TooManyRedirects(
                    'Exceeded %s redirects.' % self.max_redirects
            )

        # Verbindung in den Pool zurückgeben.
        resp.close()

        #
        # ... Inhalt überspringen ...
        #

        # http://tools.ietf.org/html/rfc7231#section-6.4.4
        if (resp.status_code == codes.see_other and   ❹
                method != 'HEAD'):
            method = 'GET'

        # Trotz Standards tun, was Browser so machen.
        # Zuerst 302s in GETs umwandeln.
        if resp.status_code == codes.found and method != 'HEAD':   ❺
            method = 'GET'

        # POST mit 301 in ein GET umwandeln
        # In Issue 1704 ist dieses bizarre Verhalten erklärt.
        if resp.status_code == codes.moved and method == 'POST':   ❺
            method = 'GET'

        #
        # ... etc. ...
        #
```

❶ Hier werden die Statuscode-Lookup-codes importiert.

❷ Wir gehen später in »Mixins (ebenfalls eine verdammt großartige Idee)« auf Seite 161 auf Mixin-Klassen ein. Dieses Mixin stellt Redirect-Methoden für die Session-Klasse bereit. Sie sind in der gleichen Datei definiert, in unserem Ausschnitt aber nicht zu sehen.

❸ Wir treten in eine Schleife ein, die für uns den Redirects folgt, um an den von uns gewünschten Inhalt zu gelangen. Die gesamte Logik der Schleife ist in diesem Ausschnitt der Kürze halber weggelassen worden.

❹ Statuscodes als Text sind wesentlich leserlicher als Integerwerte, die man sich kaum merken kann: `codes.see_other` wäre hier sonst 303.

❺ Und `codes.found` wäre 302 und `codes.moved` 301. Der Code ist also selbstdokumentierend. Wir erkennen die Bedeutung aus dem Variablennamen, und wir vermeiden Schreibfehler, indem wir die Punktnotation anstelle eines Dictionary-Lookups verwenden (z.B. `codes.found` statt `codes["found"]`).

Werkzeug

Um Werkzeug lesen zu können, müssen wir wissen, wie Webserver mit Anwendungen kommunizieren. Die nächsten Absätze versuchen, einen möglichst kurzen Überblick zu geben.

Pythons Schnittstelle für die Interaktion zwischen Webanwendung und Server, WSGI, ist in PEP 333 definiert, das 2003 von Phillip J. Eby geschrieben wurde.[16] Sie legt fest, wie ein Webserver (etwa Apache) mit einer Python-Anwendung oder einem Python-Framework kommuniziert:

1. Der Server ruft die Anwendung für jeden empfangenen HTTP-Request (z.B. »GET« oder »POST«) einmal auf.
2. Diese Anwendung liefert dann eine Reihe von Bytestrings zurück, die der Server nutzt, um den HTTP-Request zu beantworten.
3. Die Spezifikation besagt auch, dass der Anwendung zwei Parameter übergeben werden – zum Beispiel *webapp*(`environ, start_response`). Der Parameter `environ` enthält alle mit dem Request verknüpften Daten, und `start_response` ist eine Funktion oder ein anderes aufrufbares Objekt, das Header- (z.B. (`'Content-type', 'text/plain'`)) und Statusinformationen (z.B. `200 OK`) an den Server zurückgibt.

Diese kurze Zusammenfassung überspringt etwa ein halbes Dutzend Seiten mit zusätzlichen Details. In der Mitte von PEP 333 findet sich das folgende (frei übersetzte) Statement über den neuen Standard, der modulare Web-Frameworks möglich macht:

> Wenn Middleware sowohl einfach als auch robust sein kann und WSGI in Servern und Frameworks weit verbreitet ist, erlaubt das die Möglichkeit einer völlig neuen Art von Python Webapplikations-Framework: eines, das aus lose gekoppelten WSGI-Middleware-Komponenten besteht. Tatsächlich könnten sich Autoren existierender Frameworks entscheiden, die Services ihrer Frameworks einem Refactoring zu unterziehen und sie so eher zu Bi-

---

16 Seitdem wurde PEP 333 durch eine Spezifikation ersetzt, die um einige Python 3-spezifische Details ergänzt wurde: *PEP 3333* (*https://www.python.org/dev/peps/pep-3333/*). Eine leicht verdauliche, aber sehr sorgfältige Einführung bietet Ian Bickings *WSGI-Tutorial* (*http://pythonpaste.org/do-it-yourself-framework.html*).

bliotheken zu machen, die mit WSGI genutzt werden, und weniger als monolithische Frameworks. Das würde es den Anwendungsentwicklern erlauben, die für eine bestimmte Funktionalität am besten geeigneten Komponenten zu verwenden, statt sich mit den Vor- und Nachteilen eines einzelnen Frameworks abfinden zu müssen.

Während dies geschrieben wird, liegt dieser Tag sicher noch in weiter Ferne. In der Zwischenzeit besteht ein ausreichend kurzfristiges Ziel für WSGI darin, die Verwendung jedes Frameworks mit jedem Server zu ermöglichen.

Gut vier Jahre später, im Jahre 2007, wurde Werkzeug von Armin Ronacher veröffentlicht, um die Lücke einer WSGI-Bibliothek zu schließen, mit deren Hilfe man WSGI-Anwendungen und Middleware-Komponenten entwickeln kann.

Werkzeug ist das größte von uns betrachtete Paket, und deshalb können wir nur auf einige wenige Designentscheidungen eingehen.

Code in einem Toolkit lesen

Ein Software-Toolkit ist eine Sammlung kompatibler Utilities. Im Fall von Werkzeug haben sie alle etwas mit WSGI-Anwendungen zu tun. Eine gute Möglichkeit, die verschiedenen Utilities und deren Zweck zu verstehen, sind die Unit-Tests. Und genau so wollen wir uns Werkzeugs Code ansehen.

So laden Sie Werkzeug von GitHub herunter:

```
$ git clone https://github.com/pallets/werkzeug.git
$ virtualenv -p python3 venv
$ source venv/bin/activate
(venv)$ cd werkzeug
(venv)$ pip install --editable .
(venv)$ py.test tests   # Unit-Tests ausführen
```

Die Werkzeug-Dokumentation lesen

Werkzeugs Dokumentation (http://werkzeug.pocoo.org/) führt die wesentlichen Dinge auf, die es zur Verfügung stellt: eine Implementierung der WSGI-1.0-Spezifikation (*PEP 333 (https://www.python.org/dev/peps/pep-0333/)*), ein URL-Routing-System, die Fähigkeit zum Parsing und Dumping von HTTP-Headern, HTTP-Requests und HTTP-Responses repräsentierende Objekte, Session- und Cookie-Unterstützung, Datei-Uploads sowie weitere Utilities und Community-Add-ons. Zudem gibt es einen vollständigen Debugger.

Die Tutorials sind gut, doch wir nutzen stattdessen die API-Dokumentation, um mehr von den Bibliothekskomponenten zu sehen. Der nächste Abschnitt nutzt Werkzeugs *Wrappers- (http://werkzeug.pocoo.org/docs/0.11/wrappers/)* und *Routing-Dokumentation (http://werkzeug.pocoo.org/docs/0.11/routing/)*.

Werkzeug nutzen

Werkzeug stellt Utilities für WSGI-Anwendungen bereit. Um also zu lernen, was Werkzeug zu bieten hat, können wir mit einer WSGI-Anwendung beginnen und dann einige von Werkzeugs Utilities nutzen. Diese erste Anwendung ist eine leicht veränderte Version dessen, was in PEP 333 steht, nutzt Werkzeug aber noch nicht. Die zweite Variante macht das Gleiche wie die erste, verwendet aber Werkzeug:

```
def wsgi_app(environ, start_response):
    headers = [('Content-type', 'text/plain'), ('charset', 'utf-8')]
    start_response('200 OK', headers)
    yield 'Hello world.'

# Diese App macht das Gleiche wie die obige:
response_app = werkzeug.Response('Hello world!')
```

Werkzeug implementiert eine werkzeug.Client-Klasse, die bei einfachen Tests wie diesem als Webserver fungiert. Die Client-Response hat den Typ des response_wrapper-Arguments. In unserem Beispiel erzeugen wir Clients und nutzen diese, um die WSGI-Anwendungen aufzurufen, die wir vorher entwickelt haben. Zuerst die reine WSGI-App (bei der wir die Response aber durch werkzeug.Response parsen):

```
>>> import werkzeug
>>> client = werkzeug.Client(wsgi_app, response_wrapper=werkzeug.Response)
>>> resp=client.get("?answer=42")
>>> type(resp)
<class 'werkzeug.wrappers.Response'>
>>> resp.status
'200 OK'
>>> resp.content_type
'text/plain'
>>> print(resp.data.decode())
Hello world.
```

Als Nächstes nutzen wir die werkzeug.Response-WSGI-App:

```
>>> client = werkzeug.Client(response_app, response_wrapper=werkzeug.Response)
>>> resp=client.get("?answer=42")
>>> print(resp.data.decode())
Hello world!
```

Die Klasse werkzeug.Request stellt den Inhalt des Umgebungs-Dictionary (das environ-Argument an die obige wsgi_app()) in einer etwas einfacher zu nutzenden Form zur Verfügung. Sie bietet außerdem einen Dekorator, um eine Funktion zu konvertieren, die einen werkzeug.Request nimmt und eine werkzeug.Response an eine WSGI-App zurückgibt:

```
>>> @werkzeug.Request.application
... def wsgi_app_using_request(request):
...     msg = "A WSGI app with:\n   method: {}\n   path: {}\n   query: {}\n"
...     return werkzeug.Response(
...         msg.format(request.method, request.path, request.query_string))
...
```

Wenn man es nutzt, liefert es Folgendes :

```
>>> client = werkzeug.Client(
...     wsgi_app_using_request, response_wrapper=werkzeug.Response)
>>> resp=client.get("?answer=42")
>>> print(resp.data.decode())
A WSGI app with:
  method: GET
  path: /
  query: b'answer=42'
```

Wir wissen nun also, wie man die werkzeug.Request- und werkzeug.Response-Objekte einsetzt. Die andere Sache, die in der Dokumentation hervorgehoben wurde, war das Routing. Hier ein Beispiel, das es nutzt – die Nummern identifizieren sowohl das Muster als auch das Matching:

```
>>> import werkzeug
>>> from werkzeug.routing import Map, Rule
>>>
>>> url_map = Map([            ❶
...     Rule('/', endpoint='index'),    ❷
...     Rule('/<any("Robin","Galahad","Arthur"):person>', endpoint='ask'),  ❸
...     Rule('/<other>', endpoint='other')   ❹
... ])

>>> env = werkzeug.create_environ(path='/shouldnt/match')  ❺
>>> urls = url_map.bind_to_environ(env)
>>> urls.match()
Traceback (most recent call last):
  File "<stdin>", line 1, in <module>
  File "[...path...]/werkzeug/werkzeug/routing.py", line 1569, in match
    raise NotFound()
werkzeug.exceptions.NotFound: 404: Not Found
```

❶ werkzeug.Routing.Map stellt die Haupt-Routing-Funktionen bereit. Das Matching der Regeln erfolgt in der angegebenen Reihenfolge. Die erste passende Regel wird gewählt.

❷ Liegen keine Terme in geschweiften Klammern im Platzhalterstring der Regel vor, werden nur exakte Treffer erkannt, und das zweite Ergebnis von urls.match() ist ein leeres Dictionary:

```
>>> env = werkzeug.create_environ(path='/')
>>> urls = url_map.bind_to_environ(env)
>>> urls.match()
('index', {})
```

❸ Andernfalls ist der zweite Eintrag ein Dictionary-Mapping der benannten Regel-Terme auf deren Wert, das heißt, 'person' wird beispielsweise auf den Wert 'Galahad' abgebildet:

```
>>> env = werkzeug.create_environ(path='/Galahad?favorite+color')
>>> urls = url_map.bind_to_environ(env)
>>> urls.match()
('ask', {'person': 'Galahad'})
```

❹ Beachten Sie, dass für 'Galahad' auch die Route 'other' möglich gewesen wäre, aber nicht gewählt wurde – für 'Lancelot' hingegen schon, da das erste passende Muster gewählt wird:

```
>>> env = werkzeug.create_environ(path='/Lancelot')
>>> urls = url_map.bind_to_environ(env)
>>> urls.match()
('other', {'other': 'Lancelot'})
```

❺ Und eine Ausnahme wird ausgelöst, wenn es für keine Regel in der Liste einen Treffer gibt:

```
>>> env = werkzeug.test.create_environ(path='/shouldnt/match')
>>> urls = url_map.bind_to_environ(env)
>>> urls.match()
Traceback (most recent call last):
File "<stdin>", line 1, in <module>
File "[...path...]/werkzeug/werkzeug/routing.py", line 1569, in match
    raise NotFound()
werkzeug.exceptions.NotFound: 404: Not Found
```

Sie nutzen die Map, um einen Request an den passenden Endpunkt weiterzuleiten. Der folgende Code baut auf dem obigen Beispiel auf, um genau das zu tun:

```
@werkzeug.Request.application
def send_to_endpoint(request):
    urls = url_map.bind_to_environ(request)
    try:
        endpoint, kwargs = urls.match()
        if endpoint == 'index':
            response = werkzeug.Response("You got the index.")
        elif endpoint == 'ask':
            questions = dict(
                Galahad='What is your favorite color?',
                Robin='What is the capital of Assyria?',
                Arthur='What is the air-speed velocity of an unladen swallow?')
            response = werkzeug.Response(questions[kwargs['person']])
        else:
            response = werkzeug.Response("Other: {other}".format(**kwargs))
    except (KeyboardInterrupt, SystemExit):
        raise
    except:
        response = werkzeug.Response(
            'You may not have gone where you intended to go,\n'
            'but I think you have ended up where you needed to be.',
            status=404
        )
    return response
```

Zum Testen nutzen wir erneut den `werkzeug.Client`:

```
>>> client = werkzeug.Client(send_to_endpoint, response_wrapper=werkzeug.Response)
>>> print(client.get("/").data.decode())
You got the index.
>>>
```

```
>>> print(client.get("Arthur").data.decode())
What is the air-speed velocity of an unladen swallow?
>>>
>>> print(client.get("42").data.decode())
Other: 42
>>>
>>> print(client.get("time/lunchtime").data.decode())   # no match
You may not have gone where you intended to go,
but I think you have ended up where you needed to be.
```

Werkzeugs Code lesen

Wenn die Testabdeckung gut ist, können Sie lernen, was eine Bibliothek macht, indem Sie sich die Unit-Tests ansehen. Der Haken dabei ist, dass man mit Unit-Tests »auf die Bäume schaut und nicht auf den Wald«. Man sieht eher merkwürdige Einsatzszenarien, die sicherstellen sollen, dass der Code hält, und schaut nicht so sehr auf die Verbindungen zwischen den Modulen. Für ein Toolkit wie Werkzeug ist das okay, weil wir modulare, lose gekoppelte Komponenten erwarten.

Da wir uns selbst damit vertraut gemacht haben, wie das Routing und die Request- bzw. Response-Wrapper funktionieren, sind *werkzeug/test_routing.py* und *werkzeug/test_wrappers.py* eine gute Wahl für den Einstieg.

Wenn wir *werkzeug/test_routing.py* zum ersten Mal öffnen, können wir Verbindungen zwischen den Modulen schnell erkennen, indem wir die gesamte Datei nach importierten Modulen absuchen. Hier alle `import`-Anweisungen:

```
import pytest     ❶

import uuid       ❷

from tests import strict_eq     ❸

from werkzeug import routing as r     ❹
from werkzeug.wrappers import Response     ❺
from werkzeug.datastructures import ImmutableDict, MultiDict     ❻
from werkzeug.test import create_environ     ❼
```

❶ Natürlich wird hier pytest zum Testen genutzt.

❷ Das uuid-Modul wird nur in der Funktion `test_uuid_converter()` verwendet, um sicherzustellen, dass die Umwandlung eines Strings in ein `uuid.UUID`-Objekt (der *Universal Unique Identifier*-String, der Objekte im Internet eindeutig identifiziert) funktioniert.

❸ Die Funktion `strict_eq()` wird oft genutzt und ist in *werkzeug/tests/__init__.py* definiert. Sie dient Testzwecken und ist nur notwendig, weil Python 2 eine implizite Konvertierung zwischen Unicode und Bytestrings vornimmt, was bei Python 3 aber zu Problemen führt.

❹ `werkzeug.routing` ist das zu testende Modul.

❺ Das Reponse-Objekt wird nur in der Funktion test_dispatch() genutzt, um zu prüfen, ob werkzeug.routing.MapAdapter.dispatch() die richtigen Informationen an die WSGI-Anwendung weiterreicht.

❻ Diese Dictionary-Objekte werden ebenfalls nur einmal benutzt: ImmutableDict, um sicherzustellen, dass ein unveränderliches Dictionary in werkzeug.routing.Map auch wirklich unveränderlich ist, und MultiDict, um mehrere Schlüssel/Wert-Paare an den URL-Builder zu übergeben und sicherzustellen, dass er immer noch korrekte URLs erzeugt.

❼ Die Funktion create_environ() dient Testzwecken. Sie erzeugt eine WSGI-Umgebung ohne einen echten HTTP-Request.

Der Zweck dieser Suche bestand darin, schnell die Verbindungen zwischen den Modulen zu ermitteln. Wir haben aber herausgefunden, dass werkzeug.routing nur einige spezielle Datenstrukturen importiert und mehr nicht. Die restlichen Unit-Tests zeigen den Leistungsumfang des Routing-Moduls. Beispielsweise können Nicht-ASCII-Zeichen verwendet werden:

```
def test_environ_nonascii_pathinfo():
    environ = create_environ(u'/лошадь')
    m = r.Map([
        r.Rule(u'/', endpoint='index'),
        r.Rule(u'/лошадь', endpoint='horse')
    ])
    a = m.bind_to_environ(environ)
    strict_eq(a.match(u'/'), ('index', {}))
    strict_eq(a.match(u'/лошадь'), ('horse', {}))
    pytest.raises(r.NotFound, a.match, u'/барсук')
```

Es gibt Tests zum Aufbau und Parsing von URLs und sogar Utilities, die den jeweils ähnlichsten Treffer liefern, wenn es keinen Treffer gibt. Sie können auch alle Arten von Vorverarbeitung durchführen, wenn Sie die Typkonvertierung/das Parsing des Pfads und des URL-Strings vornehmen:

```
def test_converter_with_tuples():
    '''
    Regression test for https://github.com/pallets/werkzeug/issues/709
    '''
    class TwoValueConverter(r.BaseConverter):

        def __init__(self, *args, **kwargs):
            super(TwoValueConverter, self).__init__(*args, **kwargs)
            self.regex = r'(\w\w+)/(\w\w+)'

        def to_python(self, two_values):
            one, two = two_values.split('/')
            return one, two

        def to_url(self, values):
            return "%s/%s" % (values[0], values[1])
    map = r.Map([
```

```
        r.Rule('/<two:foo>/', endpoint='handler')
    ], converters={'two': TwoValueConverter})
    a = map.bind('example.org', '/')
    route, kwargs = a.match('/qwert/yuiop/')
    assert kwargs['foo'] == ('qwert', 'yuiop')
```

Auch *werkzeug/test_wrappers.py* importiert nicht viel. Arbeitet man sich durch den Code, erkennt man den Umfang der verfügbaren Funktionalität des Request-Objekts: Cookies, Codierung, Authentifizierung, Sicherheit, Cache-Timeouts und sogar mehrsprachige Codierung:

```
def test_modified_url_encoding():
    class ModifiedRequest(wrappers.Request):
        url_charset = 'euc-kr'

    req = ModifiedRequest.from_values(u'/?foo= 정상처리 '.encode('euc-kr'))
    strict_eq(req.args['foo'], u' 정상처리 ')
```

Generell ist das Lesen der Tests eine Möglichkeit, sich die Details dessen anzusehen, was die Bibliothek bietet. Sobald wir eine Vorstellung davon haben, was Werkzeug genau ist, können wir fortfahren.

Tox in Werkzeug

Tox (https://tox.readthedocs.io) ist ein Python-Kommandozeilentool, das virtuelle Umgebungen nutzt, um Tests auszuführen. Sie können es auf Ihrem eigenen Computer ausführen (tox in der Kommandozeile), solange die von Ihnen genutzten Python-Interpreter bereits installiert sind. Es integriert GitHub, das heißt, wenn Sie eine *tox.ini* auf der obersten Ebene Ihres Repository anlegen (wie Werkzeug das macht), werden die Tests automatisch bei jedem Commit ausgeführt.

Hier ist Werkzeugs gesamte *tox.ini*-Konfigurationsdatei:

```
[tox]
envlist = py{26,27,py,33,34,35}-normal, py{26,27,33,34,35}-uwsgi

[testenv]
passenv = LANG
deps=
# General
    pyopenssl
    greenlet
    pytest
    pytest-xprocess
    redis
    requests
    watchdog
    uwsgi: uwsgi

# Python 2
    py26: python-memcached
    py27: python-memcached
    pypy: python-memcached
```

```
    # Python 3
        py33: python3-memcached
        py34: python3-memcached
        py35: python3-memcached

    whitelist_externals=
        redis-server
        memcached
        uwsgi

    commands=
        normal: py.test []
        uwsgi: uwsgi
            --pyrun {envbindir}/py.test
            --pyargv -kUWSGI --cache2=name=werkzeugtest,items=20 --master
```

Stilbeispiele aus Werkzeug

Ein Großteil der Punkte, die wir in Kapitel 4 in Sachen Stil angesprochen haben, wurde bereits gezeigt. Das erste von uns gewählte Stilbeispiel zeigt eine elegante Möglichkeit, Typen aus Strings zu ermitteln, und das zweite wirbt für die Verwendung der VERBOSE-Option bei der Definition langer regulärer Ausdrücke, sodass man weiß, was ein Ausdruck macht, ohne sich erst lange einarbeiten zu müssen.

Eine elegante Möglichkeit, den Typ zu ermitteln (wenn die Implementierung einfach zu erklären ist, ist sie eine gute Idee)

Wenn es Ihnen wie den meisten von uns geht, müssen Sie Textdateien verarbeiten und deren Inhalt in verschiedene Typen umwandeln. Und weil diese Lösung besonders pythonisch ist, wollen wir sie hier vorstellen:

```
_PYTHON_CONSTANTS = {
    'None':    None,
    'True':    True,
    'False':   False
}

def _pythonize(value):
    if value in _PYTHON_CONSTANTS:   ❶
        return _PYTHON_CONSTANTS[value]
    for convert in int, float:   ❷
        try:   ❸
            return convert(value)
        except ValueError:
            pass
    if value[:1] == value[-1:] and value[0] in '"\'':   ❹
        value = value[1:-1]
    return text_type(value)   ❺
```

❶ Das Lookup von Schlüsseln bei Python-Dictionaries nutzt (genau wie das Set-Lookup) das Hash-Mapping. Python besitzt keine `switch/case`-Anweisung. (Sie wurde in *PEP 3103 (https://www.python.org/dev/peps/pep-3103/)* vorgeschlagen und wegen mangelnder Popularität abgelehnt.) Python-Nutzer arbeiten stattdessen mit `if/elif/else` oder wie hier mit der sehr pythonischen Option eines Dictionary-Lookups.

❷ Beachten Sie, dass der erste Konvertierungsversuch den restriktiveren Typ (`int`) verwendet, bevor eine Konvertierung in `float` versucht wird.

❸ Es ist ebenfalls sehr pythonisch, `try/except`-Anweisungen zu nutzen, um einen Typ zu ermitteln.

❹ Dieser Teil ist nötig, weil der Code in *werkzeug/routing.py* enthalten und der zu verarbeitende String Teil einer URL ist. Er prüft auf Quoting-Zeichen und entfernt diese aus dem Wert.

❺ `text_type` wandelt Strings in Unicode um und ist sowohl mit Python 2 als auch Python 3 kompatibel. Sie entspricht im Wesentlichen der Funktion u(), die wir bereits in »HowDoI« auf Seite 101 erwähnt haben.

Reguläre Ausdrücke (Lesbarkeit zählt)

Wenn Sie sehr lange reguläre Ausdrücke in Ihrem Code verwenden, sollten Sie die Option `re.VERBOSE`[17] nutzen und sie für uns Normalsterbliche ausführlich erläutern – so wie der folgende Ausschnitt aus *werkzeug/routing.py*:

```
import re

_rule_re = re.compile(r'''
    (?P<static>[^<]*)                         # Daten mit statischen Regeln
    <
    (?:
        (?P<converter>[a-zA-Z_][a-zA-Z0-9_]*)  # Name des Konverters
        (?:\((?P<args>.*?)\))?                 # Argumente des Konverters
        \:                                     # Trennzeichen für Variablen
    )?
    (?P<variable>[a-zA-Z_][a-zA-Z0-9_]*)       # Name der Variablen
    >
''', re.VERBOSE)
```

Strukturbeispiele aus Werkzeug

Die ersten beiden Strukturbeispiele demonstrieren pythonische Wege zum wirksamen Einsatz der dynamischen Typisierung. Wir haben in »Dynamische Typisierung« auf Seite 74 davor gewarnt, Variablen unterschiedliche Typen zuzuweisen, aber nicht gesagt, warum. Ein Vorteil ist die Möglichkeit, jede Art von Objekt nut-

---

17 `re.VERBOSE` erlaubt Ihnen, besser lesbare reguläre Ausdrücke zu schreiben. Dazu wird die Behandlung von Whitespace geändert, und auch Kommentare sind möglich. Mehr erfahren Sie in der re *Dokumentation (https://docs.python.org/3/library/re.html)*.

zen zu können, das sich in der erwarteten Weise verhält – das sogenannte *Duck Typing*. Duck Typing behandelt Typen nach der Philosopie: »Wenn es wie eine Ente aussieht[18] und wie eine Ente quakt, dann ist es eine Ente.«

Beide Beispiele spielen auf unterschiedliche Art damit, wie Objekte aufgerufen werden können, ohne Funktionen zu sein: Mit cached_property.__init__() kann die Initialisierung einer Klasseninstanz wie eine gewöhnliche Funktion aufgerufen werden, und Response.__call__() erlaubt es, eine Response-Instanz auf sich selbst wie eine Funktion aufzurufen.

Der letzte Auszug verwendet Werkzeugs Implementierung einiger Mixin-Klassen (die jeweils einen Teil der Funktionalität in Werkzeugs Request-Objekt definieren), um zu zeigen, warum sie eine so großartige Idee sind.

Klassenbasierte Dekoratoren (eine pythonische Nutzung der dynamischen Typisierung)

Werkzeug nutzt das Duck Typing für den @cached_property-Dekorator. Als wir im Tablib-Projekt über property sprachen, taten wir so, als *wäre* es eine Funktion. Üblicherweise *sind* Dekoratoren Funktionen, doch weil kein Typ erzwungen wird, kann jedes aufrufbare Objekt (»Callable«) ein Dekorator sein: property ist tatsächlich eine Klasse. (Die Absicht, sie als Funktion zu verwenden, erkennen Sie daran, dass sie nicht großgeschrieben wird, wie es laut PEP 8 bei Klassennamen der Fall sein sollte.) Schreibt man sie wie einen Funktionsaufruf (property()), wird property.__init__() aufgerufen, um eine property-Instanz zu initialisieren und zurückzugeben – eine Klasse mit einer entsprechend definierten __init__()-Methode fungiert also als Callable. Quak

Nachfolgend sehen Sie die gesamte Definition von cached_property, einer Subklasse von property. Die Dokumentation in cached_property spricht für sich. Wird sie in dem Code, den wir gerade gesehen haben, zur Dekoration von BaseRequest.form verwendet, ist *instanz*.form vom Typ cached_property und verhält sich (soweit es den Nutzer betrifft) wie ein Dictionary, weil sowohl __get__() als auch __set__() definiert sind. Beim ersten Zugriff auf BaseRequest.form werden die Formulardaten (wenn es sie gibt) einmal eingelesen und die Daten dann in *instanz*.form.__dict__ für eine zukünftige Nutzung gespeichert:

```
class cached_property(property):

    """A decorator that converts a function into a lazy property. The
    function wrapped is called the first time to retrieve the result,
    and then that calculated result is used the next time you access
    the value::

        class Foo(object):
```

---

18 Das heißt, wenn es aufrufbar oder iterierbar ist oder wenn die richtige Methode definiert ist ...

```
    @cached_property
    def foo(self):
        # calculate something important here
        return 42

The class has to have a `__dict__` in order for this property to
work.
"""

# implementation detail: A subclass of Python's built-in property
# decorator, we override __get__ to check for a cached value. If one
# choses to invoke __get__ by hand, the property will still work as
# expected because the lookup logic is replicated in __get__ for
# manual invocation.

def __init__(self, func, name=None, doc=None):
    self.__name__ = name or func.__name__
    self.__module__ = func.__module__
    self.__doc__ = doc or func.__doc__
    self.func = func

def __set__(self, obj, value):
    obj.__dict__[self.__name__] = value

def __get__(self, obj, type=None):
    if obj is None:
        return self
    value = obj.__dict__.get(self.__name__, _missing)
    if value is _missing:
        value = self.func(obj)
        obj.__dict__[self.__name__] = value
    return value
```

Hier sehen Sie den Dekorator in Aktion:

```
>>> from werkzeug.utils import cached_property
>>>
>>> class Foo(object):
...     @cached_property
...     def foo(self):
...         print("You have just called Foo.foo()!")
...         return 42
...
>>> bar = Foo()
>>>
>>> bar.foo
You have just called Foo.foo()!
42
>>> bar.foo
42
>>> bar.foo  # Beachten Sie die fehlende print-Ausgabe ...
42
```

Response.__call__

Die Klasse Response erweitert BaseResponse um einige Features (genau wie Request). Wir wollen nur auf die Benutzerschnittstelle eingehen und drucken hier darum nicht den Code selbst ab, sondern nur den Docstring für BaseResponse, um die Details der Nutzung zu zeigen:

```
class BaseResponse(object):

    """Base response class.  The most important fact about a response object
    is that it's a regular WSGI application.  It's initialized with a couple
    of response parameters (headers, body, status code, etc.) and will start a
    valid WSGI response when called with the environ and start response
    callable.

    Because it's a WSGI application itself, processing usually ends before the
    actual response is sent to the server.  This helps debugging systems
    because they can catch all the exceptions before responses are started.

    Here is a small example WSGI application that takes advantage of the
    response objects::

        from werkzeug.wrappers import BaseResponse as Response

        def index():  ❶
            return Response('Index page')

        def application(environ, start_response):  ❷
            path = environ.get('PATH_INFO') or '/'
            if path == '/':
                response = index()  ❸
            else:
                response = Response('Not Found', status=404)  ❹
            return response(environ, start_response)  ❺
    """
    # ... etc. ...
```

❶ Im Beispiel aus dem Docstring ist index() die Funktion, die als Reaktion auf den HTTP-Request aufgerufen wird. Die Response besteht aus dem String 'Index page'.

❷ Das ist die für eine WSGI-Anwendung benötigte Signatur, wie in PEP 333/ PEP 3333 spezifiziert.

❸ Response nutzt BaseResponse als Subklasse, das heißt, response ist eine Instanz von BaseResponse.

❹ Beachten Sie, wie die 404-Response das Setzen des status-Schlüsselworts verlangt.

❺ Und schon ist die response-Instanz selbst aufrufbar, und die zugehörigen Header und Details sind mit vernünftigen Standardwerten besetzt (oder überschrieben, wenn der Pfad nicht »/« ist).

Wie ist eine Instanz einer Klasse nun aufrufbar? Weil die Methode BaseRequest.
__call__ definiert wurde. Das folgende Codebeispiel zeigt nur die Methode.

```
class BaseResponse(object):
    #
    # ... Alles andere überspringen ...
    #

    def __call__(self, environ, start_response):  ❶
        """Process this response as WSGI application.

        :param environ: the WSGI environment.
        :param start_response: the response callable provided by the WSGI
                               server.
        :return: an application iterator
        """
        app_iter, status, headers = self.get_wsgi_response(environ)
        start_response(status, headers)  ❷
        return app_iter  ❸
```

❶ Diese Signatur macht BaseResponse-Instanzen aufrufbar.

❷ Hier wird die start_response-Funktion aufgerufen, wie es von WSGI-Apps verlangt wird.

❸ Und an dieser Stelle wird das iterierbare Objekt zurückgegeben.

Die Lektion lautet hier: Warum es nicht nutzen, wenn die Sprache es ermöglicht? Nachdem wir realisiert hatten, dass wir jedes Objekt um die Methode __call__() ergänzen und aufrufbar machen können, waren wir so inspiriert, dass wir uns in der Originaldokumentation noch einmal *Pythons Datenmodell (http://docs.python.org/3/reference/datamodel.html)* zu Gemüte geführt haben.

Mixins (ebenfalls eine verdammt großartige Idee)

Mixins in Python sind Klassen, die eine Klasse um bestimmte Funktionalitäten (sowie eine Reihe dazugehöriger Attribute) ergänzen sollen. Python erlaubt, im Gegensatz zu Java, die Mehrfachvererbung. Das bedeutet, dass das folgende Paradigma, bei dem ein halbes Dutzend Subklassen gleichzeitig erzeugt werden, eine Möglichkeit darstellt, unterschiedliche Funktionalitäten in separaten Klassen zu modularisieren. »Namensräume«, irgendwie so etwas wie »Namensräume«.

Eine solche Modularisierung ist für eine Utility-Bibliothek wie Werkzeug sinnvoll, weil sie dem Benutzer mitteilt, welche Funktionen zusammengehören und welche nicht: Der Entwickler kann sicher sein, dass die Attribute eines Mixins nicht durch Funktionen in anderen Mixins modifiziert werden.

In Python gibt es keine spezielle Möglichkeit, ein Mixin zu identifizieren. Es gibt nur die Konvention, Mixin an das Ende des Klassennamens anzuhängen. Wenn Sie sich also nicht um die Reihenfolge der Methodenauflösung kümmern wollen, müssen alle Methoden der Mixins unterschiedliche Namen haben.

Bei Werkzeug müssen für die Methoden eines Mixins manchmal bestimmte Attribute vorhanden sein. Die Anforderungen sind üblicherweise im Docstring des Mixins dokumentiert:

```
# ... in werkzeug/wrappers.py


class UserAgentMixin(object):  ❶

    """Adds a `user_agent` attribute to the request object which contains
    the parsed user agent of the browser that triggered the request as a
    :class:`~werkzeug.useragents.UserAgent` object.
    """

    @cached_property
    def user_agent(self):
        """The current user agent."""
        from werkzeug.useragents import UserAgent
        return UserAgent(self.environ)  ❷


class Request(BaseRequest, AcceptMixin, ETagRequestMixin,
              UserAgentMixin, AuthorizationMixin,  ❸
              CommonRequestDescriptorsMixin):

    """Full featured request object implementing the following mixins:

    - :class:`AcceptMixin` for accept header parsing
    - :class:`ETagRequestMixin` for etag and cache control handling
    - :class:`UserAgentMixin` for user agent introspection
    - :class:`AuthorizationMixin` for http auth handling
    - :class:`CommonRequestDescriptorsMixin` for common headers
    """
    ❹
```

❶ Es ist nichts Besonderes an `UserAgentMixin`. Es ist allerdings eine Subklasse von `object`, was bei Python 3 der Voreinstellung entspricht, für die Kompatibilität mit Python 2 sehr zu empfehlen ist und was man besser explizit macht, weil – nun, »explizit ist besser als implizit«.

❷ `UserAgentMixin.user_agent` erwartet, dass es ein `self.environ`-Attribut gibt.

❸ Die in `Request` aufgenommenen Basisklassen stellen über `Request(environ).user_agent` Attribute bereit.

❹ Und das war's – das ist der gesamte Rumpf der Definition von `Request`. Die ganze Funktionalität wird von der Basisklasse oder von den Mixins bereitgestellt. Modular, erweiterbar und so froody wie der Ford Prefect.

> **Klassen und Objekte im neuen Stil**
>
> Die Basisklasse object stellt Standardattribute bereit, auf denen andere eingebaute Optionen aufbauen. Nicht von object erbende Klassen werden als »Klassen im alten Stil« oder als »klassische Klassen« bezeichnet und wurden aus Python 3 entfernt. Standardmäßig erben in Python 3 alle von object, das heißt, alle Python 3-Klassen sind »Klassen im neuen Stil«. Diese Klassen stehen auch in Python 2.7 zur Verfügung (wobei das aktuelle Verhalten in Python 2.3 eingeführt wurde), doch die Vererbung muss explizit angegeben und (wie wir glauben) immer ausgeschrieben werden.
>
> Weitere Details finden Sie in der Python-Dokumentation zu *Klassen im neuen Stil* (https://www.python.org/doc/newstyle/), einem Tutorial *hier* (http://www.python-course.eu/classes_and_type.php) sowie der technischen Geschichte ihrer Entwicklung in *diesem Post* (http://tinyurl.com/history-new-style-classes). Hier sehen Sie einige Unterschiede (in Python 2.7; bei Python 3 sind alle Klassen vom neuen Stil):
>
> ```
> >>> class A(object):
> ...     """New-style class, subclassing object."""
> ...
> >>> class B:
> ...     """Old-style class."""
> ...
> >>> dir(A)
> ['__class__', '__delattr__', '__dict__', '__doc__', '__format__',
>  '__getattribute__', '__hash__', '__init__', '__module__', '__new__',
>  '__reduce__', '__reduce_ex__', '__repr__', '__setattr__', '__sizeof__',
>  '__str__', '__subclasshook__', '__weakref__']
> >>>
> >>> dir(B)
> ['__doc__', '__module__']
> >>>
> >>> type(A)
> <type 'type'>
> >>> type(B)
> <type 'classobj'>
> >>>
> >>> import sys
> >>> sys.getsizeof(A())  # Größe in Bytes.
> 64
> >>> sys.getsizeof(B())
> 72
> ```

Flask

Flask kombiniert Werkzeug und Jinja2 (beide von Armin Ronacher) zu einem Web-Mikroframework. Es war als Witz gedacht und wurde am 1. April 2010 veröffentlicht, wurde aber schnell zu einem der beliebtesten Python-Web-Frameworks. Im Jahr 2007 hat er Werkzeug als »Schweizer Messer der Python-Webentwicklung«

veröffentlicht und war (wie wir vermuten) ein wenig frustriert darüber, wie langsam es angenommen wurde. Die Idee hinter Werkzeug war, WSGI so zu entkoppeln, dass die Entwickler ihre eigene Auswahl an Utilities nutzen konnten. Er wusste nicht, wie sehr wir uns ein wenig mehr »Rails« [19]gewünscht hätten.

Code in einem Framework lesen

Ein Software-Framework entspricht in etwa einem physikalischen Gerüst – es stellt die grundlegende Struktur bereit, auf der eine WSGI-Anwendung[20] aufgebaut werden kann. Der Nutzer der Bibliothek stellt Komponenten zur Verfügung, die die Flask-Hauptanwendung ausführt. Unser Ziel beim Lesen ist es, die Struktur des Frameworks zu verstehen und was genau es zur Verfügung stellt.

Laden Sie Flask von GitHub herunter:

```
$ git clone https://github.com/pallets/flask.git
$ virtualenv venv    # Die Nutzung von Python 3 ist möglich, wird aber nicht empfohlen.
$ source venv/bin/activate
(venv)$ cd flask
(venv)$ pip install --editable .
(venv)$ pip install -r test-requirements.txt    # Für Unit-Tests benötigt.
(venv)$ py.test tests    # Unit-Tests ausführen.
```

Die Dokumentation von Flask lesen

Flasks *Onlinedokumentation (http://flask.pocoo.org/)* beginnt mit einer siebenzeiligen Implementierung einer Web-App und fasst Flask dann zusammen: Es handelt sich um ein Unicode-basiertes, WSGI-konformes Framework, das Jinja2 für das HTML-Templating und Werkzeug für WSGI-Utilities wie URL-Routing nutzt. Auch Tools für die Entwicklung und das Testen sind integriert. Da es auch Tutorials gibt, ist der nächste Schritt einfach.

Flask nutzen

Wir können das flaskr-Beispiel ausführen, das wir aus dem GitHub-Repository heruntergeladen haben. Laut Dokumentation handelt es sich um eine kleine Blog-Site. Innerhalb des obersten *flask*-Verzeichnisses geben Sie Folgendes ein:

```
(venv)$ cd examples/flaskr/
(venv)$ py.test test_flaskr.py    # Tests should pass
(venv)$ export FLASK_APP=flaskr
```

---

19 Ein Verweis auf Ruby on Rails, das Web-Frameworks populär machte und wesentlich mehr dem »alles enthalten« von Django ähnelt als Flasks »nahezu nichts enthalten« (bis man Plug-ins hinzufügt). Django ist eine gute Wahl, wenn Sie die Dinge benötigen, die Django bietet – es wurde für das Hosting einer Onlinezeitung entwickelt und ist darin sehr gut.

20 WSGI ist ein Python-Standard, definiert in PEP 333 *(https://www.python.org/dev/peps/pep-0333/)* und PEP 3333 *(https://www.python.org/dev/peps/pep-3333/)*, für die Kommunikation einer Anwendung mit einem Webserver.

```
(venv)$ flask initdb
(venv)$ flask run
```

Flasks Code lesen

Das Ziel von Flask ist letztlich die Entwicklung einer Webanwendung, weshalb es sich nicht allzu sehr von Kommandozeilenanwendungen wie Diamond und How-DoI unterscheidet. Anstelle eines weiteren Diagramms, das den Fluss der Funktionsaufrufe durch den Code verfolgt, wollen wir Flask durchgehen, indem wir die Beispiel-App flaskr mit einem Debugger laufen lassen. Wir nutzen dazu pdb (den Python-Debugger) in der Standardbibliothek.

Zuerst fügen wir einen Breakpoint zu *flaskr.py* hinzu, der aktiviert wird, wenn dieser Punkt im Code erreicht wird, woraufhin die interaktive Session den Debugger startet:

```
@app.route('/')
def show_entries():
    import pdb; pdb.set_trace()    ## Diese Zeile bildet den Breakpoint.
    db = get_db()
    cur = db.execute('select title, text from entries order by id desc')
    entries = cur.fetchall()
    return render_template('show_entries.html', entries=entries)
```

Als Nächstes schließen Sie die Datei und geben python in der Kommandozeile ein, um eine interaktive Session zu öffnen. Statt nun einen Server zu starten, nutzen wir Flasks interne Test-Utilities, um einen HTTP GET-Request für / zu simulieren. Genau da haben wir den Debugger platziert:

```
>>> import flaskr
>>> client = flaskr.app.test_client()
>>> client.get('/')
> /[... gekürzter Pfad ...]/flask/examples/flaskr/flaskr.py(74)show_entries()
-> db = get_db()
(Pdb)
```

Die letzten drei Zeilen sind von pdb: Wir sehen den Pfad (auf *flaskr.py*), die Zeilennummer (74) und den Methodennamen (show_entries()), bei dem angehalten wurde. Die Zeile (-> db = get_db()) zeigt die Anweisung, die als Nächstes ausgeführt wird, wenn wir den Debugger einen weiteren Schritt machen lassen. Und das (Pdb)-Prompt erinnert uns daran, dass wir den pdb-Debugger verwenden.

Über die Eingabe von u bzw. d können wir uns am Prompt im Stack[21] auf und ab bewegen. In der pdb-*Dokumentation (https://docs.python.org/library/pdb.html)* fin-

---

21 Der Python-Aufrufstack enthält die Instruktionen, die gerade vom Python-Interpreter ausgeführt werden. Wenn also die Funktion f() die Funktion g() aufruft, wird zuerst die Funktion f() auf den Stack geschoben, und g() wird beim Aufruf über f() geschoben. Kehrt g() zurück, wird sie vom Stack entfernt (*pop*), und f() setzt seine Arbeit fort. Man bezeichnet das als Stack (also Stapel), weil es konzeptionell so funktioniert, wie ein Tellerwäscher einen Stapel mit Tellern anlegen würde. Neue Teller kommen oben drauf, und Sie arbeiten immer mit dem obersten Teller weiter.

den Sie unter der Überschrift »Debugger Commands« eine vollständige Liste der Befehle, die Sie eingeben können. Es ist auch möglich, Variablennamen einzugeben, um sie anzusehen, sowie jeden anderen Python-Befehl. Wir können den Variablen sogar andere Werte zuweisen, bevor wir den Code weiter ausführen.

Bewegen wir uns im Stack einen Schritt nach oben, können wir sehen, was die Funktion show_entries() (mit dem von uns gerade gesetzten Breakpoint) aufgerufen hat: ein flask.app.Flask-Objekt mit einem Lookup-Dictionary namens view_functions, das Stringnamen (wie 'show_entries') auf Funktionen abbildet. Zu erkennen ist auch, dass show_entries() mit **req.view_args aufgerufen wurde. Wir können prüfen, was req.view_args ist, indem wir im interaktiven Debugger einfach dessen Namen eingeben (ein leeres Dictionary – {}, d.h., es gibt keine Argumente):

```
(Pdb) u
> /[ ... gekürzter Pfad ...]/flask/flask/app.py(1610)dispatch_request()
-> return self.view_functions[rule.endpoint](**req.view_args)
(Pdb) type(self)
<class 'flask.app.Flask'>
(Pdb) type(self.view_functions)
<type 'dict'>
(Pdb) self.view_functions
{'add_entry': <function add_entry at 0x108198230>,
 'show_entries': <function show_entries at 0x1081981b8>, [... gekürzt ...]
 'login': <function login at 0x1081982a8>}
(Pdb) rule.endpoint
'show_entries'
(Pdb) req.view_args
{}
```

Wenn Sie wollen, können Sie simultan dem Quellcode folgen, indem Sie die entsprechende Datei öffnen und sich zur angegebenen Zeile bewegen. Bewegen wir uns im Stack weiter nach oben, können wir sehen, wo die WSGI-Anwendung aufgerufen wird:

```
(Pdb) u
> /[ ... gekürzter Pfad ...]/flask/flask/app.py(1624)full_dispatch_request()
-> rv = self.dispatch_request()
(Pdb) u
> /[ ... gekürzter Pfad ...]/flask/flask/app.py(1973)wsgi_app()
-> response = self.full_dispatch_request()
(Pdb) u
> /[ ... gekürzter Pfad ...]/flask/flask/app.py(1985)__call__()
-> return self.wsgi_app(environ, start_response)
```

Geben Sie noch mal u ein, enden Sie im Testmodul, mit dessen Hilfe ein Fake-Client erzeugt wurde, ohne einen Server starten zu müssen. Wir haben uns im Stack so weit nach oben bewegt, wie wir wollten. Wir haben gelernt, dass die Anwendung flaskr durch eine Instanz der flask.app.Flask-Klasse in Zeile 1985 von *flask/flask/app.py* angestoßen wurde. Hier die Funktion:

```
class Flask:
    ## ~~ ... Sehr viele Definitionen überspringen ...

    def wsgi_app(self, environ, start_response):
        """The actual WSGI application.   ... Dokumentation überspringen ...
        """
        ctx = self.request_context(environ)
        ctx.push()
        error = None
        try:
            try:
                response = self.full_dispatch_request()    ❶
            except Exception as e:
                error = e
                response = self.make_response(self.handle_exception(e))
            return response(environ, start_response)
        finally:
            if self.should_ignore_error(error):
                error = None
            ctx.auto_pop(error)

    def __call__(self, environ, start_response):
        """Shortcut for :attr:`wsgi_app`."""
        return self.wsgi_app(environ, start_response)    ❷
```

❶ Die vom Debugger identifizierte Zeile 1973.

❷ Die Zeile 1985, die ebenfalls vom Debugger identifiziert wurde. Der WSGI-Server empfängt die Flask-Instanz als Anwendung und ruft sie einmal für jeden Request auf. Mithilfe des Debuggers haben wir die Einsprungstelle für den Code gefunden.

Wir nutzen den Debugger in der gleichen Weise wie den Aufrufgraphen bei How-DoI, das heißt, wir folgen den Funktionsaufrufen, was letztlich aber auch nichts anderes ist, als den Code direkt durchzugehen. Der Vorteil des Debuggers liegt darin, dass wir den ganzen zusätzlichen Code umgehen, der uns ablenken oder verwirren könnte. Nutzen Sie den Ansatz, der für Sie am effektivsten ist.

Nachdem wir uns im Stack mittels u nach oben bewegt haben, können wir uns per d wieder nach unten bewegen und enden am Breakpoint, der mit *** Newest frame benannt ist:

```
> /[ ... gekürzter Pfad ...]/flask/examples/flaskr/flaskr.py(74)show_entries()
-> db = get_db()
(Pdb) d
*** Newest frame
```

Von hier aus können wir mit dem Befehl n (*next*) ganze Funktionen ausführen oder den Code mit dem Befehl s (*step*) in Einzelschritten durchgehen:

```
(Pdb) s
--Call--
> /[ ... gekürzter Pfad ... ]/flask/examples/flaskr/flaskr.py(55)get_db()
-> def get_db():
```

```
(Pdb) s
> /[ ... gekürzter Pfad ... ]/flask/examples/flaskr/flaskr.py(59)get_db()
-> if not hasattr(g, 'sqlite_db'):   ❶
##~~
##~~ ... die Datenbankverbindung herstellen und zurückgeben ...
##~~
-> return g.sqlite_db
(Pdb) n
> /[ ... gekürzter Pfad ... ]/flask/examples/flaskr/flaskr.py(75)show_entries()
-> cur = db.execute('select title, text from entries order by id desc')
(Pdb) n
> /[ ... gekürzter Pfad ... ]/flask/examples/flaskr/flaskr.py(76)show_entries()
-> entries = cur.fetchall()
(Pdb) n
> /[ ... gekürzter Pfad ... ]/flask/examples/flaskr/flaskr.py(77)show_entries()
-> return render_template('show_entries.html', entries=entries)   ❷
(Pdb) n
--Return--
```

Es gibt noch viel mehr, aber das zu zeigen ist ermüdend. Was wir davon haben ist:

❶ Die Wahrnehmung des Flask.g-Objekts. Gräbt man etwas tiefer, erkennt man, dass es sich um den *global*-Kontext handelt (der für die Flask-Instanz lokal ist). Er enthält Datenbankverbindungen und andere persistente Dinge wie Cookies, die über den Lebenszyklus der Methoden hinaus in der Flask-Klasse erhalten bleiben müssen. Die Verwendung eines Dictionary in dieser Form hält die Variablen außerhalb des Namensraums der Flask-App und vermeidet Namenskollisionen.

❷ Die Funktion render_template() ist keine große Überraschung, steht aber am Ende der Funktionsdefinition im *flaskr.py*-Modul, was bedeutet, dass wir grundsätzlich durch sind – der Rückgabewert geht zurück an die aufrufende Funktion aus der Flask-Instanz, die wir gesehen haben, als wir uns durch den Stack nach oben gearbeitet haben. Wir überspringen daher den Rest.

Den Debugger platziert man sinnvollerweise in der Nähe dessen, was man untersuchen möchte, um sich genau ansehen zu können, was im Code vor und hinter dem benutzerdefinierten Breakpoint passiert. Eine der herausragenden Fähigkeiten ist die Möglichkeit, Variablen direkt verändern (im Debugger funktioniert beliebiger Python-Code) und dann die schrittweise Untersuchung des Codes einfach fortzusetzen zu können.

> ### Logging in Flask
>
> Diamond ist ein Beispiel für das Logging in einer Anwendung, und Flask ist ein entsprechendes Beispiel für das Logging in einer Bibliothek. Wenn Sie nur »kein Handler gefunden«-Warnungen vermeiden möchten, suchen Sie in der Requests-Bibliothek (*requests/requests/__init__.py*) einfach nach »logging«. Doch wenn Sie innerhalb Ihrer Bibliothek oder Ihres Frameworks das Logging unterstützen wollen, bietet Flask ein gutes Beispiel für die Umsetzung.

Das Flask-spezifische Logging ist in *flask/flask/logging.py* implementiert. Das Modul definiert die Logging-Formatstrings für die Produktion (mit dem Logging-Level `ERROR`) und für das Debugging (mit dem Logging-Level `DEBUG`). Damit wird der Ratschlag der *Twelve-Factor App (http://12factor.net)* berücksichtigt, an Streams zu loggen (was je nach Kontext an `wsgi.errors` oder `sys.stderr` geht).

Der Logger wird in die Flask-Hauptanwendung in *flask/flask/app.py* eingebunden (das Codefragment spart alles aus, was in der Datei nicht relevant ist):

```
# a lock used for logger initialization
_logger_lock = Lock()   ❶


class Flask(_PackageBoundObject):

    ##~~ ... andere Definitionen überspringen

    #: The name of the logger to use.  By default the logger name is the
    #: package name passed to the constructor.
    #:
    #: .. versionadded:: 0.4
    logger_name = ConfigAttribute('LOGGER_NAME')   ❷


    def __init__(self, import_name, static_path=None, static_url_path=None,
                 ##~~ ... andere Argumente überspringen ...
                 root_path=None):
        ##~~ ... Rest der Initialisierung überspringen
        # Prepare the deferred setup of the logger.
        self._logger = None   ❸
        self.logger_name = self.import_name


    @property
    def logger(self):
        """A :class:`logging.Logger` object for this application.  The
        default configuration is to log to stderr if the application is
        in debug mode.  This logger can be used to (surprise) log messages.
        Here some examples::

            app.logger.debug('A value for debugging')
            app.logger.warning('A warning occurred (%d apples)', 42)
            app.logger.error('An error occurred')

        .. versionadded:: 0.3
        """
        if self._logger and self._logger.name == self.logger_name:
            return self._logger   ❹
        with _logger_lock:   ❺
            if self._logger and self._logger.name == self.logger_name:
                return self._logger
            from flask.logging import create_logger
            self._logger = rv = create_logger(self)
            return rv
```

❶ Dieser Lock wird gegen Ende des Codes verwendet. Locks sind Objekte, die nur jeweils einem Thread »gehören« können. Wird der Lock genutzt, müssen alle anderen Threads warten.

❷ Wie Diamond verwendet auch Flask eine Konfigurationsdatei (mit vernünftigen Voreinstellungen, die hier nicht abgebildet sind; das heißt, der Nutzer muss nichts weiter tun und erhält trotzdem eine vernünftige Antwort), um den Namen des Loggers festzulegen.

❸ Der Logger der Flask-Anwendung ist zu Beginn auf none gesetzt, sodass er später erzeugt werden kann (in Schritt ❺).

❹ Wenn der Logger bereits existiert, wird er zurückgegeben. Der property-Dekorator soll (wie schon an anderer Stelle in diesem Kapitel) verhindern, dass der Nutzer den Logger versehentlich modifiziert.

❺ Wenn der Logger noch nicht existiert (er wurde mit None) initialisiert, wird der in Schritt ❶ angelegte Lock genutzt und der Logger erzeugt.

Stilbeispiele aus Flask

Ein Großteil der Stilbeispiele aus Kapitel 4 wurden bereits behandelt, für Flask diskutieren wir daher nur ein Stilbeispiel – die Implemenentierung von Flasks eleganten und einfachen Routing-Dekoratoren.

Flasks Routing-Dekoratoren (schön ist besser als hässlich)

Die Routing-Dekoratoren in Flask ergänzen die Zielfunktionen um URL-Routing:

```
@app.route('/')
def index():
    pass
```

Beim Dispatch eines Requests nutzt die Flask-Anwendung das URL-Routing, um die richtige Funktion zu identifizieren, die die Response generieren soll. Die Dekoratorsyntax hält den Code der Routing-Logik aus der Zielfunktion heraus, hält die Funktion kurz und ist intuitiv zu nutzen.

Der Dekorator ist außerdem nicht nötig und existiert nur, um dem Nutzer dieses API-Feature zur Verfügung zu stellen. Hier ist der Quellcode, eine Methode in der Flask-Hauptklasse, definiert in *flask/flask/app.py*:

```
class Flask(_PackageBoundObject):   ❶
    """The flask object implements a WSGI application ...
    ... Alles andere im Docstring überspringen ...
    """
    ##~~ ... Alles außer der routing()-Methode übersprungen.

    def route(self, rule, **options):
        """A decorator that is used to register a view function for a
        given URL rule.  This does the same thing as :meth:`add_url_rule`
        but is intended for decorator usage::
```

```
            @app.route('/')
            def index():
                return 'Hello World'

        ... Rest des Docstrings übersprungen ...
        """
        def decorator(f):   ❷
            endpoint = options.pop('endpoint', None)
            self.add_url_rule(rule, endpoint, f, **options)   ❸
            return f
        return decorator
```

❶ _PackageBoundObject richtet die Dateistruktur für den Import von HTML-Templates, statischen Dateien und anderen Inhalten ein. Das basiert auf Konfigurationswerten, die die Lage relativ zur Position des Anwendungsmoduls (z.B. *app.py*) angeben.

❷ Warum nennen wir es nicht Dekorator? Genau das ist es.

❸ Das ist die eigentliche Funktion, die die URL in die Map mit allen Regeln aufnimmt. Die einzige Aufgabe von Flask.route besteht darin, einen bequemen Dekorator für die Nutzer der Bibliothek bereitzustellen.

Strukturbeispiele aus Flask

Das Thema beider Strukturbeispiele aus Flask ist die Modularität. Flask ist bewusst so strukturiert, dass nahezu alles auf einfache Weise erweitert und modifiziert werden kann – von der Art und Weise, wie JSON-Strings (de)codiert werden (Flask ergänzt die JSON-Fähigkeiten der Standardbibliothek um Codierungen für datetime- und UUID-Objekte) bis hin zu Klassen für das Routing von URLs.

Anwendungsspezifische Voreinstellungen (einfach ist besser als komplex)

Flask und Werkzeug besitzen beide ein *wrappers.py*-Modul. Darüber werden geeignete Voreinstellungen für Flask, einem Framework für Webanwendungen, über Werkzeugs allgemeiner gehaltene Utility-Bibliothek für WSGI-Anwendungen festgelegt. Flask ergänzt Werkzeugs Request- und Response-Objekte um für Webanwendungen spezifische Features. Das Response-Objekt in *flask/flask/wrappers.py* sieht beispielsweise so aus:

```
from werkzeug.wrappers import Request as RequestBase, Response as ResponseBase
##~~ ... alles andere überspringen ...

class Response(ResponseBase):   ❶
    """The response object that is used by default in Flask.  Works like the
    response object from Werkzeug but is set to have an HTML mimetype by
    default.  Quite often you don't have to create this object yourself because
    :meth:`~flask.Flask.make_response` will take care of that for you.

    If you want to replace the response object used you can subclass this and
    set :attr:`~flask.Flask.response_class` to your subclass.   ❷
    """
    default_mimetype = 'text/html'   ❸
```

❶ Werkzeugs Response-Klasse wird als `ResponseBase` importiert. Dieses nette Stildetail macht deren Rolle offensichtlich und erlaubt der neuen Response-Subklasse, ihren Namen zu übernehmen.

❷ Die Fähigkeit, Subklassen von `flask.wrappers.Response` anzulegen (und wie man das macht), wird prominent im Docstring dokumentiert. Werden Features wie dieses implementiert, ist es wichtig, an die Dokumentation zu denken, da die Nutzer andernfalls nicht wissen, dass es diese Möglichkeit gibt.

❸ Das ist sie: die einzige Änderung an der Response-Klasse. Die Request-Klasse enthält mehr Änderungen, die wir hier nicht zeigen, damit dieses Kapitel nicht zu lang wird.

Die folgende kurze interaktive Session zeigt, was sich bei Flasks und Werkzeugs Response-Klassen geändert hat:

```
>>> import werkzeug
>>> import flask
>>>
>>> werkzeug.wrappers.Response.default_mimetype
'text/plain'
>>> flask.wrappers.Response.default_mimetype
'text/html'
>>> r1 = werkzeug.wrappers.Response('hello', mimetype='text/html')
>>> r1.mimetype
u'text/html'
>>> r1.default_mimetype
'text/plain'
>>> r1 = werkzeug.wrappers.Response('hello')
>>> r1.mimetype
'text/plain'
```

Der Grund für das Ändern des Standard-MIME-Typs ist einfach etwas weniger Schreibarbeit für Flask-Nutzer bei der Entwicklung von HTML enthaltenden Response-Objekten (dem erwarteten Einsatzgebiet für Flask). Vernünftige Voreinstellungen machen Ihren Code für den Durchschnittsanwender sehr viel einfacher.

> **Vernünftige Voreinstellungen können wichtig sein**
>
> Manchmal dienen die Voreinstellungen nicht einfach nur der Bequemlichkeit des Nutzers. Beispielsweise setzt Flask den Schlüssel für den Start von Sessions und die sichere Kommunikation standardmäßig auf `Null`. Ist dieser Schlüssel auf null gesetzt, wird ein Fehler ausgelöst, wenn eine App versucht, eine sichere Session zu starten. Diesen Fehler zu erzwingen, sorgt dafür, dass der Nutzer eigene sichere Schlüssel erzeugt. Die andere (schlechte) Möglichkeit wäre, dass stillschweigend ein Null-Schlüssel für die (entsprechend unsichere) Session erlaubt wird oder ein Standardschlüssel wie `meingeheimerschlüssel`, der garantiert nicht aktualisiert und daher auch im normalen Betrieb genutzt wird.

Modularität (ebenfalls eine verdammt gute Idee)

Der Docstring von flask.wrappers.Response lässt den Nutzer wissen, dass er eine Subklasse von Response anlegen und diese dann im Flask-Hauptobjekt nutzen kann.

Der folgende Ausschnitt aus *flask/flask/app.py* hebt weitere Modularität hervor, die in Flask integriert sind:

```
class Flask(_PackageBoundObject):
    """ ... Docstring überspringen ...
    """
    #: The class that is used for request objects.  See :class:`~flask.Request`
    #: for more information.
    request_class = Request    ❶

    #: The class that is used for response objects.  See
    #: :class:`~flask.Response` for more information.
    response_class = Response    ❷

    #: The class that is used for the Jinja environment.
    #:
    #: .. versionadded:: 0.11
    jinja_environment = Environment    ❸

    ##~~ ... einige weitere Definitionen überspringen ...

    url_rule_class = Rule
    test_client_class = None
    session_interface = SecureCookieSessionInterface()

    ##~~ .. etc. ..    ❹
```

❶ Hier kann die eigene Request-Klasse ersetzt werden.

❷ Und hier die eigene Response-Klasse. Es handelt sich um Klassenattribute (nicht Instanzattribute) der Flask-Klasse, und die Namen machen ganz deutlich, welchem Zweck sie dienen.

❸ Die Environment-Klasse ist eine Subklasse der Jinja2-Klasse Environment, die Flask-Blueprints versteht. Die Environment-Klasse macht es möglich, größere aus mehreren Dateien bestehende Flask-Anwendungen zu entwickeln.

❹ Es gibt weitere modulare Optionen, auf die wir hier aber verzichten, da sich die Dinge mehr oder weniger wiederholen.

Wenn Sie die Flask-Klassendefinition durchgehen, können Sie sehen, wo diese Klassen instanziiert und genutzt werden. Der wesentliche Punkt, warum wir Ihnen diese Klassendefinitionen zeigen, ist, dass sie dem Benutzer nicht bekannt gegeben werden müssen. Das war eine explizite Entscheidung in Bezug auf die Struktur, die dem Nutzer der Bibliothek mehr Kontrolle über das Verhalten von Flask gibt.

Wenn über die Modularität von Flask gesprochen wird, geht es nicht nur darum, dass Sie ein beliebiges Datenbank-Backend nutzen können, sondern es geht auch um die Möglichkeit, verschiedene Klassen einbinden und nutzen zu können.

Sie haben nun einige Beispiele für gut geschriebenen, sehr pythonischen Python-Code kennengelernt.

Wir empfehlen Ihnen, sich wirklich den kompletten Code der hier vorgestellten Programme anzusehen. Der beste Weg, ein guter Programmierer zu werden, ist, guten Code zu lesen. Und wenn das Programmieren schwierig wird, denken Sie immer daran: »*Use the source, Luke!*«

KAPITEL 6
Guten Code ausliefern

Dieses Kapitel behandelt die Best Practices für die Paketierung und Distribution von Python-Code. Sie werden entweder eine Python-Bibliothek entwickeln, die von anderen Entwicklern importiert und genutzt wird, oder eine eigenständige Anwendung wie *pytest (http://pytest.org/latest/)*, die von anderen verwendet wird.

Das Ökosystem rund um die Python-Paketierung wurde in den vergangenen Jahren deutlich gestrafft, was der Arbeit der *Python Packaging Authority (PyPA) (https://www.pypa.io/)*[1] und der Leute bei pip und beim PyPI, die einen Großteil der für die Python-Paketierung relevanten Infrastruktur pflegen, zu verdanken ist. Ihre *Packaging-Dokumentation (https://packaging.python.org)* ist herausragend, weshalb wir das Rad, also *wheel (http://wheel.readthedocs.org/en/latest/)* in »Paketierung Ihres Codes« auf Seite 177, nicht neu erfinden werden. Jedoch werden wir kurz zwei Möglichkeiten zeigen, Pakete von einer privaten Site zu hosten, und sprechen darüber, wie man Code auf Anaconda.org hochlädt (dem kommerziellen Gegenstück zu PyPI von Continuum Analytics).

Der Nachteil der Distribution von Code über PyPI oder andere Paket-Repositories ist, dass der Empfänger verstehen muss, wie man die benötigte Python-Version installiert, und bereit sein muss, Tools wie pip zu nutzen, um die anderen Abhängigkeiten Ihres Codes zu installieren. Das ist okay, wenn sich Ihre Distribution an andere Entwickler richtet, macht die Methode aber für die Distribution von Anwendungen für Endanwender (die keine Programmierer sind) ungeeignet. Nutzen Sie zu diesem Zweck eines der Tools aus »Einfrieren Ihres Codes« auf Seite 181.

Diejenigen, die Python-Pakete für Linux entwickeln, können auch über ein Linux-Distro-Paket (wie z.B. eine *.deb*-Datei für Debian/Ubuntu, in der Python-Dokumentation als »Build-Distributionen« bezeichnet) nachdenken. Dieser Weg ist sehr pflegeintensiv, doch wir stellen in »Paketierung für Linux-Built-Distributionen« auf

---

[1] Gerüchten zufolge (*https://www.pypa.io/en/latest/history/#before-2013*) möchten sie lieber »Ministerium für Installation« genannt werden. Nick Coghlan, der BDFL-Delegierte für paketierungsbezogene PEPs, hat vor ein paar Jahren ein wohlüberlegtes Essay über das gesamte System, seine Geschichte und die zukünftige Marschrichtung in seinem Blog (*http://bit.ly/incremental-plans*) veröffentlicht.

Seite 188 einige Optionen vor. Das ähnelt dem Freezing, entfernt aber den Python-Interpreter aus dem Paket.

Zum Schluss wollen wir in »Ausführbare ZIP-Dateien« auf Seite 190 noch einen Profitipp mit Ihnen teilen: Wenn Sie Ihren Code in ein ZIP-Archiv (.zip) mit einem bestimmten Header packen, können Sie einfach die ZIP-Datei ausführen. Sofern Sie wissen, dass Ihre Zielgruppe Python bereits installiert hat, und wenn Ihr Projekt nur aus Python-Code besteht, ist das eine gute Option.

Nützliches Vokabular und nützliche Konzepte

Bevor sich die PyPA formierte, gab es keinen eindeutigen Weg für die Paketierung (wie man der *historischen Diskussion auf Stack Overflow (http://stackoverflow.com/ questions/6344076)* entnehmen kann). Hier die wichtigsten Begriffe, die in diesem Kapitel diskutiert werden (weitere Definitionen finden Sie im *PyPA-Glossar (https:// packaging.python.org/en/latest/glossary/)*):

Abhängigkeiten (Dependencies)
 Python-Pakete führen die Python-Bibliotheken, von denen sie abhängen, entweder in einer *requirements.txt* (für Tests oder den Anwendungseinsatz) auf oder im install_requires-Argument von setuptools.setup() bei Aufruf in einer *setup.py*-Datei.

 Bei einigen Projekten kann es andere Abhängigkeiten geben, etwa eine Postgres-Datenbank, einen C-Compiler oder eine C-Bibliothek. Die müssen nicht explizit genannt werden, doch wird der Build fehlschlagen, wenn sie fehlen. Sollten Sie solche Bibliotheken bauen, ist Paul Kehrers *Seminar zur Distribution kompilierter Module (http://bit.ly/kehrer-seminar)* hilfreich.

Built-Distribution
 Das Format einer Distribution eines Python-Pakets (und optional weiterer Ressourcen und Metadaten) in einer Form, die ohne weitere Kompilierung installiert und ausgeführt werden kann.

Egg
 Eggs sind ein Built-Distributionsformat, bei dem es sich im Wesentlichen um ZIP-Dateien mit einer spezifischen Struktur handelt, die Metadaten für die Installation enthalten. Sie wurden von der Setuptools-Bibliothek eingeführt und waren jahrelang ein De-facto-Standard. Ein offizielles Python-Paketierungsformat waren sie aber nie. Sie wurden mit *PEP 427 (https://www.python. org/dev/peps/pep-0427/)* durch wheels ersetzt. Die Unterschiede zwischen den Formaten sind unter *»Wheel vs Egg« im Python Packaging User Guide (https:// packaging.python.org/en/latest/wheel_egg/)* aufgeführt.

Wheel
 Wheel ist nun der Standard für Built-Distributionsformate. Es handelt sich um ZIP-Dateien mit Metadaten, die pip zur Installation und Deinstallation

des Pakets verwendet. Per Konvention hat die Datei die Endung *.whl* und folgt einer bestimmten Namenskonvention, die angibt, für welche Plattform, welchen Build und welchen Interpreter sie gedacht ist.

Neben einem installierten Python benötigen reguläre Python-Pakete, die allein in Python geschrieben sind, nichts weiter als andere Python-Bibliotheken, die von *PyPI (https://pypi.python.org/pypi)* (oder irgendwann dem neuen *Warehouse (https://warehouse.pypa.io/)*) heruntergeladen werden können. Schwierig wird es (und das haben wir mit den zusätzlichen Installationsschritten in Kapitel 2 zu vermeiden versucht), wenn die Python-Bibliothek Abhängigkeiten außerhalb von Python aufweist – etwa C-Bibliotheken oder Systemprogramme. Tools wie Buildout und Conda wollen helfen, wenn eine Distribution so kompliziert wird, dass auch das Wheel-Format sie nicht abdecken kann.

Paketierung Ihres Codes

Code für die Distribution zu *paketieren*, bedeutet, die benötige Dateistruktur aufzubauen, die benötigten Dateien hinzuzufügen und die passenden Variablen zu definieren, um den relevanten PEPs und den aktuellen Best Practices aus *»Packaging and Distributing Projects« (https://packaging.python.org/en/latest/distributing/)* im *Python Packaging Guide (https://packaging.python.org/)* zu entsprechen[2] oder den Paketierungsanforderungen anderer Repositories wie *http://anaconda.org/*.

> ### »Paket« versus »Distributionspaket« versus »Installationspaket«
>
> Es mag verwirren, dass wir mit »Paket« so viele verschiedene Dinge meinen. Im Moment reden wir über *Distributionspakete*, die die (regulären Python-)Pakete, Module und die von einer Release zusätzlich benötigten Dateien enthalten. Manchmal bezeichnen wir Bibliotheken auch als *Installationspakete*. Das sind die Top-Level-Paketverzeichnisse, die eine ganze Bibliothek enthalten. Das einfache Paket ist schließlich (wie immer) jedes Verzeichnis mit einer __init__*.py* und anderen Moduldateien (**.py*). Die PyPA hält ein *Glossar paketierungsbezogener Begriffe (https://packaging.python.org/en/latest/glossary)* vor.

Conda

Wenn Sie Anacondas Python-Distribution installiert haben, können Sie nach wie vor pip und PyPI nutzen, doch Ihr Standardpaketmanager ist conda, und Ihr Standard-Paket-Repository ist *http://anaconda.org/*. Wir empfehlen, diesem *Tutorial zum Bau von Paketen (http://bit.ly/building-conda)* zu folgen, das mit Anweisungen zum Upload auf Anaconda.org endet.

---

2   Es scheint im Moment zwei URLs zu geben, die den gleichen Inhalt spiegeln: *https://python-packaging-user-guide.readthedocs.org/* und *https://packaging.python.org*.

Wenn Sie eine Bibliothek für wissenschaftliche oder statistische Anwendungen entwickeln, sollten Sie (selbst wenn Sie Anaconda nicht nutzen) eine Anaconda-Distribution bauen, um die akademischen, kommerziellen und mit Windows arbeitenden Nutzer zu erreichen, die sich für Anaconda entscheiden, um Binaries ohne Probleme nutzen zu können.

PyPI

Das gut etablierte Ökosystem aus Tools wie PyPI und pip macht es anderen Entwicklern leicht, Ihre Pakete herunterzuladen und zu installieren, egal ob für gelegentliche Experimente oder als Teil eines großen, professionellen Systems.

Wenn Sie ein Open-Source-Python-Modul entwickeln, ist *PyPI (http://pypi.python.org)* (besser bekannt als *The Cheeseshop*, »der Käseladen«) der Ort, an dem Sie es hosten sollten.[3] Steht Ihr Code nicht auf PyPI zur Verfügung, wird es für andere Entwickler schwer, ihn zu finden und im Rahmen des etablierten Prozesses zu nutzen. Man wird solche Projekte sehr misstrauisch beäugen und sich fragen, ob sie schlecht gepflegt werden, noch nicht bereit zur Veröffentlichung sind oder nicht mehr weiterentwickelt werden.

Die definitive Quelle für korrekte, aktuelle Informationen zur Python-Paketierung ist der von PyPA gepflegte *Python Packaging Guide (https://packaging.python.org/en/latest/)*.

testPyPI zum Testen nutzen und PyPI für den realen Einsatz
Wenn Sie Ihre Paketierungseinstellungen testen möchten oder jemandem beibringen wollen, wie man PyPI nutzt, können Sie *testPyPI (https://testpypi.python.org)* verwenden und Ihre Unit-Tests ausführen, bevor Sie eine reale Version bei PyPI hochladen. Wie bei PyPI müssen Sie die Versionsnummer jedes Mal ändern, bevor Sie eine neue Datei pushen.

Beispielprojekt

PyPAs *Beispielprojekt (https://github.com/pypa/sampleproject)* demonstriert die aktuellen Best Practices für die Paketierung eines Python-Projekts. Kommentare im *setup.py-Modul (https://github.com/pypa/sampleproject/blob/master/setup.py)* geben Hilfestellung und nennen die für die genutzten Optionen relevanten PEPs. Die gesamte Dateistruktur ist so organisiert, wie es verlangt wird, und Sie finden hilfreiche Kommentare zum Zweck jeder Datei und was sie enthalten muss.

---

3 PyPI befindet sich gerade in der Evaluierungsphase des Wechsels zu *Warehouse (https://warehouse.python.org/)*. Soweit wir es beurteilen können, ändert sich die Benutzerschnittstelle, aber nicht die API. Nicole Harris, eine der PyPA-Entwickler, hat für die Neugierigen unter Ihnen eine *kurze Einführung in Warehouse (http://whoisnicoleharris.com/warehouse/)* geschrieben.

Die README-Datei des Projekts verweist auf den *Packaging Guide (https://packaging.python.org/)* und auf das *Tutorial zur Paketierung und Distribution (https://packaging.python.org/en/latest/distributing.html)*.

Verwenden Sie pip, nicht easy_install

Seit 2011 arbeitet die PyPA daran, die *beachtliche Verwirrung (http://stackoverflow.com/questions/6344076)* und die *umfangreichen Diskussionen (http://stackoverflow.com/questions/3220404)* darüber zu klären, welcher nun der korrekte Weg zur Distribution, Paketierung und Installation von Python-Bibliotheken ist. pip wurde in *PEP 453 (https://www.python.org/dev/peps/pep-0453/)* als Pythons Standard-Paket-Installer gewählt und wird seit Python 3.4 (2014 veröffentlicht) standardmäßig mitgeliefert.[4]

Die Tools haben eine Reihe sich nicht überschneidender Einsatzgebiete, und ältere Systeme müssen möglicherweise immer noch easy_install verwenden. Diese *Tabelle (http://packaging.python.org/en/latest/pip_easy_install/)* der PyPA vergleicht pip und easy_install und zeigt, was die jeweiligen Tools machen und was sie nicht können.

Wenn Sie eigenen Code entwickeln, sollten Sie diesen mit pip install --editable . installieren, damit Sie den Code editieren können, ohne ihn erneut installieren zu müssen.

Persönliches PyPI

Sollten Sie Pakete von anderen Quellen als PyPI installieren wollen (z. B. von einem internen Server für proprietäre Firmenpakete oder Pakete, die von den Sicherheits- und Rechtsabteilungen geprüft und abgesegnet wurden), können Sie einen einfachen HTTP-Server betreiben, dessen Stammverzeichnis alle zu installierenden Pakete enthält.

Nehmen wir zum Beispiel an, dass Sie ein Paket namens *MyPackage.tar.gz* mit der folgenden Verzeichnisstruktur installieren wollen:

```
.
|--- archive/
    |--- MyPackage/
        |--- MyPackage.tar.gz
```

Sie können einen HTTP-Server im *archive*-Verzeichnis ausführen, indem Sie Folgendes über die Shell eingeben:

```
$ cd archive
$ python3 -m SimpleHTTPServer 9000
```

---

4 Wenn Sie Python 3.4 (oder höher) verwenden und kein pip haben, können Sie es über die Kommandozeile mit python -m ensurepip nachinstallieren.

Das führt einen einfachen HTTP-Server an Port 9000 aus, der alle verfügbaren Pakete auflistet (in diesem Fall *MyPackage*). Sie können *MyPackage* nun über einen beliebigen Python-Paket-Installer installieren. In der Kommandozeile über `pip` sieht das dann so aus:

```
$ pip install --extra-index-url=http://127.0.0.1:9000/ MyPackage
```

Dass der Ordner den gleichen Namen hat wie das Paket, ist hier entscheidend. Doch wenn Sie die Struktur *MyPackage/MyPackage.tar.gz* für redundant halten, können Sie das Paket immer über den direkten Pfad aus dem Verzeichnis hochladen und installieren:

```
$ pip install http://127.0.0.1:9000/MyPackage.tar.gz
```

Pypiserver

Pypiserver (https://pypi.python.org/pypi/pypiserver) ist ein minimalistischer PyPI-kompatibler Server. Er kann verwendet werden, um eine Reihe von Paketen an `easy_install` oder `pip` auszuliefern. Er besitzt hilfreiche Features wie einen Administrationsbefehl (`-U`), der alle Pakete auf die neuesten PyPI-Versionen aktualisiert.

Bei S3 gehostetes PyPI

Eine weitere Option für einen persönlichen PyPI-Server ist das Hosting auf Amazons Simple Storage Service, *Amazon S3 (https://aws.amazon.com/s3/)*. Sie benötigen dafür einen AWS-Account (*Amazon Web Service*) mit einem S3-Bucket. Achten Sie darauf, die *Regeln für die Benennung von Buckets (http://bit.ly/rules-bucket-naming)* zu befolgen. Sie können Buckets anlegen, die diese Regeln brechen, können dann aber nicht auf sie zugreifen. Um das Bucket zu nutzen, legen Sie zuerst eine virtuelle Maschine auf Ihrem eigenen Rechner an und installieren dann alles, was Sie benötigen, von PyPI oder einer anderen Quelle. Dann installieren Sie pip2pi:

```
$ pip install git+https://github.com/wolever/pip2pi.git
```

Folgen Sie anschließend den Anweisungen der pip2pi-*README* für die Befehle `pip2tgz` und `dir2pi`. Entweder geben Sie:

```
$ pip2tgz packages/ YourPackage+
```

ein oder diese beiden Befehle:

```
$ pip2tgz packages/ -r requirements.txt
$ dir2pi packages/
```

Nun können Sie Ihre Dateien hochladen. Verwenden Sie einen Client wie *Cyberduck (https://duck.sh/)*, um den gesamten *packages*-Ordner mit Ihrem S3-Bucket zu synchronisieren. Stellen Sie sicher, dass *packages/simple/index.html* sowie alle neuen Dateien und Verzeichnisse hochgeladen werden.

Standardmäßig werden beim Hochladen neuer Dateien in das S3-Bucket nur Zugriffsrechte für den Besitzer vergeben. Wenn Sie also bei der Installation eines Pakets einen HTTP 403-Fehler erhalten, müssen Sie die Zugriffsrechte korrigieren. Nutzen Sie die Amazon-Webkonsole, um Leserechte (READ) für jeden (EVERYONE) zu vergeben. Ihr Team kann die Pakete nun wie folgt installieren:

```
$ pip install \
  --index-url=http://ihr-s3-bucket/packages/simple/ \
  YourPackage+
```

VCS-Unterstützung für pip

Es ist möglich, Code mittels pip direkt aus einem Versionskontrollsystem (*Version Control System*, kurz VCS) herauszuziehen. Folgen Sie dazu diesen Anweisungen (*http://bit.ly/vcs-support*). Das ist eine weitere alternative Möglichkeit zum Hosting eines privaten PyPI. Ein beispielhafter Befehl, der pip mit einem GitHub-Projekt nutzt, sieht wie folgt aus:

```
$ pip install git+git://git.myproject.org/MyProject#egg=MyProject
```

Wobei das egg kein Egg sein muss – es handelt sich um das Verzeichnis innerhalb Ihres Projekts, das Sie installieren wollen.

Einfrieren Ihres Codes

Ihren Code »einzufrieren« (*Freezing*), bedeutet, dass ein eigenständiges, ausführbares Bundle generiert wird, das Sie an Endbenutzer ausliefern können, die kein Python auf ihrem Rechner installiert haben. Die ausgelieferte Datei enthält sowohl den Anwendungscode als auch den Python-Interpreter.

Anwendungen wie *Dropbox* (*https://www.dropbox.com/en/help/65*), *Eve Online* (*http://www.eveonline.com/*), *Civilization IV* (*https://www.civilization.com/en/games/civilization-iv/*) und der *BitTorrent-Client* (*http://www.bittorrent.com/*) – die alle hauptsächlich in Python geschrieben sind – nutzen diese Möglichkeit.

Der Vorteil dieser Distributionsform liegt darin, dass Ihre Anwendung *einfach funktioniert*, selbst wenn ein Benutzer keine (oder nicht die richtige) Python-Version installiert hat. Bei Windows und auch bei vielen Linux-Distributionen und bei OS X wird die richtige Python-Version nicht installiert sein. Abgesehen davon sollte Endbenutzersoftware immer in einem ausführbaren Format vorliegen. Mit *.py* endende Dateien sind etwas für Softwareentwickler und Systemadministratoren.

Ein Nachteil des Freezings ist, dass sich die Größe Ihrer Distribution um 2 bis 12 MB erhöht. Darüber hinaus liegt es in Ihrer Verantwortung, aktualisierte Versionen auszuliefern, wenn Sicherheitslücken in Python gestopft wurden.

> **Prüfen Sie die Lizenz, wenn Sie C-Bibliotheken verwenden**
>
> Sie müssen die Lizenzierung für jedes Paket der von Ihnen genutzten Abhängigkeiten für alle Betriebssysteme überprüfen. Besonders hervorheben wollen wir dabei Windows, da alle Windows-Lösungen MS Visual C++-DLLs (*Dynamically Linked Libraries*) auf dem Zielsystem installieren müssen. Vielleicht dürfen Sie bestimmte Bibliotheken weitergeben, vielleicht auch nicht. Deshalb müssen Sie die Lizenzbestimmungen prüfen, bevor Sie Ihre Anwendung weitergeben (weitere Informationen finden Sie in Microsofts *Rechtshinweisen zu Visual C++-Dateien (http://bit.ly/visual-cplusplus)*). Optional können Sie auch den *MinGW-Compiler (https://sourceforge.net/projects/mingw/)* (ein minimalistisches GNU für Windows) einsetzen, doch weil es sich um ein GNU-Projekt handelt, könnte die Lizenzierung in anderer Weise restriktiv sein (die Software muss immer offen und frei sein). Darüber hinaus sind die MinGW- und Visual C++-Compiler nicht völlig identisch, Sie sollten also sicherstellen, dass die Unit-Tests wie erwartet durchlaufen, nachdem Sie einen anderen Compiler genutzt haben. Das geht nun sehr ins Detail, also ingorieren Sie das alles, wenn Sie C-Code nicht oft unter Windows kompilieren. Doch es entstehen beispielsweise immer noch einige *Probleme mit MinGW und NumPy (https://github.com/numpy/numpy/issues/5479)*. Es gibt einen Post im NumPy-Wiki, der einen *MinGW-Build mit statischen Toolchains (https://github.com/numpy/numpy/wiki/Mingw-static-toolchain)* empfiehlt.

Wir vergleichen die beliebtesten Freezing-Tools in Tabelle 6-1. Alle arbeiten mit den *distutils* aus Pythons Standardbibliothek zusammen. Ein Cross-Platform-Freezing ist mit ihnen nicht möglich,[5] das heißt, Sie müssen für jede Zielplattform einen eigenen Build durchführen.

Die Tools sind in der Reihenfolge aufgeführt, in der sie in diesem Abschnitt besprochen werden. PyInstaller und cx_Freeze können auf allen Plattformen genutzt werden, py2app nur unter OS X, py2exe nur unter Windows. bbFreeze funktioniert lediglich mit unixoiden und Windows-Systemen, nicht aber mit OS X, und wurde bisher noch nicht auf Python 3 portiert. Es kann allerdings Eggs generieren, falls Sie diese Möglichkeit für Ihre Altsysteme benötigen.

Tabelle 6-1: Freezing-Tools

	pyInstaller	cx_Freeze	py2app	py2exe	bbFreeze
Python 3	Ja	Ja	Ja	Ja	–
Licenz	Modifizierte GPL	Modifizierte PSF	MIT	MIT	Zlib
Windows	Ja	Ja	–	Ja	Ja

---

5   Das Freezing von Python-Code unter Linux in ein Windows-Executable wurde in PyInstaller 1.4 versucht, jedoch in 1.5 wieder fallen gelassen (*https://github.com/pyinstaller/pyinstaller/wiki/FAQ#features*), da es außer bei reinen Python-Programmen (also keinen GUI-Anwendungen) nicht gut funktioniert hat.

Tabelle 6-1: Freezing-Tools (Fortsetzung)

	pyInstaller	cx_Freeze	py2app	py2exe	bbFreeze
Linux	Ja	Ja	–	–	Ja
OS X	Ja	Ja	Ja	–	–
Eggs	Ja	Ja	Ja	–	Ja
Support für pkg_resources[1]	–	–	Ja	–	Ja
Ein-Datei-Modus[2]	Ja	–	–	Ja	–

[1] *pkg_resources (https://pythonhosted.org/setuptools/pkg_resources.html)* ist ein mit Setuptools mitgeliefertes separates Modul, mit dem sich dynamisch Abhängigkeiten aufspüren lassen. Das ist beim Freezing von Code eine Herausforderung, weil es schwierig ist, dynamisch geladene Abhängigkeiten in statischem Code zu finden. PyInstaller sagt beispielsweise, dass es nur klappt, wenn die Introspektion über eine Egg-Datei läuft.

[2] Der Ein-Datei-Modus (One-File Mode) ist eine Option, eine Anwendung und alle Abhängigkeiten in einem einzigen Executable für Windows zu bündeln. *InnoSetup (http://www.jrsoftware.org/isinfo.php)* und das *Nullsoft Scriptable Install System (http://nsis.sourceforge.net/Main_Page)* (NSIS) sind beides beliebte Tools zur Entwicklung von Installern und können Code in eine einzelne .exe-Datei packen.

PyInstaller

Mit *PyInstaller (http://www.pyinstaller.org/)* können Anwendungen für OS X, Windows und Linux erzeugt werden. Primäres Ziel ist dabei die direkte Kompatibilität mit Paketen von Drittanbietern.[6] Es gibt eine Liste der von *PyInstaller unterstützenden Paketen (https://github.com/pyinstaller/pyinstaller/wiki/Supported-Packages)*. Zu den unterstützten grafischen Bibliotheken gehören Pillow, pygame, PyOpenGL, PyGTK, PyQT4, PyQT5, PySide (mit Ausnahme von Qt-Plug-ins) und wxPython. Zu den unterstützten wissenschaftlichen Tools zählen NumPy, Matplotlib, Pandas und SciPy.

PyInstaller hat eine *modifizierte GPL-Lizenz (https://github.com/pyinstaller/pyinstaller/wiki/License)* mit einer (frei übersetzt) »speziellen Ausnahme, die es (jedem) erlaubt, PyInstaller zum Bau und zur Distribution unfreier (auch kommerzieller) Programme zu nutzen«. Die Lizenzbedingungen, denen Sie nachkommen müssen, hängen also von den Bibliotheken ab, mit denen Sie Ihren Code entwickelt haben. Das Team stellt sogar Anleitungen zum *Verbergen des Quellcodes (http://bit.ly/hiding-source-code)* zur Verfügung, was denjenigen hilft, die kommerzielle Anwendungen entwickeln oder verhindern wollen, dass andere den Code verändern. Doch lesen Sie unbedingt die Lizenz (und konsultieren Sie einen Anwalt, wenn es wichtig ist, oder zumindest *https://tldrlegal.com/ (https://tldrlegal.com/)*, wenn es nicht ganz so wichtig ist), wenn Sie deren Quellcode für Ihre App modifizieren wollen. Möglicherweise müssen Sie diese Änderung(en) teilen.

---

6 Wie wir beim Blick auf andere Installer sehen werden, besteht die Herausforderung darin, nicht nur die passenden C-Bibliotheken für eine bestimmte Version einer Python-Bibliothek zu finden, sondern auch zusätzliche Konfigurationsdateien, Sprites oder spezielle Grafiken und andere Dateien aufzuspüren, die durch die Inspektion des Quellcodes durch das Freezing-Tool nicht entdeckt werden können.

Das *PyInstaller-Handbuch (http://pyinstaller.readthedocs.org/)* ist gut organisiert und detailliert. Sehen Sie sich die PyInstaller-*Seite mit den Systemanforderungen (http://bit.ly/pyinstaller-reqs)* an, um sicher zu sein, dass Ihr System kompatibel ist. Für Windows brauchen Sie XP oder höher; für Linux-Systeme benötigen Sie verschiedene Terminalanwendungen (die Dokumentation sagt Ihnen, wo Sie sie finden), und für OS X benötigen Sie Version 10.7 (Lion) oder höher. Sie können Wine (einen Windows-Emulator) zur Cross-Kompilierung für Windows nutzen, während Sie mit Linux oder OS X arbeiten.

Zur Installation von PyInstaller verwenden Sie `pip` in der gleichen virtuellen Umgebung, in der Sie auch Ihre App bauen:

```
$ pip install pyinstaller
```

Um ein Standard-Executable aus einem Modul namens *script.py* zu erzeugen, schreiben Sie:

```
$ pyinstaller script.py
```

Für eine mit Fenstern arbeitende OS X- oder Windows-Anwendungen nutzen Sie die Option `--windowed` in der Kommandozeile wie folgt:

```
$ pyinstaller --windowed script.spec
```

Das erzeugt zwei neue Verzeichnisse und eine Datei in dem gleichen Ordner, in dem der `pyinstaller`-Befehl ausgeführt wurde:

- Eine *.spec*-Datei, die von PyInstaller erneut ausgeführt werden kann, um den Build neu zu erzeugen.
- Einen *build*-Ordner, der einige Logdateien enthält.
- Einen *dist*-Ordner, der das eigentliche Executable und einige dazugehörige Python-Bibliotheken enthält.

PyInstaller legt alle Python-Bibliotheken, die von Ihrer Anwendung verwendet werden, im Ordner *dist* ab, das heißt, bei der Distribution des Executables müssen Sie den gesamten *dist*-Ordner verteilen.

Die Datei *script.spec* kann editiert werden, um *den Build anzupassen (http://pythonhosted.org/PyInstaller/#spec-file-operation)*. Es gibt Optionen für:

- das Bundling von Datendateien mit dem Executable,
- das Einbinden von Laufzeitbibliotheken (*.dll* oder *.so*), die PyInstaller nicht automatisch ermitteln kann, sowie
- das Einbinden von Laufzeitoptionen für Python in das Executable.

Das ist nützlich, weil die Datei mit Versionskontrolle gespeichert werden kann, was zukünftige Builds vereinfacht. Das PyInstaller-Wiki enthält *Build-Rezepte (https://github.com/pyinstaller/pyinstaller/wiki/Recipes)* für einige gängige Anwendungen, darunter Django, PyQt4 und das Code-Signing für Windows und OS X. Das sind die aktuellsten Kurz-Tutorials für PyInstaller. Die editierte *script.spec* kann jetzt als Argument an pyinstaller übergeben werden (statt *script.py* erneut auszuführen):

```
$ pyinstaller script.spec
```

Wird PyInstaller mit einer *.spec*-Datei ausgeführt, übernimmt es alle Optionen aus dieser Datei und ignoriert die Kommandozeilenoptionen (mit Ausnahme von `--upx-dir=`, `--distpath=`, `--workpath=`, `--noconfirm` und `--ascii`).

cx_Freeze

Wie PyInstaller kann auch *cx_Freeze (https://cx-freeze.readthedocs.org/en/latest/)* Python-Projekte für Linux, OS X und Windows »freezen«. Allerdings rät das cx_Freeze-Team davon ab, mit Wine für Windows zu kompilieren, weil es ein paar Dateien von Hand kopieren musste, um die App ans Laufen zu bringen. Zur Installation verwenden Sie pip:

```
$ pip install cx_Freeze
```

Die einfachste Möglichkeit, ein Executable zu erzeugen, besteht darin, cxfreeze über die Kommandozeile auszuführen, doch Sie haben mehr Möglichkeiten (und können die Versionskontrolle nutzen), wenn Sie ein *setup.py*-Skript schreiben. Das ist die gleiche *setup.py*, die auch von den distutils in Pythons Standardbibliothek genutzt wird. cx_Freeze erweitert distutils um zusätzliche Befehle (und modifiziert einige andere). Diese Optionen können in der Kommandozeile, in einem Setup-Skript oder in einer *setup.cfg (https://docs.python.org/3/distutils/configfile.html)*-Konfigurationsdatei festgelegt werden.

Das Skript `cxfreeze-quickstart` erzeugt eine einfache *setup.py*-Datei, die für zukünftige Builds modifiziert werden kann (und die Versionkontrolle funktioniert auch). Hier eine beispielhafte Session für ein Skript namens *hello.py*:

```
$ cxfreeze-quickstart
Project name: hello_world
Version [1.0]:
Description: "This application says hello."
Python file to make executable from: hello.py
Executable file name [hello]:
(C)onsole application, (G)UI application, or (S)ervice [C]:
Save setup script to [setup.py]:

Setup script written to setup.py; run it as:
    python setup.py build
Run this now [n]?
```

Wir besitzen nun ein Setup-Skript, das wir an die Bedürfnisse unserer App anpassen können. Die Optionen finden Sie in der cx_Freeze-Dokumentation unter »*distutils setup scripts« (https://cx-freeze.readthedocs.org/en/latest/distutils.html)*. Das *samples-*

Verzeichnis des *cx_Freeze* -*Quellcodes* (*https://bitbucket.org/anthony_tuininga/cx_ freeze/src*) enthält Beispiele für *setup.py*-Skripte samt funktionierenden Minimalanwendungen, die zeigen, wie das Freezing für PyQT4, Tkinter, wxPython, Matplotlib und Zope funktioniert. Bewegen Sie sich aus dem obersten Verzeichnis nach *cx_ Freeze/cx_Freeze/samples/*. Der Code ist auch in der installierten Bibliothek enthalten. Um deren Pfad zu bestimmen, geben Sie Folgendes ein:

```
$ python -c 'import cx_Freeze; print(cx_Freeze.__path__[0])'
```

Sobald Sie die *setup.py* editiert haben, können Sie einen der folgenden Befehle nutzen, um ein Executable zu erzeugen:

```
$ python setup.py build_exe     ❶
$ python setup.py bdist_msi     ❷
$ python setup.py bdist_rpm     ❸
$ python setup.py bdist_mac     ❹
$ python setup.py bdist_dmg     ❺
```

❶ Diese Option erzeugt ein Kommandozeilen-Executable.

❷ Dieser Original-distutils-Befehl wurde durch cx_Freeze so modifiziert, dass es auch mit Windows-Executables und deren Abhängigkeiten umgehen kann.

❸ Auch hier wurde der ursprüngliche distutils-Befehl so modifiziert, dass sichergestellt ist, dass Linux-Pakete mit der für die aktuelle Plattform richtigen Architektur erzeugt werden.

❹ Erzeugt ein eigenständiges, fensterbasiertes OS X-Bundle (.*app*), das die Abhängigkeien und das Executable enthält.

❺ Erzeugt das .*app*-Bundle und ein Anwendungs-Bundle und packt diese dann in ein DMG-Image.

py2app

py2app (https://pythonhosted.org/py2app) generiert Executables für OS X. Wie cx_Freeze erweitert es distutils und fügt den neuen Befehl py2app hinzu. Um es zu installieren, verwenden Sie pip:

```
$ pip install py2app
```

Als Nächstes erzeugen Sie ein *setup.py*-Skript mithilfe des Befehls py2applet:

```
$ py2applet --make-setup hello.py
Wrote setup.py
```

Das erzeugt ein einfaches *setup.py*-Skript, das Sie an Ihre Bedürfnisse anpassen können. Im *py2app-Quellcode (https://bitbucket.org/ronaldoussoren/py2app/src/)* stehen Beispiele mit minimalem funktionierendem Code und den passenden *setup. py*-Skripten zur Verfügung, die Bibliotheken wie PyObjC, PyOpenGL, pygame, PySide, PyQT, Tkinter und wxPython nutzen. Um sie zu finden, wechseln Sie aus dem obersten Verzeichnis zu *py2app/examples/*.

Dann führen Sie *setup.py* mit dem `py2app`-Befehl aus, um zwei Verzeichnisse zu erzeugen: *build* und *dist*. Achten Sie darauf, die Verzeichnisse vor einem Rebuild aufzuräumen. Der Befehl lautet wie folgt:

```
$ rm -rf build dist
$ python setup.py py2app
```

Eine zusätzliche Dokumentation finden Sie im *py2app-Tutorial (https://pythonhosted. org/py2app/tutorial.html)*. Der Build könnte mit einem `AttributeError` enden. Ist das der Fall, lesen Sie das Tutorial zur *Nutzung von py2app (http://bit.ly/py2app-tutorial)* – den Variablen `scan_code` und `load_module` müssen möglicherweise Unterstriche vorangestellt werden: `_scan_code` und `_load_module`.

py2exe

py2exe (https://pypi.python.org/pypi/py2exe) erzeugt Executables für Windows. Es ist sehr beliebt, und die Windows-Version von *BitTorrent (http://www.bittorrent. com)* wurde mit py2exe erzeugt. Wie cx_Freeze und py2app erweitert es distutils, diesmal um den Befehl py2exe. Wenn Sie es mit Python 2 verwenden müssen, laden Sie die ältere Version von *py2exe von sourceforge (https://sourceforge.net/projects/ py2exe/)* herunter. Bei Python 3.3 und höher verwenden Sie pip:

```
$ pip install py2exe
```

Das *py2exe-Tutorial (http://www.py2exe.org/index.cgi/Tutorial)* ist exzellent (was in der Regel der Fall ist, wenn die Dokumentation in einem Wiki gepflegt wird und nicht im Quellcode). Die einfachste *setup.py* sieht so aus:

```
from distutils.core import setup
import py2exe
setup(
    windows=[{'script': 'hello.py'}],
)
```

Die Dokumentation führt alle *Konfigurationsoptionen für py2exe (http://www. py2exe.org/index.cgi/ListOfOptions)* auf und enthält detaillierte Hinweise darauf, wie man (optional) *Icons hinzufügen (http://www.py2exe.org/index.cgi/Custom-Icons)* oder ein *einzelnes Executable (http://www.py2exe.org/index.cgi/SingleFile-Executable)* erzeugen kann. Abhängig von Ihrer eigenen Lizenz für Microsoft Visual C++ können Sie die Microsoft Visual C++ Runtime-DLL zu Ihrem Code mitliefern oder auch nicht. Wenn ja, finden Sie hier Anweisungen zur *Distribution der Visual C++-DLL zusammen mit der .exe-Datei (http://www.py2exe.org/index.cgi/ Tutorial#Step52)*. Andernfalls können Sie die Nutzer Ihrer Anwendung mit einer Möglichkeit versorgen, das *Microsoft Visual C++ 2008 Redistributable-Paket (http:// bit.ly/ms-visual-08)* oder (bei Python 3.3 und höher) das *Visual C++ 2010 Redistributable-Paket (http://bit.ly/ms-visual-10)* herunterzuladen und zu installieren.

Sobald Sie die Setup-Datei angepasst haben, erzeugen Sie die *.exe*-Datei im *dist*-Verzeichnis durch Eingabe des Befehls:

```
$ python setup.py py2exe
```

bbFreeze

Die *bbFreeze (https://pypi.python.org/pypi/bbfreeze)*-Bibliothek hat momentan keinen Maintainer und wurde nicht auf Python 3 portiert, wird aber immer noch oft heruntergeladen. Wie cx_Freeze, py2app und py2exe erweitert es distutils und fügt den Befehl bbfreeze hinzu. Tatsächlich basierten ältere Versionen von bbFreeze auf cx_Freeze. Das mag für diejenigen interessant sein, die alte Systeme pflegen müssen und Built-Distributionen in Eggs packen wollen, die innerhalb der Infrastruktur genutzt werden können. Zur Installation nutzen Sie pip:

```
$ pip install bbfreeze  # bbFreeze läuft nicht mit Python3
```

Die Dokumentation ist etwas mau, umfasst aber *Build-Rezepte (https://github.com/schmir/bbfreeze/blob/master/bbfreeze/recipes.py)* für (unter anderem) *Flup (https://pypi.python.org/pypi/flup)*, Django, Twisted, Matplotlib, GTK und Tkinter. Um ein ausführbares Binary zu erzeugen, nutzen Sie bdist_bbfreeze wie folgt:

```
$ bdist_bbfreeze hello.py
```

Das erzeugt das Verzeichnis *dist* in dem Verzeichnis, in dem bbfreeze aufgerufen wurde. Es enthält einen Python-Interpreter und ein Executable, dessen Name dem des Skripts entspricht (in diesem Fall also *hello.py*).

Um Eggs zu erzeugen, nutzen Sie den neuen distutils-Befehl:

```
$ python setup.py bdist_bbfreeze
```

Es gibt noch weitere Optionen, etwa das Tagging von Builds als Snapshots oder als tägliche Builds. Weitere Nutzungshinweise liefert die Standard-Option --help:

```
$ python setup.py bdist_bbfreeze --help
```

Zum Finetuning können Sie die bbfreeze.Freezer-Klasse nutzen, die den bevorzugten Weg zum Gebrauch von bbfreeze darstellt. Es besitzt Flags, mit denen Sie festlegen können, ob die Komprimierung in den erzeugten ZIP-Dateien aktiviert wird, ob ein Python-Interpreter eingebunden wird und welche Skripte einzubinden sind.

Paketierung für Linux-Built-Distributionen

Der Bau von *Linux-Built-Distributionen* ist wohl der »korrekte Weg«, um Code für Linux zu verbreiten: Eine Built-Distribution ähnelt dem Freezing, umfasst aber keinen Python-Interpreter, das heißt, Download und Installation sind etwa 2 MB kleiner.[7] Und wenn eine Distribution ein neues Sicherheits-Update für Python

---

7 Einige bezeichnen das als »Binärpakete« oder »Installer«, doch bei Python lautet der offizielle Name »Built-Distribution« – RPMs, Debian-Pakete oder ausführbare Installer für Windows. Das wheel-Format ist ebenfalls eine Art Built-Distribution, doch aus verschiedenen Gründen, die in diesem *Artikel über wheels (http://bit.ly/python-on-wheels)* angesprochen werden, ist es häufig besser, die in diesem Abschnitt beschriebenen plattformspezifischen Linux-Distributionen zu bauen.

veröffentlicht, nutzt ihre Python-Anwendung automatisch diese neue Python-Version.

Der Befehl `bdist_rpm` des distutils-Moduls der Python-Standardbibliothek macht die *Generierung einer RPM-Datei (https://docs.python.org/3/distutils/builtdist.html#creating-rpm-packages)* für Linux-Distributionen wie Red Hat oder SuSE zu einer trivialen Angelegenheit.

Vorbehalte gegenüber Linux-Distributionspaketen

Das Erstellen und Pflegen der verschiedenen Konfigurationen, die für das jeweilige Distributionsformat benötigt werden (z. B. **.deb* für Debian/Ubuntu, **.rpm* für Red Hat/Fedora etc.) ist ziemlich viel Arbeit. Soll Ihre Anwendung auch für andere Plattformen angeboten werden, müssen Sie außerdem separate Konfigurationen erstellen und pflegen, um Ihre Anwendung auch für Windows und OS X zur Verfügung zu stellen. Es ist wohl wesentlich weniger Arbeit, einfach eine einzelne Konfigurationsdatei für eines der plattformübergreifenden Freezing-Tools zu entwickeln, die in »Einfrieren Ihres Codes« auf Seite 181 beschrieben wurden, und eigenständige Executables für alle Linux-Distributionen ebenso wie für Windows und OS X zu erzeugen.

Das Erstellen eines Distributionspakets ist ebenfalls problematisch, wenn Ihr Code auf einer Python-Version basiert, die von einer Distribution momentan nicht unterstützt wird. Dem Nutzer irgendeiner Ubuntu-Version erklären zu müssen, dass er zuerst ein *PPA (http://bit.ly/dead-snakes-ppas)* per sudo apt-repository einrichten muss, bevor er Ihre *.deb*-Datei nutzen kann, macht es diesem nicht gerade leichter. Darüber hinaus müssen für jede Distribution entsprechende Anweisungen vorgehalten werden, und die Benutzer müssen (was schlimmer ist) diese Anweisungen lesen, verstehen und entsprechend handeln.

Hier erhalten Sie noch Links zu den Paketierungsanweisungen für andere beliebte Linux-Distributionen:

- *Fedora (https://fedoraproject.org/wiki/Packaging:Python)*
- *Debian und Ubuntu (http://bit.ly/debian-and-ubuntu)*
- *Arch (https://wiki.archlinux.org/index.php/Python_Package_Guidelines)*

Wenn Sie eine schnellere Möglichkeit suchen, Code für alle Linux-Varianten zu paketieren, können Sie den *Paketmanager fpm (https://github.com/jordansissel/fpm)* ausprobieren. Er ist in Ruby und der Shell geschrieben, doch wir mögen ihn, weil er Code aus mehreren Quelltypen (einschließlich Python) für verschiedene Zielsysteme wie (unter anderem) Debian (*.deb*), RedHat (*.rpm*), OS X (*.pkg*) und Solaris packen kann. Es handelt sich um einen großartigen Hack, bietet aber keinen Abhängigkeitsbaum – einige Paket-Maintainer mögen deshalb die Stirn runzeln. Debian-Nutzer können auch *Alien (http://joeyh.name/code/alien/)* ausprobieren, ein Perl-Programm, das zwischen den Formaten Debian, RedHat, Stampede (*.slp*) und

Slackware (.tgz) hin und her konvertiert. Allerdings wurde der Code seit 2014 nicht mehr aktualisiert, und auch der Maintainer ist ausgeschieden.

Für diejenigen, die es interessiert, hat Rob McQueen einige Einsichten über das *Deployment von Server-Apps (https://nylas.com/blog/packaging-deploying-python)* unter Debian zusammengestellt.

Ausführbare ZIP-Dateien

Nur wenigen ist bekannt, dass Python seit Version 2.6 in der Lage ist, ZIP-Dateien auszuführen, die eine *__main__.py* enthalten. Das ist eine ausgezeichnete Möglichkeit, reine Python-Anwendungen zu paketieren (die keine plattformspezifischen Binaries benötigen). Wenn Sie also eine einzelne *__main__.py* wie etwa diese besitzen:

```
if __name__ == '__main__':
    try:
        print 'ping!'
    except SyntaxError:  # Python 3
        print('ping!')
```

und mit dem folgenden Befehl eine passende ZIP-Datei erzeugen:

```
$ zip machine.zip __main__.py
```

können Sie anderen diese ZIP-Datei schicken, die sie dann (einen installierten Python-Interpreter vorausgesetzt) wie folgt in der Kommandozeile ausführen können:

```
$ python machine.zip
ping!
```

Wollen Sie aus der ZIP-Datei ein Executable machen, können Sie ihr ein sogenanntes POSIX-»Shebang« (#!) voranstellen – das ZIP-Dateiformat erlaubt das – und verfügen nun über eine eigenständige App (solange Python über den im Shebang angegebenen Pfad erreichbar ist). Hier ein Beispiel, das an obigen Code anknüpft:

```
$ echo '#!/usr/bin/env python' > machine
$ cat machine.zip >> machine
$ chmod u+x machine
```

Und schon ist es ein Executable:

```
$ ./machine
ping!
```

Seit Python 3.5 kennt die Standardbibliothek auch ein Modul namens *zipapp (https://docs.python.org/3/library/zipapp.html)*, das die Erzeugung dieser ZIP-Dateien vereinfacht. Es sorgt auch für etwas mehr Flexibilität, das heißt, die Hauptdatei muss nicht länger *__main__.py* heißen.

Wenn Sie herstellerspezifische Abhängigkeiten in Ihr aktuelles Verzeichnis einbinden und Ihre `import`-Anweisungen entsprechend anpassen, können Sie eine ausführbare ZIP-Datei erzeugen, in der alle Abhängigkeiten enthalten sind. Sieht Ihre Verzeichnisstruktur also etwa so aus:

```
.
|--- archive/
     |--- __main__.py
```

und läuft die Anwendung innerhalb einer virtuellen Umgebung, die nur die Abhängigkeiten installiert hat, können Sie Folgendes in die Shell eingeben, um alle Abhängigkeiten mit einzubinden:

```
$ cd archive
$ pip freeze | xargs pip install --target=packages
$ touch packages/__init__.py
```

Der xargs-Befehl erhält seine Argumente von `pip freeze` und macht daraus eine Argumentenliste für den `pip`-Befehl. Die Option `--target=packages` legt die Installation in einem neuen Verzeichnis namens *packages* ab. Der touch-Befehl legt eine leere Datei an, wenn diese noch nicht existiert. Gibt es die Datei bereits, aktualisiert er den Zeitstempel. Die Verzeichnisstruktur sieht nun so aus:

```
.
|--- archive/
     |--- __main__.py
     |--- packages/
          |--- __init__.py
          |--- dependency_one/
          |--- dependency_two/
```

Wenn Sie so vorgehen, müssen Sie sicherstellen, dass die `import`-Anweisungen das gerade angelegte *packages*-Verzeichnis nutzen:

```
#import dependency_one   # das nicht
import packages.dependency_one as dependency_one
```

Nun nehmen Sie mittels `zip -r` rekursiv alle Verzeichnisse in die ZIP-Datei auf:

```
$ cd archive
$ zip machine.zip -r *
$ echo '#!/usr/bin/env python' > machine
$ cat machine.zip >> machine
$ chmod ug+x machine
```

TEIL 3
Szenario-Guide

Bis jetzt haben Sie Python installiert, einen Editor gewählt, gelernt, was *pythonisch* bedeutet, haben einige Zeilen guten Python-Code gelesen und wissen, wie Sie Ihren eigenen Code mit dem Rest der Welt teilen. Dieser Teil hilft Ihnen dabei, Bibliotheken für Ihre Projekte zu wählen. Dazu stellen wir Ihnen die in unserer Community gängigsten Ansätze für bestimmte Coding-Szenarien vor, gruppiert nach Einsatzgebiet:

Kapitel 7, Nutzerinteraktion
Wir betrachten Bibliotheken für alle Arten von Benutzerinteraktionen von Konsolenanwendungen über GUIs bis hin zu Webanwendungen.

Kapitel 8, Codemanagement und -optimierung
Wir beschreiben Tools für die Systemadministration und für das Interfacing mit C- und C++-Bibliotheken sowie Möglichkeiten, die Geschwindigkeit von Python zu erhöhen.

Kapitel 9, Software-Interfaces
Wir fassen Bibliotheken für die Vernetzung zusammen, einschließlich asynchroner Bibliotheken sowie Bibliotheken für die Serialisierung und die Kryptografie.

Kapitel 10, Datenmanipulation
Wir sehen uns Bibliotheken für symbolische und numerische Algorithmen, Plots sowie Tools für die Bild- und Audioverarbeitung an.

Kapitel 11, Datenpersistenz
Abschließend zeigen wir einige Unterschiede zwischen den beliebten ORM-Bibliotheken auf, die mit Datenbanken interagieren.

KAPITEL 7
Nutzerinteraktion

Die Bibliotheken in diesem Kapitel unterstützen Entwickler beim Schreiben von Code, der mit den Endanwendern interagiert. Wir beschreiben das Jupyter-Projekt – das einzigartig ist – und wenden uns dann den typischen Kommandozeilen- und GUI-Schnittstellen zu. Abschließend diskutieren wir einige Tools für die Webentwicklung.

Jupyter Notebooks

Jupyter (http://jupyter.org/) ist eine Webanwendung, die es Ihnen erlaubt, Python interaktiv darzustellen und auszuführen. Es ist hier aufgeführt, weil es sich um eine Nutzer-zu-Nutzer-Schnittstelle handelt.

Anwender betrachten Jupyters Clientschnittstelle – geschrieben in CSS, HTML und JavaScript – in einem Webbrowser auf dem Clientrechner. Der Client kommuniziert mit einem in Python (oder in einer Reihe anderer Sprachen) geschriebenen Kernel, der Codeblöcke ausführt und mit dem Ergebnis antwortet. Der Inhalt wird auf einem Server in einem »Notebook-Format« (*.nb) gespeichert. Dabei handelt es sich um textbasiertes JSON, das in eine Reihe von »Zellen« unterteilt ist, die HTML, Markdown (eine für uns Menschen lesbare Markup-Sprache, wie sie von Wikis benutzt wird), Notizen und ausführbaren Code enthält. Der Server kann lokal (auf Ihrem eigenen Rechner) laufen oder remote wie die Beispiel-Notebooks unter *https://try.jupyter.org/*.

Der Jupyter-Server verlangt Python 3.3 (oder höher) und ist mit Python 2.7 kompatibel. Er wird mit den aktuellsten Versionen kommerzieller Python-Distributionen (die wir in »Kommerzielle Python-Distributionen« auf Seite 19 besprochen haben) wie Canopy und Anaconda geliefert, das heißt, bei diesen Tools ist keine weitere Installation nötig, solange Sie C-Code auf Ihrem System kompilieren können (siehe Kapitel 2). Nach dem korrekten Setup können Sie Jupyter über die Kommandozeile wie folgt per pip installieren:

```
$ pip install jupyter
```

Eine *Jupyter für Vorlesungen (http://bit.ly/jupyter-classroom)* nutzende Studie hat herausgefunden, dass Jupyter eine effiziente und beliebte Möglichkeit ist, interaktive Vorlesungen für Studenten anzubieten, die keine Programmiererfahrung haben.

Kommandozeilenanwendungen

Kommandozeilenanwendungen (auch Konsolenanwendungen) sind Programme, die über eine Textschnittstelle ausgeführt werden, z.B. über eine *Shell (http://en.wikipedia.org/wiki/Shell_(computing))*. Das können einfache Befehle sein wie `pep8` oder `virtualenv` oder interaktive Programme wie der python-Interpreter oder ipython. Einige besitzen Unterbefehle wie etwa `pip install`, `pip uninstall` oder `pip freeze`, die jeweils eigene Optionen besitzen (zusätzlich zu den allgemeinen pip-Optionen). Alle werden üblicherweise in einer `main()`-Funktion gestartet. Unser BDFL hat uns seine Meinung darüber mitgeteilt (*http://bit.ly/python-main-functions*), was eine gute main()-Funktion ausmacht.

Wir nutzen beispielhaft einen Aufruf von `pip`, um die Komponenten zu benennen, die beim Start einer Kommandozeilenanwendung vorhanden sein können:

```
    ❶   ❷      ❸
$ pip install --user -r requirements.txt
```

❶ Der *Befehl* ist der Name des zu startenden Executables.

❷ *Argumente* folgen auf den Befehl und beginnen nicht mit einem Strich. Sie können auch Parameter oder Unterbefehle genannt werden.

❸ *Optionen* beginnen entweder mit einem Strich (für einzelne Zeichen, etwa `-h`) oder mit zwei Strichen (bei Wörtern wie z.B. `--help`). Sie werden auch als Flags oder Switches bezeichnet.

Die Bibliotheken in Tabelle 7-1 bieten unterschiedliche Optionen zur Verarbeitung von Argumenten oder andere nützliche Tools für Kommandozeilenanwendungen.

Tabelle 7-1: Kommandozeilentools

Bibliothek	Lizenz	Gründe für den Einsatz
argparse	PSF-Lizenz	• In der Standardbibliothek.
		• Bietet die Standardverarbeitung von Argumenten und Optionen.
docopt	MIT-Lizenz	• Gibt Ihnen die Kontrolle über das Layout Ihrer Hilfemeldungen.
		• Verarbeitet die Kommandozeile entsprechend den *im POSIX-Standard definierten Utility-Konventionen (http://bit.ly/utility-conventions)*.
plac	BSD-Lizenz (3 Klauseln)	• Generiert automatisch die Hilfemeldung für eine vorhandene Funktionssignatur.
		• Verarbeitet die Kommandozeilenargumente hinter den Kulissen und übergibt sie direkt an Ihre Funktion.

Tabelle 7-1: Kommandozeilentools (Fortsetzung)

Bibliothek	Lizenz	Gründe für den Einsatz
click	BSD-Lizenz (3 Klauseln)	• Bietet Dekoratoren zur Erstellung der Hilfemeldung und des Parsers (erinnert stark an plac).
		• Ermöglicht die Zusammenstellung mehrerer Unterbefehle.
		• Schnittstellen zu anderen Flask-Plug-ins (click ist von Flask unabhängig, wurde aber ursprünglich geschrieben, um Nutzern dabei zu helfen, Kommandozeilentools aus verschiedenen Flask-Plug-ins zusammenzubringen, ohne dabei irgendetwas lahmzulegen, d. h., es wird bereits im Flask-Ökosystem genutzt).
clint	Internet-Software-Consortium-Lizenz	• Bietet Formatoptionen wie Farben, Einrückungen und Spalten für Ihre Textausgaben.
		• Bietet außerdem eine Typprüfung (z. B. gegen eine Regex, einen Integerwert oder einen Pfad) für interaktive Eingaben.
		• Erlaubt den direkten Zugriff auf die Argumentenliste mit einigen einfachen Tools zum Filtern und Gruppieren.
cliff	Apache-2.0-Lizenz	• Stellt ein strukturiertes Framework für große Python-Projekte mit mehreren Unterbefehlen zur Verfügung.
		• Baut ohne zusätzliche Programmierung eine interaktive Umgebung für die Nutzung der Unterbefehle auf.

Probieren Sie zuerst die Tools aus, die in Pythons Standardbibliothek verfügbar sind, und nutzen Sie sie. Zusätzliche Bibliotheken sollten Sie in Ihrem Projekt nur verwenden, wenn sie etwas zu bieten haben, was die Standardbibliothek nicht abdeckt.

Die folgenden Abschnitte gehen etwas detaillierter auf jedes der in Tabelle 7-1 vorgestellten Tools ein.

argparse

Das Modul *argparse* (das das nunmehr veraltete *optparse* ersetzt) ist in Pythons Standardbibliothek enthalten und hilft Ihnen bei der Verarbeitung von Kommandozeilenoptionen. Die Kommandozeilenschnittstelle des HowDoI-Projekts verwendet argparse – Sie können es als Basis für den Aufbau einer eigenen Kommandozeilenschnittstelle verwenden.

Hier der Code zur Generierung des Parsers:

```
import argparse
#
# ... sehr viel Code überspringen ...
#

def get_parser():
    parser = argparse.ArgumentParser(description='...truncated for brevity...')
    parser.add_argument('query', metavar='QUERY', type=str, nargs='*',
                        help='the question to answer')
    parser.add_argument('-p','--pos',
                        help='select answer in specified position (default: 1)',
                        default=1, type=int)
```

```
        parser.add_argument('-a','--all', help='display the full text of the answer',
                            action='store_true')
        parser.add_argument('-l','--link', help='display only the answer link',
                            action='store_true')
        parser.add_argument('-c', '--color', help='enable colorized output',
                            action='store_true')
        parser.add_argument('-n','--num-answers', help='number of answers to return',
                            default=1, type=int)
        parser.add_argument('-C','--clear-cache', help='clear the cache',
                            action='store_true')
        parser.add_argument('-v','--version',
                            help='displays the current version of howdoi',
                            action='store_true')
        return parser
```

Der Parser verarbeitet die Kommandozeile und legt ein Dictionary an, das jedes Argument auf einen Wert abbildet. Das `action='store_true'` gibt an, dass die Option als Flag gedacht ist, das heißt, wenn die Option auf der Kommandozeile vorhanden ist, wird der entsprechende Wert im Dictionary des Parsers auf True gesetzt.

docopt

docopts (http://docopt.org) Kernphilosophie lautet, dass die Dokumentation schön und verständlich sein sollte. Es stellt den Hauptbefehl `docopt.docopt()` bereit sowie einige Komfortfunktionen und -klassen für Poweruser. Die Funktion `docopt.docopt()` nimmt vom Entwickler geschriebene Nutzungshinweise im POSIX-Stil und verwendet sie, um die Kommandozeilenargumente des Nutzers zu interpretieren. Sie liefert ein Dictionary mit allen Argumenten und Optionen der Kommandozeile zurück. Außerdem übernimmt docopt das Handling der Optionen `--help` und `--version`.

Im folgenden Beispiel ist der Wert der Variablen arguments ein Dictionary mit den Schlüsseln *name*, --capitalize und --num_repetitions:

```
#!/usr/bin env python3
"""Says hello to you.

  Usage:
    hello <name>... [options]
    hello -h | --help | --version

    -c, --capitalize  whether to capitalize the name
    -n REPS, --num_repetitions=REPS number of repetitions [default: 1]
"""

__version__ = "1.0.0"  # Wird für --version benötigt

def hello(name, repetitions=1):
    for rep in range(repetitions):
        print('Hello {}'.format(name))

if __name__ == "__main__":
    from docopt import docopt
```

```
arguments = docopt(__doc__, version=__version__)
name = ' '.join(arguments['<name>'])
repetitions = arguments['--num_repetitions']
if arguments['--capitalize']:
    name = name.upper()
hello(name, repetitions=repetitions)
```

Seit Version 0.6.0 kann docopt auch komplexe Programme mit Unterbefehlen aufbauen, die sich wie der git-Befehl *(https://git-scm.com)* oder *Subversions (https://subversion.apache.org)* svn-Befehl verhalten. Es kann sogar genutzt werden, wenn ein Unterbefehl in einer anderen Sprache geschrieben ist. Wie das geht, zeigt eine vollständige Beispielanwendung *(https://github.com/docopt/docopt/tree/master/examples/git)*, die den git-Befehl reimplementiert.

Plac

Die Philosophie von *Plac (https://pypi.python.org/pypi/plac)* lautet, dass alle Informationen, die man zur Verarbeitung eines Befehlsaufrufs benötigt, in der Signatur der Zielfunktion enthalten sind. Es handelt sich um einen kleinen (rund 200 Zeilen langen) Wrapper um Pythons *argparse (http://docs.python.org/2/library/argparse.html)* aus der Standardbibliothek. Er stellt einen Hauptbefehl, plac.plac(), bereit, der den Argument-Parser aus der Funktionssignatur ableitet, die Kommandozeile verarbeitet und die Funktion dann aufruft.

Die Bibliothek sollte eigentlich »Command-Line Argument Parser« (clap) heißen, doch der Name war vergeben, kurz nachdem der Autor sich für diesen Namen entschieden hatte. Darum heißt sie jetzt – clap rückwärts gelesen – Plac. Die Nutzungshinweise sind nicht sehr informativ, doch schauen Sie, mit wie wenig Zeilen das folgende Beispiel auskommt:

```
# hello.py

def hello(name, capitalize=False, repetitions=1):
    """Says hello to you."""
    if capitalize:
        name = name.upper()
    for rep in range(repetitions):
        print('Hello {}'.format(name))

if __name__ == "__main__":
    import plac
    plac.call(hello)
```

Der Nutzungshinweis sieht so aus:

```
$ python hello.py --help
usage: hello.py [-h] name [capitalize] [repetitions]

Says hello to you.

positional arguments:
  name
```

```
capitalize  [False]
repetitions  [1]

optional arguments:
  -h, --help  show this help message and exit
```

Wenn Sie den Typ von Argumenten vor Übergabe an die Funktion umwandeln möchten, verwenden Sie den Dekorator annotations.

```
import plac

@plac.annotations(
    name = plac.Annotation("the name to greet", type=str),
    capitalize = plac.Annotation("use allcaps", kind="flag", type=bool),
    repetitions = plac.Annotation("total repetitions", kind="option", type=int))
def hello(name, capitalize=False, repetitions=1):
    """Says hello to you."""
    if capitalize:
        name = name.upper()
    for rep in range(repetitions):
        print('Hello {}'.format(name))
```

Darüber hinaus bietet plac.Interpreter eine sehr einfache Möglichkeit, interaktive Kommandozeilenanwendungen auf die Schnelle zu entwickeln. Beispiele finden Sie in placs *Dokumentation des interaktiven Modus (https://github.com/kennethreitz-archive/plac/blob/master/doc/plac_adv.txt)*.

Click

Die Hauptaufgabe von *Click (http://click.pocoo.org/)* (dem »*Command Line-Interface Creation Kit*«) besteht darin, den Entwickler dabei zu unterstützen, zusammensetzbare Kommandozeilenschnittstellen mit so wenig Code wie möglich zu erstellen. Die Click-Dokumentation verdeutlicht (frei übersetzt) die Beziehung zu docopt:

> Das Ziel von Click besteht darin, zusammensetzbare Systeme zu erstellen, während das Ziel von docopt ist, die schönsten handgemachten Kommandozeilenschnittstellen zu bauen. Diese Ziele stehen auf subtile Art und Weise im Widerspruch zueinander. Click unterbindet aktiv die Implementierung bestimmter Muster, um einheitliche Kommandozeilenschnittstellen zu erreichen. Sie haben beispielsweise nur wenige Möglichkeiten, ihre Hilfeseiten umzuformatieren.

Mit den Voreinstellungen werden die meisten Bedürfnisse der Entwickler befriedigt sein, es kann von Powerusern aber weitreichend konfiguriert werden. Wie Plac nutzt es Dekoratoren, um die Parser-Definitionen an die sie nutzenden Funktionen zu binden, wodurch die Verwaltung der Kommandozeilenargumente außerhalb der Funktionen selbst liegt.

Die *hello.py*-Anwendung sieht mit Click wie folgt aus:

```
import click

@click.command()
@click.argument('name', type=str)
@click.option('--capitalize', is_flag=True)
@click.option('--repetitions', default=1,
              help="Times to repeat the greeting.")
def hello(name, capitalize, repetitions):
    """Say hello, with capitalization and a name."""
    if capitalize:
        name = name.upper()
    for rep in range(repetitions):
        print('Hello {}'.format(name))

if __name__ == '__main__':
    hello()
```

Click extrahiert die Beschreibung aus dem Docstring des Befehls und erzeugt die Hilfemeldung über einen eigenen Parser, der aus dem mittlerweile veralteten optparse der Standardbibliothek abgeleitet ist und dem POSIX-Standard mehr entspricht als argparse.[1] Die Hilfemeldung sieht wie folgt aus:

```
$ python hello.py --help
Usage: hello.py [OPTIONS] NAME

  Say hello, with capitalization and a name.

Options:
  --capitalize
  --repetitions INTEGER   Times to repeat the greeting.
  --help                  Show this message and exit.
```

Doch der eigentliche Wert von Click ist seine modulare »Zusammensetzbarkeit« – Sie können eine äußere Gruppierungsfunktion hinzufügen, und alle anderen Click-dekorierten Funktionen Ihres Projekts werden zu Unterbefehlen dieses Top-Level-Befehls:

```
import click

@click.group()                                          ❶
@click.option('--verbose', is_flag=True)
@click.pass_context                                     ❷
def cli(ctx, verbose):
    ctx.obj = dict(verbose = verbose)                   ❸
    if ctx.obj['verbose']:
        click.echo("Now I am verbose.")

# 'hello'-Funktion wie vorhin ...
if __name__ == '__main__':
    cli()    .                                          ❹
```

---

1   docopt nutzt weder optparse noch argparse und verwendet reguläre Ausdrucke, um den Docstring zu verarbeiten.

❶ Der group()-Dekorator erzeugt einen Top-Level-Befehl, der zuerst ausgeführt wird, bevor der Unterbefehl aufgerufen wird.

❷ Mithilfe des pass_context-Dekorators übergeben Sie (optional) Objekte aus dem grouped-Befehl an einen Unterbefehl, indem Sie das erste Argument zu einem click.core.Context-Objekt machen.

❸ Das Objekt hat das spezielle Attribut ctx.obj, das an Unterbefehle übergeben werden kann, die einen @click.pass_context-Dekorator verwenden.

❹ Statt nun die Funktion hello() aufzurufen, nutzen wir die vorhin mit @click.group() dekorierte Funktion – in unserem Fall also cli().

Clint

Die *Clint (https://pypi.python.org/pypi/clint/)*-Bibliothek ist, wie der Name andeutet, eine Sammlung aus *Command-Line INterface Tools*. Sie unterstützt Features wie CLI-Farben und Einrückung, eine einfache, aber leistungsfähige spaltenorientierte Ausgabe, Iterator-basierte Fortschrittsanzeigen und eine implizite Verarbeitung von Argumenten. Im folgenden Beispiel sehen Sie die Farb- und Einrückungstools:

```
"""Usage string."""
from clint.arguments import Args
from clint.textui import colored, columns, indent, puts

def hello(name, capitalize, repetitions):
    if capitalize:
        name = name.upper()
    with indent(5, quote=colored.magenta(' ~*~', bold=True)):  ❶
        for i in range(repetitions):
            greeting = 'Hello {}'.format(colored.green(name))  ❷
            puts(greeting)  ❸

if __name__ == '__main__':
    args = Args()  ❹
    # Auf Hilfemeldung prüfen und diese ausgeben.
    if len(args.not_flags) == 0 or args.any_contain('-h'):
        puts(colored.red(__doc__))
        import sys
        sys.exit(0)

    name = " ".join(args.grouped['_'].all)  ❺
    capitalize = args.any_contain('-c')
    repetitions = int(args.value_after('--reps') or 1)
    hello(name, capitalize=capitalize, repetitions=repetitions)
```

❶ Clints indent ist ein Kontextmanager und in der with-Anweisung intuitiv zu nutzen. Die quote-Option stellt jeder Zeile ein fett gedrucktes magentafarbenes ~*~ voran.

❷ Das colored-Modul besitzt acht Farbfunktionen und eine Option, um Farben zu deaktivieren.

❸ Die puts()-Funktion ähnelt print(), übernimmt aber auch die Einrückung und das Quoting.

❹ Args bietet einige Filtertools für die Argumentenliste. Es gibt ein anderes Args-Objekt zurück, um die Filter verketten zu können.

❺ Hier werden die von Args() erzeugten args verwendet.

cliff

cliff (https://pypi.python.org/pypi/cliff) (das *Command-Line Interface Formulation Framework*) ist ein Framework zur Entwicklung von Kommandozeilenprogrammen. Es ist für den Bau mehrstufiger Befehle gedacht, die sich wie svn (Subversion) oder git bzw. interaktive Programme wie die Cassandra- oder eine SQL-Shell verhalten.

cliffs Funktionalität gruppiert sich in abstrakten Basisklassen. Sie müssen cliff.command.Command einmal für jeden Unterbefehl implementieren, und cliff.commandmanager.CommandManager delegiert dann an den richtigen Befehl weiter – hier ein minimalistisches *hello.py*:

```python
import sys

from argparse import ArgumentParser         ❶
from pkg_resources import get_distribution

from cliff.app import App
from cliff.command import Command
from cliff.commandmanager import CommandManager

__version__ = get_distribution('HelloCliff').version     ❷

class Hello(Command):
    """Say hello to someone."""

    def get_parser(self, prog_name):          ❸
        parser = ArgumentParser(description="Hello command", prog=prog_name)
        parser.add_argument('--num', type=int, default=1, help='repetitions')
        parser.add_argument('--capitalize', action='store_true')
        parser.add_argument('name', help='person\'s name')
        return parser

    def take_action(self, parsed_args):       ❹
        if parsed_args.capitalize:
            name = parsed_args.name.upper()
        else:
            name = parsed_args.name
        for i in range(parsed_args.num):
            self.app.stdout.write("Hello from cliff, {}.\n".format(name))

class MyApp(cliff.app.App):                   ❺
    def __init__(self):
        super(MyApp, self).__init__(
            description='Minimal app in Cliff',
```

```
            version=__version__,
            command_manager=CommandManager('named_in_setup_py'),  ❻
    )

def main(argv=sys.argv[1:]):
    myapp = MyApp()
    return myapp.run(argv)
```

❶ cliff nutzt `argparse.ArgumentParser` direkt für seine Kommandozeilenschnittstelle.

❷ Bestimmt die Version über die *setup.py* (das letzte Mal, als `pip install` ausgeführt wurde).

❸ `get_parser()` wird von der abstrakten Basisklasse benötigt und muss einen `argparse.ArgumentParser` zurückliefern.

❹ `take_action()` wird von der abstrakten Basisklasse benötigt. Diese Funktion wird ausgeführt, wenn der `Hello`-Befehl aufgerufen wird.

❺ Die Hauptanwendung ist als Subklasse von `cliff.app.App` für das Setup des Loggings, der E/A-Streams und aller anderen Dinge verantwortlich, die global für alle Unterbefehle gelten.

❻ Der `CommandManager` verwaltet alle `Command`-Klassen. Er nutzt den Inhalt der `entry_points` aus *setup.py*, um die Befehlsnamen zu ermitteln.

GUI-Anwendungen

In diesem Abschnitt führen wir zuerst Widget-Bibliotheken auf, also Toolkits und Frameworks, die Buttons, Scrollleisten, Fortschrittsbalken und andere vorgefertigte Komponenten bieten. Den Abschluss bildet ein kurzer Überblick über Spielebibliotheken.

Widget-Bibliotheken

Im Kontext der GUI-Entwicklung sind *Widgets* Buttons, Slider, Scrollbalken und andere häufig genutzte Kontroll- und Ausgabeelemente grafischer Benutzerschnittstellen. Dank dieser Widgets bleibt Ihnen die Low-Level-Programmierung erspart, etwa um zu bestimmen, welcher Button unter der Maus war, als sie angeklickt wurde, oder gar auf ganz niedriger Ebene angesiedelte Aufgaben wie die verschiedenen Windowing-APIs, die von den unterschiedlichen Betriebssystemen genutzt werden.

Wenn die GUI-Entwicklung Neuland für Sie ist, wünschen Sie zuerst etwas, das einfach zu nutzen ist, damit Sie lernen können, wie man GUIs macht. Dafür empfehlen wir Tkinter, das bereits zur Python-Standardbibliothek gehört. Danach ist Ihnen wahrscheinlich die Struktur und Funktion des Toolkits wichtig, das der Bibliothek zugrunde liegt. Wir gruppieren die Bibliotheken also nach Toolkits, und zwar in der Reihenfolge ihrer Beliebtheit.

Tabelle 7-2: GUI-Widget-Bibliotheken

Zugrunde liegende Bibliothek (Sprache)	Python-Bibliothek	Lizenz	Gründe für den Einsatz
Tk (Tcl)	tkinter	Python Software Foundation-Lizenz	• Alle Abhängigkeiten sind bei Python bereits dabei. • Bietet Standard-UI-Widgets wie Buttons, Scrollbalken, Textboxen und Canvas.
SDL2 (C)	Kivy	MIT oder LGPL3 (vor 1.7.2)	• Kann zur Entwicklung von Android-Apps genutzt werden. • Hat Multitouch-Features. • Ist (wo möglich) in C optimiert und nutzt die GPU.
Qt (C++)	PyQt	GNU General Public Licence (GPL) oder kommerzielle Lizenz	• Konsistentes »Look-and-feel« über alle Plattformen hinweg. • Viele Anwendungen und Bibliotheken basieren bereits auf Qt (z. B. die Eric IDE, Spyder und/oder Matplotlib, d. h., sie könnte bereits installiert sein. • Qt5 (das nicht zusammen mit Qt4 genutzt werden kann) bietet Utilities für die Entwicklung von Android-Apps.
Qt (C++)	PySide	GNU Lesser General Public License (LGPL)	• Direkter Ersatz für PyQt mit einer weniger restriktiven Lizenz.
GTK (C) (GIMP Toolkit)	PyGObject (PyGi)	GNU Lesser General Public License (LGPL)	• Python-Bindungen für GTK+ 3. • Sollte denjenigen vertraut sein, die bereits für das GNOME-Desktopsystem entwickelt haben.
GTK (C)	PyGTK	GNU Lesser General Public license (LGPL)	• Verwenden Sie sie nur, wenn Ihr Projekt bereits PyGTK nutzt. Alten PyGTK-Code sollten Sie auf PyGObject portieren.
wxWindows (C++)	wxPython	wxWindows-Lizenz (eine modifizierte LGPL)	• Bietet das systemeigene »Look- and-feel«, indem es die verschiedenen Windowing-Bibliotheken für jede Plattform zugänglich macht. • Das bedeutet, dass Teile Ihres Codes für jede Plattform unterschiedlich sein werden.
Objective-C	PyObjC	MIT-Lizenz	• Bietet eine Schnittstelle zu (und von) Objective-C. • Gibt Ihrem OS X-Projekt das systemtypische »Look-and-feel«. • Kann nicht mit anderen Plattformen genutzt werden.

Die folgenden Abschnitte gehen detaillierter auf die verschiedenen GUI-Optionen für Python ein, gruppiert nach dem jeweils zugrunde liegenden Toolkit.

Tk

Das Modul Tkinter in Pythons Standardbibliothek ist ein schlanker objektorientierter Layer über Tk, der in Tcl geschriebenen Widget-Bibliothek. (Beide zusammen werden üblicherweise als Tcl/Tk bezeichnet.)[2] Da es in der Standardbibliothek enthalten ist, ist es das bequemste und kompatibelste GUI-Toolkit in dieser Liste.

Sowohl Tk als auch Tkinter sind für die meisten Unix-Plattformen verfügbar, ebenso wie für Windows und OS X.

Ein gutes mehrsprachiges Tk-Tutorial mit Python-Beispielen finden Sie auf *TkDocs (http://www.tkdocs.com/tutorial/index.html)*. Weitere Informationen gibt es im *Python-Wiki (http://wiki.python.org/moin/TkInter)*.

Wenn Sie eine Python-Standard-Distribution nutzen, sollten Sie außerdem IDLE besitzen, eine grafische interaktive Programmierumgebung, die vollständig in Python geschrieben und Teil der Python-Standardbibliothek ist. Sie können sie von der Kommandozeile mit dem Befehl `idle` starten oder sich den Quellcode ansehen. Den Pfad finden Sie, indem Sie Folgendes in der Shell eingeben:

```
$ python -c"import idlelib; print(idlelib.__path__[0])"
```

Das Verzeichnis enthält sehr viele Dateien. Gestartet wird die IDLE-Anwendung aus dem Modul *PyShell.py*.

Wenn Sie sich die Nutzung der Zeichenschnittstelle `tkinter.Canvas` ansehen wollen, finden Sie diese im *turtle-Modul (https://docs.python.org/3/library/turtle.html)*. Den Pfad können Sie in der Shell wie folgt ermitteln:

```
$ python -c"import turtle; print(turtle.__file__)"
```

Kivy

Kivy (http://kivy.org) ist eine Python-Bibliothek für die Entwicklung Multitouch-fähiger Rich-Media-Anwendungen. Kivy wird aktiv von einer Community entwickelt, hat eine freizügige BSD-ähnliche Lizenz und läuft auf allen wichtigen Plattformen (Linux, OS X, Windows und Android). Sie ist in Python geschrieben und nutzt keines der bekannten Windowing-Toolkits, sondern direkt den *SDL2 (Simple DirectMedia Layer) (https://www.libsdl.org/)*, eine C-Bibliothek für den Low-Level-Zugriff auf Eingabegeräte[3] und Audio sowie den Zugriff auf das 3-D-Rendering mittels OpenGL (oder Direct3D unter Windows). Es enthält einige Widgets (im Modul `kivy.uix` *(https://kivy.org/docs/api-kivy.uix.html)*), doch nicht annähernd so viele wie die beliebtesten Alternativen Qt und GTK. Wenn Sie eine traditionelle Geschäftsanwendung für den Desktop entwickeln, sind Qt oder GTK wahrscheinlich die bessere Wahl.

Um sie zu installieren, wechseln Sie auf die *Kivy-Download-Seite (https://kivy.org/#download)*, wählen Ihr Betriebssystem und laden die für Ihre Python-Version rich-

---

[2] Tcl *(https://www.tcl.tk/about/language.html)*, ursprünglich Tool Command Language, ist eine von John Ousterhout (http://web.stanford.edu/~ouster/cgi-bin/tclHistory.php) in den frühen 1990ern für den Entwurf integrierter Schaltungen entwickelte Sprache.

[3] Neben der üblichen Mausunterstützung kann es auch mit folgenden Eingabegeräten umgehen: TUIO *(http://www.tuio.org/)* (ein Open-Source-Protokoll bzw. eine ebensolche API für Touch und Gesten), Nintendo's Wii Remote, WM_TOUCH (die Windows-Touch-API), HidTouch *(https://sourceforge.net/projects/hidtouchsuite/)* nutzende USB-Touchscreens, Apple-Produkte und andere *(https://kivy.org/docs/api-kivy.input.providers.html)*.

tige ZIP-Datei herunter. Dann folgen Sie den für Ihr Betriebssystem angegebenen Anweisungen. Der Code umfasst ein Verzeichnis mit über einem Dutzend Beispielen, die verschiedene Teile der API demonstrieren.

Qt

Qt (http://qt-project.org/) ist ein plattformübergreifendes Anwendungs-Framework, das häufig zur Entwicklung von GUI-Software verwendet wird. Es kann aber auch für Nicht-GUI-Anwendungen genutzt werden. Zusätzlich gibt es eine *Qt5-Version für Android (http://doc.qt.io/qt-5/android-support.html)*. Ist Qt bei Ihnen bereits installiert (weil Sie Spyder, Eric IDE, Matplotlib oder andere Qt nutzende Tools verwenden), können Sie Ihre Qt-Version über die Kommandozeile wie folgt ermitteln:

```
$ qmake -v
```

Qt steht unter der LGPL-Lizenz, die die Weitergabe von Qt nutzenden Binaries erlaubt, solange keine Änderungen an Qt vorgenommen werden. Eine kommerzielle Lizenz bietet zusätzliche Tools wie Datenvisualisierung und In-App-Käufe. Qt ist ein Framework – es stellt einige vorgefertigte Gerüste für verschiedene Arten von Anwendungen bereit. Sie sollten sich an die *aktuelle C++-Dokumentation von Qt (http://doc.qt.io/)* halten, denn für die beiden Python-Schnittstellen für Qt (PyQt und PySide) ist die Dokumentation nicht besonders gut. Hier eine Kurzbeschreibung der beiden Bibliotheken:

PyQt
> PyQt von Riverbank Computing ist aktueller als PySide (das noch keine Qt5-Version besitzt). Um es zu installieren, folgen Sie der Dokumentation für die *PyQt4- (http://pyqt.sourceforge.net/Docs/PyQt4/installation.html)* oder *PyQt5-Installation (http://pyqt.sourceforge.net/Docs/PyQt5/installation.html)*. PyQt4 funktioniert nur mit Qt4 und PyQt5 nur mit Qt5. (Wenn Sie wirklich für beide entwickeln müssen, empfehlen wir Docker, ein Tool zur Userspace-Isolation, das wir in »Docker« auf Seite 43 diskutiert haben. Auf diese Weise sparen Sie sich die Änderung der Bibliothekspfade.)
>
> Riverbank Computing bietet auch *pyqtdeploy (https://pypi.python.org/pypi/pyqtdeploy)* an, ein GUI-Tool für PyQt5, das plattformspezifischen C++-Code erzeugt, den Sie zum Bau von Binaries für die Distribution verwenden können. Weitere Informationen liefern die folgenden *PyQt4-Tutorials (https://pythonspot.com/en/pyqt4/)* und *PyQt5-Beispiele (https://github.com/baoboa/pyqt5/tree/master/examples)*.

PySide
> *PySide (https://wiki.qt.io/PySideDocumentation)* wurde veröffentlicht, als Qt noch Nokia gehörte, weil man Riverside Computing (die Macher von PyQt) nicht dazu bewegen konnte, PyQts Lizenz von der GPL auf die LGPL umzustellen. Sie ist als direkter Ersatz für PyQt gedacht, hinkt PyQt in der Entwicklung aber immer etwas hinterher. Dieses Wiki erklärt die *Unterschiede zwischen PySide und PyQt (http://bit.ly/differences-pyside-pyqt)*.

Um PySide zu installieren, folgen Sie den Anweisungen *der Qt-Dokumentation (https://wiki.qt.io/Setting_up_PySide)*. Dort finden Sie auch eine Seite, die Ihnen beim *Schreiben Ihrer ersten PySide-Anwendung (https://wiki.qt.io/Hello-World-in-PySide)* hilft.

GTK+

Das *GTK+-Toolkit (http://www.gtk.org/)* (steht für GIMP[4]-Toolkit) bietet eine API für das Backbone der GNOME-Desktopumgebung. Programmierer könnten GTK+ gegenüber Qt vorziehen, weil sie C bevorzugen und den GTK+-Quellcode besser lesen können (wenn sie es denn müssen) oder weil sie bereits GNOME-Anwendungen entwickelt haben und daher mit der API schon vertraut sind. Die beiden Bibliotheken mit GTK+-Bindungen für Python sind:

pyGTK
PyGTK bietet Python-Bindungen für GTK+, unterstützt aktuell aber nur die GTK+-2.x-API (nicht GTK+ 3+). Die Bibliothek wird nicht mehr weiterentwickelt, und das Team empfiehlt, PyGTK nicht für neue Projekte zu verwenden und vorhandene Anwendungen von PyGTK auf PyGObject zu portieren.

PyGObject (alias PyGI)
PyGObject *(https://wiki.gnome.org/Projects/PyGObject)* stellt Python-Bindungen bereit, die den Zugriff auf die gesamte GNOME-Softwareplattform erlauben. Es ist auch als PyGI bekannt, weil es eine *Python-API (http://lazka.github.io/pgi-docs/)* für die *GObject- Introspektion (https://wiki.gnome.org/Projects/GObjectIntrospection)* besitzt und auch nutzt. Dabei handelt es sich um eine API-Bridge zwischen anderen Sprachen und GNOMEs C-Kernbibliothek *(GLib (https://developer.gnome.org/glib/))*. Man muss sich nur an die Konventionen zur *Definition eines GObjects (https://developer.gnome.org/gobject/stable/pt02.html)* halten. Sie ist mit GTK+ 3 vollständig kompatibel. Das *Python GTK+ 3-Tutorial (http://python-gtk-3-tutorial.readthedocs.org/en/latest/)* bietet einen guten Einstieg.

Für die Installation besorgen Sie sich die Binaries von der *PyGObject-Download-Site (http://bit.ly/pygobject-download)*. Unter OS X installieren Sie es über homebrew mit `brew install pygobject`.

wxWidgets

Die Designphilosophie hinter *wxWidgets (https://www.wxwidgets.org/)* ist, dass ein natives »Look-and-feel« einer App am besten erreicht wird, wenn man die bei den jeweiligen Betriebssystemen verwendete API nutzt. Auch Qt und GTK+ können nun hinter den Kulissen andere Windowing-Bibliotheken als X11 nutzen, doch Qt

---

4 GIMP steht für GNU Image Manipulation Program. GTK+ wurde entwickelt, um das Zeichnen in GIMP zu unterstützen, wurde aber so populär, dass viele eine ganze Desktop-Windowing-Umgebung damit bauen wollten – daher GNOME.

abstrahiert sie, und GTK lässt sie so aussehen, als würden Sie für GNOME programmieren. Der Vorteil von wXWidgets ist, dass Sie direkt mit jeder Plattform kommunizieren und dass die Lizenz wesentlich freizügiger ist. Das Problem ist allerdings, dass Sie jede Plattform ein wenig anders handhaben müssen.

Das Python-Erweiterungsmodul, das wxWidgets für Python-Nutzer zugänglich macht, heißt *wxPython (http://wxpython.org/)*. An einem gewissen Punkt war es die beliebteste Windowing-Bibliothek für Python, möglicherweise aufgrund ihrer Philosophie, native Interface-Tools zu nutzen, doch mittlerweile scheinen die Lösungen von Qt und GTK+ gut genug zu sein. Wenn Sie es dennoch installieren wollen, besuchen Sie *http://www.wxpython.org/download.php#stable (http://www.wxpython.org/download.php#stable)*, laden das für Ihr System passende Paket herunter und starten mit dem *wxPython-Tutorial (http://bit.ly/wxpython-getting-started)*.

Objective-C

Objective-C ist die proprietäre Sprache, die Apple für die Betriebssysteme OS X und iOS verwendet und die den Zugriff auf das Cocoa-Framework für die Anwendungsentwicklung unter OS X erlaubt. Im Gegensatz zu den schon besprochenen Bibliotheken läuft Objective-C nicht auf anderen Plattformen, sondern nur auf Apple-Produkten.

PyObjC ist eine bidirektionale Bridge zwischen den OS X Objective-C-Sprachen und Python, das heißt, es erlaubt nicht nur Python den Zugriff auf das Cocoa-Framework zur Anwendungsentwicklung unter OS X, sondern es erlaubt Objective-C-Programmierern auch den Zugriff auf Python.[5]

Das Cocoa-Framework ist nur für OS X verfügbar. Entscheiden Sie sich also nicht für Objective-C (über PyObjC), wenn Sie plattformübergreifende Anwendungen entwickeln.

Sie müssen (wie in »Python unter Mac OS X installieren« auf Seite 9 beschrieben) Xcode installiert haben, weil PyObjC einen Compiler benötigt. Außerdem funktioniert PyObjC nur mit der Standard-CPython-Distribution und nicht mit anderen Distributionen wie PyPy oder Jython. Wir empfehlen die Nutzung des in OS X enthaltenen Python-Executables, da *dieses* Python von Apple modifiziert und speziell für die Arbeit mit OS X konfiguriert wurde.

Um Ihre virtuelle Umgebung mit dem Python-Interpreter des Systems zu erzeugen, geben Sie beim Aufruf den vollständigen Pfad an. Wenn Sie nicht als Superuser in-

---

5   Die Entwicklung von *Swift (http://www.apple.com/swift/)* hat diesen Bedarf möglicherweise reduziert. Die Sprache ist fast so einfach wie Python, d. h., wenn Sie nur für OS X entwickeln, können Sie ebenso gut mit Swift arbeiten und alles nativ machen (außer Berechnungen, die immer noch von wissenschaftlichen Bibliotheken wie NumPy und Pandas profitieren).

stallieren wollen, verwenden Sie den Switch --user, der die Bibliothek unter *$HOME/Library/Python/2.7/lib/python/site-packages/* ablegt:

```
$ /usr/bin/python -m pip install --upgrade --user virtualenv
```

Aktivieren Sie die Umgebung, wechseln Sie hinein und installieren Sie PyObjC:

```
$ /usr/bin/python -m virtualenv venv
$ source venv/bin/activate
(venv)$ pip install pyobjc
```

Das dauert eine Weile. PyObjC wird zusammen mit py2app (siehe »py2app« auf Seite 186) geliefert. Dieses OS X-spezifische Tool erzeugt distributionsfähige, eigenständige Anwendungs-Binaries. Beispielanwendungen finden Sie auf der *PyObjC-Beispielseite (http://pythonhosted.org/pyobjc/examples/index.html)*.

Spieleentwicklung

Kivy wurde wirklich schnell sehr beliebt, hat aber einen wesentlich größeren Speicherplatzbedarf als die in diesem Abschnitt aufgeführten Bibliotheken. Wir haben es als Toolkit eingeordnet, weil es Widgets und Buttons bietet, doch es wird auch häufig zur Entwicklung von Spielen eingesetzt. Die Pygame-Community betreibt eine *Python-Spieleentwickler-Website (http://www.pygame.org/hifi.html)*, die sich an alle Spieleentwickler richtet, egal ob sie Pygame nutzen oder nicht. Die beliebtesten Bibliotheken für die Spieleentwicklung sind:

cocos2d
 cocos2d (https://pypi.python.org/pypi/cocos2d) steht unter einer BSD-Lizenz. Es setzt auf pyglet auf und bietet ein Framework, das Ihr Spiel in eine Reihe von *Szenen* strukturiert, die über eigene Workflows miteinander verknüpft sind und von einem *Director* verwaltet werden. Nutzen Sie es, wenn Sie den Szene/Director/Workflow-Stil mögen, der in der Dokumentation (*http://tinyurl.com/py-cocos2d-scenes*) beschrieben wird, oder wenn Sie pyglet zum Zeichnen und SDL2 für die Joystick- und Audiosteuerung einsetzen wollen. Sie können cocos2d per pip installieren. Für SDL2 befragen Sie zuerst Ihren Paketmanager und laden es dann von der *SDL2-Site (https://www.libsdl.org/)* herunter. Den besten Einstieg bieten die *cocos2d-Beispielanwendungen (https://github.com/los-cocos/cocos/tree/master/samples)*.

pyglet
 pyglet (https://pypi.python.org/pypi/pyglet) steht ebenfalls unter der BSD-Lizenz. Es handelt sich um eine Reihe von Wrappern um OpenGL sowie um Tools zur Darstellung und Bewegung von Sprites in einem Fenster. Installieren Sie es – außer pip sollten Sie nichts weiter benötigen, weil die meisten Computer über OpenGL verfügen – und führen Sie einige der *Beispielanwendungen (https://bitbucket.org/pyglet/pyglet/src/default/examples)* aus, einschließlich eines vollständigen *Asteroids-Klons (http://bit.ly/astrea-py)*, der aus weniger als 800 Codezeilen besteht.

Pygame
> Pygame steht unter der Zlib-Lizenz sowie zusätzlich unter GNU LGPLv2.1 für SDL2. Es gibt eine große, aktive Community mit Unmengen an *Pygame-Tutorials (http://www.pygame.org/wiki/tutorials)*, doch es nutzt SDL1 (eine ältere Version der Bibliothek). Es ist nicht über PyPI verfügbar, also befragen Sie zuerst Ihren Paketmanager. Falls es dort nicht verfügbar ist, müssen Sie *Pygame herunterladen (http://www.pygame.org/download.shtml)*.

Pygame-SDL2
> *Pygame-SDL2 (http://bit.ly/pygame-sdl2)* ist relativ neu und der Versuch, Pygame mit einem SDL2-Backend zu reimplementieren. Es steht unter der gleichen Lizenz wie Pygame.

PySDL2
> *PySDL2 (https://pypi.python.org/pypi/PySDL2)* läuft unter CPython, IronPython und PyPy und ist ein schlankes Python-Interface für die SDL2-Bibliothek. Wenn Sie die leichtgewichtigste Python-Schnittstelle zu SDL2 wollen, dann ist dies Ihre Bibliothek. Weitere Informationen finden Sie im *PySDL2-Tutorial (http://pysdl2.readthedocs.io/en/latest/tutorial/index.html)*.

Webanwendungen

Als leistungsfähige Skriptsprache, die sowohl zur schnellen Prototypenentwicklung als auch für größere Projekte genutzt wird, findet man Python auch häufig bei der Entwicklung von Webanwendungen (YouTube, Pinterest, Dropbox und The Onion nutzen es alle).

Zwei Bibliotheken, die wir in Kapitel 5 untersucht haben – »Werkzeug« auf Seite 148 und »Flask« auf Seite 163 –, dienen der Entwicklung von Webanwendungen. Mit ihrer Hilfe haben wir kurz das *Web Server Gateway Interface* (WSGI) erläutert, einen in *PEP 3333 (https://www.python.org/dev/peps/pep-3333/)* definierten Python-Standard, der festlegt, wie Webserver und Python-Webanwendungen kommunizieren. Dieser Abschnitt sieht sich Web-Frameworks für Python an, ihre Templating-Systeme, die Server, mit denen sie kommunizieren, und die Plattformen, auf denen sie laufen.

Web-Frameworks/Mikroframeworks

Vereinfacht ausgedrückt, besteht ein Web-Framework aus einer Reihe von Bibliotheken und einem Handler, innerhalb dessen Sie eigenen Code einbinden können, um eine Webanwendung zu implementieren (z. B. eine interaktive Website, die ein Client-Interface für auf dem Server laufenden Code bereitstellt). Die meisten Web-Frameworks umfassen Muster und Utilities für zumindest die folgenden Aufgaben:

URL-Routing
   Abbildung eines eingehenden HTTP-Requests auf eine bestimmte Python-Funktion (oder ein Callable).

Handling von Request- und Response-Objekten
   Kapselung der Informationen, die vom Browser des Nutzers empfangen oder an diesen gesendet werden.

Templating
   Einfügen von Python-Variablen in HTML-Templates oder andere Ausgaben. Auf diese Weise kann der Programmierer die Anwendungslogik (in Python) vom Layout (im Template) trennen.

Entwicklungs-Webserver für das Debugging
   Führt einen einfachen HTTP-Server auf den Entwicklungsrechnern aus, um eine schnellere Entwicklung zu ermöglichen. Der serverseitige Code wird dabei oft automatisch neu geladen, wenn Dateien aktualisiert werden.

Sie sollten nicht um das Framework herum programmieren müssen. Es sollte bereits all das bieten, was Sie benötigen – getestet und genutzt von Tausenden anderer Entwickler. Wenn Sie also immer noch nicht das gefunden haben, was Sie brauchen, sehen Sie sich die vielen anderen Frameworks an (wie Bottle, Web2Py, CherryPy). Ein technischer Rezensent hat auch angemerkt, dass wir *Falcon (http://falconframework.org/)* erwähnen sollten, ein speziell für REST-APIs gedachtes Framework (das nicht einfach HTML-Seiten zurückliefert).

Alle in Tabelle 7-3 aufgeführten Bibliotheken können per `pip` installiert werden:

```
$ pip install Django
$ pip install Flask
$ pip install tornado
$ pip install pyramid
```

Tabelle 7-3: Web-Frameworks

Python-Bibliothek	Lizenz	Gründe für den Einsatz
Django	BSD-Lizenz	• Bietet Struktur – eine weitestgehend vorgefertigte Site, in der Sie das Layout übernehmen sowie die zugrunde liegenden Daten und die Logik. • Eine administrative Webschnittstelle wird automatisch generiert. Nicht-Programmierer können dann Daten hinzufügen und löschen (beispielsweise neue Artikel). • Es ist in Djangos objektrelationales Mapping-Tool integriert.
Flask	BSD-Lizenz	• Erlaubt die vollständige Kontrolle über Ihren Stack. • Elegante Dekoratoren, die jede von Ihnen gewünschte Funktion um ein URL-Routing ergänzen. • Befreit Sie von den durch Django oder Pyramid vorgegebenen Strukturen.

Tabelle 7-3: Web-Frameworks (Fortsetzung)

Python-Bibliothek	Lizenz	Gründe für den Einsatz
Tornado	Apache-2.0-Lizenz	• Exzellentes asynchrones Event-Handling – Tornado verwendet einen eigenen HTTP-Server.
		• Bietet eine vorgefertigte Lösung zum Handling vieler WebSockets (persistente, vollduplexe Kommunikation über TCP[1]) oder anderer langlebiger Verbindungen.
Pyramid	Modifizierte BSD-Lizenz	• Bietet ein wenig vorgefertigte Struktur – *Scaffolding* genannt –, aber weniger als Django. Erlaubt (bei Bedarf) die Verwendung jeder gewünschten Datenbankschnittstelle und Templating-Bibliothek.
		• Basiert auf dem beliebten Zope-Framework und auf Pylons, beides Vorläufer von Pyramid.

[1] Das Transmission Control Protocol (TCP) ist ein Standardprotokoll, das definiert, wie zwei Computer eine Verbindung aufbauen und miteinander kommunizieren.

Die folgenden Abschnitte gehen etwas detaillierter auf die in Tabelle 7-3 aufgeführten Web-Frameworks ein.

Django

Django (http://www.djangoproject.com) ist das »Alles-inklusive-Framework« für Webanwendungen und eine ausgezeichnete Wahl für inhaltsorientierte Websites. Durch die Bereitstellung vieler Utilities und Muster ermöglicht Django die schnelle Entwicklung komplexer, datenbankbasierter Webanwendungen, während gleichzeitig die Best Practices für den Code gefördert werden, der es nutzt.

Django hat eine große und aktive Community und viele *wiederverwendbare Module (http://djangopackages.com/)*, die in einem Projekt direkt genutzt oder an die eigenen Bedürfnisse angepasst werden können.

Es gibt jedes Jahr Django-Konferenzen *in den Vereinigten Staaten (http://djangocon.us)* und *in Europa (http://djangocon.eu)*. Ein Großteil der heute mit Python neu entwickelten Webanwendungen basiert auf Django.

Flask

Flask (http://flask.pocoo.org/) ist ein *Mikroframework* für Python und eine exzellente Wahl für die Entwicklung kleiner Anwendungen, APIs und Webservices. Statt zu versuchen, Ihnen alles bereitzustellen, was Sie vielleicht benötigen, implementiert Flask nur die am häufigsten verwendeten Kernkomponenten einer Webapplikation, wie URL-Routing, Request- und Response-Objekte für HTTP und Templates. Die Entwicklung einer App mit Flask erinnert stark an die Entwicklung eines Standard-Python-Moduls, nur dass an einige Funktionen Routen gekoppelt sind (über einen Dekorator wie in dem hier gezeigten Codebeispiel). Das ist wirklich schön:

```
@app.route('/deep-thought')
def answer_the_question():
    return 'The answer is 42.'
```

Wenn Sie Flask nutzen, ist es an Ihnen, bei Bedarf andere Komponenten für Ihre Anwendung auszuwählen. Beispielsweise sind Datenbankzugriff und Formulargenerierung/-validierung nicht in Flask integriert. Das ist vorteilhaft, weil viele Webanwendungen solche Features gar nicht benötigen. Ist das bei Ihnen aber der Fall, stehen viele *Erweiterungen (http://flask.pocoo.org/extensions/)* zur Verfügung, etwa *SQLAlchemy (http://flask-sqlalchemy.pocoo.org/)* für eine Datenbank, *pyMongo (https://docs.mongodb.org/getting-started/python/)* für MongoDB und *WTForms (https://flask-wtf.readthedocs.org/)* für Formulare.

Flask ist eine gute Wahl für alle Python-Webanwendungen, die nicht gut in Djangos vorgefertigtes Scaffolding passen. Eine gute Einführung bieten diese *Fleask-Beispielanwendungen (https://github.com/pallets/flask/tree/master/examples)*. Wenn Sie mehrere Anwendungen ausführen wollen (was bei Django Standard ist), verwenden Sie das *Anwendungs-Dispatching (http://bit.ly/application-dispatching)*. Wollen Sie stattdessen das Verhalten einer Reihe von Unterseiten innerhalb einer App duplizieren, versuchen Sie es mit Flasks *Blueprints (http://flask.pocoo.org/docs/0.10/blueprints/)*.

Tornado

Tornado (http://www.tornadoweb.org/) ist ein asynchrones Web-Framework (ereignisgesteuert, nicht sperrend wie *Node.js (https://nodejs.org/en/)*) für Python mit einem eigenen Event-Loop.[6] Das erlaubt beispielsweise die native Unterstützung des *WebSockets (http://bit.ly/websockets-api)*-Protokolls. Im Gegensatz zu den anderen Frameworks in diesem Abschnitt ist Tornado keine WSGI-Anwendung. Sie können es zwar entweder als WSGI-Anwendung oder als WSGI-Server laufen lassen, wenn Sie das Modul tornado.wsgi *(http://www.tornadoweb.org/en/stable/wsgi.html)* nutzen, doch selbst die Autoren fragen sich, was das soll,[7] da WSGI doch eine *synchrone* Schnittstelle ist und Tornado ein *asynchrones* Framework bereitstellt.

Tornado ist schwieriger in der Anwendung und wird weniger oft eingesetzt als Web-Frameworks wie Django oder Flask. Nutzen Sie es nur, wenn Sie wissen, dass der durch das asynchrone Framework entstehende Performancegewinn die zusätzliche Zeit wert ist, die Sie in die Programmierung stecken. Ist das der Fall, bieten die *Demoanwendungen (https://github.com/tornadoweb/tornado/tree/master/demos)*

---

6   Es wurde durch den *Twisted Web (http://twistedmatrix.com/trac/wiki/TwistedWeb)*-Server des Twisted-Projekts inspiriert, der Teil des Tornado-Netzwerk-Toolkits ist. Wenn Sie bei Tornado etwas vermissen, schauen Sie bei Twisted nach, da es dort wahrscheinlich implementiert ist. Doch seien Sie gewarnt: Twisted ist für Anfänger bekanntermaßen schwierig.

7   Tatsächlich sagt deren WSGI-Dokumentation (frei übersetzt): »Verwenden Sie WSGIContainer nur dann, wenn die Kombination aus Tornado und WSGI im gleichen Prozess die reduzierte Skalierbarkeit aufwiegt.«

einen guten Einstieg. Gut geschriebene Tornado-Anwendungen sind für ihre exzellente Performance bekannt.

Pyramid

Pyramid (http://www.pylonsproject.org/) erinnert stark an Django, fokussiert sich aber stärker auf die Modularität. Es wird mit einer kleineren Anzahl von Bibliotheken ausgeliefert und ermuntert die Nutzer, die Basisfunktionalität über teilbare Templates zu erweitern, die als *Scaffolds (http://bit.ly/pyramid-scaffolds)* bezeichnet werden. Sie registrieren den Scaffold und rufen ihn dann beim Anlegen eines neuen Projekts mit dem pcreate-Befehl auf, der das Scaffolding für Ihr Projekt übernimmt. Das ähnelt Djangos django-admin startproject *projektname*, bietet aber Optionen für andere Strukturen, verschiedene Datenbank-Backends und Optionen für das URL-Routing.

Pyramid hat keine so große Nutzerbasis wie Django oder Flask, doch diejenigen, die es nutzen, schwören darauf. Es ist ein sehr leistungsfähiges Framework, im Moment für neue Python-Webanwendungen aber nicht immer erste Wahl.

Hier ein paar *Pyramid-Tutorials (http://docs.pylonsproject.org/projects/pyramid-tutorials)* für den Einstieg. Wenn Sie Pyramid Ihrem Chef verkaufen wollen, versuchen Sie es mit diesem *Portal mit allen Informationen zu Pyramid (https://trypyramid.com/)*.

Web-Template-Engines

Die meisten WSGI-Anwendungen reagieren auf HTTP-Requests und liefern Inhalte in HTML oder anderen Markup-Sprachen zurück. Die Template-Engines sind für das Rendering dieses Inhalts verantwortlich: Sie verwalten eine Reihe von »Schablonen« (Templates) in einem gewissen System von Hierarchie und Einbindung, um unnötige Wiederholungen zu vermeiden, und füllen dann die statischen Inhalte dieser Templates mit den dynamischen Inhalten auf, die von der Anwendung erzeugt werden. Wir können dadurch am Konzept der Aufgabenteilung (engl. *Separation of Concerns*)[8] festhalten, wir halten nur die Anwendungslogik im Code vor und delegieren die Darstellung auf die Templates.

Template-Dateien werden manchmal von Designern oder Frontend-Entwicklern geschrieben, und die Komplexität der Seiten kann die Koordination erschweren. Hier einige bewährte Praktiken für die Anwendung, die Inhalte dynamisch an die Template-Engine übergibt, aber auch für die Templates selbst:

»Nie« ist oft besser als »jetzt sofort«
 Template-Dateien sollte nur der dynamische Inhalt übergeben werden, der zum Rendering der Templates benötigt wird. Widerstehen Sie der Versu-

---

[8] Separation of Concerns (*https://en.wikipedia.org/wiki/Separation_of_concerns*) ist ein Entwurfsprinzip, das besagt, dass guter Code modular ist. Jede Komponente soll nur eine Aufgabe erledigen.

chung, zusätzliche Inhalte »nur für den Fall der Fälle« mit zu übergeben. Es ist wesentlich leichter, eine fehlende Variable zu ergänzen, als eine vermeintlich ungenutzte Variable später wieder zu entfernen.

Halten Sie die Logik aus dem Template heraus
Viele Templates erlauben komplexe Anweisungen oder Zuweisungen innerhalb des Templates, und viele erlauben die Evaluierung von Python-Code in den Templates. Diese Bequemlichkeit kann zu einem unkontrollierten Anwachsen der Komplexität führen und erschwert oft das Auffinden von Bugs. Wir sind nicht hundertprozentig dagegen – Zweckmäßigkeit schlägt Reinheit –, also beherrschen Sie sich einfach.

Trennen Sie JavaScript und HTML
Häufig ist es nötig, JavaScript- und HTML-Templates zu mischen. Bewahren Sie sich Ihre geistige Gesundheit und isolieren Sie die Teile, in denen das HTML-Template Variablen an den JavaScript-Code übergibt.

Alle Template-Engines in Tabelle 7-4 entstammen der zweiten Generation mit guter Rendering-Geschwindigkeit[9] und neuen Features, die nach den Erfahrungen mit den alten Template-Sprachen hinzugefügt wurden.

Tabelle 7-4: Template-Engines

Python-Bibliothek	Lizenz	Gründe für den Einsatz
Jinja2	BSD-Lizenz	• Flasks Standard-Engine und in Django enthalten.
		• Basiert auf der Django-Template-Sprache, erlaubt aber ein kleines bisschen mehr Logik in den Templates.
		• Jinja2 ist die Standard-Engine für Sphinx, Ansible und Salt. Wenn Sie diese schon genutzt haben, kennen Sie Jinja2.
Chameleon	Modifizierte BSD-Lizenz	• Die Templates sind selbst gültiges XML/HTML.
		• Ähnelt der *Template Attribute Language* (TAL) und ihren Derivaten.
Mako	MIT-Lizenz	• Pyramids Standard-Engine.
		• Wurde mit Blick auf die Geschwindigkeit entwickelt – falls das Template-Rendering bei Ihnen wirklich der Flaschenhals ist.
		• Erlaubt sehr viel Code in Ihren Templates – Mako ist so eine Art Python-Version von *PHP (http://php.net/)*.

Die folgenden Abschnitte beschreiben die Bibliotheken in Tabelle 7-4 etwas detaillierter.

Jinja2

Jinja2 (http://jinja.pocoo.org/) ist die von uns für neue Python-Webanwendungen empfohlene Templating-Bibliothek. Sie ist Flasks Standard-Engine sowie die Stan-

---

[9] Rendering ist allerdings nur selten der Flaschenhals einer Webanwendung – üblicherweise ist das der Datenzugriff.

dard-Engine für den Python-Dokumentationsgenerator *Sphinx* (*http://www.sphinx-doc.org/*) und kann in Django, Pyramid und Tornado genutzt werden. Sie verwendet eine textbasierte Template-Sprache und kann daher jede Art von Markup erzeugen, nicht nur HTML. Jinja2 erlaubt die Anpassung von Filtern, Tags, Tests und globalen Variablen. Inspiriert durch Djangos Template-Sprache, besitzt es Features wie etwa Template-interne Logik, was einem Unmengen an Code erspart.

Hier einige wichtige Jinja2-Tags:

```
{# Ein Kommentar - wegen der Raute und der geschweiften Klammern. #}

{#So bindet man eine Variable ein: #}
{{title}}

{# Das definiert einen benannten Block, kann durch Child-Template ersetzt werden. #}
{% block head %}
<h1>Das ist die Standardüberschrift.</h1>
{% endblock %}

{# Die Iteration geht so: #}
{% for item in list %}
<li>{{ item }}</li>
{% endfor %}
```

Hier ein Beispiel einer Website in Kombination mit dem in »Tornado« auf Seite 214 beschriebenen Tornado-Webserver:

```python
# import Jinja2
from jinja2 import Environment, FileSystemLoader

# import Tornado
import tornado.ioloop
import tornado.web

# Template aus templates/site.html laden
TEMPLATE_FILE = "site.html"
templateLoader = FileSystemLoader( searchpath="templates/" )
templateEnv = Environment( loader=templateLoader )
template = templateEnv.get_template(TEMPLATE_FILE)

# Liste berühmter Filme
movie_list = [
    [1,"The Hitchhiker's Guide to the Galaxy"],
    [2,"Back to the Future"],
    [3,"The Matrix"]
]

# template.render() gibt einen String mit dem gerenderten HTML zurück
html_output = template.render(list=movie_list, title="My favorite movies")

# Handler für Hauptseite
class MainHandler(tornado.web.RequestHandler):
    def get(self):
        # Returns rendered template string to the browser request
        self.write(html_output)
```

```
# Handler an Root-Server zuweisen (127.0.0.1:PORT/)
application = tornado.web.Application([
    (r"/", MainHandler),
])
PORT=8884
if __name__ == "__main__":
    # Server einrichten
    application.listen(PORT)
    tornado.ioloop.IOLoop.instance().start()
```

Die Datei *base.html* kann als Basis für alle Seiten der Site dienen. Im folgenden Beispiel würde sie im (momentan leeren) content-Block definiert werden:

```
<!DOCTYPE HTML PUBLIC "-//W3C//DTD HTML 4.01//EN">
<html lang="en">
<html xmlns="http://www.w3.org/1999/xhtml">
<head>
    <link rel="stylesheet" href="style.css" />
    <title>{{title}} - My Web Page</title>
</head>
<body>
<div id="content">
    {# In der nächsten Zeile wird der Inhalt des Templates in site.html eingefügt #}
    {% block content %}{% endblock %}
</div>
<div id="footer">
    {% block footer %}
    &copy; Copyright 2013 by <a href="http://domain.invalid/">you</a>.
    {% endblock %}
</div>
</body>
```

Das nächste Codebeispiel ist die Site-Seite (*site.html*), die *base.html* erweitert. Der hier stehende content-Block wird automatisch in den entsprechenden Block in *base.html* eingefügt:

```
<!% extends "base.html" %}
{% block content %}
    <p class="important">
    <div id="content">
        <h2>{{title}}</h2>
        <p>{{ list_title }}</p>
        <ul>
            {% for item in list %}
            <li>{{ item[0]}} :  {{ item[1]}}</li>
            {% endfor %}
        </ul>
    </div>
    </p>
{% endblock %}
```

Chameleon

Chameleon (https://chameleon.readthedocs.org/) Page Templates (mit der Dateierweiterung *.pt*) sind eine HTML/XML-Template-Engine-Implementierung der Syntax von *Template Attribute Language (TAL) (http://en.wikipedia.org/wiki/Template_Attribute_Language)*, *TAL Expression Syntax (TALES) (http://bit.ly/expression-tales)* und *Macro Expansion TAL (Metal) (http://bit.ly/macros-metal)*. Chameleon analysiert die Page Templates und »kompiliert« sie in Python-Bytecode, um die Ladegeschwindigkeit zu erhöhen. Sie ist für Python 2.5 und höher (einschließlich 3.x und PyPy) verfügbar und eine der beiden von »Pyramid« auf Seite 215 verwendeten Standard-Rendering-Engines. (Die andere ist Mako, die im nächsten Abschnitt beschrieben wird.)

Die Page Templates fügen Ihrem XML-Dokument spezielle Elementattribute sowie Text-Markup hinzu. Eine Reihe einfacher Sprachkonstrukte erlaubt die Kontrolle des Dokumentenflusses, die Wiederholung von Elementen sowie die Ersetzung und Umwandlung von Text. Aufgrund der attributbasierten Syntax sind nicht gerenderte Seiten gültiges HTML, sie können im Browser betrachtet und in WYSIWYG-Editoren (What You See Is What You Get) sogar bearbeitet werden. Das kann die Zusammenarbeit mit Designern und das Prototyping mit statischen Dateien in einem Browser vereinfachen. Die grundlegende TAL-Sprache ist einfach genug, um schon anhand eines simplen Beispiels verstanden zu werden:

```
<html>
  <body>
    <h1>Hello, <span tal:replace="context.name">World</span>!</h1>
    <table>
      <tr tal:repeat="row 'apple', 'banana', 'pineapple'">
        <td tal:repeat="col 'juice', 'muffin', 'pie'">
          <span tal:replace="row.capitalize()" /> <span tal:replace="col" />
        </td>
      </tr>
    </table>
  </body>
</html>
```

Das Muster `<span tal:replace="ausdruck" />` für das Einfügen von Text ist so gängig, dass Sie es (wenn keine strikte Gültigkeit der ungerenderten Templates verlangt wird) durch eine kompaktere und besser leserliche Syntax ersetzen können, die das Muster ${*ausdruck*} nutzt:

```
<html>
  <body>
    <h1>Hello, ${world}!</h1>
    <table>
      <tr tal:repeat="row 'apple', 'banana', 'pineapple'">
        <td tal:repeat="col 'juice', 'muffin', 'pie'">
          ${row.capitalize()} ${col}
        </td>
      </tr>
    </table>
  </body>
</html>
```

Doch denken Sie daran, dass die vollständige `<span tal:replace="expression">`Standardtext`</span>`-Syntax auch Standardinhalte im ungerenderten Template erlaubt.

Da es aus der Pyramid-Welt stammt, ist Chameleon nicht weit verbreitet.

Mako

Mako (http://www.makotemplates.org/) ist eine Template-Sprache, die nach Python kompiliert wird, um die höchstmögliche Performance zu erreichen. Syntax und API orientieren sich an den besten Teilen anderer Templating-Sprachen wie Django und Jinja2. Sie ist die Standard-Template-Sprache des Pyramid-Frameworks (siehe »Pyramid« auf Seite 215). Ein Beispiel für ein Mako-Template sieht etwa so aus:

```
<%inherit file="base.html"/>
<%
    rows = [[v for v in range(0,10)] for row in range(0,10)]
%>
<table>
    % for row in rows:
        ${makerow(row)}
    % endfor
</table>

<%def name="makerow(row)">
    <tr>
    % for name in row:
        <td>${name}</td>\
    % endfor
    </tr>
</%def>
```

Es handelt sich um eine textbasierte Markup-Sprache (wie Jinja2), kann also für alles verwendet werden, nicht nur für XML/HTML-Dokumente. Um ein sehr einfaches Template zu rendern, machen Sie Folgendes:

```
from mako.template import Template
print(Template("hello ${data}!").render(data="world"))
```

Mako ist innerhalb der Python-Webcommunity hoch angesehen. Es ist schnell und erlaubt Entwicklern das Einbetten von Python-Logik in der Seite. Davor haben wir zwar gewarnt, doch sollte es mal nötig sein, ist dies das Tool, das es ermöglicht.

Web-Deployment

Die beiden Optionen, die wir in Sachen Web-Deployment behandeln wollen sind zum einen das Web-Hosting (d. h., Sie bezahlen einen Anbieter wie Heroku, Gondor oder PythonAnywhere, um ihren Server und ihre Datenbank für Sie zu verwalten) und zum anderen die Einrichtung einer eigenen Infrastruktur auf einer Maschine, die von einem VPS-Hoster (virtueller privater Server) wie *Amazon Web Services (http://aws.amazon.com/)* oder *Rackspace (https://www.rackspace.com)* bereitgestellt wird. Wir wollen kurz auf beide Optionen eingehen.

Hosting

Platform as a Service (PaaS) ist eine Form von Cloud-Computing-Infrastruktur, die die Infrastruktur abstrahiert sowie verwaltet (Einrichten der Datenbank und des Webservers, Einspielen von Sicherheits-Patches) und sich um das Routing und die Skalierung der Webanwendungen kümmert. Beim Einsatz von PaaS können sich Anwendungsentwickler auf die Entwicklung des Anwendungscodes konzentrieren und müssen sich nicht selbst mit den Details des Deployments auseinandersetzen.

Es gibt Dutzende PaaS-Anbieter, die miteinander konkurrieren, doch die hier aufgeführten konzentrieren sich gezielt auf die Python-Community. Die meisten bieten für den Einstieg kostenlose Varianten oder Testversionen an:

Heroku
   Heroku (http://www.heroku.com/python) ist der von uns empfohlene PaaS-Anbieter für das Deployment von Python-Webanwendungen. Er unterstützt Python-Anwendungen der Versionen 2.7 bis 3.5 aller Art: Webanwendungen, Server und Frameworks. Ein Satz von Kommandozeilentools (*https://toolbelt.heroku.com/*) stellt die Verbindung sowohl mit Ihrem Heroku-Account als auch mit der Datenbank und den Webservern her, das heißt, Sie können Änderungen ohne eine Webschnittstelle vornehmen. Heroku pflegt ausführliche Artikel (*https://devcenter.heroku.com/categories/python*) zur Nutzung von Python mit Heroku sowie Schritt-für-Schritt-Anleitungen (*https://devcenter.heroku.com/articles/getting-started-with-python*) zur Einrichtung Ihrer ersten Anwendung.

Gondor
   Gondor (https://gondor.io/) wird von einem kleinen Unternehmen betrieben, das sich darauf konzentriert, Unternehmen beim Einsatz von Python und Django zu unterstützen. Die Plattform ist auf das Deployment von Django- und Pinax-Anwendungen und -Einsatzbereiche spezialisiert.[10] Gondors Plattform ist Ubuntu 12.04 mit Django 1.4, 1.6 und 1.7 und einer Untermenge von Python 2 und 3, die hier aufgeführt ist (*https://gondor.io/support/runtime-environment/*). Es kann Ihre Django-Site automatisch konfigurieren, wenn Sie *local_settings.py* für die Site-spezifische Konfiguration nutzen. Weitere Informationen finden Sie in Gondors *Leitfaden zum Deployment von Django-Projekten (https://gondor.io/support/django/setup/)*. Eine *Kommandozeilenschnittstelle (https://gondor.io/support/client/)* ist ebenfalls verfügbar.

PythonAnywhere
   PythonAnywhere (https://www.pythonanywhere.com/) unterstützt Django, Flask, Tornado, Pyramid und viele weitere Webapplikations-Frameworks, auf die wir hier nicht eingegangen sind, wie z. B. Bottle (kein Framework, ähnelt Flask, doch die Community ist wesentlich kleiner) und web2py (für Lehrzwecke hervorragend). Das Preismodell basiert auf Rechenzeit. Statt einen höheren Preis zu

---

10 Pinax bündelt beliebte Django-Templates, Apps sowie die Infrastruktur, um den Start eines Django-Projekts zu beschleunigen.

verlangen, werden Berechnungen gedrosselt, sobald ein tägliches Maximum überschritten wird, was insbesondere kostenbewusste Entwickler anspricht.

Webserver

Mit Ausnahme von Tornado (das einen eigenen HTTP-Server nutzt) handelt es sich bei allen hier diskutierten Webanwendungs-Frameworks um WSGI-Anwendungen. Das bedeutet, dass sie, wie in *PEP 3333 (https://www.python.org/dev/peps/pep-3333/)* definiert, mit einem WSGI-Server interagieren müssen, um HTTP-Requests empfangen und HTTP-Responses senden zu können.

Ein Großteil der selbst gehosteten Python-Anwendungen wird heutzutage mit einem WSGI-Server wie Gunicorn betrieben. Das geschieht entweder eigenständig – WSGI-Server können häufig auch als eigenständige HTTP-Server genutzt werden – oder hinter einem leichtgewichtigen Webserver wie Nginx. Werden beide genutzt, interagiert der WSGI-Server mit den Python-Anwendungen, während der Webserver die Aufgaben übernimmt, für die er besser geeignet ist: statische Dateien zurückliefern, Routing von Requests, DDoS-Schutz und Authentifizierung. Die beiden beliebtesten Webserver sind Nginx und Apache:

Nginx

Nginx (http://nginx.org/) (gesprochen »Engine-x«) ist Webserver und Reverse Proxy[11] für HTTP, SMTP und andere Protokolle. Er ist für seine hohe Leistung, die relative Einfachheit und seine Kompatibilität mit vielen Anwendungsservern (wie WSGI-Servern) bekannt. Er verfügt außerdem über nützliche Features wie Lastverteilung,[12] Authentifizierung, Streaming und andere Dinge. Nginx wurde speziell für Websites mit hoher Last entworfen und erfreut sich zunehmender Beliebtheit.

Apache-HTTP-Server

Apache ist der beliebteste HTTP-Server (http://w3techs.com/technologies/overview/web_server/all) der Welt, doch wir bevorzugen Nginx. Wenn das Deployment allerdings Neuland für Sie ist, beginnen Sie vielleicht zuerst mit Apache und *mod_wsgi (https://pypi.python.org/pypi/mod_wsgi)*, das als die einfachste verfügbare WSGI-Schnittstelle gilt. In den Dokumentationen der jeweiligen Frameworks finden Sie Tutorials für *mod_wsgi mit Pyramid (http://bit.ly/pyramidwsgi)*, *mod_wsgi mit Django (http://bit.ly/django-mod_wsgi)* und *mod_wsgi mit Flask (http://bit.ly/flask-mod_wsgi)*.

---

[11] Ein Reverse Proxy ruft Daten von einem anderen Server im Auftrag eines Clients ab und gibt diese an den Client zurück, als kämen sie direkt vom Server.

[12] Lastverteilung (engl. Load Balancing) erhöht die Performance, indem es die Arbeit auf mehrere Ressourcen verteilt.

WSGI-Server

Eigenständige WSGI-Server benötigen üblicherweise weniger Ressourcen als traditionelle Webserver und bieten eine sehr gute Performance (*Benchmarks für Python-WSGI-Server (http://nichol.as/benchmark-of-python-web-servers)*). Sie können auch zusammen mit Nginx oder Apache verwendet werden, die als Reverse Proxies dienen. Die beliebtesten WSGI-Server sind:

Gunicorn (Green Unicorn)
> *Gunicorn (http://gunicorn.org/)* empfehlen wir für neue Python-Webanwendungen. Es handelt sich um einen reinen Python-WSGI-Server, der Python-Anwendungen bedient. Im Gegensatz zu anderen Python-Webservern hat er ein durchdachtes Benutzer-Interface und ist extrem einfach zu nutzen und zu konfigurieren. Gunicorn verwendet vernünftige und angemessene Voreinstellungen für die Konfiguration. Allerdings lassen sich andere Server wie uWSGI wesentlich besser anpassen (die effektive Nutzung ist dafür aber auch wesentlich schwieriger).

Waitress
> *Waitress (http://waitress.readthedocs.org)* ist ein reiner Python-WSGI-Server mit einer »sehr akzeptablen Performance«. Die Dokumentation ist nicht sehr umfangreich, doch es gibt einige nette Funktionalitäten, die Gunicorn nicht kennt (z. B. die Pufferung von HTTP-Requests). Er blockiert nicht, wenn ein langsamer Client Zeit für die Antwort braucht – daher der Name (to wait = warten). Waitress erfreut sich in der Python-Webentwickler-Community zunehmender Beliebtheit.

uWSGI
> *uWSGI (https://uwsgi-docs.readthedocs.org)* ist ein umfassendes System zum Aufbau von Hosting-Diensten. Wir empfehlen ihn nicht als eigenständigen Webrouter, solange Sie nicht wissen, warum Sie ihn nutzen.
>
> Doch uWSGI kann auch hinter einem normalen Webserver (wie Nginx oder Apache) laufen. Der Webserver kann den Betrieb von uWSGI und einer Anwendung über das *uwsgi-Protokoll (http://bit.ly/uwsgi-protocol)* konfigurieren. uWSGIs Webserverunterstützung erlaubt die dynamische Konfiguration von Python, die Übergabe von Umgebungsvariablen und andere Feineinstellungen. Alle Details finden Sie unter *uWSGIs magische Variablen (http://bit.ly/uwsgimagicvar)*.

KAPITEL 8
Codemanagement und -optimierung

Dieses Kapitel behandelt Bibliotheken zur Verwaltung oder Vereinfachung des Entwicklungs- und Build-Prozesses, zur Systemintegration, dem Servermanagement und der Optimierung der Performance.

Continuous Integration

Niemand beschreibt *Continuous Integration* (zu Deutsch »fortlaufende Integration«) besser als Martin Fowler[1]:

> Continuous Integration ist eine Praxis der Softwareentwicklung, bei der die Mitglieder eines Teams ihre Arbeit häufig integrieren. Üblicherweise macht das jede Person mindestens einmal täglich, das heißt, es finden mehrere Integrationen pro Tag statt. Jede Integration wird durch einen automatisierten Build (inklusive Tests) verifiziert, um Integrationsfehler so schnell wie möglich zu erkennen. Viele Teams glauben, dass dieser Ansatz zu deutlich weniger Problemen bei der Integration führt und dem Team die schnellere Entwicklung kohäsiver Software erlaubt.

Die drei beliebtesten Tools für CI sind im Moment Travis-CI, Jenkins und Buildbot, auf die wir in den nachfolgenden Abschnitten auch eingehen wollen. Sie werden häufig zusammen mit Tox genutzt, einem Python-Tool, mit dem virtualenv und Tests über die Kommandozeile verwaltet werden können. Travis ist für mehrere Python-Interpreter auf einer einzigen Plattform gedacht, und Jenkins (das beliebteste Tool) sowie Buildbot (geschrieben in Python) können Builds auf mehreren Maschinen verwalten. Viele nutzen auch Buildout (siehe »Buildout« auf Seite 41)

---

[1] Fowler ist Verfechter von Best Practices in Softwaredesign und -entwicklung und einer der lautstärksten Befürworter von Continuous Integration. Das Zitat stammt aus seinem Blog-Post über *Continuous Integration* (http://martinfowler.com/articles/continuousIntegration.html). Er moderierte eine Reihe von *Diskussionen zum Thema testgetriebene Entwicklung (TDD)* (http://martinfowler.com/articles/is-tdd-dead/) und dessen Beziehung zum Extreme Programming (zusammen mit David Heinemeier Hansson [Schöpfer von Ruby on Rails] und Kent Beck [Initiator der *Extreme-Programming-Bewegung*, XP (https://en.wikipedia.org/wiki/Extreme_programming)] mit CI als einem ihrer Eckpfeiler.

und Docker (siehe »Docker« auf Seite 43), um schnell und wiederholt komplexe Umgebungen für ihre Testbatterien aufzubauen.

Tox

Tox (http://tox.readthedocs.org/en/latest/) ist ein Automatisierungstool und bietet Paketierung, Test und Deployment von Python-Software direkt über die Konsole oder den CI-Server. Es ist ein generisches Kommandozeilentool zur virtualenv-Verwaltung und für Tests, das die folgenden Features bietet:

- Prüft, ob Pakete mit verschiedenen Python-Versionen und -Interpretern korrekt installiert werden.
- Führt Tests in allen Umgebungen durch, wobei das von Ihnen bevorzugte Testtool konfiguriert wird.
- Dient als Frontend zu Continuous-Integration-Servern, reduziert so die Anzahl der Bausteine und fasst CI- und Shell-basiertes Testen zusammen.

Sie installieren es per `pip`:

```
$ pip install tox
```

Systemadministration

Die Tools in diesem Abschnitt dienen der Verwaltung und Überwachung von Systemen: Serverautomatisierung, Systemüberwachung und Workflow-Management.

Travis-CI

Travis-CI (https://travis-ci.org/) ist ein verteilter CI-Server, der Tests für Open-Source-Projekte kostenlos ausführt. Er bietet mehrere Worker, die Python-Tests ausführen, und integriert sich nahtlos in GitHub. Sie können Ihre Pull Requests[2] auch daraufhin untersuchen, ob eine Reihe von Änderungen den Build beschädigt oder nicht. Wenn Sie Ihren Code also auf GitHub vorhalten, bietet Travis-CI eine großartige und einfache Möglichkeit, mit Continuous Integration zu beginnen. Travis-CI kann Ihren Code in einer virtuellen Maschine erzeugen, die unter Linux, OS X oder iOS läuft.

Um loszulegen, fügen Sie eine *.travis.yml*-Datei mit folgendem (beispielhaftem) Inhalt in Ihr Repository ein:

```
language: python
python:
  - "2.6"
  - "2.7"
```

---

[2] Bei GitHub senden Nutzer *Pull Pequests*, um den Eigner eines anderen Repository darüber zu informieren, dass Sie Änderungen einbinden wollen.

```
      - "3.3"
      - "3.4"
    script: python tests/test_all_of_the_units.py
    branches:
      only:
        - master
```

Damit wird Ihr Projekt mit allen aufgeführten Python-Versionen über das angegebene Skript getestet und nur der Master-Branch erzeugt. Sie können sehr viel mehr Optionen aktivieren, etwa Benachrichtigungen, vorher und nachher auszuführende Schritte und so weiter. Die *Travis-CI-Dokumentation (http://about.travis-ci.org/docs/)* erläutert alle Optionen und ist sehr umfangreich. Um Tox mit Travis-CI zu nutzen, fügen Sie ein Tox-Skript in Ihr Repository ein und ändern darin die `script:`-Zeile wie folgt:

```
    install:
      - pip install tox
    script:
      - tox
```

Um das Testen für Ihr Projekt zu aktivieren, wechseln Sie auf die *Travis-CI-Site (https://travis-ci.org/)* und melden sich mit Ihrem GitHub-Account an. Dann aktivieren Sie Ihr Projekt in den Profileinstellungen, und schon sind Sie einsatzbereit. Ab jetzt werden die Projekttests bei jedem Push an GitHub ausgeführt.

Jenkins

Jenkins CI (http://jenkins.io) ist eine erweiterbare CI-Engine und momentan die beliebteste. Sie läuft unter Windows, Linux sowie OS X und kann »in jedes existierende SCM-Tool (*Source Code Management*) integriert werden«. Jenkins ist ein Java-Servlet (das Java-Äquivalent zu einer Python-WSGI-Anwendung), das mit seinem eigenen Servlet-Container ausgeliefert wird, das heißt, Sie können es mit `java --jar jenkins.war` direkt ausführen. Weitere Informationen finden Sie in den *Jenkins-Installationsanweisungen (https://wiki.jenkins-ci.org/display/JENKINS/Installing+Jenkins)*. Die Ubuntu-Seite beschreibt, wie man Jenkins hinter einen Apache- oder Nginx-Reverse-Proxy packt.

Sie können mit Jenkins über ein webbasiertes Dashboard oder über dessen HTTP-basierte *REST-API*[3] (z. B. über *http://myServer:8080/api) (http://myServer:8080/api))* interagieren, das heißt, Sie können HTTP nutzen, um von entfernten Rechnern aus mit dem Jenkins-Server zu kommunizieren. Beispiele finden Sie in *Apaches Jenkins-Dashboard (https://builds.apache.org/)* oder im *Jenkins-Dashboard des Pylons-Projekts (http://jenkins.pylonsproject.org/)*.

---

3 REST steht für REpresentational State Transfer. Dabei handelt es sich nicht um einen Standard oder ein Protokoll, sondern um eine Reihe von Designprinzipien, die während der Gestaltung des HTTP-1.1-Standards entwickelt wurden. Eine Liste der relevanten *architektonischen Beschränkungen für REST (https://en.wikipedia.org/wiki/Representational_state_transfer#Architectural_constraints)* finden Sie auf Wikipedia.

Das am häufigsten eingesetzte Python-Tool zur Interaktion mit der Jenkins-API ist *python-jenkins (https://pypi.python.org/pypi/python-jenkins)*, das vom *OpenStack (https://www.openstack.org/)*-Infrastrukturteam[4] entwickelt wurde. Die meisten Python-Nutzer konfigurieren Jenkins so, dass ein Tox-Skript als Teil des Build-Prozesses ausgeführt wird. Weitere Informationen finden Sie in der Dokumentation zur *Nutzung von Tox mit Jenkins (http://tox.readthedocs.io/en/latest/example/jenkins.html)* und in diesem Leitfaden zum *Setup von Jenkins für mehrere Build-Rechner (http://tinyurl.com/jenkins-setup-master-slave)*.

Buildbot

Buildbot (http://docs.buildbot.net/current/) ist ein Python-System zur Automatisierung des Compiler-Test-Zyklus zur Validierung von Codeänderungen. Ähnlich wie Jenkins fragt es Ihr SCM-System nach Änderungen ab, erzeugt und testet (nach Ihren Anweisungen) Ihren Code auf mehreren Computern (wobei Tox von Hause aus unterstützt wird) und sagt Ihnen, was passiert ist. Es läuft hinter einem Twisted-Webserver. Ein Beispiel dafür, wie das Web-Interface aussieht, zeigt *Chromiums öffentliches buildbot-Dashboard (https://build.chromium.org/p/chromium/waterfall)* (Chromium treibt den Chrome-Browser an).

Da Buildbot reines Python ist, erfolgt die Installation über `pip`:

```
$ pip install buildbot
```

Die Version 0.9 besitzt eine *REST-API (http://docs.buildbot.net/latest/developer/apis.html)*, die sich aber immer noch im Betastatus befindet. Sie werden sie also nicht nutzen können, solange Sie nicht explizit die Versionsnummer angeben (etwa mit `pip install buildbot==0.9.00.9.0rc1`). Buildbot hat den Ruf, das mächtigste, aber auch das komplizierteste CI-Tool zu sein. Für den Einstieg empfehlen wir das *exzellente Tutorial (http://docs.buildbot.net/current/tutorial)*.

Serverautomatisierung

Salt, Ansible, Puppet, Chef und CFEngine sind Tools zur Serverautomatisierung, die Systemadministratoren eine elegante Möglichkeit bieten, ihre Flotte aus physikalischen und virtuellen Maschinen zu verwalten. Alle können Linux-Maschinen, Unix-artige Systeme und Windows-Rechner verwalten. Bei Salt und Ansible sind wir natürlich ein wenig parteiisch, da sie in Python geschrieben sind. Doch sie sind relativ neu, und die anderen Tools sind weiter verbreitet. Die folgenden Abschnitte geben Ihnen zu jedem Tool eine kurze Zusammenfassung.

---

4   OpenStack bietet freie Software für die Vernetzung, Speicherung und Berechnung in der Cloud an. Organisationen können so eigene private Clouds betreiben oder öffentliche Clouds, deren Nutzung kostenpflichtig ist.

 Der Vollständigkeit halber sei erwähnt, dass bei Docker gesagt wird, dass Tools wie Salt, Ansible und der Rest durch Docker *ergänzt* und nicht *ersetzt* werden sollen. Sehen Sie sich dazu diesen Post an, der zeigt, *wie sich Docker in den DevOps-Ansatz eingliedert (http://stackshare.io/posts/how-docker-fits-into-the-current-devops-landscape)*.

Salt

Salt (http://saltstack.org/) bezeichnet seinen Master-Knoten als *Master* und die Agenten-Knoten als *Minions* (engl. für Diener) oder *Minion-Hosts*. Sein Hauptentwurfsziel ist Geschwindigkeit: Die Vernetzung erfolgt standardmäßig über ZeroMQ mit TCP-Verbindungen zwischen dem Master und seinen »Minions«. Das Salt-Team hat sogar ein eigenes (optionales) Übertragungsprotokoll (*RAET (https://github.com/saltstack/raet)*) entwickelt, das schneller ist als TCP, aber nicht so verlustbehaftet wie UDP.

Salt unterstützt die Python-Versionen 2.6 und 2.7 und kann mit pip installiert werden:

```
$ pip install salt   # Noch kein Python 3 ...
```

Nach der Konfiguration eines Master-Servers und einer Reihe von Minion-Hosts können wir beliebige Shell-Befehle oder vordefinierte Module aus komplexen Befehlen auf unseren Minions ausführen. Der folgende Befehl gibt alle verfügbaren Minion-Hosts über den ping-Befehl in Salts test-Modul aus:

```
$ salt '*' test.ping
```

Sie können Minion-Hosts über ihre Minion-ID filtern oder über das *grains-System (http://docs.saltstack.org/en/latest/topics/targeting/grains.html)*, das statische Hostinformationen wie Betriebssystemversion oder CPU-Architektur nutzt, um eine Hosttaxonomie für die Salt-Module zur Verfügung zu stellen. Der nächste Befehl nutzt beispielsweise das grains-System, um nur Minions auszugeben, auf denen CentOS läuft:

```
$ salt -G 'os:CentOS' test.ping
```

Salt verfügt ebenfalls über ein Zustandssystem. Zustände können konfiguriert werden, um Minion-Hosts zu konfigurieren. Wird ein Minion-Host z. B. aufgefordert, die folgende Zustandsdatei einzulesen, installiert er den Apache-Server und führt ihn aus:

```
apache:
  pkg:
    - installed
  service:
    - running
    - enable: True
    - require:
      - pkg: apache
```

Zustandsdateien können in YAML (erweitert um das Jinja2-Template-System) geschrieben werden, oder reine Python-Module sein. Weitere Informationen finden Sie in der *Salt-Dokumentation (http://docs.saltstack.com)*.

Ansible

Der größte Vorteil von *Ansible (http://ansible.com/)* gegenüber anderen Tools zur Systemautomatisierung ist, dass es außer Python nichts weiter benötigt, um permanent auf dem Clientrechner installiert sein zu können. Alle anderen Optionen[5] haben Daemons auf den Clients laufen, um den Master abzufragen. Die Konfigurationsdateien sind in YAML geschrieben. *Playbooks* sind Ansibles Konfigurations-, Deployment- und Orchestrierungsdokumente. Sie sind in YAML (und Jinja2 für das Templating) geschrieben. Ansible unterstützt die Python-Versionen 2.6 und 2.7 und kann per `pip` installiert werden:

```
$ pip install ansible    # Noch kein Python 3...
```

Ansible benötigt eine Inventardatei, die die Hosts beschreibt, auf die es zugreifen kann. Der folgende Code ist ein Beispiel für einen Host und ein Playbook, das alle Hosts in der Inventardatei anpingt. Dies ist die Inventardatei (*hosts.yml*):

```
[server_name]
127.0.0.1
```

Und hier das Playbook-Beispiel (*ping.yml*):

```
---
- hosts: all
  tasks:
    - name: ping
      action: ping
```

Um das Playbook auszuführen, geben Sie Folgendes ein:

```
$ ansible-playbook ping.yml -i hosts.yml --ask-pass
```

Das Ansible-Playbook pingt alle Server in der *hosts.yml*-Datei an. Sie können mit Ansible auch Gruppen von Servern auswählen. Weitere Informationen finden Sie in der *Ansible-Dokumentation (http://docs.ansible.com/)*. Das *Servers for Hackers Ansible Tutorial (https://serversforhackers.com/an-ansible-tutorial/)* ist ebenfalls eine sehr gute und detaillierte Einführung.

Puppet

Puppet (http://puppetlabs.com) ist in Ruby geschrieben und verwendet eine eigene Sprache (PuppetScript) für die Konfiguration. Es besitzt einen designierten Server, den *Puppet Master*, der die Orchestrierung der Agenten-Knoten verantwortet. *Module* sind kleine, teilbare Codeeinheiten, die den Zustand eines Systems automatisieren oder definieren. *Puppet Forge (https://forge.puppetlabs.com/)* ist ein Reposi-

---

5 Mit Ausnahme von Salt-SSH, das eine alternative Salt-Architektur verwendet, die möglicherweise aus dem Wunsch der Nutzer heraus entstanden ist, eine Ansible-ähnliche Option für Salt zu haben.

tory mit von der Community entwickelten Modulen für Open Source Puppet und Puppet Enterprise.

Agenten-Knoten senden grundlegende Fakten über das System (wie Betriebssystem, Kernel, Architektur, IP-Adresse und Hostname) an den Puppet Master. Der Puppet Master erzeugt daraus einen Katalog mit Informationen (die von den Agenten geliefert wurden) an den Agenten darüber, wie jeder Knoten konfiguriert sein soll. Der Agent führen die im Katalog beschriebenen Änderungen aus und sendet einen Bericht an den Puppet Master.

Facter ist ein interessantes mit Puppet geliefertes Tool, das grundlegende Fakten über das System abruft. Diese Fakten können dann als Variable referenziert werden, wenn Sie Puppet-Module entwickeln:

```
$ facter kernel
Linux
$
$ facter operatingsystem
Ubuntu
```

Das Schreiben von Modulen in Puppet ist einfach: Puppet-Manifeste (Dateien mit der Erweiterung *.pp) bilden zusammen Puppet-Module. Hier ein Beispiel für *Hallo, Welt* in Puppet:

```
notify { 'Hallo, Welt. Diese Meldung wird im Agenten-Knoten geloggt':

    #Da im Rumpf nichts steht, ist der Ressourcentitel
    #standardmäßig die Nachricht.
}
```

Hier ein weiteres Beispiel mit systembasierter Logik. Um andere Fakten zu referenzieren, stellen Sie dem Variablennamen ein $-Zeichen voran, etwa $hostname oder in diesem Fall $operatingsystem:

```
notify{ 'Mac Warning':
    message => $operatingsystem ? {
        'Darwin' => 'Dies scheint ein Mac zu sein.',
        default  => 'Ich bin ein PC.',
    },
}
```

Puppet kennt verschiedene Ressourcentypen, doch das Paket-Dateiserviceparadigma ist alles, was Sie für einen Großteil des Konfigurationsmanagements brauchen. Der folgende Puppet-Code stellt sicher, dass das OpenSSH-Server-Paket auf einem System installiert ist und dass der sshd-Service (der SSH-Server-Daemon) zu einem Neustart aufgefordert wird, wenn sich die sshd-Konfigurationsdatei ändert:

```
package { 'openssh-server':
    ensure => installed,
}

file { '/etc/ssh/sshd_config':
    source  => 'puppet:///modules/sshd/sshd_config',
```

```
        owner    => 'root',
        group    => 'root',
        mode     => '640',
        notify   => Service['sshd'], # sshd wird neu gestartet
                                    # wenn Sie die Datei ändern
        require  => Package['openssh-server'],
}

service { 'sshd':
        ensure     => running,
        enable     => true,
        hasstatus  => true,
        hasrestart => true,
}
```

Weitere Informationen finden Sie in der *Puppet Labs-Dokumentation (http://docs. puppetlabs.com)*.

Chef

Wenn *Chef (https://www.chef.io/chef/)* Ihre Wahl für das Konfigurationsmanagement ist, werden Sie Ihren Infrastrukturcode hauptsächlich in Ruby schreiben. Chef ähnelt Puppet, wurde aber mit einer entgegengesetzten Philosophie entwickelt: Puppet bietet ein Framework, das die Dinge auf Kosten der Flexibilität vereinfacht, während Chef nahezu kein Framework bereitstellt – sein Ziel ist die Erweiterbarkeit, und daher ist es schwieriger einzusetzen.

Chef-*Clients* laufen auf jedem Knoten Ihrer Infrastruktur und fragen regelmäßig den Chef-*Server* ab, um sicherzustellen, dass Ihr System immer abgestimmt ist und den gewünschten Status aufweist. Jeder individuelle Chef-Client konfiguriert sich selbst. Dieser verteilte Ansatz macht Chef zu einer skalierbaren Automatisierungsplattform.

Chef arbeitet mit eigenen *Rezepten* (Receipes, Konfigurationselementen), die in *Kochbüchern* (Cookbooks) implementiert werden. Diese Kochbücher, bei denen es sich grundsätzlich um Pakete für Infrastrukturentscheidungen handelt, werden üblicherweise auf Ihrem Chef-Server gespeichert. DigitalOceans' *Tutorial-Reihe über Chef (http://tinyurl.com/digitalocean-chef-tutorial)* zeigt Ihnen, wie Sie einen einfachen Chef-Server aufbauen.

Verwenden Sie den Befehl `knife` *(https://docs.chef.io/knife.html)*, um ein einfaches Kochbuch zu entwickeln:

```
$ knife cookbook create cookbook_name
```

Andy Gales »*Getting started with Chef*« *(http://gettingstartedwithchef.com/first-steps-with-chef.html)* ist ein guter Ausgangspunkt für Chef-Einsteiger. Viele Communitykochbücher finden sich im *Chef Supermarket (https://supermarket.chef.io/cookbooks)* und sind ein guter Ausgangspunkt für eigene Kochbücher. Weitere

Informationen finden Sie in der umfassenden *Chef-Dokumentation (https://docs.chef.io/)*.

CFEngine

CFEngine hat einen geringen Speicherbedarf, da es in C geschrieben ist. Das wesentliche Entwurfsziel ist die Stabilität gegenüber Fehlern. Das wird durch autonome Agenten erreicht, die in einem verteilten Netzwerk arbeiten (im Gegensatz zu Master/Client-Architekturen) und über die sogenannte *Promise Theory (https://en.wikipedia.org/wiki/Promise_theory)* miteinander kommunzieren. Wenn Sie eine verteilte Architektur wollen, sollten Sie dieses System ausprobieren.

System- und Task-Überwachung

Die folgenden Bibliotheken helfen Systemadministratoren bei der Überwachung laufender Jobs, haben aber sehr unterschiedliche Anwendungsgebiete: Psutil stellt Informationen in Python bereit, die über Unix-Utility-Funktionen zugänglich sind, Fabric erleichtert es, Befehle zu definieren und auf einer Liste entfernter Hosts über SSH auszuführen, und Luigi ermöglicht die Zeitplanung und Überwachung lang laufender Batch-Prozesse wie etwa verketteter Hadoop-Befehle.

Psutil

Psutil (https://pythonhosted.org/psutil/) ist eine plattformübergreifende Schnittstelle (Windows eingeschlossen) für unterschiedliche Systeminformationen (z.B. CPU, Speicher, Festplatten, Netzwerk, Nutzer und Prozesse). Es macht Informationen innerhalb von Python zugänglich, die viele von uns über *Unix-Befehle (https://en.wikipedia.org/wiki/List_of_Unix_commands)* wie `top`, `ps`, `df` und `netstat` ermitteln. Sie können es über pip installieren:

```
$ pip install psutil
```

Hier sehen Sie ein Beispiel, das eine mögliche Überlastung der Server erkennt (schlägt einer der Tests – Netzwerk, CPU – fehl, wird eine E-Mail gesendet):

```
# Funktion zum Abruf der Systemwerte:
from psutil import cpu_percent, net_io_counters
# Funktionen, um eine Ruhepause einzulegen:
from time import sleep
# Pakete für E-Mail-Dienste:
import smtplib
import string

MAX_NET_USAGE = 400000
MAX_ATTACKS = 4
attack = 0
counter = 0
while attack <= MAX_ATTACKS:
    sleep(4)
```

```
        counter = counter + 1
        # CPU-Nutzung überprüfen
        if cpu_percent(interval = 1) > 70:
            attack = attack + 1
        # Netzwerknutzung überprüfen
        neti1 = net_io_counters()[1]
        neto1 = net_io_counters()[0]
        sleep(1)
        neti2 = net_io_counters()[1]
        neto2 = net_io_counters()[0]
        # Bytes/Sekunde berechnen
        net = ((neti2+neto2) - (neti1+neto1))/2
        if net > MAX_NET_USAGE:
            attack = attack + 1
        if counter > 25:
            attack = 0
            counter = 0

# E-Mail schreiben, wenn mehr als 4 Angriffe vorliegen
TO = "du@deine_email.com"
FROM = "webmaster@deine_domain.com"
SUBJECT = "Ihre Domain hat keine Systemressourcen mehr!"
text = "Reparieren Sie Ihre Server!"
BODY = string.join(
        ("From: %s" %FROM,"To: %s" %TO,"Subject: %s" %SUBJECT, "",text), "\r\n")
server = smtplib.SMTP('127.0.0.1')
server.sendmail(FROM, [TO], BODY)
server.quit()
```

Ein schönes Beispiel für den Einsatz von Psutil ist *glances (https://github.com/nicolargo/glances/)*, eine Terminalanwendung, die sich wie ein stark erweitertes top verhält (das laufende Prozesse nach CPU-Nutzung oder einer benutzerdefinierten Sortierfolge ausgibt) und auch Fähigkeiten eines Client/Server-Monitoring-Tools besitzt.

Fabric

Fabric (http://docs.fabfile.org) ist eine Bibliothek, die Aufgaben der Systemadministration vereinfachen soll. Es erlaubt Ihnen, sich per SSH auf mehreren Hosts anzumelden und auf jedem dieser Hosts Programme auszuführen. Das ist für die Systemadministration und das Deployment von Anwendungen praktisch. Nutzen Sie pip zur Installation von Fabric:

```
$ pip install fabric
```

Hier sehen Sie ein vollständiges Python-Modul, das die beiden Fabric-Tasks memory_usage und deploy definiert:

```
# fabfile.py
from fabric.api import cd, env, prefix, run, task

env.hosts = ['my_server1', 'my_server2']   # gewünschte SSH-Verbindungen
```

```python
@task
def memory_usage():
    run('free -m')

@task
def deploy():
    with cd('/var/www/project-env/project'):
        with prefix('. ../bin/activate'):
            run('git pull')
            run('touch app.wsgi')
```

Die with-Anweisung sorgt dafür, dass die Befehle bei deploy() dann für jeden Host letztlich so aussehen:

```
$ ssh hostname cd /var/ww/project-env/project && ../bin/activate && git pull
$ ssh hostname cd /var/ww/project-env/project && ../bin/activate && \
> touch app.wsgi
```

Wird der obige Code in einer Datei namens *fabfile.py* gespeichert (der Standard-Modulname, nach dem fab sucht), können wir die Speichernutzung mit unserem neuen memory_usage-Task prüfen:

```
$ fab memory_usage
[my_server1] Executing task 'memory'
[my_server1] run: free -m
[my_server1] out:              total       used       free     shared    buffers     cached
[my_server1] out: Mem:          6964       1897       5067          0        166        222
[my_server1] out: -/+ buffers/cache:       1509       5455
[my_server1] out: Swap:            0          0          0

[my_server2] Executing task 'memory'
[my_server2] run: free -m
[my_server2] out:              total       used       free     shared    buffers     cached
[my_server2] out: Mem:          1666        902        764          0        180        572
[my_server2] out: -/+ buffers/cache:        148       1517
[my_server2] out: Swap:          895          1        894
```

Das Deployment erfolgt mit:

```
$ fab deploy
```

Zusätzliche Features umfassen die parallele Ausführung, die Interaktion mit entfernten Programmen und die Gruppierung von Hosts. Den Beispielen in der *Fabric-Dokumentation (http://docs.fabfile.org)* kann man leicht folgen.

Luigi

Luigi (https://pypi.python.org/pypi/luigi) ist ein von Spotify entwickeltes und veröffentliches Tool zum Pipeline-Management. Es hilft Entwicklern bei der Verwaltung der gesamten Pipeline großer, lang laufender Batch-Jobs wie Hive-Queries, Datenbank-Queries, Hadoop-Java-Jobs, pySpark-Jobs und jedes von Ihnen selbst geschriebenen Tasks. Es muss sich dabei nicht immer um Big-Data-Anwendungen handeln – die API erlaubt die Ablaufplanung beliebiger Jobs. Entwickelt hat Spotify es aber, um seine Hadoop-Jobs auszuführen, deshalb werden die entsprechenden

Utilities in `luigi.contrib` *(http://luigi.readthedocs.io/en/stable/api/luigi.contrib.html)* schon zur Verfügung gestellt. Installieren Sie es mit pip:

```
$ pip install luigi
```

Es besitzt ein Web-Interface, mit dessen Hilfe Nutzer ihre Tasks filtern und Abhängigkeitsgraphen des Pipeline-Workflows und dessen Fortschritt betrachten können. Sie finden *beispielhafte Luigi-Tasks (https://github.com/spotify/luigi/tree/master/examples)* in deren GitHub-Repository. Weitere Informationen gibt es in der *Luigi-Dokumentation (http://luigi.readthedocs.io/)*.

Geschwindigkeit

Dieses Kapitel stellt die gängigsten Ansätze der Python-Community zur Geschwindigkeitsoptimierung vor. Tabelle 8-1 zeigt Ihnen Ihre Möglichkeiten der Optimierung – natürlich erst nachdem Sie einfache Dinge wie das *Profiling Ihres Codes (https://docs.python.org/3.5/library/profile.html)* durchgeführt und verschiedene Alternativen für einzelne Codeabschnitte miteinander verglichen haben *(https://docs.python.org/3.5/library/timeit.html)*, um die Performance auszureizen, die allein durch Python möglich ist.

Sie haben vielleicht schon vom *Global Interpreter Lock (http://wiki.python.org/moin/GlobalInterpreterLock)* (GIL) gehört. Mit seiner Hilfe kann die C-Implementierung von Python mehrere Threads gleichzeitig ausführen. Pythons Speicherverwaltung ist nicht vollständig Thread-sicher, weshalb GIL verhindert, dass mehrere Threads den gleichen Python-Code zur selben Zeit ausführen.

GIL wird häufig als Beschränkung von Python beschrieben, die Sache ist aber nicht so groß, wie man sie macht. GIL ist nur dann ein Hindernis, wenn die Prozesse CPU-gebunden sind. In diesem Fall wird der Code in C neu geschrieben (wie z. B. bei NumPy und den Kryptografiebibliotheken, auf die wir gleich noch eingehen werden) und mit Python-Bindungen zugänglich gemacht. Bei allem anderen (wie Netzwerk- oder Datei-E/A) ist der Flaschenhals der blockierende Code in einem einzelnen Thread, der auf die E/A wartet. Probleme mit blockierendem Code können Sie über Threads oder ereignisgesteuerte Programmierung lösen.

Wir müssen auch anmerken, dass es unter Python 2 langsamere und schnellere Versionen der Bibliotheken gab, z. B. StringIO und cStringIO oder ElementTree und cElementTree. Die C-Implementierung ist schneller, muss aber explizit importiert werden. Seit Python 3.3 sind die regulär importierten Versionen wann immer möglich die schnelleren Implementierungen, und die Bibliotheken, denen ein c vorsteht, sind veraltet.

Tabelle 8-1: Geschwindigkeit optimieren

Option	Lizenz	Gründe für den Einsatz
Threading	PSFL	• Erlaubt die Erzeugung mehrerer Threads.
		• Threading nutzt unter CPython wegen GIL nicht mehrere Prozesse. Die verschiedenen Threads schalten um, wenn einer blockiert. Das ist nützlich, wenn Ihr Flaschenhals ein blockierender Task ist (z.B. weil auf die E/A gewartet werden muss).
		• Einige andere Python-Implementierungen wie Jython und IronPython kennen keinen GIL.
Multiprocessing/ Subprozesse	PSFL	• Tools der Multiprocessing-Bibliothek erlauben die Ausführung anderer Python-Prozesse unter Umgehung des GIL.
		• Und Subprozesse erlauben die Ausführung mehrerer Kommandozeilenprozesse.
PyPy	MIT-Lizenz	• Ein Python-Interpreter (momentan Python 2.7.10 oder 3.2.5), der (wo möglich) eine Just-in-Time-Kompilierung nach C vornimmt.
		• Mühelos: Keine spezielle Programmierung nötig, und es liefert üblicherweise einen ordentlichen Leistungsschub.
		• Direkter Ersatz für CPython, das üblicherweise auch funktioniert. Alle C-Bibliotheken sollten CFFI nutzen oder auf der *PyPy-Kompatibilitätsliste (http://pypy.org/compat.html)* stehen.
Cython	Apache-Lizenz	• Bietet zwei Möglichkeiten zur statischen Kompilierung von Python-Code. Die erste ist die Verwendung der Annotationssprache Cython (*.pxd).
		• Die zweite Möglichkeit ist die statische Kompilierung reinen Python-Codes und die Nutzung der von Cython für die Angabe des Objekttyps bereitgestellten Dekoratoren.
Numba	BSD-Lizenz	• Bietet einen statischen (über das pycc-Tool) oder einen Just-in-Time-Laufzeit-Compiler für Maschinencode, der mit NumPy-Arrays arbeitet.
		• Benötigt Python 2.7 oder 3.4+, die *llvmlite (http://llvmlite.pydata.org/en/latest/install/index.html)*-Bibliothek samt Abhängigkeiten und die LLVM-Compiler-Infrastruktur (Low-Level Virtual Machine).
Weave	BSD-Lizenz	• Bietet die Möglichkeit, ein paar Zeilen C in Python »einzuweben« (engl. to weave). Nutzen Sie es nur, wenn Sie Weave bereits einsetzen.
		• Andernfalls sollten Sie Cython nutzen – Weave ist mittlerweile veraltet.
PyCUDA/gnumpy/ TensorFlow/Theano/ PyOpenCL	MIT/, BSD/BSD/ BSD/MIT (modifiziert)	• Diese Bibliotheken bieten verschiedene Möglichkeiten, eine NVIDIA-GPU zu nutzen (wenn denn eine installiert ist). Sie können auch NVIDIAs *CUDA-Toolchain (http://docs.nvidia.com/cuda/)* installieren.
		• PyOpenCL kann auch mit Nicht-NVIDIA-Prozessoren arbeiten
		• Jede hat ihr eigenes Einsatzgebiet – gnumpy ist beispielsweise als direkter Ersatz für NumPy gedacht.
Direkte Nutzung der C-/C++-Bibliotheken	–	• Der Geschwindigkeitsvorteil ist den zusätzlichen Aufwand wert, den Sie in die Programmierung in C/C++ investieren müssen.

Jeff Knupp, Autor von *Writing Idiomatic Python (http://bit.ly/writing-idiomatic-python)*, hat einen Blogeintrag dazu geschrieben, *wie man den GIL umgeht (http://bit.ly/pythons-hardest-problems)*. Er verweist darin auf David Beazleys tiefen Einblick ins Thema.[6]

Threading und die anderen Möglichkeiten der Optimierung aus Tabelle 8-1 werden in den nachfolgenden Abschnitten ausführlicher diskutiert.

Threading

Pythons Threading-Bibliothek erlaubt die Erzeugung mehrerer Threads. Aufgrund des GIL (zumindest bei CPython) läuft nur jeweils ein Python-Prozess pro Python-Interpreter, das heißt, die Performance erhöht sich nur, wenn ein Thread blockiert (etwa bei E/A-Operationen). Die andere Option für das E/A-Handling ist das Event-Handling. Beachten Sie hierzu die Abschnitte über asyncio in »Leistungsstarke Tools zur Vernetzung in der Python-Standardbibliothek« auf Seite 261.

Läuft Python mit mehreren Threads und bemerkt der Kernel, dass ein Thread bei der E/A blockiert, wechselt er zum nächsten Thread, bis dieser ebenfalls blockiert oder seine Arbeit abschließt. All das passiert automatisch, wenn Sie Ihre Threads starten. Es gibt ein gutes *Beispiel für den Einsatz von Threads auf Stack Overflow (http://bit.ly/threading-in-python)*, und die Artikelserie »Python Module of the Week« bietet eine gute *Einführung in Threads (https://pymotw.com/2/threading/)*. Oder sehen Sie sich die *Threading-Dokumentation in der Standardbibliothek an (https://docs.python.org/3/library/threading.html)*.

Multiprocessing

Das *Multiprocessing-Modul (https://docs.python.org/3/library/multiprocessing.html)* der Python-Standardbibliothek bietet eine Möglichkeit, den GIL zu umgehen, indem es zusätzliche Python-Interpreter startet. Die separaten Prozesse können über multiprocessing.Pipe oder multiprocessing.Queue miteinander kommunizieren oder sich über multiprocessing.Array und multiprocessing.Value Speicher teilen (das Locking erfolgt dabei automatisch). Teilen Sie Daten nur sparsam. Diese Objekte implementieren ein Locking, um den simultanen Zugriff durch verschiedene Prozesse zu verhindern.

Das folgende Beispiel zeigt, dass der Geschwindigkeitsgewinn bei der Nutzung eines Pools von Worker-Prozessen nicht immer proportional zur Anzahl der Worker ist. Vielmehr ist die Sache ein Kompromiss aus gesparter Rechenzeit und der

---

6 David Beazley hat einen sehr guten *Leitfaden (PDF) (http://www.dabeaz.com/python/Understanding-GIL.pdf)* geschrieben, der erklärt, wie der GIL funktioniert. Er behandelt außerdem den *neuen GIL (PDF) (http://www.dabeaz.com/python/NewGIL.pdf)* in Python 3.2. Seine Ergebnisse zeigen, dass die Maximierung der Performance einer Python-Anwendung ein ausgeprägtes Verständnis des GIL verlangt, wie er sich auf bestimmte Anwendungen auswirkt, wie viele Cores Sie besitzen und wo der Flaschenhals Ihrer Anwendung ist.

Zeit, die es braucht, einen weiteren Interpreter zu starten. Das Beispiel nutzt die Monte-Carlo-Methode (zum Ziehen von Zufallszahlen), um den Wert von Pi zu ermitteln:[7]

```
>>> import multiprocessing
>>> import random
>>> import timeit
>>>
>>> def calculate_pi(iterations):
...     x = (random.random() for i in range(iterations))
...     y = (random.random() for i in range(iterations))
...     r_squared = [xi**2 + yi**2 for xi, yi in zip(x, y)]
...     percent_coverage = sum([r <= 1 for r in r_squared]) / len(r_squared)
...     return 4 * percent_coverage
...
>>>
>>> def run_pool(processes, total_iterations):
...     with multiprocessing.Pool(processes) as pool:            ❶
...         # Anzahl der Iterationen auf Prozesse verteilen.
...         iterations = [total_iterations // processes] * processes   ❷
...         result = pool.map(calculate_pi, iterations)         ❸
...     print( "%0.4f" % (sum(result) / processes), end=', ')
...
>>>
>>> ten_million = 10000000         ❹
>>> timeit.timeit(lambda: run_pool(1, ten_million), number=10)
3.141, 3.142, 3.142, 3.141, 3.141, 3.142, 3.141, 3.141, 3.142, 3.142,
134.48382110201055  ❺
>>>                          ❻
>>> timeit.timeit(lambda: run_pool(10, ten_million), number=10)
3.142, 3.142, 3.142, 3.142, 3.142, 3.142, 3.141, 3.142, 3.142, 3.141,
74.38514468498761  ❼
```

❶ Der Einsatz von `multiprocessing.Pool` innerhalb eines Kontextmanagers untermauert, dass der Pool nur von dem Prozess genutzt werden soll, der ihn erzeugt hat.

❷ Die Anzahl der Iterationen ist immer gleich. Sie werden nur auf die unterschiedliche Anzahl von Prozessen verteilt.

❸ `pool.map()` erzeugt mehrere Prozesse – einen für jedes Element in der `iterations`-Liste. Das Maximum ist der bei der Initialisierung von `multiprocessing.Pool(processes)` angegebene Wert.

❹ Es gibt nur einen Prozess für unseren ersten `timeit`-Versuch.

❺ Zehn Wiederholungen mit einem einzelnen Prozess, der 10 Millionen Iterationen durchläuft, dauern 134 Sekunden.

---

[7] Hier die *vollständige Ableitung der Methode (http://bit.ly/monte-carlo-pi)*. Prinzipiell werfen Sie Pfeile auf ein aus 2 x 2 Segmenten bestehendes Quadrat, auf dem innen ein Kreis mit dem Radius 1 abgebildet ist. Landen die Pfeile mit der gleichen Wahrscheinlichkeit irgendwo auf dem »Quadrat«, liegt der Prozentsatz derjenigen, die sich innerhalb des Kreises befinden, bei Pi / 4. Viermal der Prozentsatz der im Kreis liegenden Pfeile entspricht also Pi.

❻ Wir verwenden zehn Prozesse für unseren zweiten `timeit`-Versuch.

❼ Zehn Wiederholungen mit zehn Prozessen, die jeweils eine Million Iterationen durchlaufen, dauern 74 Sekunden.

Der wesentliche Punkt ist hier, dass die Erzeugung mehrerer Prozesse einen Overhead verursacht, doch die Tools für die Ausführung mehrerer Prozesse sind bei Python robust und ausgereift. Weitere Informationen finden Sie in der *Multiprocessing-Dokumentation der Standardbibliothek (https://docs.python.org/3.5/library/multiprocessing.html)* und in Jeff Knupps *Blog-Post, wie man den GIL umgeht (http://bit.ly/pythons-hardest-problems)*, da es auch einige Absätze zum Multiprocessing enthält.

Subprozesse

Die *subprocess-Bibliothek (https://docs.python.org/3/library/subprocess.html)* wurde mit Python 2.4 in die Standardbibliothek eingeführt und ist in *PEP 324 (https://www.python.org/dev/peps/pep-0324)* definiert. Sie startet einen Systemaufruf (wie `unzip` oder `curl`), als wäre dieser über die Kommandozeile ausgeführt worden (standardmäßig *ohne die Shell aufzurufen (http://bit.ly/subprocess-security)*). Der Entwickler entscheidet dabei, was mit den Ein- und Ausgabe-Pipes des Subprozesses zu passieren hat. Python 2-Nutzern empfehlen wir eine aktualisierte Version mit einigen Bugfixes aus dem *subprocess32 (https://pypi.python.org/pypi/subprocess32/)*-Paket. Sie installieren es per `pip`:

```
$ pip install subprocess32
```

Sie finden ein sehr gutes *subprocess-Tutorial (https://pymotw.com/2/subprocess/)* im »Python Module of the Week«-Blog.

PyPy

PyPy (http://pypy.org) ist eine reine Python-Implementierung von Python. Sie ist schnell, und wenn sie funktioniert, müssen Sie nichts weiter mit Ihrem Code anstellen – er läuft trotzdem schneller. Sie sollten diese Möglichkeit vor allen anderen ausprobieren.

Sie können PyPy nicht über `pip` herunterladen, weil es sich um eine weitere Python-Implementierung handelt. Scrollen Sie auf der *PyPy-Download-Seite (http://pypy.org/download.html)* zur für Sie richtigen Python- und Betriebssystemversion.

Hier sehen Sie eine leicht modifizierte Version von *David Beazleys (http://www.dabeaz.com/GIL/gilvis/measure2.py)* CPU-gebundendem Testcode, der eine zusätzliche Schleife für mehrfache Tests enthält. Sie können den Unterschied zwischen PyPy und CPython erkennen. Wir führen den Test zuerst mit CPython aus:

```
$ # CPython
$ ./python -V
Python 2.7.1
```

```
$
$ ./python measure2.py
1.06774401665
1.45412397385
1.51485204697
1.54693889618
1.60109114647
```

Und hier der zweite Test. Der einzige Unterschied ist der Python-Interpreter. Wir führen ihn mit PyPy durch:

```
$ # PyPy
$ ./pypy -V
Python 2.7.1 (7773f8fc4223, Nov 18 2011, 18:47:10)
[PyPy 1.7.0 with GCC 4.4.3]
$
$ ./pypy measure2.py
0.0683999061584
0.0483210086823
0.0388588905334
0.0440690517426
0.0695300102234
```

Nur weil wir jetzt PyPy nutzen, hat sich die Zeit von durchschnittlich 1,4 Sekunden auf rund 0,05 Sekunden verringert. Das ist mehr als 20-mal schneller. Manchmal wird der Code nicht mal doppelt so schnell ausgeführt, doch manchmal erzielt man auch einen großen Geschwindigkeitsvorteil – das ohne jeglichen zusätzlichen Aufwand (von der Installation des PyPy-Interpreters abgesehen). Wenn Ihre C-Bibliothek mit PyPy kompatibel sein soll, *folgen Sie PyPys Empfehlungen (http://pypy.org/compat.html)*, und nutzen Sie CFFI anstelle von ctypes.

Cython

Leider funktioniert PyPy nicht mit allen Bibliotheken, die C-Erweiterungen nutzen. Für diese Fälle implementiert *Cython (http://cython.org/)* (gesprochen »PSI-thon« und nicht identisch mit CPython, der Standard-C-Implementierung von Python) eine Übermenge der Python-Sprache, die es Ihnen erlaubt, C- und C++-Module für Python zu entwickeln. Cython erlaubt Ihnen außerdem, Funktionen aus kompilierten C-Bibliotheken aufzurufen, und stellt einen Kontext (nogil) bereit, der Ihnen die *Umgehung des GIL (http://tinyurl.com/cython-nogil)* für einen Codebereich erlaubt, solange dieser Python-Objekte nicht in irgendeiner Form manipuliert. Mit Cython können Sie auch die Vorteile von Pythons starker Typisierung[8] von Variablen und Operationen nutzen.

Hier ein Beispiel für die starke Typisierung mit Cython:

```
def primes(int kmax):
    """Berechnung von Primzahlen mit zusätzlichen Cython-Schlüsselwörtern"""
```

---

8 Es ist einer Sprache möglich, sowohl stark als auch dynamisch typisiert zu sein, wie in *dieser Stack-Overflow-Diskussion (http://stackoverflow.com/questions/11328920/)* beschrieben.

```
cdef int n, k, i
cdef int p[1000]
result = []
if kmax > 1000:
    kmax = 1000
k = 0
n = 2
while k < kmax:
    i = 0
    while i < k and n % p[i] != 0:
        i = i + 1
    if i == k:
        p[k] = n
        k = k + 1
        result.append(n)
    n = n + 1
return result
```

Diese Implementierung eines Algorithmus zur Berechnung von Primzahlen nutzt einige zusätzliche Schlüsselwörter, während die nächste Variante in reinem Python implementiert ist:

```
def primes(kmax):
"""Berechnung von Primzahlen in Standard-Python-Syntax"""

    p= range(1000)
    result = []
    if kmax > 1000:
        kmax = 1000
    k = 0
    n = 2
    while k < kmax:
        i = 0
        while i < k and n % p[i] != 0:
            i = i + 1
        if i == k:
            p[k] = n
            k = k + 1
            result.append(n)
        n = n + 1
    return result
```

Beachten Sie, dass die Cython-Version Integer-Variablen und -Arrays deklariert, die zu entsprechenden C-Typen kompiliert werden, während gleichzeitig eine Python-Liste angelegt wird:

```
# Cython-Version

def primes(int kmax):     ❶
    """Berechnung von Primzahlen mit zusätzlichen Cython-Schlüsselwörtern"""
    cdef int n, k, i      ❷
    cdef int p[1000]      ❸
    result = []
```

❶ Der Typ ist als Integer deklariert.

❷ Die Variablen n, k und i sind ebenfalls als Integer deklariert.

❸ Und es gibt ein voralloziertes, 1.000 Elemente großes Array von Integerwerten für p.

Wo liegt nun der Unterschied? In der Cython-Version erfolgt die Deklaration der Variablentypen und des Integer-Arrays in ähnlicher Weise wie bei normalem C. Zum Beispiel ermöglicht die zusätzliche Typdeklaration mit cdef int n,k,i dem Cython-Compiler, effektiveren C-Code zu generieren, als das ohne diese Typhinweise möglich wäre. Da diese Syntax nicht mit Standard-Python kompatibel ist, wird sie nicht in einer *.py*-Datei gespeichert, sondern in einer *.pyx*-Datei.

Und wie hoch ist der Geschwindigkeitsunterschied? Probieren wir es aus!

```
import time
# pyx-Compiler aktivieren
import pyximport    ❶
pyximport.install()  ❷
# Mit Cython implementierte Primzahlen
import primesCy
# Mit Python implementierte Primzahlen
import primes

print("Cython:")
t1 = time.time()
print primesCy.primes(500)
t2 = time.time()
print("Cython time: %s" %(t2-t1))
print("")
print("Python")
t1 = time.time()   ❸
print(primes.primes(500))
t2 = time.time()
print("Python time: {}".format(t2-t1))
```

❶ Das *pyximport*-Modul erlaubt den Import von *.pyx*-Dateien (z.B. *primesCy.pyx*) mit der Cython-kompilierten Version der primes-Funktion.

❷ Der Befehl pyximport.install() erlaubt dem Python-Interpreter, den Cython-Compiler direkt zu starten, um C-Code zu generieren, der automatisch in eine *.so*-Bibliothek kompiliert wird. Cython kann diese Bibliothek dann einfach und effektiv in Ihren Python-Code importieren.

❸ Mit der Funktion time.time() können Sie die Zeiten vergleichen, die für die Berechnung von 500 Primzahlen benötigt werden. Auf einem einfachen Notebook (Dual-Core AMD E-450 1,6 GHz) wurden folgende Werte gemessen:

```
Cython time: 0.0054 seconds
Python time: 0.0566 seconds
```

Und bei einem *ARM-BeagleBone (http://beagleboard.org/Products/BeagleBone)* sah das Ergebnis wie folgt aus:

```
Cython time: 0.0196 seconds
Python time: 0.3302 seconds
```

Numba

Numba (http://numba.pydata.org) ist ein NumPy unterstützender Python-Compiler (ein spezialisierter *Just-in-Time-Compiler* [JIT]) der entsprechend ausgezeichneten Python- (und NumPy-)Code über spezielle Dekoratoren in *LLVM (Low-Level Virtual Machine) (http://llvm.org/)* umwandelt. Kurz gefasst, nutzt Numba LLVM, um Python-Code in Maschinencode zu übersetzen, der dann zur Laufzeit nativ ausgeführt werden kann.

Wenn Sie Anaconda verwenden, installieren Sie Numba mit `conda install numba`. Wenn nicht, müssen Sie es von Hand installieren. NumPy und LLVM müssen bereits installiert sein, bevor Sie Numba installieren. Ermitteln Sie die benötigte LLVM-Version (Sie finden sie auf der *PyPI-Seite für llvmlite (https://pypi.python.org/pypi/llvmlite)*) und laden Sie diese Version von der für Ihr Betriebssystem passenden Seite herunter:

- *LLVM-Builds für Windows (http://llvm.org/builds/)*.
- *LLVM-Builds für Debian/Ubuntu (http://llvm.org/apt/)*.
- *LLVM-Builds für Fedora (https://apps.fedoraproject.org/packages/llvm)*.
- Wie Sie aus dem Quellcode für andere Unix-Systeme kompilieren, erläutert *»Building the Clang + LLVM compilers« (http://ftp.math.utah.edu/pub/llvm/)*.
- Unter OS X verwenden Sie `brew install homebrew/versions/llvm37` (oder welche Version gerade aktuell ist).

Sobald Sie LLVM und NumPy installiert haben, installieren Sie Numba per `pip`. Möglicherweise müssen Sie dem Installer dabei helfen, seine *llvm-config* zu finden, indem Sie die Umgebungsvariable `LLVM_CONFIG` auf den entsprechenden Pfad setzen:

```
$ LLVM_CONFIG=/path/to/llvm-config-3.7 pip install numba
```

Für den Einsatz in Ihrem Code dekorieren Sie einfach Ihre Funktionen:

```
from numba import jit, int32
@jit          ❶
def f(x):
    return x + 3

@jit(int32(int32, int32))   ❷
def g(x, y):
    return x + y
```

❶ Ohne Argumente führt der `@jit`-Dekorator eine *einfache Kompilierung* durch, das heißt, er entscheidet selbst, ob und wie die Funktion optimiert wird.

❷ Für eine deutlich *optimiertere Kompilierung* geben Sie die Typen an. Die Funktion wird dann mit der angegebenen Spezialisierung kompiliert, und nichts anderes ist erlaubt. Der Rückgabewert der beiden Funktionen ist immer vom Typ numba.int32.

Es gibt ein nogil-Flag, das dem Code erlaubt, den Global Interpreter Lock zu ignorieren, sowie das Modul numba.pycc, mit dem Sie den Code schon vorab kompilieren können. Weitere Informationen finden Sie im *Numba-Benutzerhandbuch (http://numba.pydata.org/numba-doc/latest/user)*.

GPU-Bibliotheken

Numba kann optional mit Unterstützung für GPUs (*Graphics Processing Unit*) kompiliert werden. Diese Chips sind für schnelle, parallele Berechnungen optimiert, die in modernen Computerspielen verwendet werden. Sie benötigen eine NVIDIA-GPU und *NVIDIAs CUDA-Toolkit (https://developer.nvidia.com/cuda-downloads)*. Folgen Sie dann der Dokumentation zur Verwendung von *Numbas CUDA-JIT (http://numba.pydata.org/numba-doc/0.13/CUDAJit.html)* mit der GPU.

Neben Numba ist *TensorFlow (https://www.tensorflow.org)* die andere beliebte Bibliothek mit GPU-Unterstützung. Sie wurde von Google unter der Apache-2.0-Lizenz freigegeben und bietet sogenannte Tensoren (mehrdimensionale Matrizen) sowie eine Möglichkeit, Tensor-Operationen miteinander zu verknüpfen. Momentan kann die GPU nur unter Linux genutzt werden. Installationsanweisungen finden Sie auf den folgenden Seiten:

- *TensorFlow-Installation mit GPU-Unterstützung (http://bit.ly/tensorflow-gpu-support)*
- *TensorFlow-Installation ohne GPU-Unterstützung (http://bit.ly/tensorflow-nogpu)*

Für die ohne Linux war *Theano (http://deeplearning.net/software/theano/)* von der Université Montréal die Bibliothek für Matrixberechnungen per GPU für Python schlechthin, bevor Google TensorFlow veröffentlichte. Theano wird immer noch aktiv weiterentwickelt. Es gibt eine eigene *Seite zur Nutzung der GPU (http://deeplearning.net/software/theano/tutorial/using_gpu.html)*. Theano unterstützt Windows, OS X sowie Linux und ist über pip verfügbar:

```
$ pip install Theano
```

Wenn Sie auf niedriger Ebene mit der GPU interagieren wollen, können Sie *PyCUDA (https://developer.nvidia.com/pycuda)* ausprobieren.

Ohne NVIDIA-GPU kann schließlich auch *PyOpenCL (https://pypi.python.org/pypi/pyopencl)* genutzt werden, ein Wrapper um Intels *OpenCL-Bibliothek (https://software.intel.com/en-us/intel-opencl)*, der mit einer Reihe *unterschiedlicher Hardwareausstattungen (https://software.intel.com/en-us/articles/opencl-drivers)* kompatibel ist.

Interfacing mit C-/C++-/FORTRAN-Bibliotheken

Die in den folgenden Abschnitten beschriebenen Bibliotheken sind sehr unterschiedlich: CFFI und ctypes sind Python-Bibliotheken, F2PY ist für FORTRAN, SWIG stellt C-Objekte in mehreren Sprachen (nicht nur in Python) zur Verfügung, und Boost.Python ist eine C++-Bibliothek, die Python C++-Objekte bereitstellt (und umgekehrt). Tabelle 8-2 geht ein wenig mehr ins Detail.

Tabelle 8-2: C- und C++-Schnittstellen

Bibliothek	Lizenz	Gründe für den Einsatz
CFFI	MIT-Lizenz	• Bietet die beste Kompatibilität mit PyPy.
		• Erlaubt das Schreiben von C-Code in Python, der zu einer Shared-Library mit Python-Bindungen kompiliert wird.
ctypes	Python-Software-Foundation-Lizenz	• Pythons Standardbibliothek.
		• Erlaubt das Wrapping existierender DLLs oder Shared Objects, die Sie nicht geschrieben oder über die Sie keine Kontrolle haben.
		• Bietet die zweitbeste Kompatibilität mit PyPy.
F2PY	BSD-Lizenz	• Erlaubt die Nutzung von FORTRAN-Bibliotheken.
		• F2PY ist Teil von NumPy, Sie sollten daher NumPy verwenden.
SWIG	GPL (Ergebnis ist nicht beschränkt)	• Generiert automatisch Bibliotheken in mehreren Sprachen. Nutzt ein spezielles Dateiformat, das weder mit C noch mit Python etwas zu tun hat.
Boost.Python	Boost-Software-Lizenz	• Kein Kommandozeilentool, sondern eine C++-Bibliothek, die in C++-Code eingebunden werden kann, um die Objekte zu identifizieren, die Python bekannt gemacht werden sollen.

C Foreign Function Interface

Das *CFFI (https://cffi.readthedocs.org/en/latest/)*-Paket bietet einen einfachen Mechanismus für das Interfacing zwischen C und CPython sowie PyPy. CFFI wird *von PyPy (http://doc.pypy.org/en/latest/extending.html)* aufgrund der besten Kompatibilität zwischen CPython und PyPy empfohlen. Es unterstützt zwei Modi: den im nächsten Beispiel vorgestellten Inline-ABI-Kompatibilitätsmodus (*Application Binary Interface*), der das dynamische Laden und Ausführen von Funktionen aus ausführbaren Modulen erlaubt (was grundsätzlich der Funktionalität von LoadLibrary oder dlopen entspricht), und einen API-Modus, mit dem Sie C-Erweiterungsmodule entwickeln können.[9]

Sie installieren es über `pip`:

```
$ pip install cffi
```

---

[9] Besondere Vorsicht (*http://docs.python.org/c-api/init.html#threads*) ist bei der Entwicklung von C-Erweiterungen geboten, da Sie sicherstellen müssen, dass Ihre Threads beim Interpreter registriert werden.

Hier sehen Sie ein Beispiel für die ABI-Interaktion:

```
from cffi import FFI
ffi = FFI()
ffi.cdef("size_t strlen(const char*);")   ❶
clib = ffi.dlopen(None)   ❷
length = clib.strlen("String to be evaluated.")   ❸
# prints: 23
print("{}".format(length))
```

❶ Dieser String könnte aus einer Funktionsdeklaration in einer C-Headerdatei stammen.

❷ Öffnet die Shared Library (*.DLL oder *.so).

❸ Nun können wir clib behandeln, als wäre es ein Python-Modul, und die definierte Funktion über die Punktnotation aufrufen.

ctypes

ctypes (https://docs.python.org/3/library/ctypes.html) ist der De-facto-Standard für das Interfacing mit C/C++ aus CPython und ist in der Standardbibliothek enthalten. Es bietet vollständigen Zugriff auf die native C-Schnittstelle der meisten Betriebssysteme (z. B. kernel32 unter Windows und libc unter *nix) sowie Unterstützung für das Laden und das Interfacing mit dynamischen Bibliotheken – Shared Objects (*.so) oder DLLs – zur Laufzeit. Es kommt zusammen mit einer großen Menge an Typen zur Interaktion mit System-APIs und erlaubt die einfache Definition eigener komplexer Typen wie Structs und Unions. Bei Bedarf können auch Dinge wie Padding und Alignment angepasst werden. Das Ganze ist manchmal ein wenig lästig (weil man so viele zusätzliche Zeichen eintippen muss), doch zusammen mit dem *struct-Modul (https://docs.python.org/3.5/library/struct.html)* der Standardbibliothek haben Sie die vollständige Kontrolle darüber, wie Ihre Datentypen in etwas übersetzt werden, das von einer reinen C-/C++-Methode genutzt werden kann.

Das folgende C-Struct, das in einer Datei namens *my_struct.h* definiert ist:

```
struct my_struct {
    int a;
    int b;
};
```

könnte auch wie folgt in einer Datei namens *my_struct.py* implementiert werden:

```
import ctypes
class my_struct(ctypes.Structure):
    _fields_ = [("a", c_int),
                ("b", c_int)]
```

F2PY

Der *Fortran-zu-Python-Interface-Generator (F2PY) (http://docs.scipy.org/doc/numpy/f2py/)* ist Teil von NumPy. Um ihn nutzen zu können, installieren Sie also NumPy per pip:

```
$ pip install numpy
```

Er bietet eine vielseitige Kommandozeilenfunktion namens f2py, die Sie auf drei Arten, die in der *F2PY-Schnellstartanleitung (http://docs.scipy.org/doc/numpy/f2py/getting-started.html)* beschrieben sind, nutzen können. Wenn Sie die Kontrolle über den Quellcode haben, können Sie spezielle Kommentare mit Anweisungen für F2PY einfügen, die den Zweck jedes Arguments verdeutlichen (welche Elemente Rückgabewerte und welche Eingänge sind), und dann F2PY einfach wie folgt ausführen:

```
$ f2py -c fortran_code.f -m python_modulname
```

Wenn Sie das nicht machen, kann F2PY eine Zwischendatei mit der Erweiterung *.pyf* erzeugen, die Sie modifizieren können, um dann letztlich zum gleichen Ergebnis zu gelangen. Das geschieht in drei Schritten:

```
$ f2py fortran_code.f -m python_module_name -h interface_file.pyf   ❶
$ vim interface_file.pyf   ❷
$ f2py -c interface_file.pyf fortran_code.f   ❸
```

❶ Generiert automatisch eine Zwischendatei, die die Schnittstelle zwischen den FORTRAN-Funktionssignaturen und den Python-Signaturen definiert.

❷ Editieren Sie die Datei so, dass sie die Eingabe- und Ausgabevariablen korrekt benennt.

❸ Nun kompilieren Sie den Code und erzeugen die Erweiterungsmodule.

SWIG

Der *Simplified Wrapper Interface Generator (http://www.swig.org)(SWIG) (http://www.swig.org)* unterstützt eine große Anzahl an Skriptsprachen, darunter auch Python. Es handelt sich um ein beliebtes, weitverbreitetes Kommandozeilentool, das Bindungen für interpretierte Sprachen aus speziell ausgezeichneten C-/C++-Headerdateien erzeugt. Um es einzusetzen, erzeugen Sie mit SWIG zuerst automatisch eine Zwischendatei aus dem Header (mit der Endung *.i*). Als Nächstes ändern Sie die Datei so ab, dass sie das tatsächlich von Ihnen gewünschte Interface widerspiegelt. Abschließend rufen Sie das Build-Tool auf und kompilieren den Code in eine Shared Library. All das wird Schritt für Schritt im *SWIG-Tutorial (http://www.swig.org/tutorial.html)* erklärt.

Trotz einiger Einschränkungen (momentan scheint es einige Probleme mit einer kleinen Untermenge an neuen C++-Features zu geben, und Template-lastigen Code ans Laufen zu bringen, ist eine etwas langatmige Angelegenheit) ist SWIG ein mächtiges Tool und stellt Python viele Features mit wenig Aufwand zur Verfügung. Darüber hinaus können Sie die von SWIG erzeugten Bindungen (in der Interface-Datei) sehr einfach erweitern, um Operatoren und fest eingebaute Methoden zu überladen. Außerdem lassen sich C++-Ausnahmen sehr effektiv »umcasten«, sodass sie von Python abgefangen werden können.

Das folgende Beispiel zeigt, wie man __repr__ überlädt. Wir würden den Code in *MyClass.h* speichern:

```
#include <string>
class MyClass {
private:
    std::string name;
public:
    std::string getName();
};
```

Und hier ist *myclass.i*:

```
%include "string.i"

%module myclass
%{
#include <string>
#include "MyClass.h"
%}

%extend MyClass {
    std::string __repr__()
    {
        return $self->getName();
    }
}

%include "MyClass.h"
```

Weitere *Python-Beispiele (https://github.com/swig/swig/tree/master/Examples/python)* finden Sie im SWIG-GitHub-Repository. Installieren Sie SWIG über Ihren Paketmanager, wenn es einen gibt (apt-get install swig, yum install swig.i386 oder brew install swig), oder nutzen Sie diesen Link, um *SWIG herunterzuladen (http://www.swig.org/survey.html)*, und folgen Sie dann den *Installationsanweisungen (http://www.swig.org/Doc3.0/Preface.html#Preface_installation)* für Ihr Betriebssystem. Wenn Ihnen die PCRE-Bibliothek (Perl-kompatible reguläre Ausdrücke) unter OS X fehlt, installieren Sie sie über Homebrew nach:

```
$ brew install pcre
```

Boost.Python

Boost.Python (http://www.boost.org/doc/libs/1_60_0/libs/python/doc/) verlangt ein wenig mehr Handarbeit, um die Funktionalität von C++-Objekten bereitzustellen, bietet aber die gleichen Features wie SWIG sowie Wrapper für den Zugriff auf Python-Objekte als PyObjects in C++, aber auch Tools, die C++-Objekte in Python zur Verfügung stellen. Im Gegensatz zu SWIG ist Boost.Python eine Bibliothek, kein Kommandozeilentool, und es besteht keine Notwendigkeit, eine Zwischendatei in einem anderen Format zu erzeugen – es ist alles direkt in C++ geschrieben. Interessiert Sie dieser Weg, bietet Boost.Python ein umfassendes und detailliertes *Tutorial (http://bit.ly/boost-python-tutorial)*.

KAPITEL 9
Software-Interfaces

In diesem Kapitel wollen wir zunächst zeigen, wie man Python nutzt, um Informationen über APIs abzurufen, mit denen Daten zwischen Organisationen geteilt werden. Dann gehen wir auf die Tools ein, die die meisten Python nutzenden Organisationen verwenden, um die Kommunikation innerhalb ihrer eigenen Infrastruktur zu unterstützen.

Pythons Unterstützung für Pipes und Queues zwischen Prozessen haben wir bereits in »Multiprocessing« auf Seite 238 diskutiert. Die Kommunikation zwischen Computern verlangt, dass die Computer an beiden Enden der Konversation einen Satz definierter Protokolle verwenden. Das Internet nutzt dazu die *TCP/IP-Suite (https://en.wikipedia.org/wiki/Internet_protocol_suite)*.[1] Sie können über Sockets *UDP selbst implementieren (https://pymotw.com/2/socket/udp.html)*, und Python bietet eine Bibliothek namens ssl an, die TLS/SSL-Wrapper über Sockets bietet. Die Bibliothek asyncio implementiert *asynchrone Transporte (https://docs.python.org/3/library/asyncio-protocol.html)* für TCP, UDP, TLS/SSL und Subprozess-Pipes.

Doch die meisten von uns werden auf höherer Ebene angesiedelte Bibliotheken nutzen, die Clients zur Verfügung stellen, die die verschiedenen Protokolle der Anwendungsschicht implementieren: ftplib, poplib, imaplib, nntplib, smtplib, telnetlib und xmlrpc. Alle stellen Klassen für normale und TLS/SSL-fähige Clients bereit. Für HTTP-Requests gibt es urllib, die für die meisten Anwendungsfälle aber die Requests-Bibliothek empfiehlt.

---

1 Die TCP/IP-Suite (auch Internetprotokoll genannt) besteht konzeptionell aus vier Teilen: Die Protokolle der Verbindungsschicht (*Link Layer*) legen fest, wie Informationen zwischen einem Computer und dem Internet ausgetauscht werden. Innerhalb des Computers sind Netzwerkkarte und Betriebssystem für sie verantwortlich, nicht das Python-Programm. Die Protokolle der Internetschicht (*Internet Layer*, IPv4, IPv6 etc.) übernehmen die Zustellung von Datenpaketen von der Quelle bis zum Ziel. Die Standardoptionen finden sich in Pythons *socket-Bibliothek (https://docs.python.org/3/library/socket.html)*. Die Protokolle der Transportschicht (*Transport Layer*, TCP, UDP etc.) legen fest, wie zwei Endpunkte miteinander kommunizieren. Die Optionen finden sich ebenfalls in der *socket-Bibliothek (https://docs.python.org/3/library/socket.html)*. Schließlich legen die Protokolle der Anwendungsschicht (*Application Layer*, FTP, HTTP etc.) fest, wie die Daten auszusehen haben, um von der gewünschten Anwendung (z.B. FTP für den Dateitransfer und HTTP für die Übertragung von Hypertext) genutzt werden zu können. Pythons Standardbibliothek bietet hier separate Module an, die die gängigsten Protokolle implementieren.

Der erste Abschnitt in diesem Kapitel behandelt HTTP-Request – also wie man Daten über öffentliche APIs aus dem Web abruft. Danach wenden wir uns kurz der Serialisierung in Python zu, und im dritten Abschnitt beschreiben wir beliebte Tools, die beim Networking auf Unternehmensebene eingesetzt werden. Wir weisen explizit darauf hin, wenn ein Tool nur für Python 3 verfügbar ist. Wenn Sie Python 2 verwenden und ein von uns hier behandeltes Modul nicht finden können, empfehlen wir Ihnen, sich diese Liste der *Änderungen zwischen den Python 2- und Python 3-Standardbibliotheken (http://python3porting.com/stdlib.html)* anzusehen.

Webclients

Das *Hypertext Transfer Protocol* (HTTP) ist ein Anwendungsprotokoll für verteilte, kollaborative Hypermedia-Informationssysteme und die Grundlage der Datenkommunikation im World Wide Web. In diesem Abschnitt konzentrieren wir uns darauf, zu zeigen, wie man Daten aus dem Web mithilfe der Requests-Bibliothek abruft.

Pythons Standardmodul urllib bietet einen Großteil der benötigten HTTP-Fähigkeiten, ist aber auf niedriger Ebene angesiedelt und erfordert für scheinbar einfache Aufgaben (z.B. den Abruf von Daten von einer Site, die eine Authentifizierung verlangt) einen recht hohen Aufwand. Tatsächlich sagt die Dokumentation des url lib.request-Moduls, dass Sie die Requests-Bibliothek nutzen sollen.

Requests (http://pypi.python.org/pypi/requests) nimmt einem die ganze Arbeit für HTTP-Requests unter Python ab und sorgt für eine nahtlose Integration der Webdienste. Es ist nicht nötig, URLs manuell um Query-Strings zu ergänzen oder für die form-Codierung Ihrer POST-Daten zu sorgen. Keep-alive-Verbindungen (persistente HTTP-Verbindungen) und HTTP-Verbindungs-Pooling sind über die Klasse request.sessions.Session verfügbar, deren Basis *urllib3 (https://pypi.python.org/pypi/urllib3)* bildet, die in Requests eingebettet ist (d.h., Sie müssen sie nicht separat installieren). Sie installieren die Bibliothek per pip:

```
$ pip install requests
```

Die *Requests-Dokumentation (http://docs.python-requests.org/en/latest/index.html)* geht wesentlich ausführlicher ins Detail, als wir es nachfolgend tun können.

Web-APIs

Nahezu jeder, von der *amerikanischen Statistikbehörde (https://www.census.gov/developers/)* bis zur *Niederländischen Nationalbibliothek (http://bit.ly/early-dutch-books)*, stellt eine API bereit, über die Daten abgerufen werden können, die der Anbieter teilen möchte. Bei einigen, etwa Twitter und Facebook, ist es Ihnen (oder den von Ihnen genutzten Apps) auch möglich, diese Daten zu ändern. Vielleicht haben Sie den Begriff *REST-API* schon mal gehört. REST (*REpresentational State*

Transfer) ist ein Paradigma, das den Entwurf von HTTP 1.1 beeinflusst hat, aber weder ein Standard noch ein Protokoll oder eine Notwendigkeit ist. Dennoch folgen die APIs von Webdiensten meist den REST-Entwurfsprinzipien. Wir wollen uns ein wenig Code ansehen, um die wichtigsten Begriffe zu verdeutlichen:

```
import requests
                    ❶              ❷         ❸           ❹
result = requests.get('http://pypi.python.org/pypi/requests/json')
```

❶ Die *Methode* ist Teil des HTTP-Protokolls. Bei einer REST-API entscheidet der Entwickler, welche Aktion der Server durchführen wird, und teilt Ihnen das in der API-Dokumentation mit. Hier ist *eine Liste aller Methoden (http://bit.ly/http-method-defs)*, doch die üblicherweise bei REST-APIs genutzten Methoden sind GET, POST, PUT und DELETE. In der Regel machen diese »HTTP-Verben« das, was ihre Namen vermuten lassen: Sie rufen Daten ab, ändern Daten oder löschen sie.

❷ Der *Basis-URI* bildet den Stamm der API.

❸ Clients geben ein bestimmtes *Element* an, dessen Daten sie wünschen.

❹ Und es besteht die Option, unterschiedliche *Medientypen* anzugeben.

Der obige Code führt einen HTTP-Request bei *http://pypi.python.org/pypi/requests/json (http://pypi.python.org/pypi/requests/json)* durch, einem JSON-Backend für PyPI. Wenn Sie sich das in Ihrem Browser anschauen, sehen Sie einen langen JSON-String. Bei Requests ist der Rückgabewert eines HTTP-Requests ein Response-Objekt:

```
>>> import requests
>>> response = requests.get('http://pypi.python.org/pypi/requests/json')
>>> type(response)
<class 'requests.models.Response'>
>>> response.ok
True
>>> response.text     # Gibt den gesamten Text der Response aus.
>>> response.json()   # Wandelt die Text-Response in ein Dictionary um.
```

PyPI liefert uns Text im JSON-Format zurück. Es gibt keine Regel, in welchem Format die Daten zu senden sind, doch viele APIs nutzen JSON oder XML.

JSON-Parsing

Die *Javascript Object Notation* (kurz JSON) ist genau das, was ihr Name besagt: eine Notation zur Definition von Objekten in JavaScript. Die Requests-Bibliothek hat einen JSON-Parser in ihr Response-Objekt integriert.

Die *json (https://docs.python.org/3/library/json.html)*-Bibliothek kann JSON aus Strings oder Dateien in ein Python-Dictionary (oder eine Liste) umwandeln. Sie kann außerdem Python-Dictionaries oder -Listen in JSON-Strings konvertieren. Der folgende String enthält zum Beispiel JSON-Daten:

```
json_string = '{"first_name": "Guido", "last_name":"van Rossum"}'
```

Das Parsing geschieht wie folgt:

```
import json
parsed_json = json.loads(json_string)
```

Das Ergebnis ist ein normales Dictionary:

```
print(parsed_json['first_name'])
"Guido"
```

Sie können Folgendes auch in JSON konvertieren:

```
d = {
    'first_name': 'Guido',
    'last_name': 'van Rossum',
    'titles': ['BDFL', 'Developer'],
}

print(json.dumps(d))
'{"first_name": "Guido", "last_name": "van Rossum",
  "titles": ["BDFL", "Developer"]}'
```

> **simplejson für ältere Python-Versionen**
>
> Die json-Bibliothek wurde bei Python 2.6 eingeführt. Wenn Sie eine ältere Python-Version verwenden, steht die *simplejson (https://simplejson.readthedocs.org/en/latest/)*-Bibliothek über PyPI zur Verfügung.
>
> simplejson bietet die gleiche API wie das json-Modul der Standardbibliothek, wird aber häufiger aktualisiert als Python. Entwickler, die ältere Versionen von Python einsetzen, können durch den Import von simplejson trotzdem die Features der json-Bibliothek nutzen. Sie können simplejson auch als direkten Ersatz für json verwenden:
>
> ```
> import simplejson as json
> ```
>
> Nachdem Sie simplejson als json importiert haben, laufen die vorstehenden Beispiele, als würden Sie die Standard-json-Bibliothek nutzen.

XML-Parsing

Es gibt einen XML-Parser in der Standardbibliothek für die Methoden parse()- und fromstring() in xml.etree.ElementTree, der die *Expat-Bibliothek (http://bit.ly/xml-expat)* nutzt und ein ElementTree-Objekt erzeugt, das die XML-Struktur erhält, was wiederum bedeutet, dass Sie sich durch den Baum arbeiten und in den Child-Elementen nachschauen müssen, um an die Inhalte zu gelangen. Wenn Sie nur an den Daten interessiert sind, versuchen Sie es entweder mit untangle oder mit xmltodict. Sie können beide über pip herunterladen:

```
$ pip install untangle
$ pip install xmltodict
```

untangle

untangle (https://github.com/stchris/untangle) nimmt ein XML-Dokument und liefert ein Python-Objekt zurück, dessen Struktur die Knoten und Attribute widerspiegelt. Zum Beispiel kann eine XML-Datei wie:

```xml
<?xml version="1.0" encoding="UTF-8"?>
<root>
    <child name="child1" />
</root>
```

wie folgt geladen werden:

```python
import untangle
obj = untangle.parse('path/to/file.xml')
```

Den Namen des Child-Elements können Sie dann so abrufen:

```python
obj.root.child['name']   # ist 'child1'
```

xmltodict

xmltodict (http://github.com/martinblech/xmltodict) wandelt den XML-Code in ein Dictionary um. Zum Beispiel kann eine XML-Datei wie:

```xml
<mydocument has="an attribute">
  <and>
    <many>elements</many>
    <many>more elements</many>
  </and>
  <plus a="complex">
    element as well
  </plus>
</mydocument>
```

wie folgt in eine `OrderedDict`-Instanz (aus dem collections-Modul der Python-Standardbibliothek) geladen werden:

```python
import xmltodict

with open('path/to/file.xml') as fd:
    doc = xmltodict.parse(fd.read())
```

Und Sie können auf die Elemente, Attribute und Werte so zugreifen:

```python
doc['mydocument']['@has']            # ist u'an attribute'
doc['mydocument']['and']['many']     # ist [u'elements', u'more elements']
doc['mydocument']['plus']['@a']      # ist u'complex'
doc['mydocument']['plus']['#text']   # ist u'element as well'
```

Mit xmltodict können Sie aus dem Dictionary mithilfe der `unparse()`-Funktion auch wieder XML machen. Es kennt einen Streaming-Modus, der sich für die Verarbeitung sehr großer Dateien (die nicht in den Speicher passen) eignet und unterstützt Namensräume.

Web-Scraping

Websites bieten ihre Daten nicht immer in einem komfortablen Format wie CSV oder JSON an, doch auch HTML enthält strukturierte Daten. An diesem Punkt kommt das sogenannte Web-Scraping ins Spiel.

Beim Web-Scraping geht ein Computerprogramm eine Webseite durch und »kratzt« (engl. to scrape) daraus die Daten zusammen, die Sie benötigen. Die Daten werden dabei in das für Sie nützlichste Format aufbereitet, während gleichzeitig die Struktur der Daten erhalten bleibt.

> Mittlerweile bieten immer mehr Sites APIs an und bitten explizit darum, auf das Scraping zu verzichten. Die API stellt die Daten zur Verfügung, die man zu teilen bereit ist, und fertig. Bevor Sie loslegen, sollten Sie sich auf der fraglichen Website die Nutzungsbedingungen ansehen und ein guter Bürger des Webs sein.

lxml

lxml (http://lxml.de/) ist eine recht umfangreiche Bibliothek, die ein schnelles Parsing von XML- und HTML-Doumenten erlaubt und dabei auch ein gewisses Maß an fehlerhaft formatiertem Markup verkraftet. Sie können es über pip installieren:

```
$ pip install lxml
```

Wir verwenden requests.get, um die Daten der Website abzurufen, parsen sie dann mit dem html-Modul und legen das Ergebnis in tree ab:

```
from lxml import html
import requests

page = requests.get('http://econpy.pythonanywhere.com/ex/001.html')   ❶
tree = html.fromstring(page.content)   ❷
```

❶ Das ist eine echte Webseite, und die gezeigten Daten sind real. Sie können die Seite mit Ihrem Webbrowser besuchen.

❷ Wir nutzen page.content statt page.text, weil html.fromstring() implizit Bytes als Eingabe erwartet.

tree enthält nun die gesamte HTML-Datei in einer netten Baumstruktur, die wir auf zwei verschiedenen Wegen durchgehen können: über *XPath (http://lxml.de/xpathxslt.html)* oder *CSSSelect (http://lxml.de/cssselect.html)*. Bei beiden handelt es sich um Standards zur Definition eines Pfads durch einen HTML-Baum, die vom *World Wide Web Consortium* (W3C) definiert sowie gewartet werden und als Module in lxml implementiert sind. Im folgenden Beispiel werden wir XPath nutzen. Eine gute Einführung bietet das *W3Schools XPath-Tutorial (http://www.w3schools.com/xsl/xpath_intro.asp)*.

Es gibt auch verschiedene Tools wie Firebug für Firefox oder den Chrome Inspector, die den XPath eines Elements innerhalb Ihres Webbrowsers ermitteln. Wenn Sie Chrome nutzen, können Sie ein Element mit der rechten Maustaste anklicken, wählen dann *Inspect element*, um den Code zu markieren, klicken erneut mit der rechten Maustaste und wählen *Copy XPath*.

Nach einer kurzen Analyse wissen wir, dass die gewünschten Daten auf der Seite in zwei Elementen enthalten sind. Das eine ist ein div mit dem Titel buyer-name und das andere ein span mit der Klasse item-price:

```
<div title="buyer-name">Carson Busses</div>
<span class="item-price">$29.95</span>
```

Mit diesem Wissen können wir die korrekte XPath-Query aufbauen und lxmls xpath-Funktion wie folgt nutzen:

```
# Erzeugt eine Liste der Käufer.
buyers = tree.xpath('//div[@title="buyer-name"]/text()')
# Erzeugt eine Liste der Preise.
prices = tree.xpath('//span[@class="item-price"]/text()')
```

Sehen wir uns an, was genau dabei herauskommt :

```
>>> print('Buyers: ', buyers)
Buyers: ['Carson Busses', 'Earl E. Byrd', 'Patty Cakes',
'Derri Anne Connecticut', 'Moe Dess', 'Leda Doggslife', 'Dan Druff',
'Al Fresco', 'Ido Hoe', 'Howie Kisses', 'Len Lease', 'Phil Meup',
'Ira Pent', 'Ben D. Rules', 'Ave Sectomy', 'Gary Shattire',
'Bobbi Soks', 'Sheila Takya', 'Rose Tattoo', 'Moe Tell']
>>>
>>> print('Prices: ', prices)
Prices: ['$29.95', '$8.37', '$15.26', '$19.25', '$19.25',
'$13.99', '$31.57', '$8.49', '$14.47', '$15.86', '$11.11',
'$15.98', '$16.27', '$7.50', '$50.85', '$14.26', '$5.68',
'$15.00', '$114.07', '$10.09']
```

Datenserialisierung

Die Datenserialisierung ist ein Konzept, das strukturierte Daten in ein Format umwandelt, das geteilt oder gespeichert werden kann, das heißt, alle notwendigen Informationen zur Rekonstruktion des Objekts im Speicher der empfangenden Seite der Übertragung (oder beim Einlesen aus dem Massenspeicher) bleiben erhalten. In manchen Fällen ist ein weiteres Ziel der Datenserialisierung die Minimierung der serialisierten Daten, was wiederum den Plattenplatz oder den Bandbreitenbedarf verringert.

Die folgenden Abschnitte behandeln das (Python-spezifische) Pickle-Format, einige sprachübergreifende Tools zur Serialisierung, Komprimierungsoptionen der Python-Standardbibliothek und Pythons buffer-Protokoll, das die Zahl der Kopien reduzieren kann, die nötig sind, bevor ein Objekt übertragen werden kann.

Pickle

Das Python-eigene Serialisierungsmodul heißt *Pickle (https://docs.python.org/2/ library/pickle.html)*. Hier ein Beispiel:

```python
import pickle

# Ein Beispiel-Dictionaray.
grades = { 'Alice': 89, 'Bob': 72, 'Charles': 87 }

# Wir nutzen dumps, um ein Objekt in einen serialisierten String umzuwandeln.
serial_grades = pickle.dumps( grades )

# Wir nutzen loads, um ein Objekt zu deserialisieren.
received_grades = pickle.loads( serial_grades )
```

Manche Dinge können mit Pickle nicht serialisiert werden: Funktionen, Methoden, Klassen und kurzlebige Dinge wie Pipes.

 In Pythons Pickle-Dokumentation heißt es außerdem (frei übersetzt): »Das Pickle-Modul ist nicht gegen fehlerhafte oder bösartig konstruierte Daten geschützt. Sie sollten mit Pickle niemals Daten aus nicht vertrauenswürdigen oder nicht authentifizierten Quellen entpacken.«

Sprachübergreifende Serialisierung

Wenn Sie nach einem Serialisierungsmodul suchen, das mehrere Sprachen unterstützt, sind *Googles Protobuf* (*https://developers.google.com/protocol-buffers/docs/pythontutorial*) und *Apaches Avro* (*https://avro.apache.org/docs/1.7.6/gettingstarted python.html*) zwei beliebte Möglichkeiten.

Pythons Standardbibliothek umfasst außerdem *xdrlib* (*https://docs.python.org/3/library/xdrlib.html*) zum Packen und Entpacken von Suns XDR-Format (*External Data Representation* (*https://en.wikipedia.org/wiki/External_Data_Representation*)), das von Betriebssystem und Transportprotokoll unabhängig ist. Es arbeitet auf einer wesentlich niedrigeren Ebene als die vorgenannten Optionen und hängt gepackte Bytes einfach aneinander, das heißt, sowohl der Client als auch der Server müssen Typ und Reihenfolge der gepackten Daten kennen. Hier ein Beispiel, wie ein Server, der Daten im XDR-Format empfängt, aussehen könnte:

```python
import socketserver
import xdrlib

class XdrHandler(socketserver.BaseRequestHandler):
    def handle(self):
        data = self.request.recv(4)         ❶
        unpacker = xdrlib.Unpacker(data)
        message_size = self.unpacker.unpack_uint()   ❷
        data = self.request.recv(message_size)       ❸
        unpacker.reset(data)                ❹
        print(unpacker.unpack_string())     ❺
        print(unpacker.unpack_float())
        self.request.sendall(b'ok')
server = socketserver.TCPServer(('localhost', 12345), XdrHandler)
server.serve_forever()
```

❶ Die Daten können eine variable Länge aufweisen, deshalb haben wir am Anfang einen vorzeichenlosen Integerwert (4 Bytes) mit der Länge der Nachricht eingefügt.

❷ Wir müssen wissen, dass wir zuerst einen vorzeichenlosen Integerwert empfangen haben.

❸ In dieser Zeile lesen wir zuerst den Rest der Nachricht ein ...

❹ ... und in der nächsten Zeile setzen wir den unpacker mit den neuen Daten zurück.

❺ Wir müssen vorab wissen, dass wir einen String und dann einen Fließkommawert empfangen.

Wenn auf beiden Seiten Python-Programme arbeiten, würden wir natürlich Pickles nutzen. Doch sofern der Server etwas völlig anderes verwenden, wäre das der Clientcode, der die Daten an den Server sendet:

```python
import socket
import xdrlib

p = xdrlib.Packer()
p.pack_string('Thanks for all the fish!')  ❶
p.pack_float(42.00)
xdr_data = p.get_buffer()
message_length = len(xdr_data)

p.reset()  ❷
p.pack_uint(message_length)
len_plus_data = p.get_buffer() + xdr_data  ❸

with socket.socket() as s:
    s.connect(('localhost', 12345))
    s.sendall(len_plus_data)
    if s.recv(1024):
      print('success')
```

❶ Zuerst werden alle zu sendenden Daten gepackt.

❷ Dann wird die Länge der Nachricht separat gepackt ...

❸ ... und der gesamten Nachricht vorangestellt.

Komprimierung

Pythons Standardbibliothek unterstützt auch die Komprimierung und Dekomprimierung von Daten über die zlib-, gzip-, bzip2- und lzma-Algorithmen sowie die Erzeugung von Archiven im ZIP- und TAR-Format. Um zum Beispiel ein Pickle zu »zippen«:

```python
import pickle
import gzip

data = "my very big object"
```

```
# zip und pickle:
with gzip.open('spam.zip', 'wb') as my_zip:
    pickle.dump(data, my_zip)

# unzip und unpickle:
with gzip.open('spam.zip', 'rb') as my_zip:
    unpickled_data = pickle.load(my_zip)
```

Das buffer-Protokoll

Eli Bendersky, einer der Python-Kernentwickler, hat einen Blog-Post über die Reduzierung der Anzahl speicherinterner Kopien geschrieben, die Python mit Daten durchführt, indem es *Speicherpuffer nutzt (http://tinyurl.com/bendersky-buffer-protocol)*. Mit seiner Technik können Sie sogar aus einer Datei oder einem Socket in einen existierenden Puffer schreiben. Weitere Informationen finden Sie in der *Dokumentation des Python-buffer-Protokolls (https://docs.python.org/3/c-api/buffer.html)* und in *PEP 3118 (http://legacy.python.org/dev/peps/pep-3118/)*, das einige Verbesserungen empfiehlt, die in Python 3 implementiert und in Python 2.6 (und höher) rückportiert wurden.

Verteilte Systeme

Verteilte Systeme (engl. Distributed Systems) arbeiten gemeinsam an der Lösung einer Aufgabe (etwa einem Spiel, einem Internetchat oder einer Hadoop-Berechnung), indem sie Informationen miteinander austauschen. Der erste Abschnitt stellt die beliebtesten Bibliotheken für gängige Netzwerkaufgaben vor. Danach diskutieren wir die Kryptografie, die mit dieser Art der Kommunikation Hand in Hand geht.

Vernetzung

Bei Python erfolgt die Kommunikation im Netzwerk üblicherweise über asynchrone Tools oder Threads, um die Beschränkungen des Global Interpreter Lock zu umgehen. Alle Bibliotheken in Tabelle 9-1 lösen das gleiche Problem (das Umgehen des GIL) auf unterschiedliche Weise und mit einer unterschiedlichen Zahl von zusätzlichen Features.

Tabelle 9-1: Vernetzung

Bibliothek	Lizenz	Gründe für den Einsatz
asyncio	PSF-Lizenz	• Bietet eine asynchrone Eventschleife zur Verwaltung der Kommunikation mit nicht sperrenden Sockets und Queues sowie beliebigen, benutzerdefinierten Coroutinen. • Umfasst auch asynchrone Sockets und Queues.

Tabelle 9-1: Vernetzung (Fortsetzung)

Bibliothek	Lizenz	Gründe für den Einsatz
gevent	MIT-Lizenz	• Ist eng mit libev verknüpft, der C-Bibliothek für asynchrone E/A.
		• Stellt einen schnellen WSGI-Server basierend auf libevs HTTP-Server zur Verfügung.
		• Stellt auch das sehr gute gevent.monkey *(http://www.gevent.org/gevent.monkey.html)*-Modul bereit, das Patch-Funktionen für die Standardbibliothek enthält, sodass Drittanbietermodule, die für blockierende Sockets geschrieben wurden, dennoch gevent nutzen können.
Twisted	MIT-Lizenz	• Stellt asynchrone Implementierungen neuerer Protokolle zur Verfügung, z. B. GPS, *Internet of Connected Products* (IoCP) und ein *Memcached (https://memcached.org/)*-Protokoll.
		• Hat seine Eventschleife in verschiedene ereignisgesteuerte Frameworks wie wxPython und GTK integriert.
		• Hat auch einen SSH-Server und entsprechende Clienttools integriert.
PyZMQ	LGPL (ZMQ) und BSD (für den Python-Teil)	• Ermöglicht den Aufbau und das Interfacing mit nicht sperrenden Message-Queues mithilfe einer Socket-artigen API.
		• Bietet Socket-typisches Verhalten (Request/Response, Publish/Subscribe und Push/Pull), das verteiltes Rechnen unterstützt.
		• Verwenden Sie es, wenn Sie Ihre eigene Kommunikationsinfrastruktur aufbauen wollen. Es hat zwar ein »Q« im Namen, hat aber nichts mit RabbitMQ gemeinsam. Sie können damit so etwas wie RabbitMQ entwickeln, aber auch etwas völlig anderes (je nachdem, welche Socket-Muster Sie wählen).
pika	BSD-Lizenz	• Stellt einen leichtgewichtigen AMQP-Client (ein Kommunikationsprotokoll) zur Verbindung mit RabbitMQ oder anderen Message-Brokern bereit.
		• Stellt auch Adapter für den Einsatz in den Eventschleifen von Tornado und Twisted bereit.
		• Verwenden Sie diese Bibliothek, wenn Sie eine leichtgewichtige Bibliothek (ohne Web-Dashboard und anderen Schnickschnack) wünschen, mit deren Hilfe Sie Inhalte an externe Message-Broker wie RabbitMQ übergeben können.
Celery	BSD-Lizenz	• Stellt einen AMQP-Client bereit, der die Verbindung mit RabbitMQ oder anderen Message-Brokern herstellt.
		• Verfügt außerdem über die Möglichkeit, Task-Zustände in einem Backend zu speichern, das andere beliebte Optionen wie eine Datenbankverbindung über SQLAlchemy, Memcached oder Ähnliche verwendet.
		• Besitzt ein optionales Tool zur Webadministration und -überwachung namens Flower.
		• Kann mit einem Out-of-the-Box-Message-Broker-System genutzt werden.

Leistungsstarke Tools zur Vernetzung in der Python-Standardbibliothek

asyncio (https://docs.python.org/3/library/asyncio.html) wurde in Python 3.4 eingeführt und greift Ideen auf, die man von den Entwicklercommunitys gelernt hat, etwa von Twisted und gevent. Es handelt sich um ein Tool für die Nebenläufigkeit, und ein häufiger Anwendungsfall sind Netzwerkserver. Pythons eigene Dokumentation zu asyncore (einem Vorläufer von asyncio) erklärt (frei übersetzt) Folgendes:

Es gibt für ein Programm mit einem Prozessor nur zwei Möglichkeiten, »mehr als eine Sache gleichzeitig zu tun«. Multithreading ist die einfachste und beliebteste Form, doch es gibt noch einen technisch ganz anderen Ansatz, der nahezu alle Vorteile des Multithreadings vereint, ohne mit mehreren Threads zu arbeiten. Wirklich praktikabel ist er allerdings nur, wenn Ihr Programm stark E/A-orientiert ist. Bei einem prozessorgebundenen Programm ist präemptives Multitasking wohl das, was Sie wirklich brauchen. Netzwerkserver sind allerdings nur selten prozessorgebunden.

asyncio ist dennoch bisher provisorisch in der Python-Standardbibliothek. Die API könnte sich noch ändern und dabei auf Rückwärtskompatibilität verzichten (müssen). Also binden Sie sich nicht zu sehr.

Nicht alles an ihr ist neu. asyncore (seit Python 3.4 veraltet) hatte eine Eventschleife, asynchrone Sockets[2] sowie asynchrone Datei-E/A, und asynchat (seit Python 3.4 ebenfalls veraltet) kennt asynchrone Queues.[3] Das wirklich Wichtige, das asyncio einführt, ist eine formalisierte Implementierung von *Coroutinen*. Definiert ist das bei Python formal sowohl als *Coroutinen-Funktion* – eine Funktionsdefinition, die mit async def statt nur mit def beginnt (oder die ältere Syntax verwendet und mit @asyncio.coroutine dekoriert ist) – als auch als Objekt, das vom Aufruf einer Coroutinen-Funktionen zurückgeliefert wird (üblicherweise irgendeine Berechnung oder E/A-Operation). Die Coroutine kann die Kontrolle dem Prozessor übergeben und daher an einer asynchronen Eventschleife teilnehmen und sich mit anderen Coroutinen abwechseln.

Die Dokumentation hilft der Community mit sehr vielen ausführlichen Beispielen, da es sich um ein neues Konzept für die Sprache handelt. Es ist klar, sorgfältig durchdacht und sehr wohl einen Versuch wert. In der folgenden interaktiven Session wollen wir nur die Funktionen zeigen, die für die Eventschleife zur Verfügung stehen, sowie einige der verfügbaren Klassen:

```
>>> import asyncio
>>>
>>> [l for l in asyncio.__all__ if 'loop' in l]
['get_event_loop_policy', 'set_event_loop_policy',
 'get_event_loop', 'set_event_loop', 'new_event_loop']
>>>
>>> [t for t in asyncio.__all__ if t.endswith('Transport')]
['BaseTransport', 'ReadTransport', 'WriteTransport', 'Transport',
 'DatagramTransport', 'SubprocessTransport']
>>>
>>> [p for p in asyncio.__all__ if p.endswith('Protocol')]
['BaseProtocol', 'Protocol', 'DatagramProtocol',
```

---

[2] Ein Socket besteht aus drei Dingen: einer IP-Adresse inklusive Port, einem Transportprotokoll (wie TCP/UDP) und einem E/A-Kanal (eine Art dateiartiges Objekt). Die Python-Dokumentation enthält eine gute *Einführung in Sockets (https://docs.python.org/3/howto/sockets.html).*

[3] Eine Queue benötigt keine IP-Adresse und kein Protokoll, da sie auf dem gleichen Computer läuft. Sie schreiben einfach einige Daten hinein, und ein anderer Prozess kann sie abrufen. Das ist wie multiprocessing.Queue, nur das die E/A hier asynchron erfolgt.

```
'SubprocessProtocol', 'StreamReaderProtocol']
>>>
>>> [q for q in asyncio.__all__ if 'Queue' in q]
['Queue', 'PriorityQueue', 'LifoQueue', 'JoinableQueue',
'QueueFull', 'QueueEmpty']
```

gevent

gevent (http://www.gevent.org/) ist eine Coroutinen-basierte Netzwerkbibliothek für Python. Sie verwendet Greenlets, um eine synchrone High-Level-API auf der Eventschleife der C-Bibliothek *libev (http://software.schmorp.de/pkg/libev.html)* aufzusetzen. Greenlets basiert auf der *greenlet (http://greenlet.readthedocs.io/en/latest/)*-Bibliothek – kleinen sogenannten *Green Threads (https://en.wikipedia.org/wiki/Green_threads)* (d. h. Threads auf Nutzerebene im Gegensatz zu den vom Kernel kontrollierten Threads). Die kann der Entwickler explizit unterbrechen und zwischen den Greenlets wechseln. Einen guten, tiefer gehenden Einblick in gevent bietet *Kavya Joshis Seminar »A Tale of Concurrency Through Creativity in Python« (http://bit.ly/kavya-joshi-seminar)*.

Die Leute nutzen gevent, weil es leichtgewichtig und eng an die zugrunde liegende C-Bibliothek libev geknüpft ist, was für eine hohe Performance sorgt. Wenn Ihnen die Idee gefällt, asynchrone E/A und Greenlets zu integrieren, ist das die Bibliothek, die Sie nutzen sollten. Sie installieren es per `pip`:

```
$ pip install gevent
```

Hier ein Beispiel aus der Greenlet-Dokumentation:

```
>>> import gevent
>>>
>>> from gevent import socket
>>> urls = ['www.google.com', 'www.example.com', 'www.python.org']
>>> jobs = [gevent.spawn(socket.gethostbyname, url) for url in urls]
>>> gevent.joinall(jobs, timeout=2)
>>> [job.value for job in jobs]
['74.125.79.106', '208.77.188.166', '82.94.164.162']
```

Die Dokumentation enthält *viele weitere Beispiele (https://github.com/gevent/gevent/tree/master/examples)*.

Twisted

Twisted (http://twistedmatrix.com/trac/) ist eine ereignisgesteuerte Netzwerk-Engine. Sie können damit Anwendungen um viele verschiedene Protokolle herum entwickeln, einschließlich HTTP-Server und -Clients sowie SMTP-, POP3-, IMAP- oder SSH-Protokolle nutzende Anwendungen, Instant Messaging und vieles mehr *(http://twistedmatrix.com/trac/wiki/Documentation)*. Installieren Sie es über `pip`:

```
$ pip install twisted
```

Twisted existiert seit 2002 und hat eine loyale Community. Sie ist so eine Art Emacs der Coroutinen-Bibliotheken (wo alles integriert ist), da all diese Dinge asynchron sein müssen, um miteinander arbeiten zu können. Die wohl nützlichsten Tools sind ein asynchroner Wrapper für Datenbankverbindungen (in `twisted.enterprise.adbapi`), ein DNS-Server (in `twisted.names`), der direkte Zugriff auf Pakete (in `twisted.pair`) und zusätzliche Protokolle wie AMP, GPS und SOCKSv4 (in `twisted.protocols`). Ein Großteil von Twisted funktioniert nun auch mit Python 3. Wenn Sie `pip install` in einer Python 3-Umgebung eingeben, erhalten Sie alles, was momentan portiert ist. Falls Sie etwas in der *API (http://twistedmatrix.com/ documents/current/api/moduleIndex.html)* finden, das in Ihrem Twisted noch nicht enthalten ist, müssen Sie auf Python 2.7 zurückgreifen.

Weitere Informationen finden Sie in Jessica McKellars und Abe Fettigs *Twisted* (O'Reilly). Darüber hinaus bietet die Webseite über 42 *Twisted-Beispiele (http:// twistedmatrix.com/documents/current/core/examples/)*, und diese zeigt eine aktuelle *Geschwindigkeitsübersicht (http://speed.twistedmatrix.com/)*.

PyZMQ

PyZMQ (http://zeromq.github.com/pyzmq/) ist die Python-Bindung für *ZeroMQ (http://www.zeromq.org/)*. Sie können sie per `pip` installieren:

```
$ pip install pyzmq
```

ØMQ (auch ZeroMQ, 0MQ oder ZMQ genannt) beschreibt sich selbst als eine Messaging-Bibliothek, die eine vertraute, Socket-artige API bietet und die für verteilte oder nebenläufige Anwendungen gedacht ist. Im Wesentlichen implementiert es asynchrone Sockets mit Queues und bietet eine Liste von Socket-»Typen«, die bestimmen, wie sich die E/A für die jeweiligen Sockets verhält. Hier ein Beispiel:

```
import zmq
context = zmq.Context()
server = context.socket(zmq.REP)  ❶
server.bind('tcp://127.0.0.1:5000')  ❷

while True:
    message = server.recv().decode('utf-8')
    print('Client said: {}'.format(message))
    server.send(bytes('I don't know.', 'utf-8'))

# ~~~~~ und in einer anderen Datei ~~~~~

import zmq
context = zmq.Context()
client = context.socket(zmq.REQ)  ❸
client.connect('tcp://127.0.0.1:5000')  ❹

client.send(bytes("What's for lunch?", 'utf-8'))
response = client.recv().decode('utf-8')
print('Server replied: {}'.format(response))
```

❶ Der Socket-Typ `zmq.REP` entspricht deren »Request-Response-Paradigma«.

❷ Wie bei normalen Sockets binden Sie den Server an eine IP-Adresse und einen Port.

❸ Der Clienttyp ist zmq.REQ, und das war's. ZMQ definiert eine ganze Reihe dieser Konstanten: zmq.REQ, zmq.REP, zmq.PUB, zmq.SUB, zmq.PUSH, zmq.PULL, zmq.PAIR. Sie legen fest, wie das Senden und Empfangen des Sockets vonstattengeht.

❹ Wie üblich verbindet sich der Client mit der an den Server gebundenen Kombination aus Adresse und Port.

Das sieht nach Sockets aus (und »quakt« auch so), ergänzt um Queues und verschiedene E/A-Muster. Diese Muster stellen die Grundbausteine für ein verteiltes Netzwerk bereit. Die grundlegenden Muster für die Socket-Typen sind:

Request-Reply
zmq.REQ und zmq.REP verbinden eine Reihe von Clients mit einer Reihe von Diensten. Das können Sie für Remote-Procedure-Call- oder Task-Verteilungsmuster nutzen.

Publish-Subscribe
zmq.PUB und zmq.SUB verbinden eine Reihe von Publishern mit einer Reihe von Subscribern. Hierbei handelt es sich um ein Datendistributionsmuster: Ein Knoten verteilt Daten an andere Knoten. Mit diesem Ansatz kann aber auch ein Distributionsbaum aufgebaut werden.

Push-Pull (oder Pipeline)
zmq.PUSH und zmq.PULL verbinden Knoten in einem Fan-out-Fan-in-Muster, das aus mehreren Schritten und Schleifen bestehen kann. Das ist ein Enwurfsmuster für die parallele Distribution und Sammlung von Tasks.

Ein großer Vorteil von ZeroMQ gegenüber nachrichtenorientierter Middleware ist, dass man es zum Message-Queuing nutzen kann, ohne einen dedizierten Message-Broker zu benötigen. *PyZMQs Dokumentation (http://pyzmq.readthedocs.io/)* weist auf einige Verbesserungen hin, die man ergänzt hat, etwa das Tunneling über SSH. Der Rest der Dokumentation für die ZeroMQ-API ist im *ZeroMQ-Handbuch (http://zguide.zeromq.org/page:all)* besser erklärt.

RabbitMQ

RabbitMQ (http://www.rabbitmq.com/) ist ein Open-Source-Message-Broker, der das *Advanced Message Queuing Protocol* (AMQP) implementiert. Ein Message-Broker ist ein Vermittler, der Nachrichten von einem Sender empfängt und sie über ein bestimmtes Protokoll an die Empfänger weiterleitet. Jeder Client, der AMQP ebenfalls implementiert, kann mit RabbitMQ kommunizieren. Um RabbitMQ zu installieren, wechseln Sie zur *RabbitMQ-Download-Seite (https://www.rabbitmq.com/download.html)* und folgen den Anweisungen für Ihr Betriebssystem.

Clientbibliotheken, die die Verbindung mit dem Broker herstellen, gibt es für alle wichtigen Programmiersprachen. Die beiden besten für Python sind pika und Celery, die mit `pip` installiert werden können:

```
$ pip install pika
$ pip install celery
```

pika

> *pika (https://pypi.python.org/pypi/pika)* ist ein rein in Python implementierter, leichtgewichtiger AMQP-0-9-1-Client, der von RabbitMQ präferiert wird. RabbitMQs einführende *Tutorials (https://www.rabbitmq.com/getstarted.html)* für Python nutzen pika. Es gibt auch eine ganze Seite mit *Beispielen (https://pika.readthedocs.io/en/0.10.0/examples.html)*, von denen Sie lernen können. Wir empfehlen, mit pika herumzuspielen, wenn Sie RabbitMQ das erste Mal nutzen (unabhängig davon, für welche Bibliothek Sie sich letztlich entscheiden), da es unkompliziert ist, ohne die zusätzlichen Features auskommt und so die wesentlichen Konzepte heraushebt.

Celery

> *Celery (https://pypi.python.org/pypi/celery)* ist ein AMQP-Client mit deutlich mehr Features. Er kann entweder RabbitMQ oder Redis (einen verteilten In-Memory-Speicher) als Message-Broker nutzen, Tasks und Ergebnisse nachhalten (und optional in einem vom Benutzer gewählten Backend speichern), und er verfügt über ein Webadministrationstool/einen Task-Monitor namens *Flower (https://pypi.python.org/pypi/flower)*. Er ist in der Webentwickler-Community beliebt, und es gibt Integrationspakete für Django, Pyramid, Pylons, web2py und Tornado (Flask benötigt keins). Starten Sie mit dem *Celery-Tutorial (http://tinyurl.com/celery-first-steps)*.

Kryptografie

Im Jahr 2013 formierte sich die *Python Cryptographic Authority (https://github.com/pyca)* (PyCA). Dabei handelt es sich um eine Gruppe von Entwicklern, die qualitativ hochwertige Kryptografiebibliotheken für die Python-Community zur Verfügung stellen wollen.[4] Sie bieten Tools zur Ver- und Entschlüsselung von Nachrichten mit entsprechenden Schlüsseln und kryptografische Hashfunktionen zur irreversiblen, aber wiederholbaren Verschlüsselung von Passwörtern und anderen geheimen Daten.

---

[4] Die Geburt der Kryptografiebibliothek sowie einige Hintergründe zur Motivation hinter diesem neuen Versuch erläutert Jake Edges Blog-Post »*The state of crypto in Python*« (*http://bit.ly/raim-kehrer-talk*). Die Kryptografiebibliothek wird als Low-Level-Bibliothek beschrieben, die von höher angesiedelten Bibliotheken wie pyOpenSSL (die die meisten von uns nutzen würden) importiert werden sollen. Edge zitiert Jarret Raims und Paul Kehrers *Rede über den Status von Krypto in Python* (*https://www.youtube.com/watch?v=r_Pj__qjBvA*), wonach deren Test-Suite über 66.000 Tests enthält, die bei jedem Build 77-mal ausgeführt werden.

Mit Ausnahme von pyCrypto werden sämtliche Bibliotheken in Tabelle 9-2 von der PyCA gepflegt. Nahezu alle basieren auf der C-Bibliothek *OpenSSL (https://www.openssl.org/)*, es sei denn, wir geben etwas anderes an.

Tabelle 9-2: Kryptografieoptionen

Option	Lizenz	Gründe für den Einsatz
ssl und hashlib (und in Python 3.6 secrets)	Python-Software-Foundation -Lizenz	• hashlib bietet einen ordentlichen Algorithmus für Passworthashs, der im Rhythmus der Python-Versionen aktualisiert wird. ssl bietet einen SSL/TLS-Client (und -Server, der aber möglicherweise nicht die neuesten Updates enthält). • secrets ist ein Zufallszahlengenerator, der für kryptografische Anwendungen geeignet ist.
pyOpenSSL	Apache-2.0-Lizenz	• Verwendet die aktuellste Version von OpenSSL in Python und bietet Funktionen in OpenSSL an, die im ssl-Modul der Standardbibliothek nicht verfügbar sind.
PyNaCl	Apache-2.0-Lizenz	• Enthält Python-Bindungen für libsodium.[1]
libnacl	Apache-Lizenz	• Die Python-Schnittstelle für libsodium für alle, die den *Salt-Stack (http://saltstack.com/)* verwenden.
cryptography	Apache-2.0- oder BSD-Lizenz	• Bietet direkten Zugriff auf in OpenSSL integrierte kryptografische Primitive. Die meisten von uns würden wohl das auf höherer Ebene angesiedelte pyOpenSSL verwenden.
pyCrypto	Public Domain	• Diese Bibliothek ist etwas älter und basiert auf einer eigenen C-Bibliothek. War in der Vergangenheit die beliebteste Kyptografiebibliothek für Python.
bcrypt	Apache-2.0-Lizenz	• Stellt die Hashfunktion bcrypt bereit[2] und ist für diejenigen nützlich, die diese Funktion nutzen wollen oder bisher py-bcrypt genutzt haben.

[1] *libsodium (https://download.libsodium.org/doc/)* ist ein Fork der Networking and Cryptography-Bibliothek (NaCl). Dahinter steckt die Philosophie, bestimmte Algorithmen zu kuratieren, die performant und einfach zu nutzen sind.

[2] Die Bibliothek enthält den C-Quellcode und kompiliert sie bei der Installation, wobei das früher erwähnte C Foreign Function Interface genutzt wird. *Bcrypt (https://en.wikipedia.org/wiki/Bcrypt)* basiert auf dem Verschlüsselungsalgorithmus Blowfish.

Die folgenden Abschnitte gehen etwas detaillierter auf die in Tabelle 9-2 aufgeführten Bibliotheken ein.

ssl, hashlib und secrets

Das *ssl-Modul (https://docs.python.org/3/library/ssl.html)* aus Pythons Standardbibliothek stellt eine Socket-API bereit (ssl.socket), die sich wie ein normales Socket verhält, aber in das SSL-Protokoll gepackt ist und einen ssl.SSLContext besitzt, der die Konfiguration der SSL-Verbindung enthält. http (bzw. httplib in Python 2) nutzt es ebenfalls für den HTTPS-Support. Wenn Sie Python 3.5 verwenden, wird auch *memory BIO (https://docs.python.org/3/whatsnew/3.5.html#ssl)* unterstützt, das heißt, der Socket schreibt die Ausgabe in einen Puffer und nicht direkt an das

Ziel, was Dinge ermöglicht wie Hooks für die Hex-Codierung/-Decodierung vor dem Schreiben bzw. während des Lesens.

Wesentliche Verbesserungen der Sicherheit gab es bei Python 3.4 (Details finden Sie in den *Release Notes (https://docs.python.org/3.4/whatsnew/3.4.html)*), wodurch neue Transportprotokolle und Hashalgorithmen unterstützt werden. Diese Dinge waren so wichtig, dass sie sogar in Python 2.7 zurückportiert wurden (wie in *PEP 466 (https://www.python.org/dev/peps/pep-0466/)* und *PEP 476 (https://www.python.org/dev/peps/pep-0476/)* beschrieben). Mehr darüber erfahren Sie in Benjamin Petersons Rede über den *Stand von ssl in Python (http://bit.ly/peterson-talk)*.

Wenn Sie Python 2.7 nutzen, sollten Sie zumindest 2.7.9 verwenden oder sicherstellen, dass Ihre Version *PEP 476 (https://www.python.org/dev/peps/pep-0476/)* integriert hat, damit die normalen HTTP-Clients eine Zertifikatsprüfung vornehmen, wenn eine Verbindung über das HTTPS-Protokoll aufgebaut wird. Oder verwenden Sie einfach immer *Requests (http://docs.python-requests.org/en/master/)*, was stets der Standard war.

Das Python-Team empfiehlt die Verwendung der SSL-Standardeinstellungen, wenn Sie keine besonderen Anforderungen an die Sicherheitsrichtlinien für Ihre Clients haben. Das folgende Beispiel zeigt einen sicheren Mailclient und stammt aus dem Abschnitt über »*Sicherheitserwägungen« (http://bit.ly/ssl-security-consider)* aus der Dokumentation der ssl-Bibliothek. Wenn Sie die Bibliothek einsetzen wollen, sollten Sie das unbedingt lesen:

```
>>> import ssl, smtplib
>>> smtp = smtplib.SMTP("mail.python.org", port=587)
>>> context = ssl.create_default_context()
>>> smtp.starttls(context=context)
(220, b'2.0.0 Ready to start TLS')
```

Um sicherzustellen, dass die Nachricht während der Übertragung nicht korrumpiert wird, nutzen Sie das hmac-Modul, das den Algorithmus *Keyed-Hash Message Authentication Code* (HMAC) implementiert, der in *RFC 2104 (https://tools.ietf.org/html/rfc2104.html)* beschrieben ist. Er funktioniert mit jeder Nachricht, die mit einem der im Set hashlib.algorithms_available angegebenen Algorithmen gehasht wurde. Mehr erfahren Sie im »Python Module of the Week« *hmac-Beispiel (https://pymotw.com/2/hmac/)*. Und wenn es installiert ist, bietet hmac.compare_digest() einen zeitlich konstanten Vergleich zwischen den Digests. Das schützt vor Timing-Angriffen, bei denen der Angreifer versucht, Ihren Algorithmus aus der Zeit abzuleiten, die der Digest-Vergleich benötigt.

Pythons hashlib-Modul kann verwendet werden, um gehashte Passwörter für die sichere Speicherung zu erzeugen oder Prüfsummen zu generieren, die die Datenintegrität während der Übertragung bestätigen. Die *Password-Based Key Derivation Function 2 (PBKDF2) (https://en.wikipedia.org/wiki/PBKDF2)*, die *NIST Special Publication 800-132 (http://bit.ly/nist-recommendation)* empfiehlt, wird momentan als eine der besten Optionen für das Passwort-Hashing betrachtet. Nachfolgend sehen Sie die beispielhafte Verwendung der Funktion mit einem Salt[5] und 10.000 Iterationen des *Secure Hash Algorithm 256*-Bit-Hashs (SHA-256) zur Generierung eines gehashten Passworts. Die Wahl unterschiedlicher Hashalgorithmen und Iterationen erlaubt es dem Entwickler, eine Balance zwischen Robustheit und gewünschter Geschwindigkeit zu schaffen.

```python
import os
import hashlib

def hash_password(password, salt_len=16, iterations=10000, encoding='utf-8'):
    salt = os.urandom(salt_len)
    hashed_password = hashlib.pbkdf2_hmac(
        hash_name='sha256',
        password=bytes(password, encoding),
        salt=salt,
        iterations=iterations
    )
    return salt, iterations, hashed_password
```

Die *secrets-Bibliothek (https://docs.python.org/3.6/library/secrets.html)* wurde in *PEP 506 (https://www.python.org/dev/peps/pep-0506/)* vorgeschlagen und wird mit Python 3.6 verfügbar sein. Sie stellt Funktionen zur Generierung sicherer Token bereit, die für Anwendungen wie Passwort-Resets und schwer zu erratende URLs geeignet sind. Die Dokumentation enthält Beispiele und Empfehlungen für Best Practices, um ein elementares Maß an Sicherheit zu wahren.

pyOpenSSL

Als Cryptography herauskam, hat *pyOpenSSL (https://pyopenssl.readthedocs.io/en/stable/)* seine Bindungen dahin gehend aktualisiert, dass es Cryptographys CFFI-basierte Bindungen für die OpenSSL-Bibliothek nutzt. Gleichzeitig hat man sich unter den Schirm der PyCA begeben. pyOpenSSL ist bewusst nicht in der Python-Standardbibliothek enthalten, damit man Updates im Rhythmus der Sicherheitscommunity veröffentlichen kann.[6] Es baut auf den neuesten OpenSSL-Quellen auf und nicht wie Python auf dem mit ihrem Betriebssystem gelieferten OpenSSL (es sei denn, Sie bauen selbst eine neue Version). Wenn Sie einen Server entwickeln, sollten Sie generell pyOpenSSL nutzen. *Twisteds SSL-Dokumentation (http://twistedmatrix.com/documents/12.0.0/core/howto/ssl.html)* enthält ein Beispiel dafür, wie sie pyOpenSSL nutzen.

---

5   Das *Salt* (zu Deutsch »Salz«) ist ein zufälliger String, der den Hash zusätzlich verschleiert. Würde jeder den gleichen Algorithmus verwenden, könnte ein ruchloser Zeitgenosse eine Lookup-Tabelle gängiger Passwörter und ihrer Hashs erzeugen und sie nutzen, um gestohlene Passwörter zu »decodieren«. Um das zu unterbinden, wird ein zufälliger String (das »Salt«) an das Passwort angehängt, der für die zukünftige Nutzung aber ebenfalls gespeichert werden muss.

6   Jeder kann den *cryptography-dev listserv (https://mail.python.org/mailman/listinfo/cryptography-dev)* der PyCA abonnieren, um sich über die Entwicklung und andere Dinge zu informieren … und den *OpenSSL listserv (https://mta.openssl.org/mailman/listinfo/openssl-announce)* für OpenSSL-News.

Installieren Sie die Bibliothek mit `pip`:

```
$ pip install pyOpenSSL
```

und importieren Sie sie unter dem Namen `OpenSSL`. Das folgende Beispiel zeigt einen Teil der verfügbaren Funktionen:

```
>>> import OpenSSL
>>>
>>> OpenSSL.crypto.get_elliptic_curve('Oakley-EC2N-3')
<Curve 'Oakley-EC2N-3'>
>>>
>>> OpenSSL.SSL.Context(OpenSSL.SSL.TLSv1_2_METHOD)
<OpenSSL.SSL.Context object at 0x10d778ef0>
```

Das pyOpenSSL-Team pflegt *Beispielcode (https://github.com/pyca/pyopenssl/tree/master/examples)*. Dieser umfasst die Zertifikatsgenerierung, eine Möglichkeit, SSL über ein bereits verbundenes Socket zu starten, und einen sicheren XMLRPC-Server.

PyNaCl und libnacl

Die Idee hinter *libsodium (http://bit.ly/introducing-sodium)*, der C-Bibliothek hinter PyNaCl und libnacl, besteht darin, dem Benutzer ganz bewusst nicht viele Möglichkeiten zu bieten, sondern nur die beste für die jeweilige Situation. Sie unterstützt nicht das gesamte TLS-Protokoll. Wenn Sie das wollen, nutzen Sie lieber pyOpenSSL. Brauchen Sie nur eine verschlüsselte Verbindung mit einem Computer, der unter Ihrer Kontrolle ist, und wollen Sie mit eigenen Protokollen arbeiten können und nicht mit OpenSSL rumhantieren, dann nutzen Sie diese Bibliothek.[7]

Sprechen Sie PyNaCl »py-salt« und libnacl »lib-salt« aus. Beide leiten sich aus der *NaCl-(salt-)Bibliothek (https://nacl.cr.yp.to/)* ab.

Wir bevorzugen *PyNaCl (https://pypi.python.org/pypi/PyNaCl)* gegenüber *libnacl (https://libnacl.readthedocs.io/)*, weil es unter dem PyCA-Schirm steht und weil Sie libsodium nicht separat installieren müssen. Die Bibliotheken sind nahezu identisch. PyNaCl nutzt CFFI-Bindungen für die C-Bibliotheken, und libnacl verwendet ctypes. Es spielt also keine große Rolle. Installieren Sie PyNaCl mittels `pip`:

```
$ pip install PyNaCl
```

und folgen Sie den *PyNaCl-Beispielen (https://pynacl.readthedocs.io/en/latest/)* in der Dokumentation.

---

7 Wenn Sie paranoid sind und zu 100 % Ihre Krypto-Codes überprüfen wollen, wenn es keine Rolle spielt, dass es ein bisschen langsam geht, und wenn Sie an den aktuellsten Algorithmen und Standards nicht besonders interessiert sind, probieren Sie *TweetNaCl (https://tweetnacl.cr.yp.to/)*, eine aus nur einer Datei bestehende Krypto-Bibliothek, die in 100 Tweets passt. Weil PyNaCl libsodium in seine Release packt, können Sie wahrscheinlich einfach TweetNaCl einbinden, und nahezu alles sollte noch laufen (allerdings haben wir diese Option nicht ausprobiert).

Cryptography

Cryptography (https://cryptography.io/en/latest/) stellt kryptografische Rezepte und Primitive zur Verfügung. Sie unterstützt Python 2.6 bis 2.7, Python 3.3+ und PyPy. Die PyCA empfiehlt für die meisten Einsatzgebiete den Gebrauch der High-Level-Schnittstelle von pyOpenSSL.

Cryptography ist in zwei Schichten unterteilt: Rezepte und »Gefahrgut« (Hazardous Materials, hazmat). Die Rezept-Schicht bietet eine einfache API für eine korrekte symmetrische Verschlüsselung, und die hazmat-Schicht bietet auf niedriger Ebene angesiedelte kryptografische Primitive. Sie installieren sie per `pip`:

```
$ pip install cryptography
```

Unser Beispiel verwendet ein High-Level-Rezept zur symmetrischen Verschlüsselung – die einzige High-Level-Funktion dieser Bibliothek:

```python
from cryptography.fernet import Fernet
key = Fernet.generate_key()
cipher_suite = Fernet(key)
cipher_text = cipher_suite.encrypt(b"A really secret message.")
plain_text = cipher_suite.decrypt(cipher_text)
```

PyCrypto

PyCrypto (https://www.dlitz.net/software/pycrypto/) stellt sichere Hashfunktionen und verschiedene Verschlüsselungsalgorithmen zur Verfügung. Sie unterstützt Python 2.1+ und Python 3+. Da es sich um selbst entwickelten C-Code handelt, war das PyCA damit vorsichtig, ihn zu übernehmen, doch es war jahrelang die De-facto-Standard-Kryptografiebibliothek für Python, das heißt, Sie werden sie in älterem Code finden. Sie installieren sie per pip:

```
$ pip install pycrypto
```

und nutzen sie wie folgt:

```python
from Crypto.Cipher import AES
# Verschlüsseln
encryption_suite = AES.new('This is a key123', AES.MODE_CBC, 'This is an IV456')
cipher_text = encryption_suite.encrypt("A really secret message.")

# Entschlüsseln
decryption_suite = AES.new('This is a key123', AES.MODE_CBC, 'This is an IV456')
plain_text = decryption_suite.decrypt(cipher_text)
```

bcrypt

Wenn Sie den *bcrypt (https://en.wikipedia.org/wiki/Bcrypt)*-Algorithmus für Ihre Passwörter nutzen wollen, verwenden Sie diese Bibliothek. Anwender, die vorher py-bcrypt genutzt haben, werden es leicht haben, da sie kompatibel ist. Installieren Sie sie per `pip`:

```
pip install bcrypt
```

Sie besitzt nur zwei Funktionen: bcrypt.hashpw() und bcrypt.gensalt(). Mit der letztgenannten legen Sie fest, wie viele Iterationen durchlaufen werden sollen. Je mehr Iterationen, desto langsamer wird der Algorithmus (ein vernünftiger Wert ist voreingestellt). Hier ein Beispiel:

```
>>> import bcrypt
>>>>
>>> password = bytes('password', 'utf-8')
>>> hashed_pw = bcrypt.hashpw(password, bcrypt.gensalt(14))
>>> hashed_pw
b'$2b$14$qAmVOCfEmHeC8Wd5BoF1W.7ny9M7CSZpOR5WPvdKFXDbkkX8rGJ.e'
```

Wir speichern das gehashte Passwort irgendwo:

```
>>> import binascii
>>> hexed_hashed_pw = binascii.hexlify(hashed_pw)
>>> store_password(user_id=42, password=hexed_hashed_pw)
```

Und wenn es Zeit wird, das Passwort zu überprüfen, übergeben wir das gehashte Passwort als zweites Argument an bcrypt.hashpw():

```
>>> hexed_hashed_pw = retieve_password(user_id=42)
>>> hashed_pw = binascii.unhexlify(hexed_hashed_pw)
>>>
>>> bcrypt.hashpw(password, hashed_pw)
b'$2b$14$qAmVOCfEmHeC8Wd5BoF1W.7ny9M7CSZpOR5WPvdKFXDbkkX8rGJ.e'
>>>
>>> bcrypt.hashpw(password, hashed_pw) == hashed_pw
True
```

KAPITEL 10
Datenmanipulation

Dieses Kapitel fasst beliebte Python-Bibliotheken zur Datenmanipulation zusammen: Numerik, Text, Bilder und Audio. Nahezu alle hier beschriebenen Bibliotheken dienen einem bestimmten Zweck, weshalb wir sie in diesem Kapitel nur beschreiben und nicht vergleichen wollen. Wenn nicht anders angegeben, können alle direkt per pip über PyPI installiert werden:

```
$ pip install library
```

Tabelle 10-1 beschreibt diese Bibliotheken kurz.

Tabelle 10-1: Datenmanipulation

Python-Bibliothek	Lizenz	Gründe für den Einsatz
IPython	Apache-2.0-Lizenz	• Bietet einen verbesserten Python-Interpreter mit Eingabehistorie, integriertem Debugger sowie Grafiken und Plots im Terminal (wie der Qt-Version).
Numpy	BSD-Lizenz (3 Klauseln)	• Geschwindigkeitsoptimierte Tools für mehrdimensionale Arrays und lineare Algebra.
SciPy	BSD-Lizenz	• Funktionen und Utilities für Technik und Wissenschaft, von linearer Algebra bis Signalverarbeitung, Integralrechnung, Wurzelberechnung, statistische Verteilungen und weitere Themen.
Matplotlib	BSD-Lizenz	• Wissenschaftliche Plots.
Pandas	BSD-Lizenz	• Reihen- und DataFrame-Objekte, die sortiert, vereint, gruppiert, aggregiert, indiziert, ausgeschnitten und in Teilmengen aufgeteilt werden können. Erinnert stark an ein R Data Frame oder den Inhalt einer SQL-Query.
Scikit-Learn	BSD-Lizenz (3 Klauseln)	• Algorithmen für das maschinelle Lernen, inklusive Dimensionsreduktion, Regression, Clustering, Modellwahl, Ergänzung fehlender Daten und Vorverarbeitung.
Rpy2	GPLv2-Lizenz	• Schnittstelle zu R, die die Ausführung von R-Funktionen innerhalb von Python erlaubt sowie die Übergabe von Daten zwischen den beiden Umgebungen.
SymPy	BSD-Lizenz	• Symbolische Mathematik inklusive Reihenentwicklung, Limes und Calculus. Ziel ist ein vollständiges Computeralgebrasystem.

Tabelle 10-1: Datenmanipulation (Fortsetzung)

Python-Bibliothek	Lizenz	Gründe für den Einsatz
nltk	Apache-Lizenz	• Umfangreiches Toolkit für natürliche Sprache mit Modellen und Trainingsdaten für mehrere Sprachen.
pillow / PIL	Standard-PIL-Lizenz (ähnlich MIT)	• Bietet eine große Anzahl von Dateiformaten sowie ein einfaches Image-Filtering und andere Bearbeitungstools.
cv2	Apache-2.0-Lizenz	• Routinen für maschinelles Sehen. Geeignet für die Echtzeitanalyse in Videos. Enthält vortrainierte Algorithmen zur Gesichts- und Personenerkennung.
Scikit-Image	BSD-Lizenz	• Routinen zur Bildbearbeitung. Filter, Anpassung, Farbtrennung, Kanten-, Blob- und Eckenerkennung, Segmentierung und so weiter.

Nahezu alle Bibliotheken aus Tabelle 10-1, die wir gleich ausführlicher beschreiben werden, hängen von C-Bibliotheken ab, besonders von *SciPy (https://www.scipy.org/)* bzw. *NumPy (http://www.numpy.org/)*, einer ihrer Abhängigkeiten. Das könnte Ihnen Ärger einbringen, wenn Sie mit einem Windows-System arbeiten. Wenn Sie Python hauptsächlich zur Analyse wissenschaftlicher Daten einsetzen und nicht mit der Kompilierung von C- und FORTRAN-Code unter Windows vertraut sind, empfehlen wir Anaconda oder eine der anderen Optionen aus »Kommerzielle Python-Distributionen« auf Seite 19. Andernfalls sollten Sie zuerst immer ein pip install probieren und, wenn das fehlschlägt, einen Blick ins *SciPy-Installationshandbuch (https://www.scipy.org/install.html)* werfen.

Wissenschaftliche Anwendungen

Python wird häufig bei hochperformanten wissenschaftlichen Anwendungen eingesetzt. Es ist bei akademischen und wissenschaftlichen Projekten weit verbreitet, weil es einfach zu schreiben ist und eine gute Leistung zeigt.

Aufgrund des Bedarfs an hoher Leistung nutzt das wissenschaftliche Rechnen in Python häufig externe Bibliotheken, die typischerweise in »schnellen« Sprachen (wie C oder FORTRAN für Matrixoperationen) geschrieben sind. Die im Wesentlichen genutzten Bibliotheken sind alle Teil des »SciPy-Stacks«: *NumPy (http://www.numpy.org/)*, *SciPy (https://www.scipy.org/scipylib/index.html)*, *SymPy (http://sympy.org/)*, *Pandas (http://pandas.pydata.org/)*, *Matplotlib (http://matplotlib.org/)* und *IPython (http://ipython.org/)*. Im Detail auf diese Bibliotheken einzugehen, würde den Rahmen dieses Buchs sprengen. Eine umfassende Einführung in das wissenschaftliche Ökosystem von Python finden Sie aber in den *Python Scientific Lecture Notes (http://scipy-lectures.github.com/)*.

IPython

IPython (http://ipython.org/) ist eine erweiterte Version des Python-Interpreters mit Farbschnittstelle, detaillierteren Fehlermeldungen und einem *Inline-Modus*, der die

Ausgabe von Grafiken und Plots im Terminal erlaubt (bei der Qt-Version). Er ist der Standard-Kernel für Jupyter Notebooks (siehe »Jupyter Notebooks« auf Seite 195) und der Standard-Interpreter der Spyder-IDE (siehe »Spyder« auf Seite 33). IPython wird bei Anaconda mitgeliefert, das wir in »Kommerzielle Python-Distributionen« auf Seite 19 diskutiert haben.

NumPy

NumPy (http://numpy.scipy.org/) ist Teil des SciPy-Projekts, wird aber als separate Bibliothek veröffentlicht, damit man es bei geringeren Anforderungen installieren kann, ohne den Rest von SciPy installieren zu müssen. NumPy umgeht das Problem langsam laufender Algorithmen unter Python durch die Nutzung mehrdimensionaler Arrays und Funktionen, die mit diesen Arrays arbeiten. Jeder Algorithmus kann dann als Funktion über Arrays formuliert werden, was eine schnelle Ausführung des Algorithmus erlaubt. Das Backend bildet die Bibliothek *Automatically Tuned Linear Algebra Software (ATLAS) (http://math-atlas.sourceforge.net/)*[1] sowie weitere in C und FORTRAN geschriebene Low-Level-Bibliotheken. NumPy ist mit Python 2.6+ und 3.2+ kompatibel.

Hier ein Beispiel für eine Matrixmultiplikation mit array.dot() und »Broadcasting«, das heißt eine elementweise Multiplikation, bei der die Zeile oder Spalte über die fehlende Dimension wiederholt wird:

```
>>> import numpy as np
>>>
>>> x = np.array([[1,2,3],[4,5,6]])
>>> x
array([[1, 2, 3],
       [4, 5, 6]])
>>>
>>> x.dot([2,2,1])
array([ 9, 24])
>>>
>>> x * [[1],[0]]
array([[1, 2, 3],
       [0, 0, 0]])
```

SciPy

SciPy (http://scipy.org/) nutzt NumPy für weitere mathematische Funktionen. SciPy verwendet NumPy-Arrays als grundlegende Datenstruktur und bietet Module für verschiedene in der wissenschaftlichen Programmierung vorkommende Aufgaben wie lineare Algebra, Calculus, spezielle Funktionen und Konstanten sowie Signalverarbeitung.

---

1 ATLAS ist ein fortlaufendes Softwareprojekt, das getestete und leistungsfähige Bibliotheken für die lineare Algebra zur Verfügung stellt. Es bietet C- und FORTRAN77-Schnittstellen zu den Routinen der bekannten Pakete Basic Linear Algebra Subset *(BLAS)* und *L*inear *A*lgebra *PACK*age *(LAPACK)*.

Hier ein Beispiel für SciPys Satz physikalischer Konstanten:

```
>>> import scipy.constants
>>> fahrenheit = 212
>>> scipy.constants.F2C(fahrenheit)
100.0
>>> scipy.constants.physical_constants['electron mass']
(9.10938356e-31, 'kg', 1.1e-38)
```

Matplotlib

Matplotlib (http://matplotlib.sourceforge.net/) ist eine flexible Plotting-Bibliothek für interaktive 2-D- und 3-D-Plots. Die Plots können auch in Manuskriptqualität gespeichert werden. Die API spiegelt in vielerlei Hinsicht die von *MATLAB (http://www.mathworks.com/products/matlab/)* wider, was MATLIB-Nutzern den Wechsel zu Python erleichtert. Viele Beispiele sind, zusammen mit dem dazugehörigen Quellcode, in der *Matplotlib-Galerie (http://matplotlib.sourceforge.net/gallery.html)* zu finden.

Wenn Sie an Statistiken arbeiten, sollten Sie sich auch *Seaborn (https://stanford.edu/~mwaskom/software/seaborn)* ansehen, eine Grafikbibliothek neueren Datums, die speziell für die statistische Visualisierung gedacht ist und deren Beliebtheit stetig wächst. Sie wird in diesem Blog-Post über *erste Schritte in Data Science (http://bit.ly/data-science-python-guide)* vorgestellt.

Für webfähige Plots können Sie *Bokeh (http://bokeh.pydata.org)* ausprobieren (das seine eigenen Visualisierungsbibliotheken nutzt) oder *Plotly (https://plot.ly/)*, das auf der JavaScript-Bibliothek *D3.js (https://d3js.org/)* basiert. Bei der freien Version von Plotly müssen Sie die Plots aber auf deren Server speichern.

Pandas

Pandas (http://pandas.pydata.org/) (der Name ist aus *Panel Data* entstanden) ist eine auf NumPy basierende Bibliothek zur Datenmanipulation, die viele nützliche Funktionen für den einfachen Zugriff, die Indexierung, das Zusammenführen und die Gruppierung von Daten bietet. Die Haupt-Datenstruktur (`DataFrame`) erinnert stark an das, was man in der statistischen Softwareumgebung R vorfindet, etwa heterogene Datentabellen (bei denen einige Spalten Strings enthalten und andere Zahlen) mit Namensindexierung, Zeitreihenoperationen und die automatische Anpassung von Daten. Darüber hinaus kann man mit ihr aber auch wie mit einer SQL-Tabelle oder einer Excel-Pivot-Tabelle arbeiten und Methoden wie `groupby()` oder Funktionen wie `pandas.rolling_mean()` nutzen.

Scikit-Learn

Scikit-Learn (https://pypi.python.org/pypi/scikit-learn) ist eine Bibliothek für maschinelles Lernen, die Dimensionsreduktion, Ergänzung fehlender Daten, Regressions- und Klassifikationsmodelle, Baummodelle, Clustering, automatisches Tuning der Modellparameter, Plotting (über Matplotlib) und vieles mehr bietet. Sie ist gut dokumentiert und bringt *Unmengen an Beispielen (http://scikit-learn.org/stable/auto_examples/index.html)* mit. Scikit-Learn arbeitet mit NumPy-Arrays, kann aber ohne größere Probleme Pandas-Dataframes nutzen.

Rpy2

Rpy2 (https://pypi.python.org/pypi/rpy2) stellt die Python-Bindung zum Statistikpaket R zur Verfügung. Sie erlaubt die Ausführung von R-Funktionen aus Python und die Übergabe von Daten zwischen diesen beiden Umgebungen. Rpy2 ist die objektorientierte Implementierung der *Rpy (http://rpy2.bitbucket.org/)*-Bindungen.

decimal, fractions und numbers

Python definiert ein Framework abstrakter Basisklassen zur Entwicklung numerischer Typen aus `Number` (der Wurzel aller numerischen Typen) für `Integral`, `Rational`, `Real` und `Complex`. Entwickler können daraus Subklassen für andere numerische Typen ableiten (entsprechend den Anweisungen in der *numbers-Bibliothek (https://docs.python.org/3.5/library/numbers.html)*.[2] Es gibt auch eine `decimal.Decimal`-Klasse, die für numerische Genauigkeit sorgt, was im Finanzwesen und bei anderen Berechnungen wichtig ist. Die Typ-Hierarchie funktioniert wie erwartet:

```
>>> import decimal
>>> import fractions
>>> from numbers import Complex, Real, Rational, Integral
>>>
>>> d = decimal.Decimal(1.11, decimal.Context(prec=5))  # Genauigkeit
>>>
>>> for x in (3, fractions.Fraction(2,3), 2.7, complex(1,2), d):
...     print('{:>10}'.format(str(x)[:8]),
...           [isinstance(x, y) for y in (Complex, Real, Rational, Integral)])
...
         3 [True, True, True, True]
       2/3 [True, True, True, False]
       2.7 [True, True, False, False]
     (1+2j) [True, False, False, False]
   1.110000 [False, False, False, False]
```

Exponential-, Trigonometrie- und andere gebräuchliche Funktionen finden sich in der math-Bibliothek, die entsprechenden Funktionen für komplexe Zahlen in cmath. Die random-Bibliothek stellt Pseudozufallszahlen zur Verfügung. Sie nutzt *Mersenne Twister (https://en.wikipedia.org/wiki/Mersenne_Twister)* als Kerngenerator. Seit Python 3.4 stellt das statistics-Modul der Standardbibliothek Mittel- und Medianwerte zur Verfügung sowie Standardabweichung und Varianz.

---

2   Ein beliebtes Tool, das numbers nutzt, ist *SageMath (http://www.sagemath.org/)*, ein großes, umfangreiches Paket, das Klassen für Felder, Ringe, Algebra und Domänen definiert sowie symbolische Tools aus SymPy und numerische Tools aus NumPy, SciPy und vielen anderen Python- und Nicht-Python-Bibliotheken ableitet.

SymPy

SymPy (https://pypi.python.org/pypi/sympy) ist die Bibliothek für symbolische Mathematik mit Python schlechthin. Sie ist vollständig in Python geschrieben, doch es gibt optionale Erweiterungen für Geschwindigkeit, Plotting und interaktive Sessions.

SymPys symbolische Funktionen arbeiten mit SymPy-Objekten wie Symbolen, Funktionen und Ausdrücken, mit denen sich andere symbolische Ausdrücke formulieren lassen. Hier ein Beispiel:

```
>>> import sympy as sym
>>>
>>> x = sym.Symbol('x')
>>> f = sym.exp(-x**2/2) / sym.sqrt(2 * sym.pi)
>>> f
sqrt(2)*exp(-x**2/2)/(2*sqrt(pi))
```

Das kann nun symbolisch oder numerisch integriert werden:

```
>>> sym.integrate(f, x)
erf(sqrt(2)*x/2)/2
>>>
>>> sym.N(sym.integrate(f, (x, -1, 1)))
0.682689492137086
```

Die Bibliothek kann auch Differentiale bilden, Ausdrücke in Reihen umwandeln, Symbole auf Realzahlen, kommutativ, oder etwa ein Dutzend anderer Kategorien einschränken, die nächste rationale Zahl (für eine gegebene Genauigkeit) für eine Fließkommazahl ermitteln und vieles mehr.

Textmanipulation und Text-Mining

Pythons Tools zur Stringmanipulation sind häufig der Grund dafür, dass sich jemand für Python entscheidet. Wir sehen uns kurz einige Highlights aus Pythons Standardbibliothek an und wenden uns dann der Bibliothek zu, die nahezu jeder in der Community zum Text-Mining nutzt: dem *Natural Language ToolKit (nltk) (https://pypi.python.org/pypi/nltk)*.

Stringtools in Pythons Standardbibliothek

Bei Sprachen mit besonderen Regeln für Kleinbuchstaben hilft `str.casefold()`:

```
>>> 'Grünwalder Straße'.upper()
'GRÜNWALDER STRASSE'
>>> 'Grünwalder Straße'.lower()
'grünwalder straße'
>>> 'Grünwalder Straße'.casefold()
'grünwalder strasse'
```

Pythons Bibliothek für reguläre Ausdrücke (re) ist umfangreich und mächtig. Sie haben sie bereits in »Reguläre Ausdrücke (Lesbarkeit zählt)« auf Seite 157 in Aktion gesehen, daher wollen wir hier nicht weiter auf sie eingehen. Wir möchten aber anmerken, dass die help(re)-Dokumentation so vollständig ist, dass Sie während der Programmierung keinen Browser werden öffnen müssen.

Zum Schluss identifiziert das difflib-Modul in der Standardbibliothek die Unterschiede zwischen Strings. Es enthält auch die Funktion get_close_matches(), die bei Schreibfehlern hilft, wenn es eine Reihe richtiger Antworten gibt (z. B. bei Fehlerhinweisen auf einer Reise-Website):

```
>>> import difflib
>>> capitals = ('Montgomery', 'Juneau', 'Phoenix', 'Little Rock')
>>> difflib.get_close_matches('Fenix', capitals)
['Phoenix']
```

nltk

Das *Natural Language ToolKit (nltk) (https://pypi.python.org/pypi/nltk)* ist das Python-Tool zur Textanalyse schlechthin. Ursprünglich im Jahr 2001 von Steven Bird und Edward Loper an der Universität von Pennsylvania veröffentlicht, um ihre Studenten in der Vorlesung zur Verarbeitung natürlicher Sprache (*Natural Language Processing*, kurz NLP) zu unterstützen, ist es mittlerweile zu einer umfangreichen Bibliothek angewachsen, die mehrere Sprachen abdeckt und aktuelle Algorithmen für die Forschung auf diesem Gebiet enthält. Sie steht unter der Apache-2.0-Lizenz und wird über 100.000 Mal im Monat von PyPI heruntergeladen. Ihre Schöpfer haben auch ein Begleitbuch, »*Natural Language Processing with Python« (O'Reilly)*, veröffentlicht, das als Vorlesungstext verfügbar ist und sowohl in Python als auch in NLP einführt.

Sie können nltk über die Kommandozeile per pip installieren.[3] Da es NumPy nutzt, müssen Sie das zuerst installieren:

```
$ pip install numpy
$ pip install nltk
```

Wenn Sie mit Windows arbeiten und NumPy nicht per pip installiert bekommen, können Sie versuchen, den Anweisungen aus diesem *Stack-Overflow-Post (http://bit.ly/numpy-install-win)* zu folgen. Größe und Leistungsumfang der Bibliothek mögen (unnötigerweise) abschreckend wirken, deshalb wollen wir hier ein kleines Beispiel vorstellen, das zeigt, wie einfach simple Anwendungen sein können. Zuerst müssen Sie sich einen Datensatz aus der separat herunterzuladenden (*http://www.nltk.org/data.html*) Sammlung von *Korpora (http://www.nltk.org/nltk_data/)* beschaffen. Dort finden Sie Tagging-Tools für mehrere Sprachen und Datensätze, über die Ihre Algorithmen getestet werden können. Diese werden unabhängig von nltk lizenziert, die Lizenzbedingungen müssen Sie deshalb jeweils separat prüfen. Wenn Sie den Namen des Korpus kennen, den Sie herunterladen wollen (in unse-

---

[3] Unter Windows scheint nltk momentan nur für Python 2.7 verfügbar zu sein. Probieren Sie es dennoch mit Python 3; die Hinweise auf Python 2.7 könnten einfach veraltet sein.

rem Fall den Punkt-Tokenizer[4] mit dessen Hilfe Testdateien in Sätze oder Wörter zerlegt werden), können Sie das über die Kommandozeile erledigen:

```
$ python3 -m nltk.downloader punkt --dir=/usr/local/share/nltk_data
```

Sie können sie aber auch in einer interaktiven Session herunterladen. »stopwords« enthält zum Beispiel eine Liste typischer Wörter, die die Wortzahl unnötig aufbläht, wie z. B. das »das«, »in« oder »und« vieler Sprachen:

```
>>> import nltk
>>> nltk.download('stopwords', download_dir='/usr/local/share/nltk_data')
[nltk_data] Downloading package stopwords to /usr/local/share/nltk_data...
[nltk_data]   Unzipping corpora/stopwords.zip.
True
```

Wenn Sie den Namen des gewünschten Korpus nicht kennen, starten Sie per `nltk.download()` (ohne dessen erstes Argument) einen interaktiven Downloader:

```
>>> import nltk
>>> nltk.download(download_dir='/usr/local/share/nltk_data')
```

Dann können wir die uns interessierenden Datensätze herunterladen, verarbeiten und analysieren. Im folgenden Beispiel laden wir eine Kopie des originalen Zen of Python:

```
>>> import nltk
>>> from nltk.corpus import stopwords
>>> import string
>>>
>>> stopwords.ensure_loaded()              ❶
>>> text = open('zen.txt').read()
>>> tokens = [
...     t.casefold() for t in nltk.tokenize.word_tokenize(text)   ❷
...     if t not in string.punctuation
... ]
>>>
>>> counter = {}
>>> for bigram in nltk.bigrams(tokens):    ❸
...     counter[bigram] = 1 if bigram not in counter else counter[bigram] + 1
...
>>> def print_counts(counter):  # Wird wiederverwendet
...     for ngram, count in sorted(
...             counter.items(), key=lambda kv: kv[1], reverse=True):   ❹
...         if count > 1:
...             print ('{:>25}: {}'.format(str(ngram), '*' * count))    ❺
...
>>> print_counts(counter)
         ('better', 'than'): ********   ❻
```

---

[4] Der Algorithmus des Punkt-Tokenizers wurde 2006 von *Tibor Kiss* und *Jan Strunk* (*http://bit.ly/kiss-strunk-paper*) vorgestellt und bietet eine sprachunabhängige Möglichkeit, Satzgrenzen zu erkennen. Zum Beispiel wird der englische Satz »Mrs. Smith and Johann S. Bach listened to Vivaldi« korrekt als ein Satz identifiziert. Er muss mit einem großen Datensatz trainiert werden, doch der englischsprachige Standard-Tokenizer wurde bereits für uns trainiert.

```
                    ('is', 'better'): *******
               ('explain', 'it'): **
                       ('one', '--'): **
                 ('to', 'explain'): **
                        ('if', 'the'): **
    ('the', 'implementation'): **
     ('implementation', 'is'): **
>>>
>>> kept_tokens = [t for t in tokens if t not in stopwords.words()]  ❼
>>>
>>> from collections import Counter  ❽
>>> c = Counter(kept_tokens)
>>> c.most_common(5)
[('better', 8), ('one', 3), ('--', 3), ('although', 3), ('never', 3)]
```

❶ Die Korpora werden per »Lazy Loading« geladen, weshalb wir sicherstellen müssen, dass der Korpus wirklich geladen wird.

❷ Der Tokenizer benötigt ein trainiertes Modell. Der Punkt-Tokenizer (Standard) verwendet standardmäßig ein für das Englische trainierte Modell.

❸ Ein Bigramm ist ein Paar benachbarter Wörter. Wir gehen die Bigramme durch und zählen, wie häufig sie vorkommen.

❹ Die sorted()-Funktion nutzt den Zähler und sortiert in umgekehrter Reihenfolge.

❺ '{:>25}' richtet den String mit einer Gesamtlänge von 25 Zeichen rechtsbündig aus.

❻ Das am häufigsten vorkommende Bigramm im Zen of Python ist »better than«.

❼ Um die hohe Zahl von »the« und »is« zu vermeiden, entfernen wir diesmal die Stoppwörter.

❽ In Python 3.1 (und höher) können Sie collections.Counter für das Zählen nutzen.

Die Bibliothek kann noch sehr viel mehr. Nehmen Sie sich ein Wochenende Zeit und legen Sie los!

SyntaxNet

Googles SyntaxNet, das auf TensorFlow basiert, stellt einen trainierten Englisch-Parser (namens Parsey McParseface) zur Verfügung sowie ein Framework zum Aufbau anderer Modelle (auch in anderen Sprachen, wenn Sie über vorklassifizierte Daten verfügen). Es ist momentan nur für Python 2.7 verfügbar. Detaillierte Anweisungen zum Download und zur Nutzung finden Sie auf *SyntaxNets GitHub-Seite (https://github.com/tensorflow/models/tree/master/syntaxnet)*.

Bildverarbeitung

Die drei beliebtesten Bibliotheken zur Bildbe- und -verarbeitung unter Python sind Pillow (ein freundlicher Fork der *Python Imaging Library* [PIL] mit guter Formatkonvertierung und einfacher Bildverarbeitung), cv2 (die Python-Bindungen für die Open-Source-Bibliothek für Computervision [OpenCV], die zur Gesichtserkennung in Echtzeit und andere fortgeschrittene Algorithmen verwendet wird) sowie das neuere Scikit-Image, das eine einfache Bildbearbeitung sowie Primitive wie Blob-, Form- und Kantenerkennung bietet. Die folgenden Abschnitte enthalten zusätzliche Informationen zu diesen Bibliotheken.

Pillow

Die *Python Imaging Library (http://www.pythonware.com/products/pil/)*, kurz PIL, ist eine der Kernbibliotheken zur Bildbearbeitung mit Python. Sie wurde 2009 veröffentlicht und niemals auf Python 3 portiert. Glücklicherweise gibt es einen aktiv gepflegten PIL-Fork namens *Pillow (http://python-pillow.github.io/)*. Er ist einfacher zu installieren, läuft auf allen Betriebssystemen und unterstützt Python 3.

Bevor Sie Pillow installieren können, müssen zuerst die Systemanforderungen erfüllt sein. Instruktionen für Ihre Plattform finden Sie in den *Pillow-Installationsanweisungen (https://pillow.readthedocs.org/en/3.0.0/installation.html)*. Danach ist es einfach:

```
$ pip install Pillow
```

Hier ein kurzes Beispiel für die Nutzung von Pillow (ja, der zu importierende Modulname ist PIL, nicht Pillow):

```
from PIL import Image, ImageFilter
# Image einlesen.
im = Image.open( 'image.jpg' )
# Image einlesen.
im.show()

# Filter auf Image anwenden.
im_sharp = im.filter( ImageFilter.SHARPEN )
# Gefilteres Image in neuer Datei speichern
im_sharp.save( 'image_sharpened.jpg', 'JPEG' )

# Bild in seine Rot-, Grün- und Blauanteile zerlegen.
r,g,b = im_sharp.split()

# Im Image enthaltene EXIF-Daten ausgeben
exif_data = im._getexif()
exif_data
```

Weitere Beispiele der Pillow-Bibliothek finden Sie im *Pillow-Tutorial (http://bit.ly/opencv-python-tutorial)*.

cv2

OpenSource Computervision (http://docs.opencv.org/3.1.0/index.html), besser bekannt als OpenCV, ist im Vergleich zu PIL eine etwas fortschrittlichere Software zur Bildbe- und -verarbeitung. Sie ist in C und C++ geschrieben und konzentriert sich auf die Computervision in Echtzeit. Beispielsweise besitzt sie das erste Modell, das zur Gesichtserkennung in Echtzeit genutzt wurde (es wurde bereits mit Tausenden Gesichtern trainiert, und seinen Einsatz in Python zeigt *dieses Beispiel (https:// github.com/Itseez/opencv/blob/master/samples/python/facedetect.py)*), ein Gesichtserkennungsmodell und ein Modell zur Personenerkennung. Es wurde in verschiedenen Sprachen implementiert und wird häufig genutzt.

Bei Python ist die Bildbearbeitung mit OpenCV über die Bibliotheken cv2 und NumPy implementiert. OpenCV Version 3 besitzt Bindungen für Python 3.4 und höher, doch cv2 ist noch mit OpenCV2 verlinkt und unterstützt Python 3 nicht. Die Installationsanweisungen im *OpenCV-Tutorial (http://tinyurl.com/opencv3-py-tutorial)* gehen explizit auf Windows und Fedora (unter Python 2.7) ein. Unter OS X sind Sie auf sich allein gestellt.[5] Abschließend gibt es noch die Möglichkeit, *Python 3 unter Ubuntu (http://tinyurl.com/opencv3-py3-ubuntu)* zu nutzen. Gestaltet sich die Installation schwierig, können Sie stattdessen Anaconda herunterladen und einsetzen. Dort gibt es cv2-Binaries für alle Plattformen. Der Blog-Post »*Up & Running: OpenCV3, Python 3, & Anaconda*« *(http://tinyurl.com/opencv3-py3-anaconda)* zeigt, wie man cv2 und Python 3 bei Anaconda nutzt.

Hier ein Beispiel für die Verwendung von cv2:

```
from cv2 import *
import numpy as np
# Bild einlesen.
img = cv2.imread('testimg.jpg')
# Bild ausgeben.
cv2.imshow('image',img)
cv2.waitKey(0)
cv2.destroyAllWindows()
# Graustufenfilter auf Bild anwenden.
gray = cv2.cvtColor(img, cv2.COLOR_BGR2GRAY)
# Gefiltertes Bild in neuer Datei speichern.
cv2.imwrite('graytest.jpg',gray)
```

Weitere in Python implementierte OpenCV-Beispiele finden Sie in dieser *Sammlung von Tutorials (http://opencv-python-tutroals.readthedocs.org/en/latest/py_tutorials/py_tutorials.html)*.

Scikit-Image

Eine neuere Bibliothek namens *Scikit-Image (http://scikit-image.org/)* erfreut sich immer größerer Beliebtheit, was unter anderem daran liegt, dass ein größerer Teil des Quellcodes in Python vorliegt, aber sicher auch aufgrund der hervorragenden Dokumentation. Sie besitzt nicht die ausgefeilten Algorithmen von cv2 (das bei

---

[5] Diese Schritte haben bei uns funktioniert: Zuerst verwenden Sie `brew install opencv` oder `brew install opencv3 --with-python3`. Dann folgen Sie den zusätzlichen Anweisungen (wie etwa zur Verlinkung von NumPy). Zum Schluss fügen Sie den Pfad mit dem OpenCV Shared Object (etwa */usr/local/Cellar/opencv3/3.1.0_3/lib/python3.4/site-packages/*) in Ihren Pfad ein. Wenn Sie es nur in einer virtuellen Umgebung nutzen, verwenden Sie den Befehl `add2virtualenv` *(http://virtualenvwrapper.readthedocs.io/en/latest/command_ref.html#add2virtualenv)*, der mit der virtualenvwrapper-Bibliothek installiert wurde.

Algorithmen für Echtzeitvideo immer noch vorzuziehen ist), doch es ist gut genug, um für Wissenschaftlicher nützlich zu sein. So besitzt es etwa Blob- und Feature-Erkennung sowie Standard-Bildbearbeitungstools wie Filter und eine Kontrastkorrektur. So wurde Scikit-Image zum Beispiel genutzt, um die *Kompositaufnahmen von Plutos kleinen Monden (https://blogs.nasa.gov/pluto/2015/10/05/plutos-small-moons-nix-and-hydra/)* herzustellen. Sie finden viele weitere *Beispiele auf der Scikit-Image-Seite (http://scikit-image.org/docs/dev/auto_examples/)*.

KAPITEL 11
Datenpersistenz

Wir haben die ZIP-Komprimierung und das Pickling bereits in »Datenserialisierung« auf Seite 257 erwähnt, sodass wir in diesem Kapitel außer Datenbanken nicht viel mehr behandeln werden.

In diesem Kapitel geht es hauptsächlich um Python-Bibliotheken, die die Verbindung zu *relationalen Datenbanken* herstellen. Das ist die Art Datenbank, die wir normalerweise vor Augen haben. Sie enthält strukturierte Daten, die in Tabellen vorgehalten werden. Der Zugriff erfolgt über SQL.[1]

Strukturierte Dateien

Tools für JSON-, XML- und ZIP-Dateien haben wir bereits in Kapitel 9 erwähnt und auch das Pickling sowie XDR, als wir über die Serialisierung sprachen. Zur Verarbeitung von YAML empfehlen wir *PyYAML (http://pyyaml.org/wiki/PyYAML)* (das Sie über pip install pyyaml herunterladen können). Pythons Standardbibliothek umfasst auch Tools für CSV, *.netrc* (das von einigen FTP-Clients genutzt wird), *.plist*-Dateien (die von OS X verwendet werden) und einen Dialekt des Windows-INI-Formats über *configparser*.[2]

Es gibt in Pythons Standardbibliothek auch einen persistenten Schlüssel/Wert-Speicher in Form des shelve-Moduls. Sein Backend ist die beste verfügbare Vari-

---

[1] Relationale Datenbanken wurden 1970 von Edgar F. Codd vorgestellt, der (während er für IBM arbeitete) den Artikel »A Relational Model of Data for Large Share Data Banks« (http://bit.ly/relational-model-data) veröffentlichte. Dieser wurde bis 1977 ignoriert, als Larry Ellison ein Unternehmen gründete (aus dem schließlich Oracle wurde), das auf dieser Technologie basierte. Konkurrierende Ideen wie Schlüssel/Wert-Speicher und hierarchische Datenbankmodelle wurden nach dem Erfolg relationaler Datenbanken größtenteils ignoriert. Erst die NoSQL-Bewegung (Not Only SQL) hat in jüngster Zeit für eine Wiederbelebung nicht relationaler Speicheroptionen in Clusterumgebungen gesorgt.

[2] Den *ConfigParser* in Python 2 – den vom Parser genau verstandenen Dialekt finden Sie in der *configparser*-Dokumentation (https://docs.python.org/3/library/configparser.html#supported-ini-file-structure).

ante des Datenbankmanagers dbm (einer Schlüssel/Wert-Datenbank) auf Ihrem Computer:[3]

```
>>> import shelve
>>>
>>> with shelve.open('my_shelf') as s:
...     s['d'] = {'key': 'value'}
...
>>> s = shelve.open('my_shelf', 'r')
>>> s['d']
{'key': 'value'}
```

Welches Datenbank-Backend Sie genau nutzen, können Sie wie folgt prüfen:

```
>>> import dbm
>>> dbm.whichdb('my_shelf')
'dbm.gnu'
```

Die GNU-Implementierung von dbm für Windows erhalten Sie hier (*http://gnuwin32. sourceforge.net/packages/gdbm.htm*). Oder Sie fragen Ihren Paketmanager ab (brew, apt, yum) bzw. versuchen es mit dem *dbm-Quellcode (http://www.gnu.org.ua/software/gdbm/download.html)*.

Datenbankbibliotheken

Die *Python Database API* (DB-API2) definiert eine Standardschnittstelle für den Datenbankzugriff in Python. Sie ist in *PEP 249 (https://www.python.org/dev/peps/pep-0249/)* und etwas ausführlicher in der *Einführung in Pythons DB-API (http://halfcooked.com/presentations/osdc2006/python_databases.html)* dokumentiert. Nahezu alle Python-Datenbanktreiber sind mit dieser Schnittstelle kompatibel. Wenn Sie also einfach nur eine Datenbank in Python abfragen wollen, wählen Sie eine, die die Verbindung mit der von Ihnen genutzten Datenbank herstellt, beispielsweise *sqlite3* für die SQLite-Datenbank, *psycopg2* für Postgres und *MySQL-python* für MySQL.[4]

---

[3] Die dbm-Bibliothek speichert Schlüssel/Wert-Paare in einer Hashtabelle auf Ihrer Festplatte. Wie das genau passiert, hängt davon ab, ob Sie das gdbm-, das ndbm- oder das »dumme« (»dumb«) Backend verwenden. Das »dumme« Backend ist in Python implementiert und wird in der Dokumentation erklärt. Die Dokumentation der beiden anderen finden Sie im *gdbm (http://www.gnu.org.ua/software/gdbm/manual//gdbm.html)*-Handbuch. Bei ndbm gibt es eine obere Grenze für die Größe der gespeicherten Werte. Die Datei wird gesperrt, wenn Sie sie zum Schreiben öffnen, es sei denn, Sie öffnen die Datenbank (nur bei gdbm) mit ru oder wu, doch selbst dann sind Aktualisierungen im Schreibmodus für andere Verbindungen nicht unbedingt sichtbar.

[4] Obwohl dieStructured Query Language(SQL) ein *ISO-Standard (http://bit.ly/sql-iso-standard)* ist, entscheiden die Hersteller, wie viel des Standards sie implementieren und wie viele eigene Features sie aufnehmen. Das bedeutet, dass eine Python-Bibliothek, die als Datenbanktreiber dient, den SQL-Dialekt der verwendeten Datenbank sprechen muss.

Code mit vielen SQL-Strings und fest codierten Spalten und Tabellen kann sehr schnell unübersichtlich, fehleranfällig und schwer zu debuggen sein. Die Bibliotheken in Tabelle 11-1 bieten (mit Ausnahme des SQLite-Treibers *sqlite3*) eine Datenbank-Abstraktionsschicht (*Database Abstraction Layer*, kurz DAL), die die Struktur, die Grammatik und die Datentypen von SQL in der API durch eine abstraktere Schnittstelle ersetzt.

Da Python eine objektorientierte Sprache ist, kann die Datenbankabstraktion auch die objektrelationale Abbildung (*Object-Relational Mapping*, kurz ORM) implementieren und eine Abbildung zwischen Python-Objekten und der zugrunde liegenden Datenbank bereitstellen. Zusätzlich können Operatoren für die Attribute dieser Klassen bereitstehen, die eine abstrahierte Version von SQL in Python bilden.

Alle Bibliotheken in Tabelle 11-1 (mit Ausnahme von sqlite3 und Records) bieten ein ORM, dessen Implementierung auf einem von zwei Mustern basiert:[5] das *Active Record*-Entwurfsmuster, bei dem Datensätze gleichzeitig die abstrahierten Daten repräsentieren und mit der Datenbank interagieren, sowie das *Data Mapper*-Entwurfsmuster, bei dem eine Schicht die Schnittstelle zur Datenbank bildet, eine andere Schicht die Daten repräsentiert, und dazwischen liegt eine Abbildungsfunktion (Mapper), die die notwendige Logik ausführt, um zwischen den beiden zu vermitteln (wobei im Wesentlichen die Logik eines SQL-Views außerhalb der Datenbank ausgeführt wird).

Bei Abfragen verhalten sich Active Record und Data Mapper nahezu identisch, doch beim Data Mapper muss der Nutzer Tabellennamen explizit angeben, primäre Schlüssel hinzufügen und Hilfstabellen anlegen, um M-zu-M-Beziehungen (many-to-many) zu unterstützen (z.B. bei einer Quittung, bei der eine Transaktions-ID mit mehreren Käufen verknüpft wird). All das kann hinter den Kulissen geschehen, wenn mit Active Record gearbeitet wird.

Die beliebtesten Bibliotheken sind sqlite3, SQLAlchemy und das Django ORM. Records ist eine Kategorie für sich – da es eher ein SQL-Client mit vielen Optionen für die Formatierung der Ausgabe ist –, und die restlichen Bibliotheken sind eigenständige, leichtgewichtigere Versionen von Django ORM (weil alle das Active Record-Muster verwenden), doch mit unterschiedlichen Implementierungen und sehr verschiedenen und einmaligen APIs.

---

5 Die in Martin Fowlers *Patterns of Enterprise Application Architecture (http://www.martinfowler.com/books/eaa.html)* definiert sind. Für weitere Informationen zu Pythons ORM-Designs empfehlen wir den *SQLAlchemy*-Eintrag in »*Architecture of Open Source Applications*« *(http://www.aosabook.org/en/sqlalchemy.html)* und diese umfassende Liste von ORM-bezogenen Links für Python aus *FullStack Python (https://www.fullstackpython.com/object-relational-mappers-orms.html).*

Tabelle 11-1: Datenbankbibliotheken

Bibliothek	Lizenz	Gründe für den Einsatz
sqlite3 (Treiber, kein ORM)	PSFL	• In der Standardbibliothek enthalten. • Für Sites mit geringem oder moderatem Traffic gut geeignet, wenn nur einfache Datentypen und nur wenige Queries benötigt werden. Geringe Latenz, weil es keine Netzwerkkommunikation gibt. • Eignet sich gut zum Erlernen von SQL und Pythons DB-API und zum Prototyping einer Datenbankanwendung.
SQLAlchemy	MIT-Lizenz	• Stellt ein Data Mapper-Muster mit einer zweischichtigen API zur Verfügung. Die obere ORM-Schicht ähnelt den APIs anderer Bibliotheken, während die Low-Level-Schicht Tabellen direkt an eine Datenbank bindet. • Bietet die explizite Kontrolle (über die Low-Level-Classical-Mappings-API) über die Struktur und die Schemata Ihrer Datenbank. Das ist zum Beispiel nützlich, wenn die Datenbankadministratoren nicht die gleichen sind wie die Webentwickler. • Dialekte: SQLite, PostgreSQL, MySQL, Oracle, MS-SQL Server, Firebird und Sybase (oder Sie registrieren einen eigenen).
Django ORM	BSD-Lizenz	• Stellt ein Active Record-Muster zur Verfügung, das die Datenbankinfrastruktur implizit aus den benutzerdefinierten Modellen der Anwendung generieren kann. • Eng mit Django verbunden. • Dialekte: SQLite, PostgreSQL, MySQL oder Oracle; alternativ können Sie Bibliotheken von Drittanbietern nutzen: SAP SQL Anywhere, IBM DB2, MS-SQL Server, Firebird oder ODBC.
peewee	MIT-Lizenz	• Stellt ein Active Record-Muster bereit, doch das liegt daran, dass die von Ihnen im ORM definierten Tabellen die Tabellen sind, die Sie in der Datenbank sehen (plus eine Indexspalte). • Dialekte: SQLite, MySQL und Postgres (oder Sie fügen einen eigenen hinzu).
PonyORM	AGPLv3	• Stellt ein Active Record-Muster mit intuitiver, generatorbasierter Syntax zur Verfügung. • Es gibt online auch einen GUI-basierten Entity-Relationship-Editor (mit dem sich das Datenmodell zeichnen lässt, das die Tabellen einer Datenbank und ihre Beziehungen untereinander definiert). Das Ergebnis kann dann in SQL-Code übersetzt werden, der die Tabellen erzeugt. • Dialekte: SQLite, MySQL, Postgres und Oracle (oder Sie fügen einen eigenen hinzu).
SQLObject	LGPL	• Ist eine der ersten, die das Active Record-Muster in Python verwendet hat. • Dialekte: SQLite, MySQL, Postgres, Firebird, Sybase, MAX DB, MS-SQL Server (oder Sie fügen einen eigenen hinzu).
Records (Query-Interface, kein ORM)	ISC-Lizenz	• Bietet eine einfache Möglichkeit, eine Datenbank abzufragen und daraus einen Bericht zu erzeugen: SQL rein, XLS (oder JSON oder YAML oder CSV oder LaTex) raus. • Kommandozeilenschnittstelle, die für interaktive Abfragen oder Einzeiler zur Berichtsgenerierung genutzt werden kann. • Verwendet das mächtige SQLAlchemy als Backend.

Die folgenden Abschnitte gehen etwas detaillierter auf die Bibliotheken in Tabelle 11-1 ein.

sqlite3

SQLite ist eine C-Bibliothek, die die Datenbank hinter *sqlite3 (https://docs.python.org/3/library/sqlite3.html)* bildet. Die Datenbank wird in einer einzelnen Datei gespeichert, die per Konvention die Endung **.db* hat. Die *»wann SQLite nutzen«-Seite (https://www.sqlite.org/whentouse.html)* sagt, dass die Datenbank bei Webseiten mit Hunderttausenden Hits pro Tag erfolgreich im Einsatz ist. Auf der Seite gibt es auch eine *Liste aller SQL-Befehle, die SQLite versteht (https://www.sqlite.org/lang.html)*, und *W3Schools' SQL-Kurzreferenz (http://www.w3schools.com/sql/sql_quickref.asp)* zeigt, wie Sie sie nutzen können. Hier ein Beispiel:

```
import sqlite3
db = sqlite3.connect('cheese_emporium.db')
db.execute('CREATE TABLE cheese(id INTEGER, name TEXT)')
db.executemany(
    'INSERT INTO cheese VALUES (?, ?)',
    [(1, 'red leicester'),
     (2, 'wensleydale'),
     (3, 'cheddar'),
    ]
)
db.commit()
db.close()
```

Die erlaubten SQLite-Typen sind NULL, INTEGER, REAL, TEXT und BLOB (Bytes). In der sqlite3-Dokumentation wird auch erläutert, wie man neue Datentypen registriert (sie implementieren z.B. einen datetime.datetime-Typ, der als TEXT gespeichert wird).

SQLAlchemy

SQLAlchemy (http://www.sqlalchemy.org/) ist ein sehr beliebtes Datenbank-Toolkit. Django bietet die Möglichkeit, von seinem eigenen ORM auf SQLAchemy zu wechseln. Es ist das Backend für das *Flask Mega-Tutorial (http://blog.miguelgrinberg.com/post/the-flask-mega-tutorial-part-i-hello-world)* zum Aufbau eines eigenen Blogs, und *Pandas verwendet es als sein SQL-Backend (http://bit.ly/pandas-sql-query)*.

SQLAlchemy ist die einzige hier vorgestellte Bibliothek, die Martin Fowlers *Data Mapper-Entwurfsmuster   (http://martinfowler.com/eaaCatalog/dataMapper.html)* anstelle des häufig implementierten *Active Record-Musters (http://martinfowler.com/eaaCatalog/activeRecord.html)* verwendet. Im Gegensatz zu anderen Bibliotheken bietet SQLAlchemy nicht nur eine ORM-Schicht, sondern auch eine generalisierte API (die als Kern-(Core-)Schicht bezeichnet wird), mit der sich datenbankunabhängiger Code ohne SQL entwickeln lässt. Die ORM-Schicht liegt über der Core-Schicht, die Tabellenobjekte nutzt, um die zugrunde liegende Datenbank direkt abzubilden. Dieses Mapping zwischen den Objekten und dem ORM muss explizit durch den Nutzer erfolgen, was zum Starten etwas mehr Code verlangt und diejenigen frustrieren kann, die mit relationalen Datenbanken nicht vertraut sind. Der Vorteil ist eine deutliche größere Kontrolle über die Datenbank – es wird nichts erzeugt, solange Sie es nicht explizit angeben.

SQLAlchemy läuft auf Jython und PyPy und unterstützt Python 2.5 sowie die neuesten 3.x-Versionen. Die nächsten paar Codefragmente zeigen, welche Arbeiten zum Aufbau einer M-zu-M-Objektabbildung nötig sind. Wir erzeugen drei Objekte in der ORM-Schicht: Customer, Cheese und Purchase. Es kann viele Käufe (Purchase) durch einen Kunden (Customer) geben (eine M-zu-1-Beziehung), und der Verkauf kann viele Arten von Käse (Cheese) umfassen (eine M-zu-M-Beziehung). Der Grund, warum wir uns das so detailliert ansehen, ist, Ihnen die nicht gemappte Tabelle purchases_cheeses zu zeigen, die nicht im ORM enthalten sein muss, weil ihre einzige Aufgabe darin besteht, eine Verknüpfung zwischen den Käsesorten und den Käufen herzustellen. Andere ORMs würden diese Tabelle stillschweigend im Hintergrund erzeugen. Damit kennen Sie einen großen Unterschied zwischen SQLAlchemy und den anderen Bibliotheken:

```
from sqlalchemy.ext.declarative import declarative_base
from sqlalchemy import Column, Date, Integer, String, Table, ForeignKey
from sqlalchemy.orm import relationship

Base = declarative_base()  ❶

class Customer(Base):  ❷
    __tablename__ = 'customers'
    id = Column(Integer, primary_key=True)
    name = Column(String, nullable=False)
    def __repr__(self):
        return "<Customer(name='%s')>" % (self.name)

purchases_cheeses = Table(  ❸
    'purchases_cheeses', Base.metadata,
    Column('purch_id', Integer, ForeignKey('purchases.id', primary_key=True)),
    Column('cheese_id', Integer, ForeignKey('cheeses.id', primary_key=True))
)

class Cheese(Base):  ❹
    __tablename__ = 'cheeses'
    id = Column(Integer, primary_key=True)
    kind = Column(String, nullable=False)
    purchases = relationship(  ❺
        'Purchase', secondary='purchases_cheeses', back_populates='cheeses'  ❻
    )
    def __repr__(self):
        return "<Cheese(kind='%s')>" % (self.kind)

class Purchase(Base):
    __tablename__ = 'purchases'
    id = Column(Integer, primary_key=True)
    customer_id = Column(Integer, ForeignKey('customers.id', primary_key=True))
    purchase_date = Column(Date, nullable=False)
```

```
    customer = relationship('Customer')
    cheeses = relationship(  ❼
        'Cheese', secondary='purchases_cheeses', back_populates='purchases'
    )
    def __repr__(self):
        return ("<Purchase(customer='%s', dt='%s')>" %
                (self.customer.name, self.purchase_date))
```

❶ Das declarative base-Objekt ist eine Metaklasse[6], die die Erzeugung jeder »gemappten« Tabelle im ORM abfängt und eine entsprechende Tabelle im Core-Layer definiert.

❷ Objekte im ORM-Layer erben von der declarative base.

❸ Das ist eine *nicht abgebildete Tabelle* im Core-Layer. Es handelt sich nicht um eine Klasse, und sie ist auch nicht aus der declarative base abgeleitet. Sie entspricht der Datenbanktabelle purchases_cheeses und existiert, um die M-zu-M-Beziehung zwischen den Käsesorten und den Verkaufs-IDs aufzubauen.

❹ Vergleichen Sie das mit Cheese – eine abgebildete Tabelle in der ORM-Schicht. Hinter den Kulissen wird Cheese.__table__ im Core-Layer angelegt. Das entspricht einer Tabelle namens cheeses in der Datenbank.

❺ relationship definiert explizit die Beziehung zwischen den abgebildeten Klassen Cheese und Purchase: Sie stehen indirekt über die Sekundärtabelle purchases_cheeses in Beziehung zueinander (im Gegensatz zu einer direkten Beziehung per ForeignKey).

❻ back_populates fügt einen Event-Listener ein, der reagiert, wenn ein neues Purchase-Objekt in Cheese.purchases eingefügt wird. Das Cheese-Objekt erscheint auch in Purchase.cheeses.

❼ Das ist die andere Hälfte der M-zu-M-Beziehung.

Tabellen werden explizit durch die declarative base angelegt:

```
from sqlalchemy import create_engine
engine = create_engine('sqlite://')
Base.metadata.create_all(engine)
```

Nun sieht die Interaktion mit den Objekten in der ORM-Schicht genauso aus wie bei den anderen Bibliotheken mit ORMs:

```
from sqlalchemy.orm import sessionmaker
Session = sessionmaker(bind=engine)
sess = Session()
leicester = Cheese(kind='Red Leicester')
camembert = Cheese(kind='Camembert')
sess.add_all((camembert, leicester))
cat = Customer(name='Cat')
sess.add(cat)
sess.commit()  ❶
```

---

6 Es gibt eine sehr gute *Erläuterung zu den Python-Metaklassen (http://stackoverflow.com/a/6581949)* auf Stack Overflow.

```
import datetime
d = datetime.date(1971, 12, 18)
p = Purchase(purchase_date=d, customer=cat)
p.cheeses.append(camembert)  ❷
sess.add(p)
sess.commit()
```

❶ Änderungen an der Datenbank müssen explizit mit commit() bestätigt werden.

❷ Objekte in der M-zu-M-Beziehung werden nicht während der Instanziierung hinzugefügt. Sie müssen danach eingefügt werden.

Hier beispielhaft einige Queries:

```
>>> for row in sess.query(Purchase,Cheese).filter(Purchase.cheeses):  ❶
...     print(row)
...
(<Purchase(customer='Douglas', dt='1971-12-17')>, <Cheese(kind='Camembert')>)
(<Purchase(customer='Douglas', dt='1971-12-17')>, <Cheese(kind='Red Leicester')>)
(<Purchase(customer='Cat', dt='1971-12-18')>, <Cheese(kind='Camembert')>)
>>>
>>> from sqlalchemy import func
>>> (sess.query(Purchase,Cheese)  ❷
...    .filter(Purchase.cheeses)
...    .from_self(Cheese.kind, func.count(Purchase.id))
...    .group_by(Cheese.kind)
... ).all()
[('Camembert', 2), ('Red Leicester', 1)]
```

❶ Hier der M-zu-M-Join über die purchases_cheeses-Tabelle, die nicht auf ein Top-Level-ORM-Objekt abgebildet wird.

❷ Diese Query zählt die Anzahl der Verkäufe jeder einzelnen Käsesorte.

Mehr erfahren Sie in der *SQLAlchemy-Dokumentation (http://docs.sqlalchemy.org/en/rel_1_0/)*.

Django ORM

Django ORM (https://docs.djangoproject.com/en/1.9/topics/db/) ist die von *Django (http://www.djangoproject.com)* verwendete Schnittstelle für den Datenbankzugriff. Diese Implementierung des Active Record-Entwurfsmusters kommt in unserer Liste der Ruby on Rails ActiveRecord-Bibliothek wohl am nächsten.

Sie ist eng mit Django verknüpft, das heißt, Sie nutzen sie üblicherweise nur, weil Sie Django-Webanwendungen entwickeln. Folgen Sie dem *Django ORM-Tutorial (http://bit.ly/django-orm-tutorial)* der Django Girls, während Sie eine Webanwendung entwickeln.[7]

---

[7] Die *Django Girls (https://djangogirls.org/)* sind eine großartige, gemeinnützige Organisation brillanter Programmierer, die auf der ganzen Welt kostenlose Django-Trainings für Frauen anbieten.

Wenn Sie Djangos ORM ausprobieren wollen, ohne gleich eine ganze Webanwendung zu entwickeln, kopieren Sie sich dieses GitHub-Projekt mit einem Grundgerüst, das *nur Djangos ORM (https://github.com/mick/django_orm_only)* nutzt, und folgen Sie dessen Anweisungen. Je nach Django-Version kann es einige Unterschiede geben. Unsere *settings.py* sieht wie folgt aus:

```
# settings.py
DATABASES = {
    'default': {
        'ENGINE': 'django.db.backends.sqlite3',
        'NAME': 'tmp.db',
    }
}
INSTALLED_APPS = ("orm_only",)
SECRET_KEY = "A secret key may also be required."
```

Jede abstrahierte Tabelle im Django ORM ist eine Subklasse des Django-Model-Objekts:

```
from django.db import models

class Cheese(models.Model):
    type = models.CharField(max_length=30)

class Customer(models.Model):
    name = models.CharField(max_length=50)

class Purchase(models.Model):
    purchase_date = models.DateField()
    customer = models.ForeignKey(Customer)      ❶
    cheeses = models.ManyToManyField(Cheese)    ❷
```

❶ Die `ForeignKey`-Beziehung zeigt eine M-zu-1-Beziehung an. Ein Kunde kann viele Käufe tätigen, doch ein Kauf ist mit einem einzelnen Kunden verknüpft. Verwenden Sie `OneToOneField` für eine 1-zu-1-Beziehung.

❷ Und `ManyToManyField` für eine M-zu-M-Beziehung.

Als Nächstes müssen wir einen Befehl ausführen, der die Tabellen erzeugt. Bei aktivierter virtueller Umgebung und im gleichen Verzeichnis wie *manage.py* geben Sie dieses ein:

```
(venv)$ python manage.py migrate
```

Ist die Tabelle angelegt, können Sie Daten wie folgt in die Datenbank aufnehmen. Ohne die Methode *instance*.save() werden die Daten einer neuen Zeile nicht in der Datenbank gespeichert:

```
leicester = Cheese.objects.create(type='Red Leicester')
camembert = Cheese.objects.create(type='Camembert')
leicester.save()      ❶
camembert.save()

doug = Customer.objects.create(name='Douglas')
```

```
doug.save()

# Datum des Kaufs einfügen.
import datetime
now = datetime.datetime(1971, 12, 18, 20)
day = datetime.timedelta(1)

p = Purchase(purchase_date=now - 1 * day, customer=doug)
p.save()
p.cheeses.add(camembert, leicester)   ❷
```

❶ Objekte müssen gespeichert werden, um in die Datenbank aufgenommen zu werden. Sie müssen auch bei Inserts gespeichert werden, die anderen Objekte referenzieren.

❷ Objekte einer M-zu-M-Beziehung müssen separat eingefügt werden.

ORM-Abfragen sehen mit Django wie folgt aus:

```
# Filter für alle Käufe der vergangenen 7 Tage:
queryset = Purchase.objects.filter(purchase_date__gt=now - 7 * day)   ❶

# Wer hat im queryset welchen Käse gekauft:
for v in queryset.values('customer__name', 'cheeses__type'):   ❷
    print(v)

# Verkäufe nach Käsesorte summieren:
from django.db.models import Count
sales_counts = (   ❸
    queryset.values('cheeses__type')
    .annotate(total=Count('cheeses'))   ❹
    .order_by('cheeses__type')
)
for sc in sales_counts:
    print(sc)
```

❶ Bei Django wird der Filteroperator (gt, größer als) nach einem doppelten Unterstrich an das Tabellenattribut purchase_date angehängt. Django verarbeitet das hinter den Kulissen.

❷ Doppelte Unterstriche nach einer Fremdschlüssel-ID greifen auf das Attribut in der entsprechenden Tabelle zu.

❸ Der besseren Lesbarkeit halber können Sie lange Anweisungen auf mehrere Zeilen verteilen und in runde Klammern setzen.

❹ Die annotate-Klausel des Query-Sets fügt zusätzliche Felder in jedes Ergebnis ein.

peewee

peewee (http://docs.peewee-orm.com/en/latest/) möchte primär ein leichtgewichtiges Tool für alle diejenigen sein, die wissen, wie man per SQL mit einer Datenbank interagiert. Sie bauen weder manuell eine Schicht auf, die die Tabellenstruktur hinter den Kulissen abstrahiert (wie SQLAlchemy), noch baut die Bibliothek auf magische Weise eine Schicht unter Ihren Tabellen auf (wie Django ORM). Im Gegensatz zu SQLAlchemy soll hier eine andere Lücke geschlossen werden: bestimmte Dinge schnell, einfach und pythonisch zu erledigen.

Es gibt nur sehr wenig »Magie«. Lediglich Primärschlüssel werden für die Tabellen angelegt, wenn der Benutzer das nicht tut. Sie legen eine Tabelle wie folgt an:

```
import peewee
database = peewee.SqliteDatabase('peewee.db')

class BaseModel(peewee.Model):
    class Meta:  ❶
        database = database  ❷

class Customer(BaseModel):
    name = peewee.TextField()  ❸

class Purchase(BaseModel):
    purchase_date = peewee.DateField()
    customer = peewee.ForeignKeyField(Customer, related_name='purchases')  ❹

class Cheese(BaseModel):
    kind = peewee.TextField()

class PurchaseCheese(BaseModel):
    """For the many-to-many relationship."""
    purchase = peewee.ForeignKeyField(Purchase)
    cheese = peewee.ForeignKeyField(Cheese)

database.create_tables((Customer, Purchase, Cheese, PurchaseCheese))
```

❶ peewee hält Details der Konfiguration eines Modells im Namensraum Meta vor. Diese Idee wurde von Django übernommen.

❷ Verknüpft jedes Model mit einer Datenbank.

❸ Ein Primärschlüssel wird implizit eingefügt, wenn Sie ihn nicht explizit angeben.

❹ Ergänzt für den einfacheren Zugriff das Attribut purchases in Customer-Datensätzen, macht aber nichts mit den Tabellen selbst.

Mit der Methode create() können Sie die Daten in einem Schritt initialisieren und in die Datenbank einfügen. Oder Sie initialisieren sie zuerst und fügen sie später hinzu. Es gibt Konfigurationsoptionen zur Steuerung des Autocommits und Utilities für Transaktionen. Hier passiert das in einem Schritt:

```
leicester = Cheese.create(kind='Red Leicester')
camembert = Cheese.create(kind='Camembert')
cat = Customer.create(name='Cat')

import datetime
d = datetime.date(1971, 12, 18)
```

```
p = Purchase.create(purchase_date=d, customer=cat)     ❶
PurchaseCheese.create(purchase=p, cheese=camembert)    ❷
PurchaseCheese.create(purchase=p, cheese=leicester)
```

❶ Fügen Sie ein Objekt (wie cat) direkt hinzu, und peewee nutzt dessen primären Schlüssel.

❷ Es gibt keine Magie für die M-zu-M-Abbildung. Sie müssen neue Einträge von Hand hinzufügen.

Und Queries gehen wie folgt:

```
>>> for p in Purchase.select().where(Purchase.purchase_date > d - 1 * day):
...     print(p.customer.name, p.purchase_date)
...
Douglas 1971-12-18
Cat 1971-12-19
>>>
>>> from peewee import fn
>>> q = (Cheese
...     .select(Cheese.kind, fn.COUNT(Purchase.id).alias('num_purchased'))
...     .join(PurchaseCheese)
...     .join(Purchase)
...     .group_by(Cheese.kind)
...     )
>>> for chz in q:
...     print(chz.kind, chz.num_purchased)
...
Camembert 2
Red Leicester 1
```

Es gibt eine *Sammlung von Add-ons (https://peewee.readthedocs.org/en/latest/peewee/playhouse.html#playhouse)* die Transaktionen[8] unterstützen sowie eigene Funktionen, die Daten vor der Speicherung abfangen und bearbeiten können, z.B. für die Komprimierung oder ein Hashing.

PonyORM

PonyORM (http://ponyorm.com/) verwendet bei der Query-Grammatik einen anderen Ansatz. Anstelle einer SQL-artigen Sprache oder Boolescher Ausdrücke nutzt es Pythons Generatorsyntax. Es gibt auch einen grafischen Schema-Editor, der PonyORM-Entitäten für Sie erzeugen kann. Es unterstützt Python 2.6+ und Python 3.3+.

Um die intuitive Syntax nutzen zu können, müssen bei Pony alle Beziehungen zwischen den Tabellen bidirektional sein, das heißt, alle in Beziehung zueinander stehenden Tabellen müssen explizit aufeinander verweisen, etwa so:

```
import datetime
from pony import orm
```

---

8 Transaktionen ermöglichen die Rücknahme (Rollback) von Operationen, falls es in einem Zwischenschritt zu Fehlern gekommen ist.

```
db = orm.Database()
db.bind('sqlite', ':memory:')

class Cheese(db.Entity):      ❶
    type = orm.Required(str)      ❷
    purchases = orm.Set(lambda: Purchase)      ❸

class Customer(db.Entity):
    name = orm.Required(str)
    purchases = orm.Set(lambda: Purchase)      ❹

class Purchase(db.Entity):
    date = orm.Required(datetime.date)
    customer = orm.Required(Customer)      ❺
    cheeses = orm.Set(Cheese)      ❻

db.generate_mapping(create_tables=True)
```

❶ Die Entity einer Pony-Datenbank speichert den Zustand eines Objekts in der Datenbank und verbindet allein durch ihre Existenz die Datenbank mit dem Objekt.

❷ Pony verwendet Standard-Python-Typen, um den Typ einer Spalte zu identifizieren: von str bis datetime.datetime sowie benutzerdefinierte Entitäten wie Purchase, Customer und Cheese.

❸ lambda: Purchase wird hier genutzt, weil Purchase noch nicht definiert ist.

❹ orm.Set(lambda: Purchase) ist die erste Hälfte der Definition der 1-zu-M-Beziehung zwischen Customer und Purchase.

❺ orm.Required(Customer) ist die zweite Hälfte der 1-zu-M-Beziehung zwischen Customer und Purchase.

❻ Die orm.Set(Cheese)-Beziehung, kombiniert mit orm.Set(lambda: Purchase) in ❸, definiert eine M-zu-M-Beziehung.

Sind die Datenentitäten definiert, sieht die Objektinstanziierung aus wie bei den anderen Bibliotheken auch. Entitäten werden »on the fly« erzeugt und mit einem orm.commit() bestätigt:

```
camembert = Cheese(type='Camembert')
leicester = Cheese(type='Red Leicester')
cat = Customer(name='Cat')
doug = Customer(name='Douglas')

d = datetime.date(1971, 12, 18)
day = datetime.timedelta(1)
Purchase(date=(d - 1 * day), customer=doug, cheeses={camembert, leicester})
Purchase(date=d, customer=cat, cheeses={camembert})
orm.commit()
```

Und das Querying (Ponys Glanzleistung) sieht aus wie reines Python:

```
    yesterday = d - 1.1 * day
    for cheese in (
            orm.select(p.cheeses for p in Purchase if p.date > yesterday)  ❶
        ):
        print(cheese.type)

    for cheese, purchase_count in (
            orm.left_join((c, orm.count(p))  ❷
            for c in Cheese
            for p in c.purchases)
        ):
        print(cheese.type, purchase_count)
```

❶ So sieht eine Query in Pythons Generatorsyntax aus.

❷ Die Funktion orm.count() summiert die Werte.

SQLObject

SQLObject (http://www.sqlobject.org/) wurde im Oktober 2002 erstmals veröffentlicht und ist das älteste ORM in unserer Liste. Die Implementierung des Active Record-Entwurfsmusters sowie die (damals) neue Idee der Überladung von Standardoperatoren (==, <, <= etc.) als Möglichkeit zur Abstraktion von SQL in Python (was heute nahezu alle ORM-Bibliotheken bieten) machten es extrem beliebt.

Es unterstützt eine Vielzahl an Datenbanken (gängige Datenbanksysteme wie MySQL, Postgres und SQLite, aber auch exotischere wie SAP DB, SyBase und MSSQL), unterstützt momentan aber nur Python 2.6 und Python 2.7. SQLObject wird aktiv gepflegt, ist aber durch die Einführung von SQLAlchemy nicht mehr so verbreitet.

Records

Records (https://github.com/kennethreitz/records) ist eine minimalistische SQL-Bibliothek, mit deren Hilfe Sie SQL-Queries an verschiedene Datenbanken absetzen können. Sie fasst im Wesentlichen Tablib und SQLAlchemy in einer netten API zusammen und bietet eine Kommandozeilenanwendung, die sich wie ein SQL-Client verhält und Ausgaben in YAML, XLS und anderen Tablib-Formaten erzeugt. Records ist in keiner Weise ein Ersatz für ORM-Bibliotheken. Ein typischer Anwendungsfall ist die Abfrage einer Datenbank und die Generierung eines Reports, etwa eines monatlichen Berichts, der die Verkaufszahlen für eine Tabellenkalkulation aufbereitet. Die Daten können programmtechnisch genutzt oder in eine Reihe nützlicher Datenformate exportiert werden:

```
>>> import records
>>> db = records.Database('sqlite:///mydb.db')
>>>
>>> rows = db.query('SELECT * FROM cheese')
>>> print(rows.dataset)
name         |price
-------------|-----
```

```
red leicester|1.0
wensleydale  |2.2
>>>
>>> print(rows.export('json'))
[{"name": "red leicester", "price": 1.0}, {"name": "wensleydale", "price": 2.2}]
```

Records beinhaltet auch ein Kommandozeilentool, das Daten über SQL exportiert, etwa so:

```
$ records 'SELECT * FROM cheese' yaml --url=sqlite:///mydb.db
- {name: red leicester, price: 1.0}
- {name: wensleydale, price: 2.2}

$ records 'SELECT * FROM cheese' xlsx --url=sqlite:///mydb.db  > cheeses.xlsx
```

NoSQL-Datenbankbibliotheken

Es gibt eine ganze Reihe nicht auf SQL basierender Datenbanken, die alle unter dem Sammelbegriff NoSQL zusammengefasst werden. Wenn man sich bei PyPI umsieht, können die Dinge schnell verwirrend werden, da es einige Dutzend gleichnamiger Python-Pakete gibt. Wir empfehlen die spezifische Suche nach der Python-Site des Projekts, um die beste Bibliothek für ein bestimmtes Produkt zu finden (suchen Sie also nach »Python site:anbieter.com«). Die meisten bieten eine Python-API und Schnellstartanleitungen für deren Nutzung. Hier einige Beispiele:

MongoDB
: MongoDB ist ein verteilter Dokumentenspeicher. Stellen Sie sich das wie ein riesiges Python-Dictionary vor, das in einem Cluster lebt mit eigener Filter- und Query-Sprache. Informationen zur PythonAPI finden Sie in *MongoDBs »Loslegen mit Python«-Seite (https://docs.mongodb.com/getting-started/python/).*

Cassandra
: Cassandra ist ein verteilter Tabellenspeicher. Sie bietet ein schnelles Lookup und toleriert breite Tabellen, ist aber nicht für Joins gedacht. Stattdessen arbeitet man mit mehreren duplizierten Views auf die Daten, die durch verschiedene Spalten miteinander verknüpft sind. Mehr über die Python-APIs erfahren Sie auf der *Planet Cassandra-Seite (http://www.planetcassandra.org/apache-cassandra-client-drivers/).*

HBase
: HBase ist ein verteilter Spaltenspeicher. In diesem Kontext bedeutet *Spaltenspeicher*, dass die Daten als (`Zeilen-ID, Spaltenname, Wert`) gespeichert werden, was sehr dünn besetzte Arrays erlaubt, etwa einen Datensatz mit »von«- und »nach«-Links für alle Webseiten im Internet). Es setzt auf Hadoops Distributed File System auf. Weitere Informationen über Python-APIs finden Sie auf der Seite mit den *HBase unterstützenden Projekten (https://hbase.apache.org/supportingprojects.html).*

Druid
Druid *(http://druid.io/)* ist ein verteilter Spaltenspeicher, der zur Sammlung von Eventdaten (und zu deren optionaler Zusammenfassung) gedacht ist. In diesem Kontext bedeutet *Spaltenspeicher*, dass die Spalten geordnet und sortiert werden können und dass die Speicherung komprimiert erfolgen kann, um die Ein-/Ausgabe zu beschleunigen und den Speicherbedarf zu reduzieren. Hier ein Link auf *Druids Python-API auf GitHub (https://github.com/druid-io/pydruid)*.

Redis
Redis ist ein verteilter In-Memory-Schlüssel/Wert-Speicher. Im Wesentlichen geht es hier darum, die Latenz zu reduzieren, indem nicht auf die Festplatte zugegriffen wird. Sie können darin z. B. häufig verwendete Query-Ergebnisse für schnellere Web-Lookups speichern. Hier finden Sie eine *Liste der Python-Clients für Redis (http://redis.io/clients#python)*, die redis-py als bevorzugte Schnittstelle angibt, und hier die *redis-py-Seite (https://github.com/andymccurdy/redis-py)*.

Couchbase
Couchbase *(http://www.couchbase.com/)* ist ein weiterer verteilter Dokumentenspeicher mit einer mehr SQL-artigen API (verglichen mit MongoDBs JavaScript-artiger API). Hier der Link auf *Couchbases Python-SDK (http://developer.couchbase.com/documentation/server/current/sdks/python-2.0/introduction.html)*.

Neo4j
Neo4j ist eine Graphendatenbank, in der Objekte in graphenartigen Beziehungen gespeichert werden. Hier der Link auf *Neo4js Python-Leitfaden (http://neo4j.com/developer/python/)*.

LMDB
LMDB, Symas' *Lightning Memory-mapped Database (https://symas.com/products/lightning-memory-mapped-database/)*, ist ein Schlüssel/Wert-Speicher mit einer auf den Speicher abgebildeten Datei. Das bedeutet, dass die Datei nicht von Beginn an eingelesen werden muss, um an die gewünschten Daten zu gelangen. Deshalb reicht die Geschwindigkeit fast an die von In-Memory-Speichern heran. Python-Bindungen finden Sie in der *lmdb-Bibliothek (https://lmdb.readthedocs.io/)*.

Anhang

Die Python-Community

Python hat eine große, integrative globale Community, die sich der Vielfalt verschrieben hat.

BDFL

Guido van Rossum, der Schöpfer von Python, wird häufig als BDFL, *Benevolent Dictator for Life* (zu Deutsch etwa »gütiger Diktator auf Lebenszeit«), bezeichnet.

Python Software Foundation

Die Aufgabe der *Python Software Foundation* (PSF) ist die Promotion, der Schutz und die Fortentwicklung der Programmiersprache Python sowie die Unterstützung und Förderung des Wachstums einer vielfältigen und internationalen Community von Python-Programmierern. Weitere Informationen finden Sie auf der *PSF-Hauptseite (http://www.python.org/psf/)*.

PEPs

PEPs (*Python Enhancement Proposals*) beschreiben Änderungen an Python selbst oder an den Standards darum herum. Wer an Pythons Geschichte oder Sprachdesign generell interessiert ist, wird sie alle interessant finden (selbst die, die letztlich abgelehnt wurden). Es gibt drei verschiedene Arten von PEPs, die in *PEP 1 (https://www.python.org/dev/peps/pep-0001)* definiert sind:

Standards
    Standards-PEPs beschreiben ein neues Feature oder eine Implementierung.

Informational (informatorisch)
    Informatorische PEPs beschreiben einen Designaspekt, allgemeine Richtlinien oder halten Informationen für die Community bereit.

Process (Prozess)
    Prozess-PEPs beschreiben einen Prozess im Zusammenhang mit Python.

Wichtige PEPs

Es gibt einige PEPs, die als Pflichtlektüre betrachtet werden:

PEP 8 – *Style Guide für Python-Code (https://www.python.org/dev/peps/pep-0008)*
Unbedingt lesen. Komplett. Und beherzigen. Das pep8-Tool hilft dabei (*https://pypi.python.org/pypi/pep8*).

PEP 20 – *The Zen of Python (https://www.python.org/dev/peps/pep-0020)*
PEP 20 beinhaltet eine Liste mit 19 Statements, die die hinter Python steckende Philosophie kurz erläutern.

PEP 257 – *Docstring-Konventionen (https://www.python.org/dev/peps/pep-0257)*
PEP 257 enthält die Richtlinien für die Semantik und die Konventionen für Python-Docstrings.

Weitere PEPs finden Sie im *PEP-Index (http://www.python.org/dev/peps/)*.

Ein PEP einreichen

PEPs werden begutachtet und nach vielen Diskussionen akzeptiert oder abgelehnt. Jeder kann ein PEP schreiben und zur Begutachtung einreichen. Das Diagramm in Abbildung 0-1 zeigt, was passiert, nachdem ein PEP-Draft eingereicht wurde.

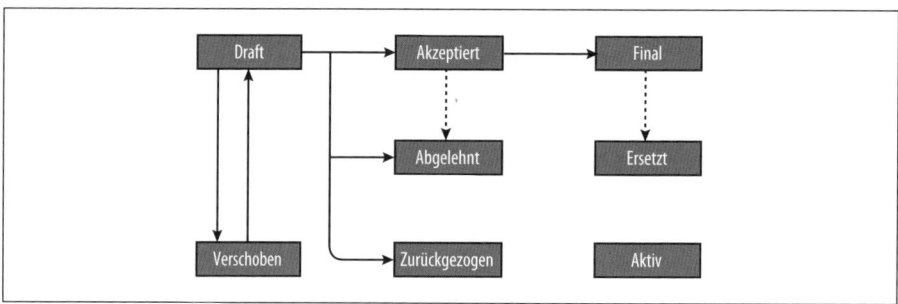

Abbildung A-1: Übersicht des PEP-Begutachtungsprozesses

Python-Konferenzen

Die wichtigsten Events der Python-Community sind die Entwicklerkonferenzen. Die beiden bedeutsamsten Konferenzen sind die PyCon, die in den Vereinigten Staaten stattfindet, sowie ihre europäische Schwesterkonferenz EuroPython. Eine umfassende Liste aller Konferenzen wird auf *http://www.pycon.org/ (http://www.pycon.org/)* gepflegt.

Python User Groups

In User Groups stellen Python-Entwickler persönlich interessante Themen rund um Python vor. Eine Liste lokaler User Groups wird im *Python Software Foundation-Wiki (http://wiki.python.org/moin/LocalUserGroups)* gepflegt.

Python lernen

Hier einige unserer bevorzugten Titel, gruppiert nach Kenntnisstand und Anwendung.

Einsteiger

Das Python-Tutorial
   Das (http://docs.python.org/tutorial/index.html) ist Pythons offizielles Tutorial. Es deckt alle Grundlagen ab und führt in Sprache und Standardbibliothek ein. Es sei denjenigen empfohlen, die einen schnellen Einstieg in die Sprache suchen.

Python for Beginners
   Dieses Tutorial (http://thepythonguru.com) richtet sich an Programmiereinsteiger. Es geht detailliert auf viele Python-Konzepte ein und lehrt auch fortschrittlichere Python-Konstrukte wie Lambda-Ausdrücke und reguläre Ausdrücke. Es endet mit einem Tutorial für den Zugriff auf eine MySYQL db.

Learn Python
   Dieses interaktive Tutorial (http://www.learnpython.org/) bietet eine einfache und angenehme Möglichkeit, sich in Python einführen zu lassen. Es verfolgt den gleichen Ansatz wie das Tutorial der beliebten Website *Try Ruby* (http://tryruby.org/). In die Site integriert ist ein interaktiver Python-Interpreter, das heißt, Sie können die Lektionen durchgehen, ohne Python lokal installieren zu müssen.

Python for You and Me
   Dieses Buch (http://pymbook.readthedocs.org/) bietet einen ausgezeichneten Weg, sämtliche Aspekte der Sprache zu erlernen, und ist gut für alle, die lieber auf ein traditionelles Buch zurückgreifen.

Online Python Tutor
   Diese Site (http://pythontutor.com/) zeigt eine visuelle Schritt-für-Schritt-Darstellung dessen, wie Ihr Programm ausgeführt wird. Python Tutor hilft Ihnen dabei, die fundamentale Hürde zum Programmieren zu überspringen, nämlich zu verstehen, was passiert, wenn der Computer den Programmcode Zeile für Zeile ausführt.

Invent Your Own Computer Games with Python
   Dieses Buch (http://inventwithpython.com/) richtet sich an Menschen ohne jegliche Programmiererfahrung. Jedes Kapitel enthält den Quelltext für ein Spiel, und die Beispielprogramme werden genutzt, um Programmierkonzepte vorzustellen und dem Leser eine Vorstellung davon zu geben, wie Programme aussehen.

Hacking Secret Ciphers with Python
   Dieses Buch (http://inventwithpython.com/hacking/) vermittelt absoluten Einsteigern die Programmierung in Python und die Grundlagen der Kryptografie. Jedes Kapitel enthält den Quellcode für verschiedene Verschlüsselungsverfahren sowie Programme, mit denen man sie knacken kann.

Learn Python the Hard Way
Dies (http://learnpythonthehardway.org/book/) ist eine exzellente Python-Programmieranleitung für Anfänger. Es behandelt das »Hallo, Welt« von der Konsole bis zum Web.

Crash into Python
Diese Site (http://stephensugden.com/crash_into_python/), auch als *Python for Programmers with 3 Hours* bekannt, gibt Entwicklern mit Erfahrung in anderen Sprachen einen Crashkurs in Python.

Dive Into Python 3
Dieses Buch (http://www.diveintopython3.net/) eignet sich für diejenigen, die mit Python 3 starten wollen. Es ist gute Lektüre, wenn Sie von Python 2 auf Python 3 umsteigen wollen oder wenn Sie bereits Programmiererfahrung mit anderen Sprachen haben.

Think Python: How to Think Like a Computer Scientist
Dieses Buch (http://greenteapress.com/thinkpython/html/index.html) versucht, in grundlegende Konzepte der Informatik einzuführen, und nutzt dabei Python als Programmiersprache. Ziel war ein Buch mit vielen Übungen, möglichst wenig Fachchinesisch und in jedem Kapitel ein eigener Abschnitt zur Fehlersuche. Es untersucht verschiedene in Python verfügbare Features und bindet Entwurfsmuster und Best Practices ein.

Das Buch enthält auch viele Fallbeispiele, die es dem Leser erlauben, die im Buch diskutierten Themen zu vertiefen, indem das Gelernte auf reale Beispiele angewandt wird. Die Fallbeispiele reichen vom Entwurf einer GUI bis zur Markov-Analyse.

Python Koans
Dieses Online-Tutorial (http://bitbucket.org/gregmalcolm/python_koans) ist eine Python-Version von Edgecases beliebten Ruby Koans. Es handelt sich um ein interaktives Kommandozeilen-Tutorial, das grundlegende Python-Konzepte über einen *testgetriebenen Ansatz* (http://en.wikipedia.org/wiki/Test-driven_development) vermittelt: Durch die Korrektur von Assertion-Anweisungen, die in einem Testskript fehlschlagen, tastet man sich schrittweise an Python heran.

Wenn man mit Sprachen vertraut ist und selber gern Puzzles löst, ist das eine witzige und attraktive Sache. Sind die Programmierung und Python jedoch Neuland für Sie, ist eine zusätzliche Quelle oder Referenz hilfreich.

A Byte of Python
Ein kostenloses, einführendes Buch, das Python auf Einsteigerniveau vermittelt. Programmiererfahrung wird nicht vorausgesetzt. Es gibt *eine Version für Python 2.x* (http://www.ibiblio.org/swaroopch/byteofpython/read/) und *eine Version für Python 3.x* (http://swaroopch.com/notes/Python_en-Preface/)

Learn to Program in Python with Codecademy
Dieser Codecademy-Kurs (http://www.codecademy.com/en/tracks/python) richtet sich an absolute Python-Einsteiger. Der kostenlose und interaktive Kurs

vermittelt Grundlagen (und ein wenig mehr) der Python-Programmierung, während Ihr Wissen im Verlauf des Kurses immer wieder überprüft wird. Es gibt auch einen integrierten Interpreter, über den Sie direktes Feedback zu den Kursarbeiten erhalten.

Fortgeschrittene Einsteiger

Effective Python
Dieses Buch (http://www.effectivepython.com/) zeigt 59 Möglichkeiten auf, das Schreiben pythonischen Codes zu verbessern. Auf 227 Seiten bietet es eine Übersicht der gängigsten Anpassungen, die man als fortgeschrittener Einsteiger an seinem Python-Code vornehmen sollte.

Fortgeschrittene

Pro Python
Dieses Buch (http://amzn.com/1430227575) richtet sich an fortgeschrittene Programmierer, die verstehen wollen, wie und warum Python so funktioniert, wie es funktioniert, und die ihren Code auf das nächste Level heben wollen.

Expert Python Programming
Dieses Buch (http://www.packtpub.com/expert-python-programming/book) stellt die Best Practices der Python-Programmierung vor und richtet sich an ein fortgeschrittenes Publikum. Es behandelt Themen wie Dekoratoren (mit Caching-, Proxy- und Kontextmanager-Beispielen), die Reihenfolge der Auflösung von Methoden, die Verwendung von super() sowie die Metaprogrammierung und widmet sich ganz allgemein den Best Practices aus PEP 8.

Es gibt ein detailliertes, mehrere Kapitel umfassendes Fallbeispiel zur Entwicklung und Veröffentlichung eines Pakets und letztlich einer Anwendung inklusive eines Kapitels zur Nutzung von zc.buildout. Spätere Kapitel gehen auf Best Practices wie das Schreiben der Dokumentation, die testgetriebene Entwicklung, die Versionskontrolle, die Optimierung und das Profiling ein.

A Guide to Python's Magic Methods
Diese praktische Ressource (http://www.rafekettler.com/magicmethods.html) ist eine Sammlung von Blog-Posts von Rafe Kettler, die Pythons »magische Methoden« erläutern. Magische Methoden sind von zwei Unterstrichen umschlossen (z. B. __init__) und sorgen dafür, dass sich Klassen und Objekte auf andersartige und »magische« Weise verhalten.

Für Ingenieure und Wissenschaftler

Effective Computation in Physics
Dieses Handbuch (http://bit.ly/effective-computation-in-physics) von Anthony Scopatz und Kathryn D. Huff richtet sich an Absolventen, die gerade damit

beginnen, Python im wissenschaftlichen Umfeld oder im Ingenieurwesen einzusetzen. Es umfasst Codefragmente zur Suche in Dateien per SED und AWK und gibt Tipps, wie man jeden Schritt der Forschungskette, von der Datensammlung über die Analyse bis zur Veröffentlichung, meistert.

A Primer on Scientific Programming with Python
Dieses Buch (http://bit.ly/primer-sci-pro-py) von Hans Petter Langtangen behandelt hauptsächlich den Einsatz von Python im wissenschaftlichen Umfeld. Die Beispiele im Buch stammen aus der Mathematik und den Naturwissenschaften.

Numerical Methods in Engineering with Python
Dieses Buch (http://bit.ly/numerical-methods-eng-py) von Jaan Kiusalaas setzt seinen Schwerpunkt auf moderne numerische Methoden und implementiert sie in Python.

Annotated Algorithms in Python: with Applications in Physics, Biology, and Finance
Dieser Wälzer (http://amzn.com/0991160401) von Massimo Di Pierro demonstriert die verwendeten Algorithmen durch deren geradlinige Implementierung.

Verschiedenes

Problem Solving with Algorithms and Data Structures
Dieses Buch (http://www.interactivepython.org/courselib/static/pythonds/index.html) behandelt eine Reihe von Datenstrukturen und Algorithmen. Alle Konzepte werden mit Python-Code illustriert und sind mit interaktiven Beispielen versehen, die direkt im Browser ausgeführt werden können.

Programming Collective Intelligence
Dieses Buch (http://bit.ly/programming-collective-intelligence) stellt eine Vielzahl grundlegender Methoden für das maschinelle Lernen und das Data Mining vor. Die Darstellung ist mathematisch nicht sehr formell, sondern konzentriert sich darauf, die zugrunde liegende Idee zu erläutern und die Algorithmen in Python zu implementieren.

Transforming Code into Beautiful, Idiomatic Python
Dieses Video (http://bit.ly/hettinger-presentation) von Raymond Hettinger zeigt, wie man die besten Python-Features zu seinem Vorteil nutzt und vorhandenen Code durch eine Reihe von Änderungen verbessert: »Wenn du dies siehst, ersetze es durch jenes«.

Fullstack Python
Diese Site (https://www.fullstackpython.com/) ist die umfassende Ressource für die Webentwicklung mit Python. Sie behandelt die Einrichtung des Webservers, den Entwurf des Frontends, die Wahl einer Datenbank, die Optimierung/Skalierung und vieles mehr. Wie der Name andeutet, behandelt die Site alles, was Sie brauchen, um eine Web-App von Grund auf zu entwickeln.

Referenzen

Python in a Nutshell
: Dieses Buch (http://bit.ly/python-in-a-nutshell) behandelt plattformübergreifend die Nutzung von Python von der Syntax bis zu fest eingebauten Bibliotheken, aber auch fortgeschrittene Themen wie die Entwicklung von C-Erweiterungen.

The Python Language Reference
: Das (http://docs.python.org/reference/index.html) ist Pythons Online-Referenzhandbuch. Es behandelt die Syntax und die Semantik der Kernsprache.

Python Essential Reference
: Dieses Buch (http://www.dabeaz.com/per.html), geschrieben von David Beazley, ist die definitive Referenz für Python. Es erläutert kurz und kompakt sowohl den Sprachkern als auch die grundlegendsten Teile der Standardbibliothek. Es behandelt Python 3 und Python 2.6.

Python Pocket Reference
: Dieses Buch (http://bit.ly/python-pocket-reference), geschrieben von Mark Lutz, ist eine einfach zu nutzende Referenz der Kernsprache mit Beschreibungen häufig genutzter Module und Toolkits. Es behandelt Python 3 und Python 2.6. Die deutsche Ausgabe ist unter dem Titel *Python – kurz & gut* erhältlich.

Python Cookbook
: Dieses Buch (http://bit.ly/python-cookbook-3e), geschrieben von David Beazley und Brian K. Jones, ist vollgepackt mit praktischen Rezepten. Es behandelt Pythons Sprachkern ebenso wie typische Aufgaben, die bei einer Vielzahl unterschiedlicher Anwendungen zum Einsatz kommen.

Writing Idiomatic Python
: Dieses Buch von Jeff Knupp enthält die gängigsten und wichtigsten Python-Idiome, und zwar in einer Form, die zu einer besseren Identifikation und einem höheren Verständnis beiträgt. Jedes Idiom wird als Empfehlung dargestellt, wie man bestimmte gängige Dinge schreiben sollte. Dem folgt eine Erklärung, warum das Idiom wichtig ist. Es enthält außerdem zwei Codebeispiele für jedes Idiom: die »schädliche« und die »idiomatische« Variante. Es gibt verschiedene Editionen für *Python 2.7.3+* (http://amzn.com/1482372177) und *Python 3.3+* (https://amzn.com/B00B5VXMRG).

Dokumentation

Offizielle Dokumentation
: Die offizielle Sprach- und Bibliotheksdokumentation für Python finden Sie hier für Python 2.x (https://docs.python.org/2/) und hier für Python 3.x (https://docs.python.org/3/).

Offizielle Packaging-Dokumentation

Die aktuellsten Anweisungen für die Paketierung Ihres Python-Codes finden Sie immer in *Pythons offiziellem Packaging-Handbuch (https://packaging.python.org)*. Und denken Sie daran, dass es *testPyPI (https://testpypi.python.org/pypi)* gibt, sodass Sie sicherstellen können, dass Ihre Paketierung auch funktioniert.

Read the Docs

Read the Docs (https://readthedocs.org/) ist ein beliebtes Communityprojekt, das die Dokumentation für Open-Source-Software vorhält. Sie finden dort die Dokumentation für viele (beliebte, aber auch exotische) Python-Module.

pydoc

pydoc ist ein Utility, das bei der Installation von Python mit installiert wird. Es ermöglicht das schnelle Suchen und Abrufen von Dokumentation über die Shell. Wenn Sie zum Beispiel eine kleine Auffrischung in Sachen time-Modul brauchen, geben Sie einfach Folgendes in die Kommandozeile ein, um die entsprechende Dokumentation abzurufen:

```
$ pydoc time
```

Das ist grundsätzlich identisch mit folgender Eingabe im Python-REPL:

```
>>> help(time)*
```

News

Hier unsere beliebtesten Quellen für Python-News in alphabetischer Reihenfolge:

Name	Beschreibung
/r/python (http://reddit.com/r/python)	Die Reddit-Python-Community, in der Nutzer Python-bezogene News beitragen und bewerten.
Import Python Weekly (http://www.importpython.com/newsletter/)	Ein wöchentlich erscheinender Newsletter mit Python-Artikeln, -Projekten, -Videos und -Tweets.
Planet Python (http://planet.python.org/)	Eine Sammlung von Python-News von einer wachsenden Zahl von Entwicklern.
Podcast.__init__ (http://podcastinit.com/)	Ein wöchentlicher Podcast über Python und die Leute, die es groß machen.
Pycoder's Weekly (http://www.pycoders.com/)	Ein kostenloser wöchentlicher Newsletter für Python-Entwickler von Python-Entwicklern (es stellt interessante Projekte heraus und umfasst Artikel, News und eine Stellenbörse).
Python News (http://www.python.org/news/)	Der News-Bereich der *offiziellen Python-Website (http://www.python.org)*. Er fasst die News aus der Python-Community kurz zusammen.
Python Weekly (http://www.pythonweekly.com/)	Ein kostenloser wöchentlicher Newsletter mit kuratierten News, Artikeln, neuen Releases und Jobs.
Talk Python to Me (http://talkpython.fm/)	Ein Podcast über Python und verwandte Technologien.

Index

Symbole
»Wir sind alle verantwortliche Nutzer« 55, 130
@property decorator 130

A
Abhängigkeiten
　Drittanbieter 77
　herstellerabhängige 130
　Paketierung und 176
　zirkuläre 69
Abstraktionsschichten 66
ActivePython 20
ActiveState 20
Advanced Message Queuing Protocol (AMQP) 265
Alter Stil, Klassen 163
Amazon S3 180
Anaconda 20, 42
Ansible 230
Anwendungen, Logging in 93
Apache-HTTP-Server 222
Apache-Lizenzen 96
Aptana Studio 3 32
argparse, Modul 197
Argumentübergabe, Codestil für 53
Atom 29
Autoenv 39
Automatisierungs-Hooks, Versionskontrolle 79

B
bbFreeze 188
bcrypt 271
Beazley, David 238, 240
Beck, Kent 225

Behave 88
Beliebige Argumentenliste 54
Bendersky, Eli 260
Benutzerschnittstelle, Diamond 115
Berkeley Software Distribution-(BSD-)artige Lizenzen 96
Bibliothek, Logging nutzen in 92
Bibliotheken zur Datenmanipulation, Vergleich der Bibliotheken 273
Bildbearbeitung
　cv2 282
　Pillow 282
　Scikit-Image 283
Bildverarbeitung 281
Blanks, Hunter 50
Blockkommentare, Docstrings vs. 91
Bokeh 276
Boost.Python 249
bpython 36
BSD-(Berkeley Software Distribution-)artige Lizenzen 96
buffer-Protokoll 260
Buildbot 228
Buildout 41
Built-Distribution
　Definition 176
　Paketierung für Linux 188

C
C Foreign Function Interface (CFFI) 246
C/C++
　Boost.Python 249
　CFFI (C Foreign Function Interface) 246
　ctypes und 247
　Lizenz-Aspekte 182
　SWIG und 248
__call__(), Methode 160

Canopy 21
Cassandra 299
Celery 266
CFFI (C Foreign Function Interface) 246
Chameleon Page Templates 218
Chef 232
CI 44
Click 200
cliff (Command-Line Interface Formulation Framework) 203
Closures
   Diamond-Projekt, Beispiel 118
   späte Bindung 64
cmath, Bibliothek 277
cocos2d 210
Codd, Edgar F. 285
Code
   ausliefern 44
   guten Code schreiben 44
   komplex vs. kompliziert 115
   Lange Codezeilen umbrechen 59
   lesen 44
   testen 44
   verteilen 44
Code (Texteditor) 29
Code testen 78
   Behave 88
   Beispiele 83
   doctest 83
   fixture 88
   Grundlagen 80
   in Requests 86
   in Tablib 84
   Lettuce 88
   Mock 82, 88
   Nose 87
   Optionen für ältere Python-Versionen 87
   py.test 86
   Tipps 78
   tox 87
   Travis-CI für 226
   unittest 81
   Unittest 2 88
Codemanagement/-optimierung 225
   Continuous Integration 225
   Geschwindigkeit optimieren 236
Codemanagement/-verbesserung
   Systemadministration 226
Codestil 47
   »wir sind alle verantwortliche Nutzer«, Philosophie 55
   allgemeine Empfehlungen 50

Diamond, Beispiele 118
Erklärung der Implementierungen 55
explizit vs. implizit 50
Fehlerbehandlung 51
Flask, Beispiele 170
Funktionsargumente 53
HowDoI-Beispiele 105
Idiome 59
Konventionen 57
PEP 20 49
PEP 8 48
Requests, Beispiele 143
Rückgabewerte und 56
Tablib, Beispiele 132
typische Fallstricke 63
Werkzeug, Beispiele 156
wortkarg vs. wortreich 50
Community, Python 301
Conda 42, 177
Continuous Integration (CI) 225
   Buildbot 228
   Jenkins 227
   tox 226
Continuum Analytics 20
Copyleft-Lizenzen 97
Córdoba, Carlos 33
Coroutinen 262
Couchbase 300
CPython 5
   Stackless Python und 5
   Windows-Installation 15
cross-language data serialization 258
Cryptography (Python-Paket) 269, 271
ctypes 247
cv2 282
cvar 223
cx_Freeze 185
Cython 241

D

Dateiformate, programmtechnisch registrierte 128
Datenbankbibliotheken 286
   Django ORM 292
   NoSQL-Bibliotheken 299
   peewee 294
   PonyORM 296
   Records 298
   SQLAlchemy 289
   sqlite3 289
   SQLObject 298
Datenkomprimierung 259

Datenmanipulation, Bibliotheken 273
  Bildverarbeitung 281
  cv2 282
  decimal, fractions und numbers 277
  IPython 274
  Matplotlib 276
  nltk 279
  NumPy 275
  Pandas 276
  Pillow 282
  Rpy2 277
  Scikit-Image 283
  Scikit-Learn 276
  SciPy 275
  Stringtools in Pythons Standardbibliothek 278
  SymPy 278
  SyntaxNet 281
  Textmanipulation/-mining 278
  wissenschaftliche Anwendungen 274
Datenpersistenz 285
  Datenbankbibliotheken 286
  strukturierte Dateien und 285
Datenserialisierung 257
  buffer-Protokoll 260
  Komprimierung 259
  Pickle 257
  sprachübergreifende Serialisierung 258
decimal.Decimal class 277
Dekorator
  @property, Dekorator 130
  klassenbasiert (in Werkzeug-Projekt) 158
  Projektstruktur und 73
  Routing (Flask-Projekt, Beispiel) 170
  Tablib, Beispiele 125
Diamond 108
  ausführen 110
  Benutzerschnittstelle 115
  Closure, Beispiel 118
  Code lesen 111
  Dokumentation lesen 109
  Funktionalität in Namensräumen trennen 114
  interner Code, Komplexität 116
  komplexer vs. komplizierter Code 115
  Logging 113
  Stilbeispiele aus 118
  Strukturbeispiele aus 114
  vom Nutzer erweiterbare, eigene Klassen 114

Dictionary beliebiger Schlüsselwortargumente 54
Dictionary, Logging über 94
Dictionary-Elemente, Zugriff auf 57
difflib module 279
Distributionspaket 177
Django 213
Django Girls XI
Django ORM 292
Docker 43
docopt 198
Docstrings
  Blockkommentare vs. 91
  Sphinx-kompatibel, in Requests-Projekt 138
Dokumentation 89
  Docstrings vs. Blockkommentare 91
  Projektdokumentation 89
  Projektpublikation 90
  Sphinx, Tool für 90
double underscore (__) 60
Drittanbieterabhängigkeiten 77
Druid 300
Duck Typing 158
Dynamische Typisierung 74

E

easy_install 179
Eby, Phillip J. 148
Eclipse 32
Eggs 176
Eigene Klassen, vom Benutzer erweiterbare 114
Einfrieren von Code 181
  bbFreeze 188
  cx_Freeze 185
  Definition 181
  py2app 186
  py2exe 186
  PyInstaller und 183
  Vergleich beliebter Tools für 182
Ellison, Larry 285
Elpy 28
Emacs 27
Enthought 21
Entwicklungsumgebung 23
  IDEs 30
  interaktive Tools 35
  Isolationstools 36
  Texteditoren 24
  virtuelle Umgebungen 37

Entwicklungswerkzeuge 13
Eric (die Eric Python IDE) 34

F

F2PY (Fortran-zu-Python-)Interface-Generator 247
Fabric 234
Falco, Gabriel 88
Fehlerbehandlung, Codestil zur 51
Fehlschlagende Tests 80
Fettig, Abe 264
fixture (Testtool) 88
Flask 163, 213
    anwendungsspezifische Voreinstellungen 171
    Code lesen 165
    Dokumentation lesen 164
    Logging 168
    Modularität 173
    nutzen 164
    Routing-Dekorator 170
    Stilbeispiele 170
    Strukturbeispiele 171
Fortran-to-Python-(F2PY-)Interface-Generator 247
Fowler, Martin 225, 287, 289
Framework 44
Framework, Code lesen in 164
Freizügige Lizenzen 96
Funktionale Programmierung 72
Funktionalität, in Namensräumen trennen 114
Funktionen, Dekoratoren und 73
Funktionsargumente 53
Funktionsdefinitionen 63
Funktionsnamen mit vorangestellten Unterstrichen 106
Funktionsnamen, Unterstrichpräfix 106

G

Gale, Andy 232
Gallina, Fabián Ezequiel 28
Geschwindigkeit, Codetests 79
Geschwindigkeitsoptimierung 236
    Boost.Python 249
    CFFI (C Foreign Function Interface) 246
    ctypes 247
    Cython 241
    F2PY 247
    GPU-Bibliotheken 245
    Interfacing mit C-/C++- oder FORTRAN-Bibliotheken 246
    Multiprocessing 238
    Numba 244
    PyPy 240
    subprocess-Bibliothek 240
    SWIG 248
    Threading 238
gevent 263
Gleichheit, Alternativen zur Prüfung auf 57
Gleitzman, Benjamin 51, 101
Global Interpreter Lock (GIL) 236, 245, 260
Globaler Zustand/Kontext 70
Gondor 221
GPU-Bibliotheken, zur Geschwindigkeitsoptimierung 245
GTK+ 208
GUI-Anwendungen 204
    GTK+ 208
    Kivy 206
    Objective-C 209
    Qt 207
    Spieleentwicklung 210
    Tk 205
    wxWidgets 208
Gunicorn (Green Unicorn) 223
Guten Code ausliefern 175
    ausführbare ZIP-Dateien 190
    Einfrieren von Code 181
    Paketierung 177
    Paketierung für Linux-Built-Distributionen 188
    Vokabular und Konzepte 176
Guten Code lesen 99
    Diamond-Projekt 108
    Flask, Projekt 163
    Gemeinsamkeiten der Beispielprojekte 100
    HowDoI-Projekt 101
    Requests, Projekt 134
    Tablib-Projekt 120
    Werkzeug, Projekt 148
Guten Code schreiben 47
    Code testen 78
    Codestil 47
    Dokumentation 89
    Lizenzauswahl 95
    Logging 91
    Projekte strukturieren 66

H

Hansson, David Heinemeier 225
hashlib-Modul 268
HBase 299
Heroku 221
Herstellerabhängiger Code 130
Herstellespezifische Abhängigkeiten 191
Hettinger, Raymond 50
Homebrew 10
Hooks, Versionskontrolle, Automatisierung 79
Hosting 221
HowDoI 101
   eine einzelne Skriptdatei lesen 101
   Funktionen auf nur eine Sache beschränken 105
   Funktionsnamen mit vorangestellten Unterstrichen 106
   Kompatibilität handhaben 106
   Paketierung 104
   Pythonische Programmierentscheidungen 107
   Stilbeispiele aus 105
   Strukturbeispiele aus 105
   verfügbare Daten des Systems nutzen 105
HTTP (Hypertext Transfer Protocol) 252

I

icvar 223
IDEs (integrierte Entwicklungsumgebungen) 30
   Aptana Studio 3 32
   Eclipse 32
   Eric 34
   IntelliJ IDEA 31
   Komodo IDE 33
   LiClipse 32
   NINJA-IDE 33
   PyCharm 31
   PyDev 32
   Spyder 33
   Visual Studio 34
   WingIDE 32
Idiome (idiomatisches Python)
   ausnahmesichere Kontexte 62
   Codestil 59
   einen Wert ignorieren 60
   Liste der Länge N mit dem gleichen Wert erzeugen 60
   Unpacking 60

Implementierungen, Python 5
   CPython 5
   IronPython 6
   Jython 6
   Klarheit der Erklärungen von 55
   MicroPython 7
   PyPy 6
   PythonNet 7
   Skulpt 7
   Stackless 5
INI-Datei, Logging über 93
Installation, Python 9
   kommerzielle Python-Distributionen 19
   Linux 12
   Mac OS X 9
   Windows 15
Installationspaket 177
Integrated Development and Learning Environment (IDLE) 35
Integrierte Entwicklungsumgebungen 44
Intel Distribution für Python 19
IntelliJ IDEA 31
Interaktive Tools 35
   bpython 36
   IPython 36
Internet Software Consortium (ISC), Lizenz 96
IPython 36, 274
IronPython 6
ISC (Internet Software Consortium), Lizenz 96
Isolationstools 36
   Autoenv 39
   Buildout 41
   Conda 42
   Docker 43
   pyenv 39
   virtualenvwrapper 40
   virtuelle Umgebungen 37

J

Jenkins CI 227
Jinja2 216
Joshi, Kavya 263
Joy, Bill 25
JSON, Parsing für Web-APIs 253
Jupyter Notebooks 195
Jython 6

K

Kiss, Tibor 280
Kivy 206
Klassen
    eigene, vom Nutzer erweiterbare 114
    Mixins 161
    neuer vs alter Stil 163
Klassenbasierte Dekoratoren 158
Knupp, Jeff 238
Kommandozeilenanwendungen 196
    argparse 197
    Click 200
    cliff 203
    Clint 202
    docopt 198
    plac 199
Kommerzielle Python-Distributionen 19
Komodo IDE 33
Komplexer Code, komplizierter Code vs. 115
Kontext, global 70
Konventionen
    Alternativen zur Prüfung auf Gleichheit 57
    Codestil und 57
    Lange Codezeilen umbrechen 59
    Listen manipulieren 58
    Zugriff auf Dictionary-Elemente 57
Kopplung, versteckt 69
Kryptografiebibliotheken
    bcrypt 271
    Cryptography 271
    hashlib 268
    libnacl 270
    libraries 266
    PyCrypto 271
    PyNaCl 270
    pyOpenSSL 269
    secrets 269
    ssl 267

L

Lettuce 88
libnacl 270
libsodium 270
LiClipse 32
Lindberg, Van 97
Linux
    Built-Distribution, Paketierung 188
    Python-Installation unter 12
    virtuelle Umgebung anlegen/aktivieren unter 37
    Vorbehalte gegenüber Distributionspaketen unter 189
List-Comprehension 76
Listen, manipulieren 58
Listenoperator (*) 60
Lizenzen
    Auswahlprozess 95
    C-Bibliotheken und 182
    Optionen 96
    Ressourcen zurechtlichen Aspekten von 97
    Upstream 95
LMDB 300
Logging 91
    Diamond-Projekt 113
    direkt im Code 95
    Flask, Projekt 168
    in einer Anwendung 93
    in einer Bibliothek 92
    print vs. 92
    über ein Dictionary 94
    über INI-Datei 93
Luigi 235
lxml 256

M

Mac OS X
    Python-Installation unter 9
    virtuelle Umgebung anlegen/aktivieren unter 37
Mako 220
Massachusetts Institute of Technology (MIT), Lizenzen 96
math, Bibliothek 277
Matplotlib 276
McKellar, Jessica 264
McQueen, Rob 190
Methoden, Dekoratoren und 73
MicroPython 7
Microsoft Code, Texteditor 29
MIT (Massachusetts Institute of Technology), Lizenzen 96
Mixins 161
Mock 82, 88
Modularität, Flask 173
Module 66, 67
MongoDB 299
Monkey Patch 82
Moolenaar, Bram 25
multiprocessing 238

N

Namensräume
    Funktionalität trennen in 114
    zur Gruppierung von Funktionen mit Tablib-Projekt 124
Nebeneffekte 72
Neo4j 300
Neuer Stil, Klassen 163
Nginx 222
NINJA-IDE 33
nltk (Natural Language ToolKit) 279
North, Dan 88
Nose 87
NoSQL-Datenbankbibliotheken 299
Numba 244, 245
numbers, Bibliothek 277
NumPy 247, 275
Nutzerinteraktion 195
    GUI-Anwendungen 204
    Jupyter Notebooks 195
    Kommandozeilenanwendungen 196
    Webanwendung, Entwicklung 211

O

Objective-C 209
Objektklassen, Klassen im neuen Stil und 163
Objektorientierte Programmierung, Python-spezifischer Ansatz der 71
Objektrelationale Abbildung, Object-Relational Mapping (ORM) 287
Oddgard, Allan 28
OpenCV (OpenSource Computervision) 282
Open-Source-Lizenzen 96
Operatoren, überladen 132
Optionale Argumente 54
ORM (Object-Relational Mapping), objekt-relationale Abbildung 287

P

Pakete 70
    Projektstruktur und 70
    verschiedene Definitionen 177
Paketierung 177
    Conda-Paketmanager 177
    HowDoI-Projekt 104
    PyPI für 178
Pandas 276
Parente, Peter 88

peewee 294
PEP 20 (The Zen of Python) 49
PEP 8 48
PEPs (Python Enhancement Proposals) 301
Peters, Tim 49
Pickle 257
pika 266
Pillow 282
pip
    easy_install vs. 179
    Python-Installation unter Linux 12
    Python-Installation unter Mac OS X 11
    Python-Installation unter Windows 17
    VCS-Unterstützung für 181
plac 199
Platform as a Service (PaaS) 221
Plotly 276
PonyORM 296
Positionelle Argumente 53
Präzision, bei Codetests 79
print, Logging vs. 92
Programmtechnisch registrierte Dateiformate 128
Projekt
    Dokumentation 89
    Publikation 90
    strukturieren 44
Projekte strukturieren 66
    Anzeichen schlechter Struktur 69
    Dekoratoren 73
    Diamond, Beispiele 114
    Drittanbieterabhängigkeiten 77
    dynamische Typisierung 74
    Flask, Beispiele 171
    Module 66
    objektorientierte Programmierung 71
    Pakete 70
    Requests, Beispiele 138
    Tablib, Beispiele 124
    Werkzeug, Beispiele 157
Psutil 233
Publikation 90
Punkt-Tokenizer 280
Puppet 230
py.test 86
py2app 186
py2exe 186
PyCA (Python Cryptographic Authority) 266
PyCharm 31
PyCrypto 271
PyDev 32

pyenv 39
Pygame 211
Pygame-SDL2 211
pyglet 210
PyInstaller 183
PyNaCl 270
pyOpenSSL 269
PyPA (Python Packaging Authority) 175
PyPI
   bei S3 gehostet 180
   Beispielprojekt 178
   für Downloads/Installationen 178
   für proprietäre Pakete 179
   pip vs. easy_install 179
   Pypiserver 180
   VCS-Unterstützung für pip 181
   zum Testen 178
Pypiserver 180
PyPy 240
Pyramid 215
PySDL2 211
Python (allgemein) 3
   Community 301
   Dokumentation 307
   Implementierungen 5
   Installation 44
   Lernmöglichkeiten 303
   News-Sites 308
   Python 2 vs. Python 3 3
Python 2
   Gründe für die Wahl von 4
Python 2.7, Klassen im neuen Stil 163
Python 3
   Gründe für die Wahl von 4
   neuer Stil, Klassen und Objekte 163
   Python 2 vs. 3
Python Cryptographic Authority (PyCA) 266
Python Enhancement Proposals (PEPs) 301
Python Packaging Authority (PyPA) 175
Python Software Foundation 95, 301
Python Tools for Visual Studio 6
python.el 28
PythonAnywhere 221
Python-Mode (Vim) 27
PythonNet (Python for .NET) 7
PyZMQ 264

Q

Qt 207

R

RabbitMQ 265
Race Conditions 72
random, Bibliothek 277
Raviolicode 70
Records (SQL-Bibliothek) 298
Redis 300
Reguläre Ausdrücke 157
Reine Funktionen 72
Reitz, Kenneth 120, 134
Requests, Bibliothek 134
   Code lesen 136
   Code testen in 86
   Dokumentation lesen 135
   HTTP und 252
   nutzen 135
   Request- und PreparedRequest-Objekte 141
   Sets und Set-Arithmetik 143
   Sphinx-kompatible Docstrings 138
   Statuscodes 145
   Stilbeispiele aus 143
   Strukturbeispiele 138
   Top-Level-API 138
requirements.txt 38
Response-Klasse, mit __call__ () method 160
REST-APIs 252
reStructured Text 91
Ronacher, Armin 149, 163
Routing-Dekorator 170
Rpy2 277
Rückgabewerte 56

S

S3 44
SageMath 277
Salt 229
Schäfer, Jorgen 28
Schlüsselwortargumente 53
Schnittstellen, Software 44
Scikit-Image 283, 284
Scikit-Learn 276
SciPy 275
secrets, Bibliothek 269
Separation of concerns 215
Serialisierung 44
Serverautomatisierung 228
   Ansible 230
   CFEngine 233
   Chef 232

Puppet 230
Salt 229
Sets 143
Setuptools
   Python-Installation unter Linux 12
   Python-Installation unter Mac OS X 11
   Python-Installation unter Windows 17
Shim 39
Simple Storage Service (S3) 44
simplejson 254
Simplified Wrapper Interface Generator (SWIG) 248
Skinner, Jon 25
Skulpt 7
__slots__ 130
Software-Interfaces 251
   Datenserialisierung 257
   für verteilte Systeme 260
   Kryptografie 266
   Web-APIs 252
   Webclients 252
Software-Toolkit 149
Spaghetticode 70
Späte Bindung, Closures 64
Speicherplatz, sparen mit __slots__ 130
Sphinx
   für die Dokumentation 90
   reStructured Text 91
   Tablib-Dokumentation 123
   und Docstrings in Requests-Projekt 138
Spieleentwicklung, GUI-Anwendungen für 210
Spyder 33
SQLAlchemy 289
sqlite3 289
SQLObject 298
ssl-Modul 267
Stackless Python 5
Stallman, Richard 28
Standardargumente, veränderliche 63
Statuscodes 145
Steele, Guy L., Jr. 28
Stil, Code 44
Stringtools 278
   nltk 279
   SyntaxNet 281
Strukturierte Dateien 285
Strunk, Jan 280
Sublime Text 25
subprocess-Bibliothek 240
SWIG (Simplified Wrapper Interface Generator) 248

SymPy 278
SyntaxNet 281
System-/Task-Monitoring
   Luigi 235
System-/Task-Überwachung 233
   Fabric 234
   Psutil 233
Systemadministration
   Codemanagement/-verbesserung 226
   Jenkins 227
   Serverautomatisierung 228
   System-/Task-Überwachung 233
   Travis-CI 226

T

Tablib 120
   Code lesen 122
   Code testen in 84
   Deskriptoren und property-Dekorator 125
   Dokumentation lesen 121
   herstellerabhängiger Code im packages-Verzeichnis 130
   Namensräume zur Gruppierung von Funktionen 124
   nutzen 121
   Operatoren, überladen 132
   programmtechnisch registrierte Dateiformate 128
   Speicherplatz, sparen mit __slots__ 130
   Sphinx-Dokumentation 123
   Stilbeispiele aus 132
   Strukturbeispiele aus 124
TCP/IP 251
Template-Engines 44
Test-Driven Development, TDD (testgetriebene Entwicklung) 78
Testgetriebene Entwicklung (TDD, Test-Driven Development) 78
testPyPI 178
Texteditoren 24
   Atom 29
   Code 29
   Emacs 27
   Sublime Text 25
   TextMate 28
   Vim 25
Textmanipulation/-mining 278
   nltk 279
   Stringtools in Pythons Standardbibliothek 278
   SyntaxNet 281

TextMate 28
Threading 238
Tk 205
Toolkit 44
Tools für Namensräume 68
Tornado 214
Totic, Aleks 32
tox
    CI und 226
    Code testen 87
    Werkzeug und 155
Travis-CI 226
TweetNaCL 270
Twisted 263
Typen
    dynamische 74
    ermitteln (Werkzeug-Projekt, Beispiel) 156
    veränderliche/unveränderliche 75

U

Unabhängigkeit, bei Codetests 78
unittest 81, 82, 88
Unittest2 88
Unpacking 60
untangle 255
Unterstriche, Wegwerfvariablen und 60
Unveränderliche Typen 75
Upstream-Lizenzen 95
uWSGI 223

V

van Rossum, Guido 35, 301
var 223
Variablen
    dynamische Typisierung 74
    späte Bindung, Closures 64
VCS (version control system) 181
Veränderliche Standardargumente 63
Veränderliche Typen 75
Vernetzung 260
    gevent 263
    leistungsstarke Tools in der Python-Standardbibliothek 261
    PyZMQ 264
    RabbitMQ 265
    Twisted 263
Vernünftige Voreinstellungen 172
Versteckte Kopplung 69
Verteilte Systeme
    gevent 263

leistungsstarke Tools zur Vernetzung in der Python-Standardbibliothek 261
    PyZMQ 264
    RabbitMQ 265
    Software-Interfaces für 260
    Twisted 263
    Vernetzung 260
Vi 25
Vim 25
virtualenv, Befehl 37
    Python-Installation unter Linux 15
    Python-Installation unter Mac OS X 12
    Python-Installation unter Windows 18
virtualenvwrapper 40
Virtuelle Umgebungen 37
    anlegen/aktivieren 37
    Bibliotheken ergänzen 38
    deaktivieren 38
Visual Studio 34
Voreinstellungen
    anwendungsspezifisch (Flask-Projekt) 171
    vernünftige 172

W

Waitress 223
Walsh, Ciarán 28
Webanwendung, Entwicklung 211
    Deployment 220
    Frameworks/Mikroframeworks 211
    Template-Engines 215
Web-APIs 252
    JSON-Parsing 253
    lxml 256
    Web-Scraping 255
    XML-Parsing 254
Webclients, Software-Interfaces für 252
Web-Deployment 220
    Hosting 221
    Webserver 222
    WSGI-Server 223
Web-Frameworks/Mikroframeworks 211
    Django 213
    Flask 213
    Pyramid 215
    Tornado 214
Web-Scraping 255
Webserver 222
Web-Template-Engines 215
    Chameleon 218
    Jinja2 216
    Mako 220

Werkzeug 148
  Code lesen 153
  Dokumentation lesen 149
  Flask und 163
  klassenbasierte Dekoratoren 158
  Mixins 161
  nutzen 150
  reguläre Ausdrücke in 157
  Response.__call__ 160
  Stilbeispiele aus 156
  Strukturbeispiele aus 157
  tox in 155
  Typen ermitteln 156
Wert, ignorieren 60
wheels 176
Widget-Bibliotheken 204
  GTK+ 208
  Kivy 206
  Objective-C 209
  Qt 207
  Tk 205
  wxWidgets 208
Windows
  C++-Lizenzierung, Aspekte 182
  Python-Installation unter 15
  virtuelle Umgebung anlegen/aktivieren unter 37
WingIDE 32

Wissenschaftliche Anwendungen, Bibliotheken für 274
  decimal, fractions und numbers 277
  IPython 274
  Matplotlib 276
  NumPy 275
  Pandas 276
  Rpy2 277
  Scikit-Learn 276
  SciPy 275
  SymPy 278
WSGI-Server (Web Server Gateway Interface) 223
wxWidgets 208

X

XML, Parsing für Web-APIs 254
xmltodict 255

Z

Zadrozny, Fabio 32
Zen of Python (PEP 20) 49
ZeroMQ, PyZMQ und 264
ZIP-Dateien, zur Paketierung reiner Python-Apps 190
Zirkuläre Abhängigkeiten 69

Über die Autoren

Kenneth Reitz ist Product Owner von Python bei Heroku und Fellow der Python Software Foundation. Er ist für seine vielen Open-Source-Projekte bekannt, insbesondere »Requests: HTTP for Humans«.

Tanya Schlusser arbeitet als unabhängige Beraterin. Sie wertet Daten aus, um ihre Kunden bei strategischen Entscheidungen zu unterstützen. Sie hat über 1.000 Stunden Data Science-Training für Einzelpersonen und Unternehmen abgehalten. Tanya pflegt ihre Mutter, die an Alzheimer leidet.

Kolophon

Das Tier auf dem Cover von »The Hitchhiker´s Guide to Python« ist eine Indische Kurzschwanzmanguste (*Herpestes fuscus*), ein kleines Säugetier, das in den Wäldern Sri Lankas und im Südwesten Indiens lebt. Es bildet eine Unterart der Kurzschwanzmanguste (*Herpestes brachyurus*), die in Südostasien weit verbreitet ist.

Die Indische Kurzschwanzmanguste ist etwas größer als andere Mungo-Arten und zeichnet sich durch einen buschigen Schwanz und pelzige Hinterbeine aus. Das Rückenfell ist dunkelbraun, die Beine sind schwarz. Nur selten bekommen Menschen die Tiere zu Gesicht, da sie dämmerungs- und nachtaktiv sind.

Bis vor Kurzem war nur wenig über die scheuen Tiere bekannt, und man hielt die Art für gefährdet. Doch neuere Untersuchungen entdeckten größere Populationen im Süden Indiens, sodass der Schutzstatus der Art nach oben korrigiert wurde und augenblicklich als »Nicht gefährdet« geführt wird. Eine weitere Population der Indischen Kurzschwanzmanguste wurde vor einiger Zeit auf der Südseeinsel Viti Levu (Fidschi) entdeckt.